面向21世纪创新型电子商务专业系列

电子商务概论

主　编　武化岩　全新顺

副主编　张苏丰　候春俊　祝　娟

中国水利水电出版社
www.waterpub.com.cn

内 容 提 要

本书介绍了电子商务的基本概念及相关应用，同时列举了大量案例，在教学过程中，教师可以通过案例分析，引导学生对电子商务中存在的问题进行分析探究，找到相应的解决方法，从而培养学生研究问题及解决问题的能力。

本书系统地介绍了电子商务的整体框架、基本技术与基本应用，包括电子商务概念、电子商务模式、电子商务技术基础、电子支付、网络营销、电子商务物流管理、移动电子商务、客户关系管理与数据挖掘、电子商务法律法规、电子政务、电子商务安全与风险管理共 11 章内容。

全书内容充实、材料新颖、案例丰富，可作为高校电子商务课程的入门教材，也可供对电子商务感兴趣的技术与管理人员参考。

本书配有电子教案，读者可以从中国水利水电出版社网站和万水书苑免费下载，网址为：http://www.waterpub.com.cn/softdown/和 http://www.wsbookshow.com。

图书在版编目（CIP）数据

电子商务概论 / 武化岩，全新顺主编. -- 北京 : 中国水利水电出版社，2015.8（2017.7重印）
（面向21世纪创新型电子商务专业系列）
ISBN 978-7-5170-3506-0

Ⅰ. ①电… Ⅱ. ①武… ②全… Ⅲ. ①电子商务－概论－高等学校－教材 Ⅳ. ①F713.36

中国版本图书馆CIP数据核字(2015)第185984号

策划编辑：石永峰/向辉　责任编辑：宋俊娥　加工编辑：夏雪丽　封面设计：李 佳

书　　名	面向 21 世纪创新型电子商务专业系列 **电子商务概论**
作　　者	主　编　武化岩　全新顺 副主编　张苏丰　候春俊　祝　娟
出版发行	中国水利水电出版社 （北京市海淀区玉渊潭南路 1 号 D 座　100038） 网址：www.waterpub.com.cn E-mail：mchannel@263.net（万水） sales@waterpub.com.cn 电话：（010）68367658（发行部）、82562819（万水）
经　　售	北京科水图书销售中心（零售） 电话：（010）88383994、63202643、68545874 全国各地新华书店和相关出版物销售网点
排　　版	北京万水电子信息有限公司
印　　刷	三河市铭浩彩色印装有限公司
规　　格	184mm×260mm　16 开本　22.25 印张　546 千字
版　　次	2015 年 8 月第 1 版　2017 年 7 月第 3 次印刷
印　　数	6001—9000 册
定　　价	42.00 元

面向21世纪创新型电子商务专业系列
编审委员会成员名单

序　言

电子商务作为基于信息技术和互联网的新型商务活动，近年来在全球范围内以前所未有的速度迅猛发展，并逐步向研发、生产、流通、消费等实体经济活动渗透，成为生产生活方式变革的重要推动力。中国电子商务研究中心统计数据显示，2014 年我国电子商务市场交易规模达 13.4 万亿元，同比增长 31.4%，电子商务服务企业直接从业人员超过 250 万人，间接带动的就业人数超过 1800 万人。

河南地处中原，是重要的人口大省、经济大省和新兴工业大省，电子商务发展具有明显的区域优势、良好的产业基础和广阔的市场空间。打造中西部区域性电子商务中心，是省委、省政府根据河南经济和社会发展实际作出的重大决策，而人才培育则是实现这一战略目标的关键保障。

为贯彻《国务院关于加快发展现代职业教育的决定》（国发〔2014〕19 号）、《河南省人民政府关于印发河南省职业教育校企合作促进办法（试行）的通知》（豫政〔2012〕48 号）和《河南省人民政府关于创新机制体制进一步加快职业教育发展的若干意见》（豫政〔2012〕49 号）要求，建立政府推动、行业协会协调、企业与职业院校共同参与的多元化校企合作机制，推动课程内容与职业标准对接、教学过程与生产过程对接，由河南省工业和信息化委员会、河南省教育厅、河南省电子商务行业职业教育校企合作指导委员会组织职业院校专家和电子商务行业专家共同编写了面向 21 世纪创新型电子商务专业系列教材。教材以行业需求为导向，旨在发挥职业院校和行业专家的各自优势，促进电子商务职业教育培养模式优化，加快电子商务专业型、实用型和复合型人才培养，提高服务产业发展的能力。由于时间仓促和学识限制，教材编写难免有所疏漏或不足之处，希望广大读者提出宝贵意见和建议。

最后，谨向教材出版过程中付出辛勤劳动的中国水利水电出版社致以真诚的感谢！

河南省工业和信息化委员会副主任、河南省电子商务
行业职业教育校企合作指导委员会主任　孟西林
2015 年 6 月

前　言

李克强总理在2015政府工作报告中提出，“制定‘互联网+’行动计划，推动移动互联网、云计算、大数据、物联网等与现代制造业结合，促进电子商务、工业互联网和互联网金融健康发展，引导互联网企业拓展国际市场。”

工业和信息化部制定的《电子商务“十二五”发展规划》中提出“加快发展电子商务，是企业降低成本、提高效率、拓展市场和创新经营模式的有效手段，是提升产业和资源的组织化程度、转变经济发展方式、提高经济运行质量和增强国际竞争力的重要途径，对于优化产业结构、支撑战略性新兴产业发展和形成新的经济增长点具有非常重要的作用，对于满足和提升消费需求、改善民生和带动就业具有十分重要的意义，对于经济和社会可持续发展具有愈加深远的影响。”

电子商务改变了企业。企业因为电子商务的介入而改变了组织结构和运作方式，提高了生产效率，降低了生产成本，最终提升了集约化管理程度，从而得以实现高效经营。电子商务也改变了世界。电子商务已经成为全球一体化生产和组织方式的重要工具，在掌握资源配置主动权、提升国家竞争力的过程中日益发挥着重要的作用。我国在国民经济和社会发展“十二五”规划纲要中明确提出，要积极发展电子商务，加快发展电子商务。这将有利于优化调整我国经济在全球产业中的定位和布局，有利于进一步加快融合全球化的步伐，提升国际竞争力。在电子商务引发的变革风潮中，电子商务已经成为后工业时代经济增长的强大推动力。

随着电子商务的蓬勃发展，我国对电子商务专业人才的需求也越来越大。作为一门新兴学科，无论是电子商务的内涵、技术、营销手段还是电子商务的管理及运营，与几年前相比都发生了很大的变化，原有教材的很多内容显得有些滞后，不能满足和适应现有电子商务专业和其他相关专业学生的需要，这促使我们要尽快地在原有基础上不断推出新的内容。本书由河南省电子商务行业职业教育校企业合作指导委员会牵头组织河南省电子商务教材编写工作。

本书具有以下特点：

（1）以应用为目的，以必需够用为度，注重学生素质教育和创新能力、实践能力的综合培养；

（2）案例引导，语言简练、流畅、通俗易懂；

（3）以电子商务应用技能培养为主线，内容全面，及时体现新变化；

（4）系统性与实用性并重，体系科学完整，信息量大。

本书由武化岩、仝新顺任主编，负责全书的总体框架结构设计；张苏丰、候春俊、祝娟任副主编。本书的编者由来自河南省各高校长期从事电子商务教学科研工作的多名教师组成，参与本书编写工作的还有张艳格、张珺、郭增茂等。具体编写分工如下：前言（武化岩）、第1章（张珺）、第2章（祝娟）、第3章（张艳格）、第4章（张艳格）、第5章（祝娟）、第6章（候春俊）、第7章（武化岩）、第8章（候春俊）、第9章（武化岩）、第10章（张珺）、第11章（仝新顺），全书由武化岩、仝新顺负责统稿、审阅。

本书在编写过程中，参阅了大量的著作、论文、教材和网络资料，我们尽量一一列出表示感谢，但仍有部分文献由于种种原因未列出，在此向所有的专家、学者致谢。如存在版权问题，请与我们联系，我们会尽全力解决。

由于笔者的水平有限，同时目前电子商务发展飞速，知识更新较快，教材中存在诸多不尽人意之处，敬请专家、读者批评指正，以利今后修改和订正。

最后要特别感谢河南省工信厅、教育厅、河南省电子商务行业职业教育校企合作指导委员会、河南省电子商务协会等相关单位的大力协助，在本书的撰写过程中，给予我们大量、悉心的指导。本书汇集了广大专家、学者的观点和知识，在此向有关专家、学者表示衷心感谢。同时，在整个教材的编写过程中，各位老师克服了教学任务繁重、时间紧的困难，及时完成任务，在此表示感谢。最后衷心感谢中国水利水电出版社的编辑们为此书出版所付出的辛勤劳动。

编　者

2015 年 6 月

目 录

第 1 章　电子商务概述

学习要点及目标

1. 了解电子商务相关概念
2. 掌握电子商务的概念及特点
3. 掌握电子商务与传统商务的区别与联系
4. 了解电子商务产生和发展的过程
5. 掌握电子商务在国内外的发展现状及特点
6. 了解电子商务未来的发展趋势

核心概念

电子商务　B2C　B2B　C2C

引导案例

双 11 开启全球化元年　阿里巴巴生态体系向海外延伸

2014 年 10 月 30 日，阿里巴巴（NYSE: BABA）旗下零售平台天猫宣布，今年的双 11 购物狂欢节将拓展至全球范围，成为首个全球化的“双 11”。阿里巴巴集团 COO 张勇表示，

近年来，中国消费者对海外商品的需求越来越强烈，天猫国际的推出就适时地满足了这个需求。同时，海外消费者和商家也可以通过阿里巴巴平台享受更优质的服务。

今年，天猫国际、淘宝海外、速卖通等首次参加“双11”，也是阿里巴巴第一次把每年最大的购物狂欢节扩展到全球。在这背后，以电商平台、菜鸟物流平台、云计算、大数据能力等为核心的全球化生态系统已经初步建立。

商务部人士表示，从中国宏观经济角度，阿里巴巴全球化业务的开展，其全球化生态的建立，实际上是以电子商务方式来扩大进口、促进中国小微企业“出海”，同时帮助商家和消费者降低成本，促进了中国零售行业的发展和升级。

双11尝试“货通天下”

近年来，国内消费者购买海外商品的需求越来越旺盛，同时，国内的小微企业也寻求“出海”，其产出的多样化商品获得了海外用户的青睐。为顺应这些趋势，阿里巴巴全球化业务相继推出并获得了快速发展，在今年，包括天猫国际、淘宝海外、速卖通等在内的平台参与“双11”，使得从2009年开始的购物狂欢节开始成为全球消费者的盛典。

其中，天猫国际首次亮相今年“双11”，成为国内消费者关注的焦点。2014年2月份，天猫国际上线，面向国内用户，接入了来自美国、日本、韩国等多个国家的知名零售品牌，满足了近年来不断增长的“海淘”需求。

以10月12日上线的美国Costco超市为例。作为美国的第二大零售品牌，在“双11”之前，Costco天猫国际旗舰店推出的Kirkland坚果、蔓越莓干就率先成为“爆款”商品：上线仅仅三天，Costco就卖出了3吨坚果和近1.5吨蔓越莓干。如果以每个坚果盒子18cm计算。在10月28日，上线后的第十六天，中国消费者从天猫国际采购的kirkland坚果总计已卖出8万桶，总计90吨。

据阿里巴巴COO张勇介绍，在这个过程中，Costco和中国消费者通过天猫国际直接交易，省掉的中间环节极大地降低了双方的成本。加之目前保税备货模式节省的物流成本，天猫国际成为一个满足国内消费者“海淘”需求的优质平台。

而面向身处国外的华人与外国消费者，淘宝海外和速卖通也取得了较快发展。其中，淘宝海外既帮助了大陆商家开拓新市场，又能让海外的华人消费者享受到高性价比的商品。目前，淘宝海外专注于中国香港、中国台湾、新加坡和马来西亚（简称港台新马地区）为主的东南亚市场以及美国、加拿大市场。从流量和GMV（平台交易额）方面看，淘宝海外居于中国香港地区电商类平台首位，中国台湾地区第三位。

面向外国消费者的速卖通则在俄罗斯、巴西等新兴市场取得了绝对领先优势。2013年，速卖通的商品数突破1亿，并成为许多新兴市场国家的电商第一名。阿里巴巴国际B2C负责人吴倩表示，速卖通最大的优势在于通过减少外贸环节中的进口商渠道，将以往传统外贸中进口商所获取的利润，返还到国内工厂及贸易商。目前，中国大陆商家可以使用速卖通，把自己的产品销往全球220多个国家和地区。

全球化生态体系初现

跨境电商与国内电子商务体系不同，经过几年耕耘，阿里巴巴已经初步建立了全球化的电子商务体系。2014年，阿里巴巴的跨境电商平台首次参与“双11”，也是对其全球化生态体系的考验。

据吴倩介绍，目前，围绕电子商务这个核心业务，在阿里体系内外，已经有包括支付宝、银行、专业跨境电商服务方、菜鸟网络、物流及快递合作方为阿里的全球化生态系统提供支持。

据菜鸟网络资深副总裁万霖介绍，通过遍及世界各地的物流合作伙伴，菜鸟网络已经建立了覆盖全球 5 大洲的海外仓储网络和航空干线资源能力。针对香港、台湾、新加坡等区域的买家网购习惯，菜鸟网络在上述三地推出了 8000 个境外自提点，将物流服务和网络延伸至最后一公里，保障 3000 多万海外华人消费者可以自由灵活地选择包裹收件的时间和地点。

阿里巴巴的全球化步伐也带动了合作伙伴的海外业务扩展。顺丰、申通、中通、圆通等原来国内传统老牌快递，跟随菜鸟网络的国际化布局，走出国门，分别开展海外仓储、跨境转运、海外自提等业务。以速卖通的第一需求大国俄罗斯为例，中国邮政在保证俄罗斯全境覆盖的基础上，建立了专线物流，利用速卖通的电商平台能力，大量集货后专线直运到俄罗斯。这个链路的启动，使得俄罗斯人的收货时效由过去的 60～90 天，缩短至目前的 35 天以内。通过与中国邮政等国家级邮政企业的合作，顺利地联通万国邮联，让阿里巴巴的全球物流体系提升了效率。

除了物流体系，在支付领域，阿里巴巴生态系统也在近年得到了拓展。例如，在中国台湾，玉山银行、花旗银行与淘宝海外达成合作，在 2014 年“双 11”期间，刷卡最高享 10%现金优惠。在香港，八达通、PPS 等支持淘宝海外的支付。

2014 年“双 11”，阿里巴巴还启动了中美两地的双机房战略，并根据国家、行业，提供实时销售数据和物流信息，并实时反馈给卖家、买家。

阿里全球化助力跨境电商“三流合一”

在合作伙伴之外，阿里巴巴的全球化扩展，也得到了相关政府部门的大力支持。阿里巴巴的全球化业务，不仅通过电子商务手段扩大了进口、降低了成本，也通过技术手段，实现了跨境电商当中信息流、物流、资金流的“三流合一”，为跨境电商业务的规范管理探索了一条更加高效的途径。

例如，菜鸟网络的中央物流信息系统，达成了对物流过程的数字化。通过这个信息系统，全球的买家、卖家、服务商、转运商、海关商检、仓储企业等信息，可以实现无缝协同对接，实现全程可视化追踪：一旦包裹订单号产生，就相当于被安上了一个 GPS 定位，从打包、称重、干线运输、通关、转运，到配送、入自提点、签收包裹等环节，可以实时监测，信息准确可靠。

特别值得注意的是，在海关等政府部门的大力支持下，保税备货模式更是为广大消费者节省了大量物流配送时间，极大地促进了全球化业务的发展。所谓保税备货模式，指的是海外商家提前将可能成为“爆款”的非生鲜类商品，运至中国国内的保税区，消费者下单后，商品可以直接从国内保税区发货，大大节省了时间。同时，在这个过程中，菜鸟网络将订单信息推送给各地方电子口岸，将前后段的物流服务商连在一起，形成了一套仓储、干线、报关、商检等社会化资源协同机制，建立起了一套新型的跨境商贸物流服务体系。

（资料来源：http://tech.huanqiu.com/internet/2014-10/5185606.html）

1.1　电子商务基础知识

1.1.1　相关概念

1. 商务与商业

广义的商务概念，是指一切与买卖商品服务相关的商业事务。

企业是谋取利益的实体，其利益的取得是通过企业经营、生产和销售等行为而实现的。企业在谋取市场利润过程中的行为即商务（Business；Commerce）。商务是涉及买卖商品的事务，是把自然资源转化成最终消费品，然后提供给消费者的过程。

狭义的商务概念即指商业或贸易。

商业是指进行商品交换的经济组织的总称，其市场行为的职能是专门在商品生产者与消费者或使用者之间起交换的中介作用，向生产型企业和提供商品为主要服务内容的行业。商业是一个特定的概念的范畴，特指专业从事商品交换活动的组织或个人行为，也就是说商业的市场活动仅仅是商务活动的一个方面，有自己的活动规律。

2. 交易与贸易

交易，也叫买卖。交易就是买卖双方对某一样产品或商业信息进行磋商谈判的一单生意。交易（Transactions）是指双方以货币为媒介的价值的交换。它是以货币为媒介的，物物交换不能算在内。

交易原指以物易物，后泛指买卖商品。交易，又称贸易、交换，是买卖双方对有价物品及服务进行互通有无的行为。它可以是以货币为交易媒介的一种过程，也可以是以物易物。

贸易，是平等互愿的前提下进行的货品或服务交易。贸易属于商业行为。贸易是在交易市场里面进行的，最原始的贸易形式是以物易物，即直接交换货品或服务。现代的贸易则普遍以一种媒介（金钱）作贸易平等代换。金钱及非实体金钱大大简化和促进了贸易，两个贸易者之间的贸易称为双边贸易，多于两个贸易者的则称为多边贸易。

国际贸易（International Trade）是泛指世界各国（或地区）之间所进行的以货币为媒介的商品交换活动。它既包含着有形商品（实物商品）交换，也包含着无形商品（劳务、技术）的交换，又可称为世界贸易（World Trade）。

3. 经营活动与经营理念

经营活动是指企业投资活动和筹资活动以外的所有交易和事项。是根据企业的资源状况和所处的市场竞争环境对企业长期发展进行战略性规划和部署，制定企业的远景目标和方针的战略层次活动，解决的是企业的发展方向、发展战略问题，具有全局性和长远性。

所谓经营理念，就是管理者追求企业绩效的根据，是顾客、竞争者以及职工价值观与正确经营行为的确认，然后在此基础上形成企业基本设想与科技优势、发展方向、共同信念和企业追求的经营目标。

经营理念决定企业的经营方向，是系统的、根本的管理思想。管理活动都要有一个根本的原则，一切管理都需围绕一个根本的核心思想进行。这个核心思想就是我们这里所说的经营理念。不论是营利组织还是非营利组织，任何一个组织都需要一套经营理念。事实证明，一套明确的、始终如一的、精确的经营理念，可以在组织中发挥极大的效能。

4. 企业管理

企业管理（Business Management），是对企业的生产经营活动进行计划、组织、指挥、协调及控制等一系列职能的总称。企业管理的内容包括了企业发展过程的全部工作内容。企业管理是社会化大生产发展的客观要求和必然产物，是由人们在从事交换过程中的共同劳动所引起的。

在社会生产发展的一定阶段，一切规模较大的共同劳动，都或多或少地需要进行指挥，以协调个人的活动；通过对整个劳动过程的监督和调节，使单个劳动服从生产总体的要求，以

保证整个劳动过程按人们预定的目的正常进行。尤其是在科学技术高度发达、产品日新月异、市场瞬息万变的现代社会中，企业管理就显得愈益重要。

现代科技下，协同软件对企业管理的帮助体现在三个方面：

- 搭起战略和执行之间的桥梁：以超强的执行力保证战略目标得以快速实现；
- 实现管理从艺术到科学的进化：以科学的管理体系而非个人能力来驾驭大型组织；
- 让管理变得简单而有效：以简单致胜和中层致胜的思想来解决管理上的根本问题；

麦肯锡对国内外众多业绩优秀企业的调研分析认为，竞争力强的企业在内部组织设置和管理杠杆运用方面都具有卓越的特色，他们的执行力对竞争对手更快、更好。提升企业的组织运营能力，正是一些优秀软件技术所致力于解决的问题。

现代科技将先进的管理理念和办公方式，通过软件技术和网络技术进行了工具化，以事务和项目为中心，帮助组织建立通畅的信息交流体系，有效的协作执行体系，精准的决策支撑体系，来提高组织内部的管理和办公能力，建立协调统一、反应敏捷的高水平执行团队。

5. 市场与市场营销

市场起源于古时人类对于固定时段或地点进行交易的场所的称呼，指买卖双方进行交易的场所。发展到现在，市场具备了两种意义，一个意义是交易场所，如传统市场、股票市场、期货市场等，另一意义为交易行为的总称。即市场一词不仅仅指交易场所，还包括了在此场所进行交易的行为。故当谈论到市场大小时，并不仅仅指场所的大小，还包括了消费行为是否活跃。广义上，所有产权发生转移和交换的关系都可以成为市场。

市场体系是由各类专业市场，如商品服务市场、金融市场、劳务市场、技术市场、信息市场、房地产市场、文化市场、旅游市场、服务市场等组成的完整体系。同时，在市场体系中的各专业市场均有其特殊功能，它们互相依存、相互制约，共同作用于社会经济。随着社会交往的网络虚拟化，市场不一定是真实的场所和地点，当今许多买卖都是通过计算机网络来实现的。

市场营销（Marketing）又称为市场学、市场行销或行销学，是指个人或集体通过交易其创造的产品或价值，以获得所需之物，实现双赢或多赢的过程。美国市场营销协会称市场营销是创造、沟通与传送价值给顾客，及经营顾客关系以便让组织与其利益关系人受益的一种组织功能与程序，是一种最直接有效的营销手段。

6. 传统商务

（1）商务活动

1）商务活动的定义

商务活动，是指企业为实现生产经营目的而从事的各类有关资源、知识、信息交易等活动的总称。

商务活动是商品从生产领域向消费领域运动过程中经济活动的总和，以商品贸易为中心的各种经济事务活动可以统称为事务活动。商业企业在订货、销售和存储等经营活动中与生产厂商、消费者发生的贸易与服务以及期间的信息传递过程均属于商务活动的范畴。

2）商务活动的主体和特征

商务活动的主体是以独立形态参与商务活动过程的经济实体或个人，包括专门从事交易活动的商业企业，以及处于生产和消费领域的市场厂商和消费者。在特定情况下，政府也可以以生产者或消费者的身份出现。

当人类的物质生产出现富余、开始对日常生产进行分工时，商务活动就产生了，一般而言，商务活动具有以下的特征：

- 从事商品交换的活动；
- 涉及商品的交换、买卖和再分配，包含商品物理上的位移过程。

3）商务活动的范围与内容

为实现商务（或服务）从生产领域向流通领域的转移及价值的实现而进行的经济活动构成商务活动的内容。

商务活动的范围包括盈利性组织和个人除生产活动外的全部对外经济活动。

商务活动的内容包括以下几个方面：

- 商情调查与市场机会分析；
- 供给分析与企业机会分析；
- 商品购销与履行商务合同；
- 对外关系与塑造企业形象；
- 制定实施竞争战略与保持企业长期发展；
- 稳定市场份额与开拓市场领域；
- 资本运营与商务风险控制；
- 商务人员管理。

在市场经济条件下，商务活动具有普遍性，一切以盈利为目的的活动都离不开商务活动，以创造价值的生产活动为例：它首先要通过商务活动获得生产必须的各种经济资源，然后组织生产，创造出可供他人消费的产品或服务，在通过商务活动，将产品或服务转移到消费领域，最终实现产品可服务的价值。在这个再生产过程中，商务活动是以交换为目的的社会生产的基本活动。

商务活动总是面向市场的，离开市场就没有商务活动，反之，市场作用越明显，商务活动越重要，企业适应市场能力集中体现为其商务能力，增强企业的商务能力将使企业保持与市场的适应性，在竞争中不断求得生存和发展。

4）商务模式与商务模型

商务模式指做生意的方法，是一个公司赖以生存的模式，一种能够为企业带来收益的模式。商务模式规定了公司在价值链中的位置，并指导其如何赚钱。

商务模式是一个企业在从事某一领域经营时，确立的市场定位和盈利目标，以及为满足顾客主体需要所采取的一系列的、整体的战略组合。

商务模式是公司为维持自身发展（即取得收入）所采取的商务经营方法，是通过指明公司在价值链的位置来阐述它如何赚取利润。商务模式自从分工和交易就产生了，也是企业成败的关键。商务模式应包括以下内容：

- 产品、服务和信息流动的体系架构，包括各商务主体和它们任务的描述；
- 各商务主体潜在利益的描述；
- 收入来源的描述。

商务模型是企业的组织结构，企业运营的基本方法和企业业务流程的概念描述。它描述企业商务模式的具体实现。

5）构建商务模型

如何确定核心业务的商务模式？如何明确实现商务模式？这就需要构建商务模型。

构建商务模型的任务：

● 确定核心业务的商务模式

即企业采用什么样的商务运作模式来获取市场利益，企业的服务对象和服务内容是什么，这是进行商务信息管理的前提，也是构建商务信息系统的基础。如：企业服务对象是消费者，那么他未来的商务模式基本上是一种 B2C 的模式，而商务信息系统主要考虑实现电子零售和电子服务功能。如果服务对象是企业，那么采用的是 B2B 模式，对应的系统就要重点考虑用电子交易市场来满足企业间的商务交易要求。分析业务模式和价值链增值模型是关键。

● 明确商务模式如何能实现

例如一家 4S 店，怎样用商务系统与业务伙伴或商业中介取得联系，商物流和信息流如何处理等。这些问题都是商务模型要解决的。

（2）传统商务

传统商务就是用户可以利用电话、传真、信函和传统媒体来实现商务交易和管理过程。用户能够通过传统手段进行市场营销、广告宣传、获得营销信息、接收订货信息、做出购买决策、支付款项、客户服务支持等。这种手段具有环节多、成本高、效率低、双方心理距离远的特点。

1）传统商务的交易流程

传统商务的交易流程是企业在具体进行一个商务交易过程中的实际操作步骤和处理过程，由交易前的准备、贸易磋商、合同与执行、支付与清算等环节组成。

交易前的准备：对于商务交易过程来说，交易前的准备就是供需双方如何宣传或者获取有效的商品信息的过程。商品供应方的营销策略是通过报纸、电视、户外媒体等各种广告形式宣传自己的商品信息。对于商品的需求者企业和消费者来说，要尽可能得到自己所需要的商品信息，来充实自己的进货渠道。因此，交易前的准备实际上就是一个商品信息的发布、查询和匹配过程。

贸易磋商过程：在商品的供需双方都了解了有关商品的供需信息后，就开始进入具体的贸易磋商过程，贸易磋商实际上是贸易双方进行口头磋商或纸面贸易单证的传递过程。纸面贸易包括询价、价格磋商、定购合同、发货、运输、发票、收货等，各种纸面贸易单证反映了商品交易双方的价格意向、营销策略管理要求及详细的商品供需信息。在传统商务活动的贸易磋商过程中使用的工具有电话、传真或邮寄等，因为传真件不足以作为法庭仲裁依据，所以各种正式贸易单证的传递主要通过邮寄方式传递。

合同与执行：在传统商务活动中，贸易磋商过程经常通过口头协议来完成，但在磋商过程完成后，交易双方必须要以书面形式签订具有法律效应的商务合同，来确定磋商的结果和监督执行，并在产生纠纷时通过合同由相应机构进行仲裁。

支付过程：传统商务中的支付一般有支票和现金两种方式，支票方式多用于企业间的商务过程，用支票方式支付涉及到双方单位及其开户银行。现金方式常用于企业对个体消费者的商品销售过程。

2）传统商务的运作特点

在传统商务活动中，商务活动往往采取面对面交易或纸面交易的方式进行。人们在商场看、触摸一件商品决定是否购买，试穿一件衣服，试用一个商品、上报财务报表等，无论是面对面交易还是通过信函、传真等纸面交易方式，都是一种物理方式。

传统的商务运作方式，无论是柜台售货、开架自选，或订货会、洽谈会，还是保险、金融、海关、财政和税务等服务业或行政管理事务，都是以直接或间接的物理交换或物理接触来完成业务交易，这就是传统商务的运作特点。

3）传统商务的局限性

由于商务大部分依靠面对面及书面文档传递。使传统商务具有信息不完善、耗费时间长、花费高、库存和产品积压、生产周期长、客服服务有限等局限性。人们迫切寻找一种新的方式和手段，突破传统商务的局限性。

1.1.2 电子商务的概念

1. 电子商务简史

电子商务应用开始于 20 世纪 70 年代早期，当时出现了电子资金传输（electronic funds transfer，EFT）这样的创新，资金可以通过电子方式由一个企业传送到另一个企业。然而，这类应用只局限于大企业、金融机构以及部分小微企业之间。随后出现了电子数据交换（EDI），这是一种以电子方式传输日常数据的技术，它使电子转账技术的应用从金融交易领域扩展到了其他交易领域。参与的企业也从金融机构拓展到了制造商、零售商、服务商以及许多其他类型的企业。从旅行预约系统到股票交易，许多新的应用也纷纷涌现。这些应用被称为跨组织信息系统（IOS）应用，其战略价值被广泛认同。越来越多的电子商务应用涉及从旅游预订到股票交易等多个领域。

互联网诞生于美国政府 1969 年的一次实验，它的最初用户是政府机构中的技术人员、学术研究人员和科学家。随着 90 年代早期互联网的商业化和大量用户开始使用万维网（WWW），人们提出了“电子商务”的概念，并且其应用领域迅速扩展，大量的网络公司纷纷涌现。电子商务迅速扩展的动因之一源自于新型网络、网络协议和软件的发展，还有一个动因就是竞争的加剧和其他经营压力的增加。

有目共睹的是，自 1995 年以来出现了大量的创新型应用，从网上直销到网上学习。现在，世界上几乎所有的大中型机构都有自己的网站，而且美国几乎所有大型企业都建立了综合性的门户站点，公司员工、业务伙伴和公众都可以通过该门户获得企业的相关信息，这些网站大部分都拥有上万个网页和链接。在 1999 年，电子商务的重点由 B2C 转向了 B2B。在 2001 年又由 B2B 转向了 B2E、合作商务、电子政务、网上学习和移动商务。2005 年，社交网络受到越来越多的关注。鉴于技术和互联网迅速发展的特性，无疑电子商务将会继续发展壮大，越来越多的电子商务将会获得成功。

随着 Internet 的迅速发展、商业化竞争的急剧激化、消费者消费理念的成熟和个性化的需求，凸显了信息网络在市场竞争中的重要性，因此，当网络技术可以支持电子商务的平台时，网络用户群达到一定规模时，电子商务便如同星星之火可以燎原，电子商务不仅改变了企业、消费者、金融、工商、税务、政府等各个行业和部门，也极大影响着世界各民族的政治、经济、文化、思想、法律等方方面面。同时电子商务的发展又影响着传统经济学，形成了新的一门学科——网络经济，网络经济又显现出新的经济规律，开创了人类历史的新纪元。

2. 电子商务概念

电子商务于 20 世纪 90 年代兴于美国、欧洲等发达国家的一个新概念。1996 年 IBM 公司第一次使用电子商务（Electronic Commerce，E-Commerce 简写为 EC）的概念，1997 年该公司提出了 Electronic Business（E-Business）一词。后来慢慢普及起来，传到中国都翻译成电子商务。事实上这两个概念是有区别的，有学者认为：

E-Commerce 是指狭义上的电子商务，即通过使用互联网等电子工具（这些工具包括电报、电话、广播、电视、传真、计算机、计算机网络、移动通信等）在全球范围内进行的商务贸易活动。是以计算机网络为基础所进行的各种商务活动，包括商品和服务的提供者、广告商、消费者、中介商等有关各方行为的总和。人们一般理解的电子商务是指狭义上的电了商务。

E-Business 是指广义上的电子商务，就是通过电子手段进行的商业事务活动。通过使用互联网等电子工具，使公司内部、供应商、客户和合作伙伴之间，利用电子业务共享信息，实现企业间业务流程的电子化，配合企业内部的电子化生产管理系统，提高企业的生产、库存、流通和资金等各个环节的效率。

顾名思义，电子商务内容包含两个方面，一是电子方式，二是商贸活动。电子商务的技术基础是计算机技术、网络技术以及以数据库为依托的信息技术；其商业运作的经济条件主要依靠以银行支付、结算为主的信用方式。因此，它是一种全新的商务模式。但是电子商务发展到现在，仍然没有一个统一和全面的被全世界广泛接受的定义。

按照世界贸易组织电子商务专题报告的定义，电子商务就是指通过电信网络进行的生产、流通和销售等活动。电子商务指的是利用简单、快捷、低成本的电子通讯方式，买卖双方不谋面地进行各种商贸活动。电子商务可以通过多种电子通讯方式来完成。尤其是随着 Internet 技术的日益成熟，电子商务真正的发展将是建立在 Internet 技术上的。所以也有人把电子商务简称为 IC（Internet Commerce）。

联合国国际贸易程序简化工作组对电子商务的定义是：采用电子形式开展商务活动，它包括在供应商、客户、政府及其他参与方之间通过任何电子工具。如EDI、Web 技术、电子邮件等共享非结构化商务信息，并管理和完成在商务活动、管理活动和消费活动中的各种交易。

从贸易活动的角度分析，电子商务可以在多个环节实现，由此也可以将电子商务分为两个层次，较低层次的电子商务如电子商情、电子贸易、电子合同等；最完整的也是最高级的电子商务应该是利用 Intenet 网络能够进行全部的贸易活动，即在网上将信息流、商流、资金流和部分的物流完整地实现，也就是说，你可以从寻找客户开始，一直到洽谈、订货、在线付（收）款、开据电子发票以至到电子报关、电子纳税等通过 Internet 一气呵成。

总之，要实现完整的电子商务还会涉及到很多方面，除了买家、卖家外，还要有银行或金融机构、政府机构、认证机构、配送中心等机构的加入才行。由于参与电子商务中的各方在物理上是互不谋面的，因此整个电子商务过程并不是物理世界商务活动的翻版，网上银行、在线电子支付等条件和数据加密、电子签名等技术在电子商务中发挥着重要的不可或缺的作用。

1.1.3　电子商务的分类

1. 按商业活动运作方式分类

（1）完全电子商务：即可以完全通过电子商务方式实现和完成整个交易过程的交易。这种电子商务能使双方超越地理空间的障碍进行电子交易，可以充分挖掘全球市场的潜力。例如，许多数字商品的网上交易都是完全电子商务。

（2）不完全电子商务：即指无法完全依靠电子商务方式实现和完成完整交易过程的交易，它需要依靠一些外部要素，例如采取离线支付、实物物流系统的电子商务都可以称之为不完全电子商务。

2. 按电子商务应用服务的领域范围分类

（1）企业对消费者（B2C）的电子商务

这是人们最熟悉的一种电子商务类型，这类电子商务主要借助于互联网开展在线销售活动。目前，互联网上已遍布各种类型的商业中心，提供各种商品和服务，从食品、饮料到电脑、汽车等，几乎包括了所有的消费品。

（2）企业对企业（B2B）的电子商务

商业机构对商业机构的电子商务是指商业机构（或企业、公司）使用互联网或各种商务网络向供应商（企业或公司）订货和付款。商业机构对商业机构的电子商务发展最快，已经有了多年的历史，特别是通过增值网络上运行的电子数据交换，使企业对企业的电子商务得到了迅速扩大和推广。例如，公司之间可能使用网络进行订货和接受订货、合同等单证和付款。

（3）企业对政府机构（B2G）的电子商务

企业——政府机构方面的电子商务可以覆盖公司与政府组织间的许多事务，包括政府采购、税收、商检、社会保障、管理条例发布等。一方面，政府作为消费者，可以通过互联网发布自己的采购清单，公开、透明、高效、廉洁地完成所需物品的采购；另一方面，政府可以通过电子商务方式充分、及时地对企业实施宏观调控、指导规范、监督管理等职能。借助于网络及其他信息技术，政府职能部门能更及时全面地获取所需信息，做出正确决策，做到快速反应，能迅速、直接地将政策法规及调控信息传达到企业，从而起到管理与服务的作用。

（4）消费者对政府机构（C2G）的电子商务

消费者对政府机构的电子商务指的是政府对个人的电子商务和业务活动，属于电子政务的范畴。例如，居民的户籍管理、征收个人所得税、发放养老金、失业救济和其他社会福利等与社会公众的日常生活紧密相关的内容。

（5）消费者对消费者（C2C）的电子商务

互联网为个人经商提供了便利，任何人都可以“过把瘾”，各种拍卖网站层出不穷，形式类似于“跳蚤市场”。其中最成功、影响最大的应该算是“ebay”，它是美国加州年轻人奥米迪尔在 1995 年创办的，是互联网上最热门的网站之一。目前，随着移动终端的快速发展，风靡手机网络的微博、微信营销也可以称之为这一类型的电子商务。

3. 按开展电子交易的范围分类

（1）本地电子商务

通常是指利用本城市内或本地区内的信息网络实现的电子商务活动，电子交易的地域范围较小。本地电子商务系统是利用 Internet、Intranet 或专用网将下列系统联结在一起的网络系统：①参加交易各方的电子商务信息系统，包括买方、卖方及其他各方的电子商务信息系统；②银行金融机构电子信息系统；③保险公司信息系统；④商品检验信息系统；⑤税务管理信息系统；⑥货物运输信息系统；⑦本地区 EDI 中心系统（实际上，本地区 EDI 中心系统联结各个信息系统的中心）。本地电子商务系统是开展远程国内电子商务和全球电子商务的基础系统。

（2）远程国内电子商务

远程国内电子商务是指在本国范围内进行的网上电子交易活动，其交易的地域范围较大，对软硬件和技术要求较高，要求在全国范围内实现商业电子化、自动化，实现金融电子化，交易各方具备一定的电子商务知识、经济能力和技术能力，并具有一定的管理水平和能力等。

（3）全球电子商务

全球电子商务是指在全世界范围内进行的电子交易活动，参加电子交易各方通过网络进行贸易。涉及到有关交易各方的相关系统，如买方国家进出口公司系统、海关系统、银行金融系统、税务系统、运输系统、保险系统等。

1.1.4 电子商务的特点

电子商务将传统商业活动中物流、资金流、信息流的传递方式利用网络科技整合，企业将重要的信息以全球信息网（www）、企业内部网（Intranet）或外联网（Extranet）直接与分布各地的客户、员工、经销商及供应商连接，创造更具竞争力的经营优势。电子商务与传统的商务活动方式相比，具有以下几个特点：

（1）交易虚拟化

通过 Internet 为代表的计算机互联网络进行的贸易，贸易双方从贸易磋商、签订合同到支付等，无需当面进行，均通过计算机互联网络完成，整个交易完全虚拟化。对卖方来说，可以到网络管理机构申请域名，制作自己的主页，组织产品信息上网。而虚拟现实、网上聊天等新技术的发展使买方能够根据自己的需求选择广告，并将信息反馈给卖方。通过信息的推拉互动，签定电子合同，完成交易并进行电子支付。整个交易都在网络这个虚拟的环境中进行。

（2）交易成本低

电子商务使得买卖双方的交易成本大大降低，具体表现在：

1）距离越远，网络上进行信息传递的成本相对于信件、电话、传真而言就越低。此外，缩短时间及减少重复的数据录入也降低了信息成本。

2）买卖双方通过网络进行商务活动，无需中介者参与，减少了交易的有关环节。

3）卖方可通过互联网络进行产品介绍、宣传，避免了在传统方式下做广告、发印刷产品等大量费用。

4）电子商务实行“无纸贸易”，可减少 90%的文件处理费用。

5）互联网使买卖双方即时沟通供需信息，使无库存生产和无库存销售成为可能，从而使库存成本降为零。

6）企业利用内部网（Intranet）可实现“无纸办公（OA）”，提高了内部信息传递的效率，节省时间，并降低管理成本。通过互联网络把其公司总部、代理商以及分布在其他国家的子公司、分公司联系在一起，及时对各地市场情况作出反应，即时生产，即时销售，降低存货费用，采用产效快捷的配送公司提供交货服务，从而降低产品成本。

7）传统的贸易平台是地面店铺，新的电子商务贸易平台则是网吧或办公室。

（3）交易效率高

由于互联网络将贸易中的商业报文标准化，使商业报文能在世界各地瞬间完成传递与计算机自动处理，使原料采购、产品生产、需求与销售、银行汇兑、保险、货物托运及申报等过程无须人员干预，而在最短的时间内完成。传统贸易方式中，用信件、电话和传真传递信息、必须有人的参与，且每个环节都要花不少时间。有时由于人员合作和工作时间的问题，会延误传输时间，失去最佳商机。电子商务克服了传统贸易方式费用高、易出错、处理速度慢等缺点，极大地缩短了交易时间，使整个交易非常快捷与方便。

（4）交易透明化

买卖双方从交易的洽谈、签约以及货款的支付、交货通知等整个交易过程都在网络上进行。通畅、快捷的信息传输可以保证各种信息之间互相核对，可以防止伪造信息的流通。例如，在典型的许可证EDI系统中，由于加强了发证单位和验证单位的通信、核对，假的许可证就不易漏网。海关 EDI 也帮助杜绝边境的假出口、兜圈子、骗退税等行径。

1.1.5 电子商务与传统商务

1. 电子商务与传统商务的区别

（1）运作过程不同

传统商务交易过程中的实务操作由交易前的准备、贸易磋商、合同与执行、支付与清算等环节组成。其中交易前的准备就是交易双方都了解有关产品或服务的供需信息后，就开始进入具体的交易协商过程，交易协商实际上是交易双方进行口头协商或书面单据的传递过程。书面单据包括询价单、订购合同、发货单、运输单、发票、验收单等。合同与执行过程，在传统商务活动中，交易协商过程经常是通过口头协议来完成的，但在协商后，交易双方必须要以书面形式签定具有法律效应的商贸合同。最后是支付过程，传统的商务活动的支付一般有支票和现金两种方式，支票方式多用于企业的交易过程。

电子商务的运作过程虽然也有交易前的准备、贸易的磋商、合同的签定与执行以及资金的支付等环节，但是交易具体使用的运作方法是完全不同的。在电子商务的模式中，交易前的准备、交易的供需信息一般都是通过网络来获取的，这样双方信息的沟通具有快速和高效率的特点；交易的协商，电子商务中双方的协商过程是将书面单据变成电子单据并且实现了在网络上的传递；合同的签定与执行，电子商务环境下的网络协议和电子商务应用系统的功能保证了交易双方所有的交易协商文件的正确性和可靠性，并且在第三方授权的情况下具有法律效应，可以作为在执行过程产生纠纷的仲裁依据；资金的支付，电子商务中交易的资金支付一般采取网上支付的方式。

（2）传统商务中制造商是商务中心，而在电子商务环境下销售商则是商务的主体

在传统商务下制造商负责组织市场的调研、新产品的开发和研制，最后也是由制造商负责组织产品的销售。所以可以说一切活动都是离不开制造商的。但是在电子商务环境下则是由销售商配合负责销售环节，包括产品网站建立与管理、网页内容设计与更新、网上销售的所有业务及售后服务的设计、组织与管理等，制造商就不再起主导作用。

（3）电子商务和传统商务的商品流转的机制不同

传统商务下的商品流转是一种“间接”的流转机制。制造企业所生产出来的商品大部分都经过了一系列的中间商，才能到达最终用户手中。这种流转机制无形中给商品流通增加了许多无谓环节，也增加了相应的流通、运输、存贮费用，加上各个中间商都要获取自己的利润，这样就造成了商品的出厂价与零售价有很大的价差。对此一些制造企业就采取了直销方法（把商品直接送到商场上柜销售）。这种流转方式，使商品的价格得到了下降，深受消费者的欢迎。但是，这种方式并不能给生产企业带来更大的利润，因为直销方式要求制造厂商有许多销售人

员经常奔波在各个市场之间。

电子商务的出现使得每一种商品都能够建立最直接的流转渠道，制造厂商可把商品直接送达用户那里，还能从用户那里得到最有价值的需求信息，实现无阻碍的信息交流。

（4）电子商务和传统商务所涉及的地域范围和商品范围是不同的

传统商务所涉及的地域范围和商品范围是有限的，而随着因特网的推广与普及，特别是各类专业网站的出现，电子商务所涉及的地理范围和时间则是无限的，是超越时空的。

2. 电子商务与传统商务的联系

传统商务与电子商务之间，既有共同点，也有不同之处，两者之间的关系主要表现在以下几个方面。

（1）电子商务的物流系统可以建立在传统商务物流系统的基础上，这样会更充分发挥物流资源的利用率。

（2）电子商务下的客户可能就是传统商务下的客户群，从某种意义上说电子商务是传统商务的发展。

（3）电子商务的许多活动可以沿袭传统商务中的活动方式进行操作，并对他们加以改进延伸，使之能够适应新的商务条件。最后，传统商务的已有销售渠道、信息网络等也可为电子商务所用。

1.2 电子商务的体系框架

1.2.1 电子商务的概念模型

1. 电子商务的概念模型

电子商务的概念模型是对现实世界中电子商务活动的一般抽象描述，它由电子商务实体、电子市场、交易事务和信息流、资金流、物资流等基本要素构成，如图 1-1 所示。

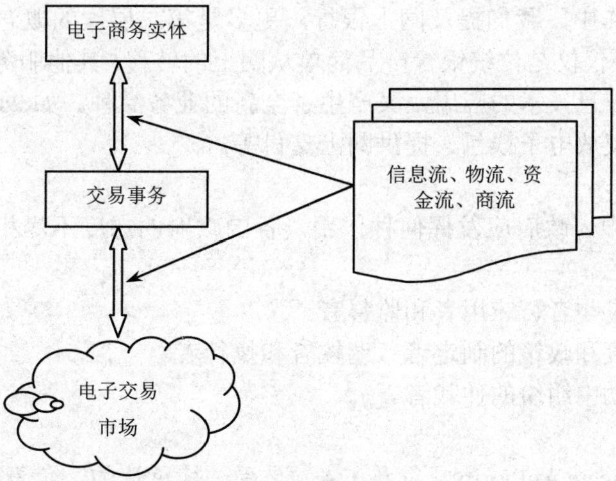

图 1-1　电子商务的概论模型

2. 电子商务的研究对象

- 商务对象：从事电子商务的客观对象。
- 商务媒体：进行电子商务交易的场所。
- 商务事件：电子商务对象间从事的具体商务内容。
- 信息流：网上各种交易信息。
- 资金流：资金的转移，可能是网上资金信息的转移，也可能是现金流。
- 物流：物资的转移，可能是直接网上转移，也可能是网下借助物流系统的物资转移。
- 商流：信息流中所包含的交易内涵。

3. 电子商务实体

电子商务概念模型中，电子商务实体是指从事电子商务的客观对象，如消费者、企业、银行、CA 认证中心、政府机构、物流中心和中介机构等。

（1）消费者

消费者是电子商务交易过程中占主导地位的主体，是经济活动不可缺少的重要环节，其角色定位明确，在电子商务活动中消费者是企业利润的最终来源。

（2）企业

企业是电子商务最主要推动者和收益者。

对于要参与和开展电子商务活动的企业来讲，必须具备三个基本条件，即：

- 企业内部管理的现代化和计算机化，以及业务操作电子化。
- 企业内部的计算机网络和 Internet 相连接。
- 企业要具有开展电子商务活动的应用系统。

（3）网上银行

网上银行（Internet bank or E-bank），包含两个层次的含义：

- 机构概念，指通过信息网络开办业务的银行。
- 业务概念，指银行通过信息网络提供的金融服务，包括传统银行业务和因信息技术应用带来的新兴业务。

在日常生活和工作中，我们提及网上银行，更多是第二层次的概念，即网上银行服务的概念。网上银行业务不仅仅是传统银行产品简单从网上的转移，其他服务方式和内涵发生了一定的变化，而且由于信息技术的应用，又产生了全新的业务品种。如 24 小时在线实时服务、与信用卡公司合作、发放电子钱包、提供网上支付等。

（4）政府机构

在电子商务环境中，政府应发挥何种作用，各国政府的态度不尽相同。我国政府在电子商务中扮演着多重角色。

- 电子商务的参与者、应用者和监督者。
- 电子商务制度和政策的制定者、调控者和执行者。
- 电子商务活动中纠纷的仲裁者。

（5）认证中心

认证中心（Certificate Authority，简称 CA）是受法律承认的，负责发放和管理电子证书，使网上交易的各方能互相确认身份。是电子商务的一个核心环节，是在电子交易中承担网上安全电子交易认证服务，签发数字证书，确认用户身份等工作的具有权威性和公正性的第三方服务机构。

（6）物流中心

物流中心是物流系统中的基础设施。它的规划、筹建、运行与完善，涉及交通、物资、商业、外贸、工业、建筑、农业、金融等多个部门、多个行业的企业。不同部门及企业对其内涵及外延的理解不尽一致。

物流中心接受商家的送货要求，组织运送无法从网上下载直接得到的商品，跟踪产品的流向，将商品送到消费者手中。

（7）中介机构

中介机构是电子商务服务的提供者。

中介机构可分三类：

- 为商品所有权的转移过程（即支付机制）服务的，如支付宝。
- 提供电子商务软硬件服务、通信服务的各种厂商，如IBM、HP、Microsoft等软硬件和解决方案的提供商。
- 提供信息及搜索服务的信息服务增值商。

4. 电子交易市场

电子化交易市场（Electronic Market，缩写为EM），是指在Internet通信技术和其他电子化通信技术的基础上，通过一组动态的Web应用程序和其他应用程序把交易的买卖双方集成在一起的虚拟交易环境。负责EM的建立、维护、运行等工作的中介服务机构则称为EM营运商。

5. 电子商务的交易事务

- 交易前的准备。
- 交易谈判和签订合同。
- 办理交易进行前的手续。
- 交易合同的履行和索赔。

6. 电子商务中的“四流”

电子商务中的任何一笔交易，都包含着四种基本的“流”，即信息流、商流、资金流、物流。

信息流：既包括商品信息的提供、促销行销、技术支持、售后服务等内容，也包括诸如询价单、报价单、付款通知单、转账通知单等商业贸易单证，还包括交易方的支付能力、支付信誉等。信息流的流动成本包括信息发布、交换成本，信息网络建设运营成本等。

商流：是指商品在购、销之间进行交易和商品所有权转移的运动过程，具体是指商品交易的一系列活动。商流是信息流中所包含的交易内涵。

资金流：资金流主要是指资金的转移过程，包括付款、转账等过程。资金流流动成本包括资金传递成本、安全成本、保密成本等。

物流：是指物质实体（商品或服务）的流动过程，具体指运输、储存、配送、装卸、保管、物流信息管理等各种活动。物资的转移，可能是直接网上转移，也可能是网下借助物流系统的物资转移。物流的流动成本包括运输成本、速度成本、保护成本、网络建设与维护成本等。

在电子商务下，信息流、商流和资金流的处理都可以通过计算机和网络通信设备实现。资金的转移，可能是网上资金信息的转移，也可能是现金流。作为四流中最为特殊的一种是物流。四流之间的关系如图1-2所示。

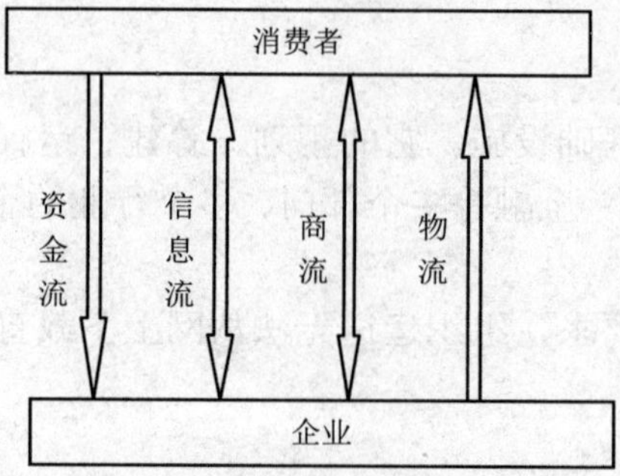

图 1-2 “四流”之间的关系

从流动方向看，信息流、商流在商家和消费者之间传递和交互，是双向的，而资金流和物流的流向是单向的、相逆的。

在商品价值的转移过程中以信息流为依据，通过资金流实现商品的价值，通过物流实现商品的使用价值，从而完成整个电子商务交易活动。

物流是基础，信息流及资金流是桥梁，但信息流处于中心地位，直接影响控制着商品流通中各个环节的运作效率。物流是资金流的前提和条件，资金流是物流的价值担保，并为适应物流的变化不断进行调整，商流是交易的核心，是电子商务的最终目的。

1.2.2 电子商务系统框架

1. 电子商务的总框架

经济活动的发展离不开“四流”：商流、资金流、物流和信息流。电子商务的发展也是围绕这“四流”展开的。众多对策和措施是为了顺利实现“四流”的运转而设计实施的。因此，从“四流”的角度，可以得出一个总的电子商务框架，这是从社会再生产运动的角度得出的结论，如图 1-3 所示。

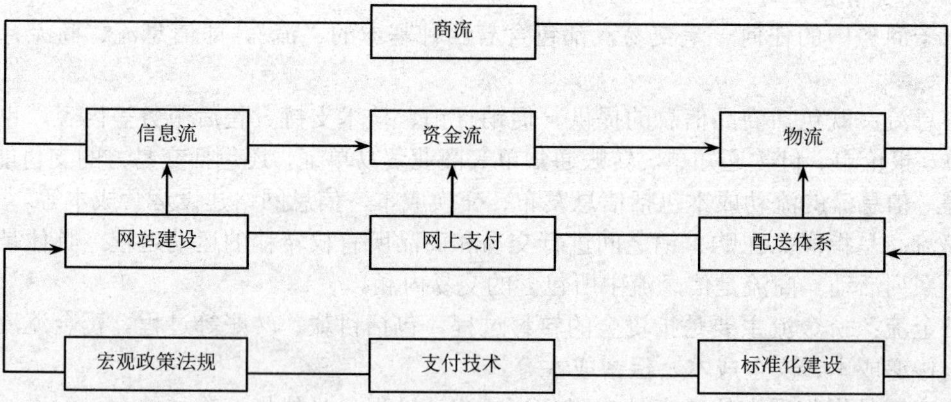

图 1-3 电子商务总框架

我们可以将电子商务总框架表述为 3F+2S+P。3F 即信息流（Information Flow）、资金流（Capital Flow）和物流（Goods Flow）；2S 分别表示安全（Security）和标准化（Standardization）建设；P 表示政策法规（Policy）。2S 和 P 为 3F 的顺利实现提供基础，是一个支持条件。商流是交易核心，只有 3F 的顺利实施才能保证商流的完成。

2. 电子商务的一般框架结构

为了说明电子商务各类应用环境，Ravi Kalakota 和 Andrew B.Whinston 两位著名学者提出了一般的电子商务框架结构。

电子商务的一般框架是指从宏观角度上看，实现电子商务从技术到一般服务层次所应具备的完整的运作基础，也指实现电子商务的技术保证和电子商务应用所涉及的领域。从宏观上看，电子商务的一般框架由两大支柱、五个层次构成，如图 1-4 所示。

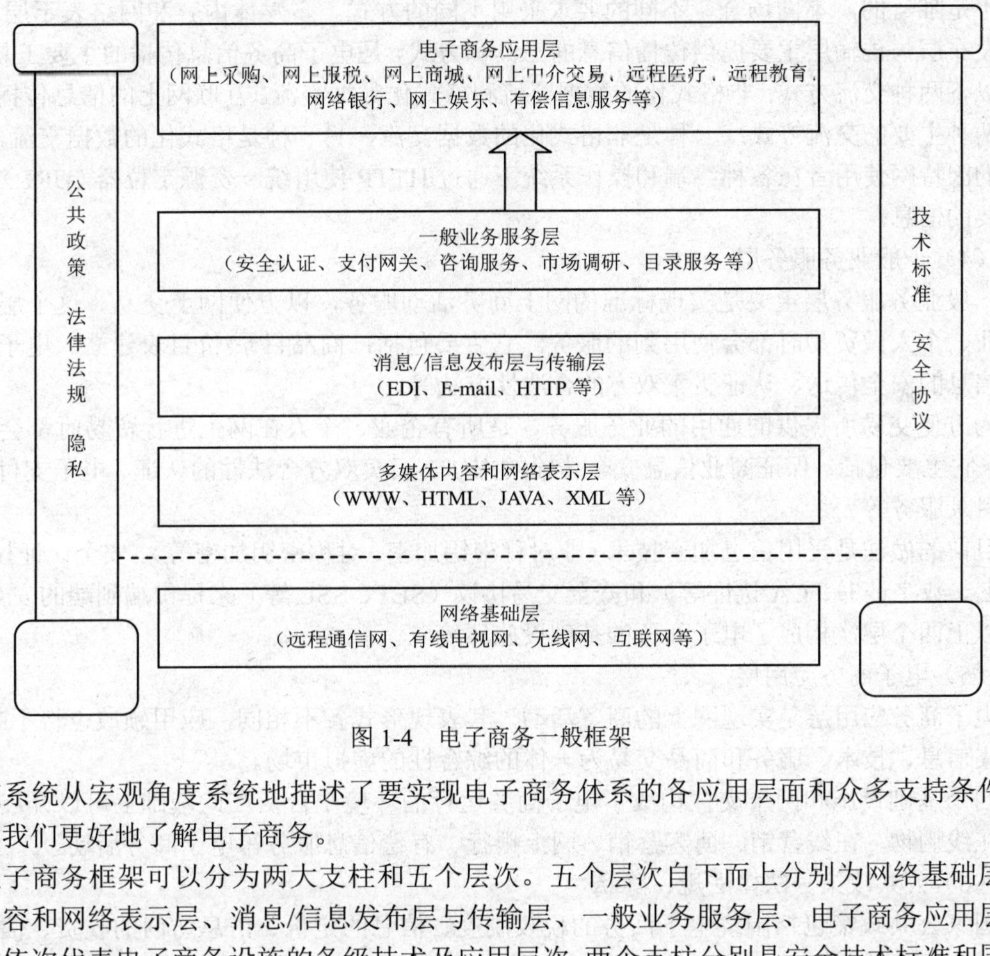

图 1-4　电子商务一般框架

该系统从宏观角度系统地描述了要实现电子商务体系的各应用层面和众多支持条件，可以帮助我们更好地了解电子商务。

电子商务框架可以分为两大支柱和五个层次。五个层次自下而上分别为网络基础层、多媒体内容和网络表示层、消息/信息发布层与传输层、一般业务服务层、电子商务应用层。五个层次依次代表电子商务设施的各级技术及应用层次。两个支柱分别是安全技术标准和国家宏观政策、法律法规等，这是电子商务顺利应用的坚实基础。电子商务各类应用是建立在两大支柱和五个相互支持的层次基础设施之上的。

（1）网络基础设施层

网络基础设施层是电子商务的硬件基础设施，是信息传输系统，是指实现计算机网络连接的硬件组成，它是实现电子商务的最底层的基础设施。包括远程通信网、有线电视网、无线网、互联网。远程通信网包括电话、电报，无线网包括移动通信和卫星网，互联网是计算机网络。计算机网络是实现电子商务的技术基础。

（2）多媒体内容和网络表示层

多媒体内容和网络表示层解决电子商务系统内部信息系统发布的问题。HTML 作为互联网中主要的信息内容出版及制作的工具，可以容纳文字、图像、动画、音效等多媒体内容。应用 Java 语言可以更方便地使之适应于各种网络、设备、操作系统及界面等。最常见的信息发布应用就是 WWW，用 HTML 或 Java 将多媒体内容发布在 Web 服务器上，然后通过一些传输协议将发布的信息传送到接收者。

（3）消息/信息发布层与传输层

消息/信息发布层与传输层解决电子商务系统外部信息的传输问题。信息的发布和传输形式并不是唯一的，不同场合、不同的要求采用不同的方式。多媒体内容和网络表示层和消息/信息发布层与传输层主要提供传播信息的工具和方式，是电子商务信息传播的主要工具。它提供了以下两种交流方式：非格式化的数据交流和格式化数据交流。互联网上的信息传播工具提供了两种主要的交流方式：一种是非格式化的数据交流、另一种是格式化的数据交流，目前，大量的因特网使用者在各种终端和操作系统下通过 HTTP 使用统一资源定位器（URL）查找到所需要的信息。

（4）一般业务服务层

一般业务服务层主要是实现标准的网上商务活动服务，以方便网上交易。这个层次是所有企业、个人做贸易时都会使用到的服务。它主要包括：商品目录/价目表建立、电子支付、商业信息的安全传送、认证买卖双方的合法性方法等。

为方便交易所提供的通用的业务服务，是所有企业、个人在网上进行贸易时都会用到的服务。它主要包括：保证商业信息安全传输的方法、买卖双方合法性的认证、电子支付工具与商品目录服务等。

目前的做法是采用信息加密技术（非对称密钥加密、对称密钥加密等）、安全认证技术（数字签名、数字证书、CA 认证等）和安全交易协议（SET、SSL 等）来提供端到端的安全保障。

以上四个层次构成了电子商务的基础设施环境。

（5）电子商务应用层

电子商务应用层是实现网上的商务活动，其表现形式各不相同，应用领域也将不断扩大，它是集信息、技术、服务和商品交易为一体的综合性的虚拟市场。

四个基础设施和两个支柱构成了电子商务运行的环境平台，在此基础上可以开展网上招标、在线购物、在线营销、博客营销、网上银行、有偿信息服务等电子商务活动。

（6）公共政策、法律法规、隐私

国家公共政策包括围绕电子商务的税收制度、信息的定价、信息访问的收费、信息传输成本、隐私保护问题等，需要政府制定政策。例如，对于咨询信息、电子书籍、软件等无形商品是否征税，如何征税；税收制度是否应与国际惯例接轨，如何接轨等。若处理得不好，将严重制约电子商务的发展。法律法规维系着商务活动的正常运作，违规活动必须受到法律制裁。

（7）技术标准和安全协议

技术标准定义了用户接口、通信协议、信息发布标准、安全协议等技术细节。它是信息发布、传递的基础，是网络信息一致性的保证。就整个网络环境来说，技术标准对于保证各种硬件设备和应用软件的兼容性和通用性是十分重要的。目前，许多企业和厂商、国际组织都意识到技术标准的重要性，正致力于联合起来开发统一的国际技术标准，比如：EDI 标准、TCP/IP 协议、HTTP 协议、SSL 协议、SET 协议等。

1.3 电子商务发展现状及前景

近年来，在全球经济保持平稳增长和互联网宽带技术迅速普及的背景下，世界主要国家和地区的电子商务市场保持了高速增长态势。以美国为首的发达国家仍然是世界电子商务的主力军；而中国等发展中国家电子商务异军突起，正成为国际电子商务市场的重要力量。

1.3.1 全球电子商务发展现状

随着信息技术的飞速发展、互联网的迅速普及、全球竞争与深化合作、国内经济转型升级，电子商务已成为调整产业结构和新经济发展的重要推动力量，已得到政策上的大力扶持，电子商务产业正在快速增长，其战略意义日益凸显。大力发展电子商务，使其在经济和社会发展中发挥重要作用，已成为各地政府所面临的机遇和挑战。

从国际上看，欧美日韩等发达国家和地区从上世纪 90 年代末开始，纷纷把电子商务作为有效拓展海外市场、调整国内产业结构和谋求国际经济合作领域主导权及话语权的重要手段，抢占新经济发展的战略制高点，其信息基础设施建设、互联网资源、电子商务交易规模和应用水平等方面均大幅度领先于其他国家和地区，对全球经济的控制力进一步增强。同时，以中国、印度、俄罗斯、巴西“金砖四国”为代表的新兴经济体和发展中国家经济快速增长，其电子商务也加速发展，已成为全球电子商务的重要组成部分，地位和作用不断提高。

纵观全球电子商务市场，各地区发展并不平衡，呈现出美国、欧盟、亚洲“三足鼎立”的局面。美国是世界上最早发展电子商务的国家，同时也是电子商务发展最为成熟的国家，一直引领全球电子商务的发展，是全球电子商务的成熟发达地区。欧盟电子商务的发展起步较美国晚，但发展速度快，成为全球电子商务较为领先的地区。亚洲作为电子商务发展的新秀，市场潜力较大，但是近年的发展速度和所占份额并不理想，是全球电子商务的持续发展地区。

据中国电子商务研究中心监测数据显示，2012 年，全球电子商务市场规模达到 5210 亿美元，G8 国家均在电子商务市场前 15 名国家之列。在过去五年中，全球电子商务市场的平均增长率为 17%。2012 年，全球 B2C 电子商务销售额突破 1 万亿美元，其中北美地区占 33.5%。此外，2013 年，全球网购人数或超过 10 亿，较之 2012 年的 9.036 亿人有所提高。2011～2013 年世界各国 B2C 电子商务销售额变化情况（以十亿美元计）如图 1-5 所示。

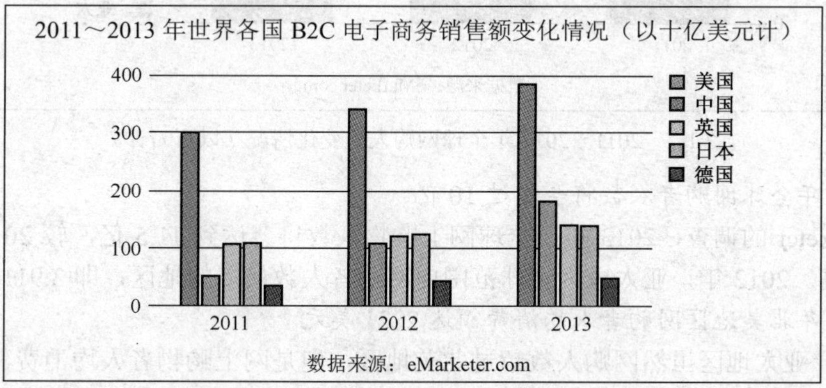

图 1-5　2011～2013 年世界各国 B2C 电子商务销售额变化情况（以十亿美元计）

市场研究公司 eMarketer 的一份统计数据显示，2012 年，全球 B2C 电子商务销售额突破 1 万亿美元，较 2011 年增长了 21.1%。其中，美国 B2C 电子商务销售额高达 3434.3 亿美元。不过，2012 年，亚洲地区 B2C 电子商务销售额增幅最大（增加了 33%），攀升至 3324.6 亿美元。

1. 2013 年亚太地区或成全球第一 B2C 电子商务市场

2011 年和 2012 年，北美地区 B2C 电子商务销售额均超过 3000 亿美元，一直在全球电子商务市场上位居首位。然而，2013 年，由于中国电子商务市场发展迅猛，亚太地区将超过北美地区成为全球第一电子商务市场，市场份额或会达到 33.4%。2011～2013 年全球 B2C 电子商务市场分配变化情况及全球网购者人数变化情况如图 1-6 和图 1-7 所示。

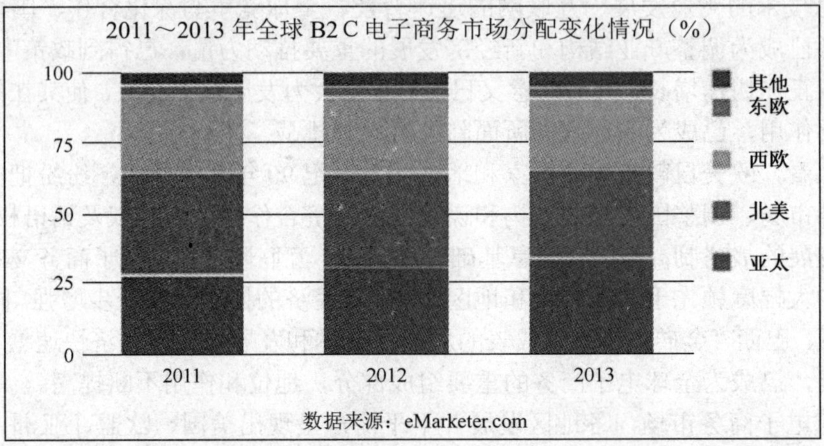

图 1-6 2011～2013 年全球 B2C 电子商务市场分配变化情况（%）

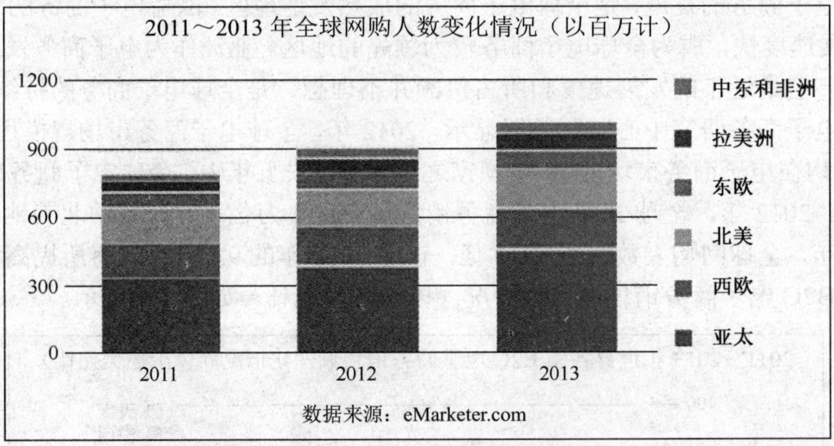

图 1-7 2011～2013 年全球网购人数变化情况（以百万计）

2. 2013 年全球网购者人数将会超过 10 亿

据 eMarketer 的调查，2013 年，全球网上购物人数将会达到 11.5 亿，较 2012 年的 9.036 亿人有所提高。2012 年，亚太成为全球范围内网购者人数最多的地区，即 3.911 亿人。

3. 2012 年北美地区网购者人均消费额达 2221 美元

2012 年，亚太地区虽然网购人数超过北美地区，但是网上购物者人均消费额（850 美元）不及北美（2221 美元）和西欧（1738 美元）。此外，2012 年，全球人均网购消费额为 1243 美

元。据 eMarketer 调查，到 2013 年，这个数字提高到了 1318 美元。（来源：中国电子商务研究中心）

2012 年全球电子商 B2C 营业额突破 1 万亿美元大关，增幅达 21%。其中，亚太区增长超过 33%，占全球营业额三分之一。预计 2013 年全球 B2C 电子商务销售额将达 1.2 万亿美元，比去年增长 17%，其中亚太等地区的增幅最高；中国今年的网购用户规模将达到约 2.7 亿人，B2C 销售增长率为 65%。2011～2013 年世界各国网购者年人均消费额变化情况如图 1-8 所示。

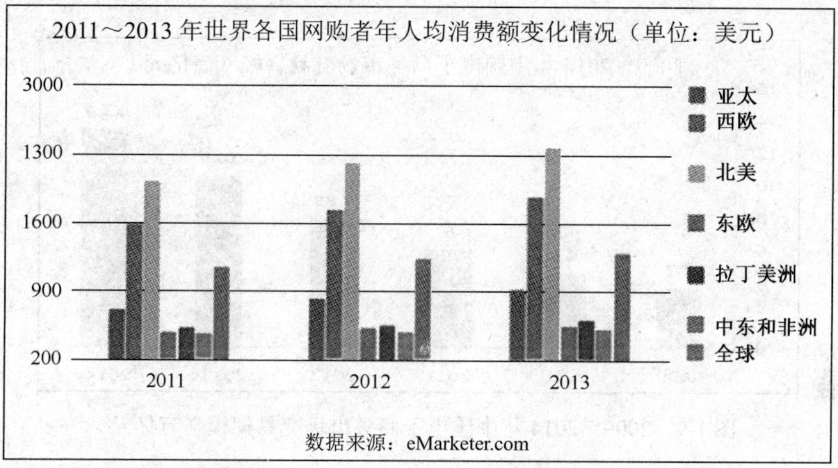

图 1-8　2011～2013 年世界各国网购者年人均消费额变化情况（单位：美元）

据中国电子商务研究中心（100EC.CN）监测数据显示，2013 年全球电子商务企业面向个人的销售额预计将达到 1.22 万亿美元，同比增长 17%，而中国预计增长 65%，增势迅猛。一位负责电子商务与信息化的专家表示，2014 年中国有望在网购总额上超过美国。

4. 2012 年亚马逊全球销售额达 600 多亿美元

中国电子商务研究中心报告显示，近年来全球跨境电子商务市场增速明显。2013 年全球跨境电子商务交易额为 1050 亿美元，5 年内有望达到 3070 亿美元。报告称，跨境购物业最发达的地区依次是德国、美国、英国、中国大陆和香港，其在中国、巴西、阿根廷、俄罗斯等新兴国家的发展速度最快。

1.3.2　我国电子商务发展现状

1. 电子商务行业成为我国经济发展新引擎

近年来，我国的电子商务快速发展，交易额连创新高，电子商务在各领域的应用不断拓展和深化、相关服务业蓬勃发展、支撑体系不断健全完善、创新的动力和能力不断增强。电子商务正在与实体经济深度融合，进入规模性发展阶段，对经济社会生活的影响不断增大，正成为我国经济发展的新引擎。具体表现为以下几个方面：

（1）电子商务进入规模发展阶段

中国电子商务研究中心数据显示，截止到 2012 年底，中国电子商务市场交易规模达 7.85 万亿人民币，同比增长 30.83%。其中，B2B 电子商务交易额达 6.25 万亿，同比增长 27%。而 2011 年全年，中国电子商务市场交易额达 6 万亿人民币，同比增长 33%，占 GDP 比重上升到 13%；2012 年，电子商务占 GDP 的比重已经高达 15%。2013 年我国电子商务规模突破了十万亿大关。

（2）网购零售市场交易依然高速增长

中国电子商务研究中心数据显示，截止到 2012 年底，中国网络零售市场（包括 B2C 和 C2C）交易规模突破 1 万亿大关，达 13205 亿元，同比增长 64.7%，占到社会消费品零售总额的 6.3%。而 2011 年全年，网络零售市场交易额达 8019 亿人民币，同比增长 55.98%，已占到了社会消费品零售总额的 4.4%。2009～2014 年中国电子商务市场交易规模（万亿元）如图 1-9 所示。

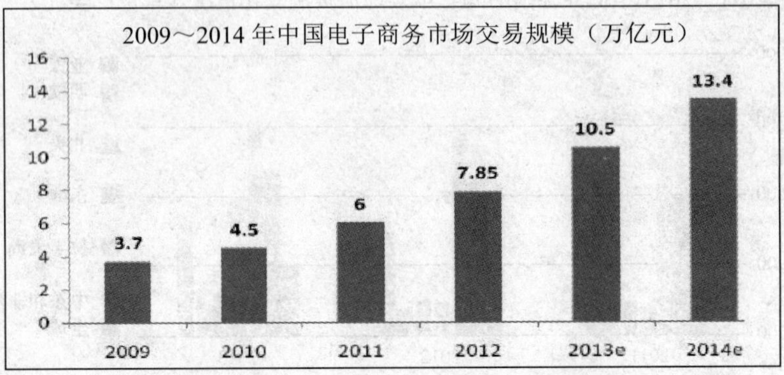

图 1-9　2009～2014 年中国电子商务市场交易规模（万亿元）

2008 年我国网购交易额增长率自 120%以上水平逐年下降，从高速转为快速增长。随着基数不断扩大，市场总份额拓展进入新阶段以及网购消费理性化，网购增速在未来几年内可能会自然回落。从人口增速和消费人群看，人口增速较为稳定，20～40 岁的消费人群使用网购消费的模式几近固定，这些因素决定了网购交易额将在一定水平上趋于平稳增长。2007～2012 年中国网络零售交易规模如图 1-10 所示。

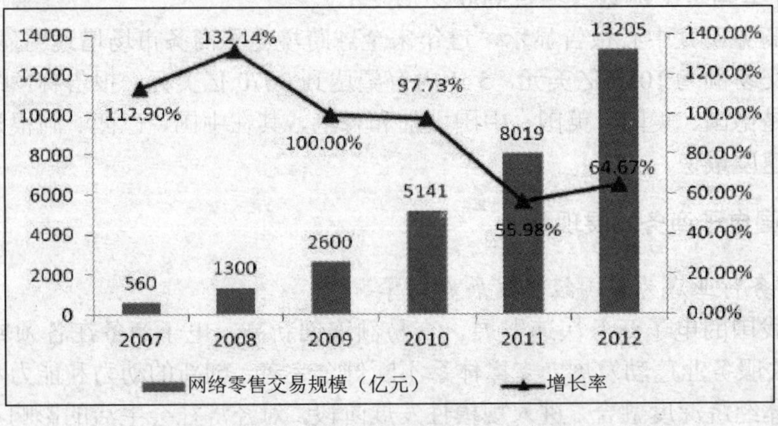

图 1-10　2007～2012 年中国网络零售交易规模（万亿元）

（3）移动终端网络购物爆发性增长

随着智能手机在中国的日渐普及，移动电子商务在中国将进入快速发展期。2013 年第一季度，移动网购交易额再创新高，达到 266.6 亿元，同比增长 250.3%。占互联网购物比例从 11 年 1 季度的 0.7%提升至 13 年 1 季度的 7.6%，两年时间提升 10 倍。其爆发性的增长催生出的市场空间可能不亚于现有的基于 PC 端的网购市场。

2. 电子商务对经济产生巨大的溢出效应

电子商务行业的快速发展，将对相关产业链发生溢出效应。随着电子商务的不断普及，将直接带动物流、金融和 IT 等服务类型的行业发展，将创造更多的就业机会。

在电子商务交易服务、业务流程外包服务和信息技术外包服务等领域涌现出大量的电子商务服务商，电子商务服务业兴起。2011Q1～2013Q1 国内移动网购交易额发展情况如图 1-12 所示。

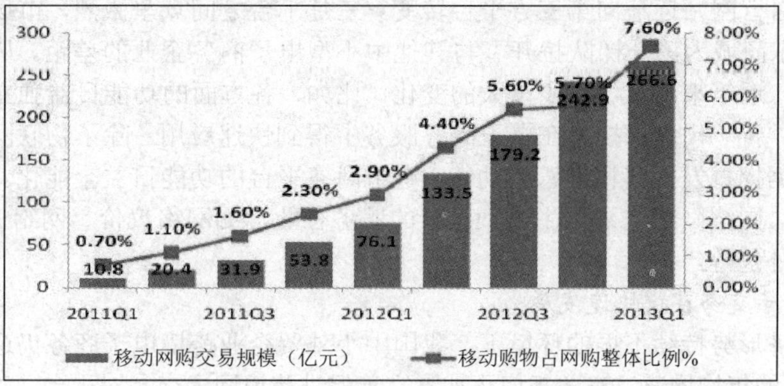

图 1-11　2011Q1～2013Q1 国内移动网购交易额发展情况

订单的集中爆发对电商的配送能力提出了更高的要求，物流供应链网络作为整体电子商务发展的重要环节，成为影响用户体验的关键。2013 年，电商对物流的影响力还将持续扩大，更多电商企业将逐步提升企业自身物流配送标准。

京东商城投入 40 亿兴建南北两大云计算数据中心，阿里尝试向电商企业输出云计算、云储备、亚马逊的云服务等，这标志着云计算与大数据等新技术的导入将成为电商发展的重要条件。电子商务领域的急速发展，将成为信息技术创新的有力驱动。

此外，还将带动与之配套的第三方支付、电子认证、网络信息安全、网络保险等电商生态圈中各子业态的发展。

1.3.3　我国电子商务发展特征

当前，我国电子商务发展正在进入密集创新和快速扩张的新阶段，日益成为拉动我国消费需求、促进传统产业升级、发展现代服务业的重要引擎。具体而言，具有以下几个特点。

1. 我国电子商务仍然保持快速增长态势，潜力巨大

我国近年来的电子商务交易额增长率一直保持快速增长势头。特别是网络零售市场更是发展迅速，2012 年达到 13110 亿元。而 2013 年天猫“双 11”购物狂欢节支付宝成交额达 350.19 亿元，更是让人们看到我国网络零售市场发展的巨大潜力。毫无疑问，电子商务正在成为拉动国民经济保持快速可持续增长的重要动力和引擎。

2. 企业、行业信息化快速发展，为加快电子商务应用提供坚实基础

近年来，在国家大力推进信息化和工业化融合的环境下，我国服务行业、企业加快信息化建设步伐，电子商务应用需求变得日益强劲。不少传统行业领域在开展电子商务应用方面取得了较好成绩。农村信息化取得了可喜的成绩，创新电子商务应用模式，涌现出一批淘宝店，一些村庄围绕自身的资源、市场优势，开展特色电子商务应用。传统零售企业纷纷进军

电子商务。其他行业如邮政、旅游、保险等也都在已有的信息化建设基础之上，着力发展电子商务业务。

3. 电子商务服务业迅猛发展，初步形成功能完善的业态体系

从电子商务交易情况来看，近年来出现了一些新的发展趋势。一是发展模式不断演变。近年来 B2B 与 B2C 加速整合，并由信息平台向交易平台转变。二是零售电子商务平台化趋势日益明显。具体包括 3 种情况：追求全品类覆盖的综合性平台，专注细分市场的垂直型平台，大型企业自营网站逐渐向第三方平台转变。三是平台之间竞争激烈，市场日益集中。以阿里巴巴、京东商城为第一梯队拉开了与其他中小型电子商务企业的差距。从支撑性电子商务服务业来看，近年来出现了不少重大的变化。比如，各方面的功能日益独立显现，呈现高度分工的局面；新一代信息技术在电子商务服务中得到快速应用，除了物联网技术外，大数据正逐渐让数据挖掘发挥其精准营销功能；电子商务平台的功能日益全能化。从辅助性电子商务服务来看，围绕网络交易派生出一些新的服务行业，如网络议价、网络模特、网（站）店运营服务与外包等。

4. 跨境电子交易获得快速发展

在国际经济形势持续不振的环境下，我国中小外贸企业跨境电子商务仍逆势而为，近年来保持了 30%的年均增速。有关部门正加紧完善促进跨境网上交易对平台、物流、支付结算等方面的配套政策措施，促进跨境电子商务模式不断创新，出现了一站式推广、平台化运营、网络购物业务与会展相结合等模式，使得更多中国制造的产品得以通过在线外贸平台走向国外市场，有力推动了跨境电子商务纵深发展。

此外，电子商务发展环境不断改善。全社会电子商务应用意识不断增强，应用技能得到有效提高。相关部门协同推进电子商务发展的工作机制初步建立，围绕电子认证、网络购物等主题，出台了一系列政策、规章和标准规范，为构建良好的电子商务发展环境进行了积极探索。

1.3.4 相关数据

中国电子商务研究中心发布的《2013 年度中国电子商务市场数据监测报告》显示，截至 2013 年底，中国电子商务市场交易规模达 10.2 万亿元，同比增长 29.9%，首次突破 10 万亿元大关。其中网络零售市场交易规模达 18851 亿元，同比增长 42.8%。

数据显示，去年国内 B2C、C2C 与其他电商模式企业数已达 29303 家，较去年增幅达 17.8%，2014 年底达到 34314 家。电子商务服务企业直接从业人员超过 235 万人。目前由电子商务间接带动的就业人数已超过 1680 万人。

值得一提的是，在 B2C 模式蓬勃发展的同时，个人网店数量却持续下降。数据显示，截至去年底，实际运营的个人网店数量下降到 1122 万家，同比减少 17.8%。

分析认为，随着网络零售业务的日益发展和用户对网购要求的日益提高，个人网店不断提高自身，以应变强大的市场竞争。中国电子商务研究中心认为，个人网店的优胜劣汰仍将继续，2014 年底，中国个人网店数量将下降至 918 万家。

虽然仍处于资本寒冬，但去年全年电子商务投融资事件仍有 165 起之多。其中风险投资 152 起，总额逾 26.3 亿美元；并购 10 起，金额逾 7 亿美元；IPO 2 起，募资总额约 1.4 亿美元；上市后增股 1 起，募资金额 1.8 亿美元。从细分行业来看，互联网金融及 B2C 电商的投融资占全部投融资的 24.85%，并列全行业第一位。此外，电商服务、O2O 与 B2B 行业也颇具热度。

分析认为，虽然电子商务与网络零售的增幅都有所下滑，但移动电子商务和海外代购市场已经成长为新的增长点。数据显示，去年中国移动电子商务市场交易规模达到 2325 亿元，同比增长 141%，依然保持快速增长的趋势。2014 年这一数字有望达到 4124 亿元。2013 年中国海外代购市场交易规模达 767 亿元，较去年的 483 亿元涨幅为 58.8%。海外代购未来几年仍会保持增长，海淘同时也向二三线城市的消费群体延伸。预计 2014 年底，海外代购的交易规模将有望达到 1549 亿元。

1.3.5　我国电子商务发展存在的问题

1. 区域发展不平衡

东南沿海地区发展远优于中西部地区。以 2006 年全国电子商务交易额区域结构为例，以深圳为代表的华南地区和以北京、天津为代表的华北地区实现了全国 50%的交易额，而西部地区占比不到 10%。

2. 中小企业电子商务发展仍显滞后

中小企业受到自身管理水平、资金和人才等因素的制约，电子商务发展水平相较于大企业，明显滞后。据统计，只有 9%左右的中小企业实施了电子商务。而在大型企业中，通过电子商务进行采购、销售的比例就已分别达到 30%和 27%。

3. 信用体系建设不完善

电子商务的发展急需出台电子商务合同规范，加强对电子商务合同的监管，以减少或消除在线交易双方的风险，促进信用体系建设。

4. 虚拟市场监管不力

这方面主要出现的问题包括在线产品信息管理、交易服务的监管及消费者权益保护等。

5. 电子商务税收缺乏相应的解决方法

由于网络交易量统计和网络征税技术的困难，使得电子商务征税很难实施，至今仍没有很好的应对措施。

6. 物流配套体系仍需完善

我国尚未建立强大的物流配送体系，物流管理水平低，现代物流业发达程度欠缺，全国范围或更广范围的物流配送能力尚显不足。

7. 电子商务人才缺乏

由于受到我国电子商务教育体系仍处于摸索过程中，且电子商务本身发展迅速等因素共同影响，使得我国电子商务人才缺口加大。

1.3.6　我国电子商务的发展趋势

近年来，电子商务呈现出了快速增长的势头。“十二五”期间，电子商务将被列入战略性新兴产业的重要组成部分，作为新一代信息技术的分支成为下一阶段信息化建设的重心。由工信部牵头、包括发改委等 9 部委联合制定的电子商务“十二五”规划初稿已于 2010 年底草拟完毕，根据规划初稿，预计到 2015 年，电子商务交易额将翻两番，在 GDP 中贡献率大幅提高。

同时，各个地方政府也在紧急制定符合地方发展的“电子商务十二五规划”。而浙江的步伐无疑是走在了全国的前列。日前，浙江首度发布了由中国电子商务研究中心参与编制的《浙江省电子商务产业“十二五”发展规划》，这也是目前我国第一个省级层面的电子商务产业发展的五年规划。在“十二五”时期，整个电子商务环境，将维持一个持续快速增长态势，并且逐渐走向稳健和成熟。电子商务可以说走近一个拓宽期，用户应用的广度和深度不断延展。电子商务正在走向融合创新的新阶段，成为其他行业价值变现的重要出口。

为此，中国电子商务研究中心针对近年来国内电子商务发展所呈现出来的特征进行了归纳总结，也从近年来所呈现出来的特征中，对电子商务未来有可能出现的趋势进行了预测。

趋势一：行业电子商务将成为发展主流

中国电子商务进入迅猛发展时期的典型特征是风险资金、网站定位等将从以往的“大而全”模式转向专业细分的行业商务门户。第一代的电子商务专注于内容，第二代专注于综合性电子商务，而下一代的行业电子商务将增值内容和商务平台紧密集成，充分发挥互联网在信息服务方面的优势，使电子商务真正进入实用阶段。

目前，有价值行业平台更受投资商青睐，垂直专业 B2B 平台将成为未来中国 B2B 市场后发力量，有巨大发展空间。此类平台有两个特点：专和深。专是集中全部力量打造专业性信息平台，包括以行业为特色或以国际服务为特色；深是此类平台具备独特的专业性质，在不断探索中将会产生许多深入且独具特色的服务内容与盈利模式。

趋势二：团购成为增长最快的网络形式

网络团购自从 2010 年进入中国以来，出现了爆发式的增长。作为电子商务领域的一种表现形式，团购无疑是这两年增长最快的网络形式。

目前，处于市场领先地位的独立团购网站均已进行了多轮融资，且金额远高于其他网站，这些团购网站遥遥领先其他同行，走在了行业的最前沿。不过对于其他团购网站来说，行业洗牌的危机已经在逐渐临近，不少团购网站已开始考虑转型。

对此，中国电子商务研究中心分析师吴雪飞表示，团购行业发展过程中，资本一方面帮助一部分企业成功实现了推广和服务能力的提升，另一方面也提升了行业的竞争门槛，导致泡沫的产生。她认为，竞争门槛已经被资本快速抬高，具备规模的团购网站在融资方面有所动作，以保障在市场的领先地位，而中小团购网站很难维持在全国的布局。

趋势三：电子商务网站将会出现兼并热潮

首先是同类兼并。目前中国为数不少的网站属于重复建设之列，定位相同或相近，业务内容趋同。由于资源有限，并且在 Internet“赢家通吃”原则下，最终胜出的只是名列前茅的网站。

其次是互补性兼并。那些处于领先地位的电子商务企业在资源、品牌、客户规模等诸方面具有很大的优势，中点线网络认为国外著名电子商务企业相比还有很大差距。这些具备良好基础和发展前景的网站要发展，必然采取互补性收购策略，结成战略联盟。

由于个性化、专业化是电子商务发展的两大趋势，而且每个网站在资源方面总是有限的，客户的需求又是全方位的，所以不同类型的网站以战略联盟的形式进行相互协作将成为必然趋势。

趋势四：电子商务呈现出常态化

近年来，电子商务服务已全面覆盖商业经济各个方面：不管是国民经济的制造业领域，还是服务业的流通领域；无论企业应用、个人应用，还是政府采购。越来越多的大、小企业终于看到电子商务的好处，不论是自建独立的官方电子商务平台，还是使用第三方电子商务平台，都让电子商务渗透率随之保持持续的高速增长。

曾被称为“赔本赚吆喝”的中国电子商务产业，正在发生根本的转变。网购理念的普及、网购用户的增长，投资人和企业收获的真金白银是实实在在的，人们购买模式的转变和更深远的影响是实实在在的。

随着网上支付、物流配送的逐渐成熟，未来电子商务必将形成规模庞大的经济体，并通过与实体经济的切实结合，给社会、经济发展注入动力，呈现出高普及化、常态化趋势。

趋势五：电子商务将融合物流供应链

在电子商务蓬勃发展的热潮中，产业链短板其实已经浮现，即同样是未来发展热点的物流供应链。

目前，电子商务和物流的主要结合方式是：客户在网上订货，然后卖家推荐物流公司由买家自己挑选。然而，电子商务与物流的结合远不止那么简单。随着电子商务被越来越多的消费者接受并成为习惯，他们对物流也提出了更高的要求。有关报告指出，未来 5 年间，中国消费者将更重视互联网上商家的物流服务及其他增值服务能力，相比而言，产品种类的丰富程度以及对某项产品的深入程度则略显次要。

因此，未来只有那些把物流作为其核心价值组成部分并且已经掌握其中诀窍的企业才能在中国的电子商务市场竞争中取胜。这些公司会将物流供应链网络作为整体电子商务解决方案的一部分，将物流渠道、商流渠道及信息流渠道进行捆绑，是真正的融合、渗透到电子商务企业的各个环节，而绝非简单地外包给第三方。

趋势六：电子商务融合商业智能

随着电子商务竞争的日益激烈，商业智能在电子商务运营中所扮演的角色将逐渐重要，这一点从国外成熟的电子商务网站上都可以看到。在国外，一般电子商务企业都会有专人专门负责数据分析等商业智能工作，作为一种战略上的投资。从目前中国整个电子商务行业来看，真正关注数据分析和商业智能的企业并不多，而企业缺乏资金投入是其最主要的原因。

但是数据对于电子商务企业的重要性不言而喻，面向电子商务的商业智能管理系统就是基于智能管理系统和在线决策支持系统相结合的基础上，将智能化、集成化、协调化、网络化及在线决策支持的思想融入到传统的商业计算机管理系统之中，使其能够适应现代商业发展的规律与趋势，为经营决策者提供更好的经营管理环境和决策支持。

未来，电子商务的竞争因素之一就包括是否拥有一套适用的商业智能系统，是否拥有一个强大的数据分析团队，他们相当于电子商务企业的智囊团。

趋势七：传统企业电子商务将呈集团军式爆发

近年来，传统企业进入电子商务的趋势已经越来越明显。在继国美苏宁决定搅动上百亿的家电网购市场之后，鞋类企业百丽也宣布巨资投入旗下电子商务企业优购网。在此之前银泰等服装、鞋类、日化等传统企业纷纷触“电”。

美国的在线零售 500 强榜单里，80%以上的企业都是传统品牌的在线业务板块，而在中国，2010 年应该是传统企业的电子商务元年。在经历了 2009 年的试水期后，大量的传统企业进军电子商务市场，并且发展迅猛。苏宁易购、Kappa、李宁、优衣库、凌致、佐丹奴、爱慕、九牧王、相宜本草、银泰百货、我买网等传统企业或品牌在电子商务上的表现都令人注目。

传统企业的电子商务将呈整体性高速成长，借助传统实体的供应链资源和品牌优势，传统企业的 B2C 部分有天然的优势，它们需要掌握的，是消费者的在线购物需求和行为模式。

趋势八：航空、保险将成电商爆发行业

以提供数字化商品的航空、保险等行业成为了应用电子商务的爆发行业。目前国航、南航、东航、海航等航空公司都建立了自己的电子商务平台，发展都非常迅猛，而平安保险的电子商务部门今年销售额上百亿，泰康、中国人保的电子商务部都是业界的佼佼者。

这两个行业的类似之处是：传统渠道体系较为混乱，代理层级较多的行业，信息不对等、渠道管理混乱、分销利润低等都是这两个行业的痛。电子商务的发展不仅规避了这些问题，也正在改变这两个行业的渠道模式。

据麦肯锡研究显示，在美国，电销、网销的保费收入已超过总保费的20%，到2010年达到25%～35%，在欧洲，电销和网销已实现盈利。从欧美等发达国家的经验来看，电销、网销等新渠道终将与传统渠道平分天下。

趋势九：更多第三方服务商完善电子商务产业链

由淘宝开放平台而催生出的一批电子商务第三方服务商，正在逐渐成长并调整自己的定位，未来两三年，将有更多的第三方服务商出现，电子商务的产业链将不断完善。

目前市场上具有一定规模的第三方服务商还屈指可数，而且都是以淘宝作为业务基石，比如从开店到供应链运营的服务商宝尊，仓储物流服务商五洲在线、虹迪，工具服务类的有软件和电子商务解决方案服务商 SHOPEX、数据类的服务商小艾等。

未来，将有一批类似于美国 GSI 公司的独立第三方服务商，它们将独立于淘宝之外，为B2C 提供专业化服务。

趋势十：数据成为影响电商发展的重要因素

过去 10 年，影响电子商务发展的三大问题是：信用、支付、物流，未来十年，三大关键因素是：制度、物流、数据。马云曾多次强调，“21 世纪核心的竞争是数据的竞争，谁拥有更多数据，谁就拥有未来。”

近些年，国际各大行业巨头纷纷打开“数据门户”，诸如沃尔玛通过数据分析掌握客户的消费习惯、优化现金流和库存，并扩大销售量，数据已经成为了各行各业商业决策的重要基础。

网盛生意宝对外发布了“小门户+联盟”（数据版）战略，具体实施该战略的大宗商品数据服务的平台“生意社”（100PPI.com）正式上线。此外，生意宝还宣布了公司今后承载上述两大战略的“实施计划”，将在现有平台和资源基础上，打造出“一个综合网、一批行业网、一大批类产品网”。据介绍，“生意社”下设 8 个分社，涉及能源、化工、橡塑、有色、钢铁、纺织、农副等 8 个国民经济重要产业领域，覆盖 1000 多个基础原材料，8000 多家原材料生产企业和 50000 多家流通企业。

阿里巴巴宣布推出“数据门户”，并正式启用新域名，阿里巴巴根据 4500 万中小企业用户的搜索、询单、交易等电子商务行为进行数据分析和挖掘。

趋势十一：移动电商发展迅猛

移动互联网浪潮正在改变与颠覆当下的经济与生活，在这股浪潮中，移动终端无疑是最重要的一环。

在阿里巴巴 2014 年的“双 11”数据直播间现场看到，室内的巨型电子显示屏中间，有一块显眼的饼状图，负责实时统计无线终端交易额占总体交易额的比例，饼状图旁边则有具体的数据显示。据了解，这是阿里巴巴举办“双 11”以来，首次将无线端的交易额实时地单列出来。

在“双 11”正式开始后的前几分钟内，无线端的交易比例始终超过 50%，甚至一度达到 70%。这意味着在“双 11”正式开闸后的一段时间内，有相当数量的“剁手党”不再正襟危坐在台式电脑前，而是选择拿着手机或者 iPad 等无线设备，用更为舒适的姿势在网上购物。“双 11”开场 38 分钟 28 秒之后，交易额冲到了 100 亿元，其中无线交易占比 45.5%。

阿里巴巴集团首席执行官陆兆禧在现场表示，未来越来越多的人会选择用手机上网，可能有很多人根本就没有经历过使用电脑这个过程，“无线成为主流已经是没有任何争议的一个结果”。

来自阿里巴巴集团内部的数据显示，2014 年“双 11”的活动开始预热以来，消费者在移动端访问“双 11”会场的流量几乎达到了 PC 端的两倍，而在往年这一数字只占到了 20%左右。“外界的人可能还感受不到，我们一看这个数据就知道，移动时代的‘双 11’来了。”阿里巴巴集团无线事业部相关负责人说。

2014 年“双 11”之前阿里巴巴披露的财报也印证了移动电商的高速增长态势。阿里巴巴日前公布的三季报显示，来自移动端的交易额达到 1990.54 亿元，占整体交易额的 35.8%。

目前除了手机天猫和手机淘宝之外，阿里巴巴集团投资的其他移动客户端，如 UC 浏览器、优酷、高德地图等，在今年“双 11”也加入了战阵。

趋势十二：跨境电商逐步实现

随着 2014 年 9 月身披“有史以来全球最大规模 IPO”的光环在纽交所上市，阿里巴巴已经成为一家蜚声海内外的互联网公司。作为阿里巴巴上市后的首次“双 11”，“国际范”自然是今年不可或缺的元素。

“买遍全球，全球可买”是阿里巴巴在 2014 年“双 11”提出的一大口号。近年来，国内消费者购买海外商品的需求越来越旺盛，同时国内企业的出海需求也日益强烈。为顺应这些趋势，包括天猫国际、淘宝海外、速卖通等在内的跨境电商平台也参与“双 11”，使得从 2009 年开始的国内购物狂欢节开始成为全球消费者共同参与的活动。

阿里巴巴集团首席运营官张勇表示，“2014 年是我们的一个起点，希望通过几年的努力，把‘双 11’变成一个全球消费者的节日。”

在阿里巴巴“双 11”数据直播间现场了解到，作为“双 11”的主力平台，天猫平台在今年首次采用了海外品牌直采模式，以天猫平台的力量聚合买家需求直抵海外品牌商家端，缩短传统采购供应链条。

一个完整的天猫全球品牌直采流程是，天猫运营甄选全球时令货品后，与海外品牌商家或进口商询价，随后将商品引进给平台商家，商家进货入仓，完成全球品牌直采。通过这种模式，国内的消费者能买到包括美国、日本、韩国等在内的全球商品。而 220 多个国家的海外消费者也可以通过淘宝海外、速卖通等跨境电商平台购买来自中国的商品。

阿里巴巴集团首席执行官陆兆禧出现在了 2014 年的“双 11”活动现场，为“双 11”造势。陆兆禧表示，并不会对今年“双 11”的最终交易数据做预测，而是另有目标，希望引进更多的国际品牌和国际性的进口产品，满足更多的消费者需求。

本章小结

电子商务是在与计算机技术、网络通信技术的互动发展中产生和不断完善的。在互联网基础上产生的电子商务技术，是20世纪最重要的科技成果。电子商务已成为21世纪社会与经济发展的核心，也是网络应用的发展方向。本章主要介绍了电子商务的相关概念、电子商务与传统商务的区别与联系、电子商务的分类以及特点等基础知识，概括了电子商务的体系框架，阐述了电子商务的发展现状和前景。

思考与练习

1．如何理解电子商务的概念？
2．简述电子商务中的“四流”。
3．举例简述电子商务的分类。
4．结合自身体会，谈一下电子商务与传统商务相比有哪些优势？
5．举例说明电子商务改变了我们工作、学习的哪些方面？

第 2 章　电子商务模式

学习要点及目标

1. 了解电子商务的主要模式
2. 明确 B2B、B2C、C2C 电子商务的主要概念和特点
3. 比较分析不同电子商务模式的运作模式和盈利模式的差异
4. 熟悉不同电子商务模式的典型企业

核心概念

商务模式　B2B　B2C　C2C　运作模式　盈利模式

引导案例

亚马逊逆袭线下老牌零售 VS 新派网商的地面攻坚战

据《华尔街日报》报道，亚马逊将选择在纽约市的黄金地带，位于曼哈顿中心帝国大厦与梅西百货旗舰店中间的繁华地带 34 街，开辟第一家实体店。这家实体店的开设，将方便亚马逊的消费者进行店内自取商品以及处理网上订单，同时会成为亚马逊电子阅读器、平板电脑以及手机的展示中心。最有意义的是，这家实体店也许会变身成为一家位于城市中心地带的迷你仓储室，为居住在纽约的亚马逊用户发送订单。

全球最大的网上零售商亚马逊将开始其第一家实体零售店，如此逆市而行之，所为何事？

在此之前不久，亚马逊刚刚推出了“同日送货”的服务。这种服务的特点在于，对于时效性的要求比较高，位于城市中心地带的实体店或许正能担当此类服务的中转仓库，而免去了从库房进入配送站再转交顾客手中费时又烦琐的旅程。

将实体店作为服务据点，这是眼下最热的 O2O 的一种展现形式，但这并非亚马逊一个企业打的主意。至少，环聚在美国黄金地带的老牌零售商，并没有打算让亚马逊独美。

就在亚马逊筹备开设实体店的同时，梅西百货已经与快递服务商 Deliv 建立合作关系，自今年秋天开始在美国 8 个主要城市推出“当日达”服务。塔吉特百货（Target）则计划利用其遍布美国的过百家门店作为小型发货中心，允许消费者采用店内自取网上订单，或者是隔日送达服务。比亚马逊更实惠的是，拥有塔吉特百货会员卡的持有者可免费享受这项服务，而非会员消费额超过 50 元同样可以享受免费服务，相对地，亚马逊的消费者则需要缴纳 99 美元的 Prime 高级会员年费才能享受两日送达的服务。

几家大型的传统实体零售商正在利用其传统的销售渠道，加速推出新兴购物模式。从实

体店送货履行网上订单的尝试，直接威胁到亚马逊独步天下的计划。从这一点上来看，亚马逊的实体店计划非但逆市而行之，相反是不得不为之。

如今，线上线下零售业之间的交叉渗透正在变得越来越频繁。在国内，物流巨头顺丰也在今年推出过“快递+便利店”形式的顺风嘿店，微信选择了上品折扣，而阿里则联手了银泰百货。从这个角度来看，实体店对于亚马逊的作用，应该是一家邮局或一个仓库，更甚于一家零售店面或者展示橱窗，它将成为这家全球零售巨头线上线下渠道融合的实验点。

亚马逊之举，同时也将为国内电商带来示范效应。未来，具有市场领先优势的网上零售商进入线下领域，将不再是凤毛麟角的现象，相反实体店与电子商务相结合将成为大势所趋。谁能取得王者之位，就看谁能找到交叉渠道的优化之术。

（案例来源：南方都市报 记者谢睿报道 2014 年 10 月 15 日星期三）

案例导学

亚马逊是全球经营最好的网络零售企业，从这一案例中我们可以看出，网络零售企业发展趋势——O2O，线上线下渠道融合，提升客户满意度，以达争夺客户的目的。商战已经不是局限在传统市场或者是网络市场，它更是传统零售与网络零售展开的一场轰轰烈烈的战争。亚马逊公司将信息技术与客户需求很好地结合在一起，更多地了解客户行为和偏好，凭借自己的规模、创新、个性化经营，以及一流的客户服务，使自己在竞争中脱颖而出，线上线下零售业之间的交叉渗透正在变得越来越频繁。无论是实体店还是“同日送货”，都是在激烈的商业战争中的突破和创新，都是为时代进步留下的深深脚印，成本、速度、消费者的满意度必将成为这一战争最重要的影响因素。

所谓商业模式，就是企业通过商业运作创造收益的一种方法，它是通常由客户价值、企业资源和能力、赢利方式所构成，包括完整的产品或服务、信息流体系和每一个参与者的利益收益等。对于企业来说，确立一个好的商业模式最为关键和重要。在电子商务中，一般习惯按电子商务过程中参与的对象来划分商业模式，其类型通常可分为 B2B、B2C、C2C、B2G、C2G 等，伴随着信息通信技术的发展，电子商务商业模式在不断创新，又出现了比较热门的 O2O、移动电子商务等。

2.1 B2C 电子商务模式

2.1.1 B2C 电子商务的概念和特点

1. B2C 电子商务的概念

B2C（Business to Customer）电子商务也称网络零售（e-Retailing，e-tailing），是指企业通过网络直接把产品或服务销售给个别消费者的经营模式。零售商实际上就是销售中介，介于制造商和客户之间，它与批发商一起构成了主要的销售渠道。在实体商业环境中，零售是直接通过商店或者厂商的直销店完成的，客户需要亲自去体验选购。伴随着互联网的普及和移动通信技术的应用，人们越来越习惯运用互联网和移动网络获取信息和咨询，制造商、批发商和零售商不再完全依靠传统销售渠道销售产品，开始利用网络直接销售产品，而网络信息传递的快捷便利和低成本为商家节约了很多时间也解决了地域上的限制，网络零售已经成为了普通消费者最为广泛使用的一种购物方式。

据中国电子商务研究中心（100EC.CN）监测数据显示，截止 2013 年 12 月中国网络零售市场交易规模达 18851 亿元，较 2012 年的 13205 亿同比增长 42.8%。2009～2014 中国网络零售市场交易规模如图 2-1 所示。

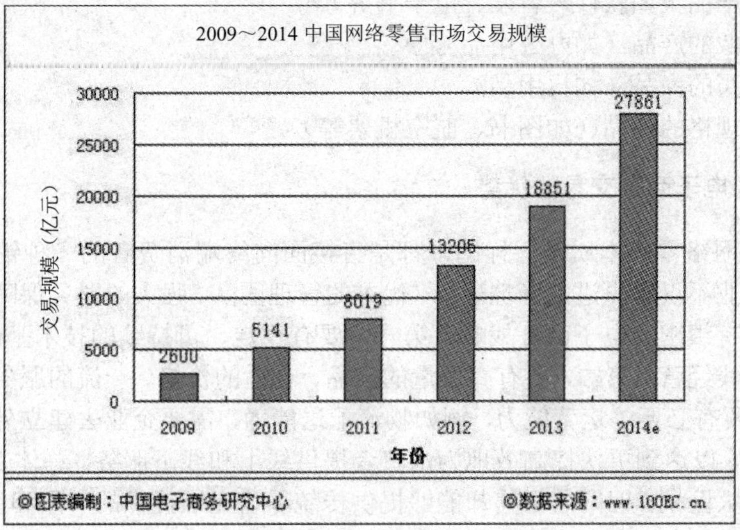

图 2-1　2009～2014 中国网络零售市场交易规模

国内 B2C、C2C 与其他电商模式企业数已达 29303 家，较去年增幅达 17.8%，2014 年达到 34314 家。2013 年中国网络购物市场上，排名第一的依旧是天猫商城，占 50.1%；京东名列第二，占据 22.4%；位于第三位的是苏宁易购达到 4.9%，后续 4～10 位排名依次为：腾讯电商（3.1%）、亚马逊中国（2.7%）、1 号店（2.6%）、唯品会（2.3%）、当当网（1.4%）、国美在线（0.4%）、凡客诚品（0.2%），如图 2-2 所示。（数据来源：2013 年度中国网络零售市场数据监测报告）

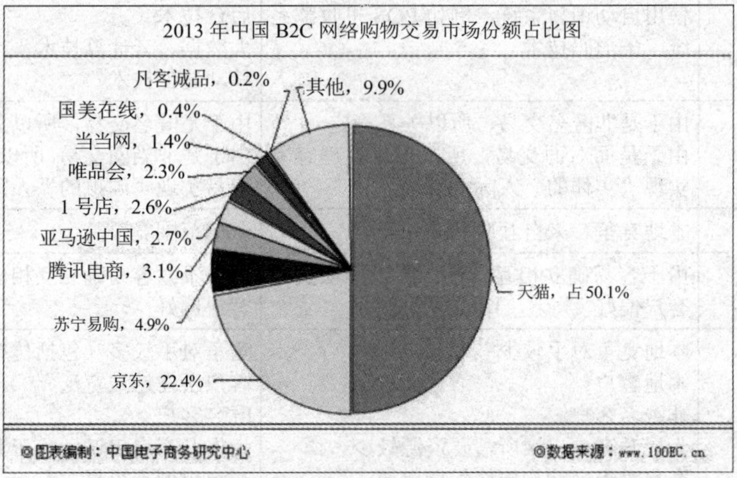

图 2-2　2013 年中国 B2C 网络购物交易市场份额占比图

2. B2C 电子商务的特点

B2C 电子商务模式的特点就是商品完全通过网络的方式进行交易，从消费者到网上挑选和比较商品、网上购物支付、物流配送以及售后服务等，都是通过网络完成的，不进行当面交易，这就要求在线销售的商品符合如下特征：

- 商品有较高的品牌知名度（如戴尔、格力等）。
- 可靠的商家提供质量保证的商品（如亚马逊、沃尔玛、海尔商城等）。
- 数字化产品（如软件、音乐、电子书等）。
- 价格较低的产品（如办公用品）。
- 经常购买的商品（如日用品）。
- 有标准规格的商品（如图书、航空机票等）。

2.1.2 B2C 电子商务交易的优势

传统零售和网络零售本质是一样的，都是直接面向终端消费者的一种销售模式，但是，网络零售要求企业不仅有先进的管理理念、优秀的管理团队、强大的财务保障和对竞争环境的正确把握，还要有缜密的电子商务战略。第一，要有稳定、可持续的技术基础支持 B2C 电子商务的在线和离线经营。第二，要有高质量的产品、合适的价格、一流的服务以及跨渠道合作和整合。第三，要有必要的运营能力，例如物流配送能力，需要企业去建立外部战略联盟或自建物流配送体系，以达到更快捷高效地为消费者提供线上和线下服务。总体来说，网络渠道和传统渠道没有多大区别，但网络零售却能够提供传统零售无法提供的产品和服务。表 2-1 显示的传统零售业务和网络零售业务的差异，以及它们各自的优势。

表 2-1 传统零售业务与网络零售业务的对比

影响因素	传统零售业务	网络零售业务
业务扩张	通过增加场地和空间扩张业务 加大营销力度，把潜在购物者变为实际购物者	通过增加服务器容量和配送能力扩张业务 加大营销力度，把网站浏览者变为实际购物者
技术	使用自动销售系统，例如 POS 机收款系统、条形码技术	前台技术 后台技术 大数据、云计算技术 移动通信技术
客户关系	由于是非匿名交易，所以关系稳定 由于是面对面交易，所以争议处理容易 实现“实体的”人际关系	由于是匿名交易，所以关系不太稳定 由于是非当面交易，所以交易争议处理不太容易 实现“虚拟的”人际关系
竞争	本地竞争、来自互联网商家竞争	全球范围竞争
对购物者偏好了解	由于容易确立相互信任，所以不太关注客户偏好	由于不太容易确立互相信任，所以比较关注客户偏好
客户基础	本地竞争对手较少 本地客户 非匿名客户 为提升客户忠诚所需要资源较少 客户对未来购物依然保持忠诚	竞争对手较多（包括传统市场竞争对手） 客户所在地域宽泛 匿名客户 为提升客户忠诚所需资源较多 客户忠诚不牢靠

续表

影响因素	传统零售业务	网络零售业务
供应链成本	较高，影响公司的发展	较低
定制化与个性化	成本很高，速度很慢	成本较低，速度较快
价格变化与价格歧视	代价较大，甚少使用	代价较低，随时可以使用（价格比）
对市场发展趋势的适应性	较迟缓	较迅速

从以上对比中可见，网络零售业务对网络买卖双方都有很大的优势。

网络卖家所拥有的优势：产品成本低，竞争优势明显；突破了时间和空间的限制，增加了客户资源；价格公开透明，能快速调整价格和商品目录，提高了竞争优势；供应链成本低；能快速准确地向消费者传递信息，降低了客服成本；对客户需求、投诉、偏好等反应快速，提升消费者满意度；提供个性化服务和定制服务；较低的成本负担可以支撑与大公司相竞争；能更好地了解客户，加强与客户的沟通与交流；可以同时与客户进行多领域的沟通；可以接触到传统渠道难以接触到的客户资源等。

网络买家所拥有的优势：产品、服务的价格较低；能够找到本地店铺没有的商品和服务；能够在全球范围内购买，对商品的价格和服务进行比较；购物不受时空的限制；不用亲自去实体店选购商品，节约了时间成本和体力；能够购买到稀缺的收藏品；可以参加团购、社交商务活动等。

2.1.3　B2C 电子商务的商业模式

1. B2C 电子商务在企业电子商务中的位置

分析商业模式的一个重要问题就是要弄清楚企业在一条价值链中处于什么位置，也就是说企业通过什么方式为产品或服务提升价值。

在商务生态系统中，零售是分销渠道的最终环节，直接面对个人消费者市场，连接消费者，完成产品最终实现价值的任务，是商务活动中最关键的环节。网络零售在企业电子商务过程中的重要位置如图 2-3 所示。

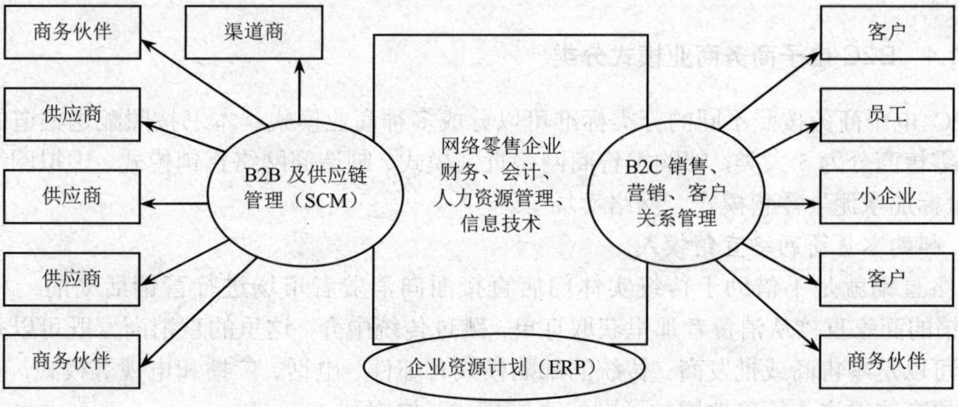

图 2-3　网上购物流程图

2. B2C 电子商务系统功能结构分析

B2C 电子商务企业的特点是要面对大数量的客户，如何从寻找客户开始，到完成客户洽谈、订货、配送、支付、开据发票等，进而将信息流、资金流和物流在电子商务应用中完整地实现。

一个完整的 B2C 流程包括网上商场、物流配送、资金支付及安全认证等方面，在具体的使用过程中，B2C 电子商务系统具体可分为前台和后台，前台主要面向消费者购物使用，提供有效的商品信息及购物服务，如商品查询、电子支付、购物管理、订单跟踪、售后服务、产品定制与导购、消费积分、优惠打折等；后台主要用于商家的业务管理，如产品管理、营销管理、订单管理、折扣管理、支付管理、流量管理、数据分析与备份、会员管理、广告管理、配送管理、定制管理、管理员账户管理等。如图 2-4 所示为 B2C 电子商务功能结构分析图。

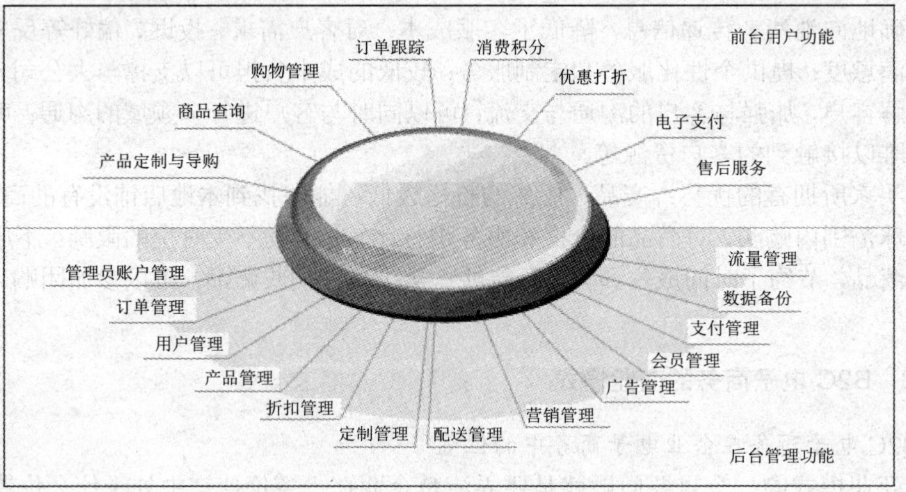

图 2-4 B2C 电子商务功能结构分析图

3. B2C 电子商务的一般交易流程

按照以上 B2C 电子商务系统功能分析结果来看，按照交易对象不同可以把 B2C 电子商务交易流程划分为消费者网上购物流程和商家 B2C 后台订单处理流程两个部分，如图 2-5、图 2-6 所示。

2.1.4 B2C 电子商务商业模式分类

B2C 电子商务按照不同的分类标准可以分成多种商业模式，本书按照配送渠道的不同，把网络零售商分为 5 大类，邮购零售商网络直销模式、制造商网络直销模式、虚拟网络零售模式、“鼠标加水泥”零售模式、网络卖场等。

1. 邮购零售商网络直销模式

网络直销就是不借助于传统实体门店直接面向消费者市场进行营销活动的一种商务模式，直销的商家直接从消费者那里获取订单，跳过传统中介。这里的直销商家既可以是商品制造商也可以是零售商或批发商。传统的邮购模式有邮件、电话、广播和电视等模式，有些传统商家在原有的渠道上简单地增加了网络直销模式，如安利（http://www.amway. com.cn/）。很多知名企业或品牌利用他们的优势开展网络直销相对更容易，因为他们有完整的支付系统、完善的商品目录管理系统和仓储、订单执行管理系统，有传统市场积累了品牌知名度和美誉度，有消费者的信任和一部分忠实顾客群。

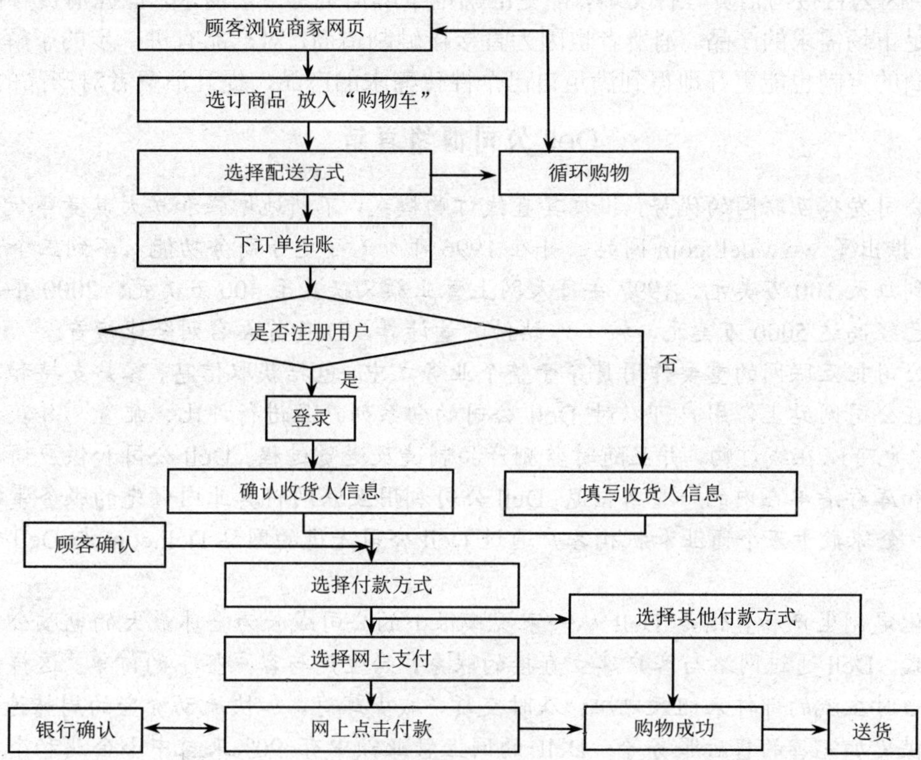

图 2-5　网上购物流程图（前台）

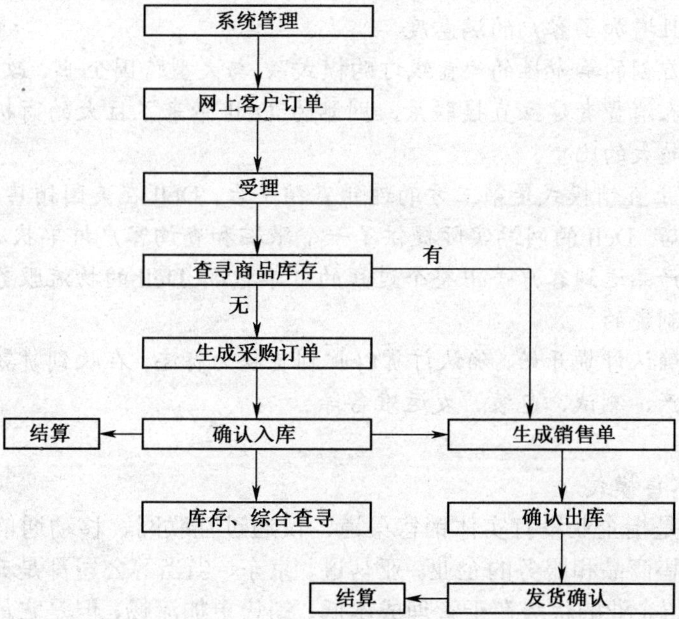

图 2-6　网上购物流程图（后台）

2. 制造商网络直销模式

制造商利用公司官网或网上商城直接向消费者开展销售活动，如戴尔、耐克、海尔等企业。制造商因为直接与消费者打交道，能更准确地了解消费者市场需求，把握消费者偏好生产更能够满足市场需求的产品。消费者也因为直接接触制造商，对产品有进一步的了解，特别是通过制造商的定制也能更好地得到满足自己个性化需求的产品，提升消费者对产品的满意度。

Dell 公司网络直销

Dell 公司发挥互联网的优势，推广其直线订购模式，不断地增强和扩大其竞争优势。公司在 1994 年推出了 www.dell.com 网站，并在 1996 年加入了电子商务功能，不到三个月网上营业额就达到每天 100 万美元；1997 年每天网上营业额又跃升至 400 万美元；2000 年每天的网上营业额已经高达 5000 万美元，按工作站付运量计算，Dell 首次名列全球榜首。

Dell 公司把互联网的重要作用贯穿于整个业务之中，包括获取信息、客户支持和客户关系的管理。在公司网站上，用户可以对 Dell 公司的全系列产品进行评比、配置，并获知相应的报价。用户也可以在线订购，并且随时监测产品制造及送货过程。Dell 公司和供应商共享包括产品质量和库存清单在内的一整套信息。Dell 公司利用互联网将其业内领先的服务带给广大客户。例如，全球数十万个商业和机构客户通过 Dell 公司先进的网站 Dell.com 与 Dell 公司进行商务往来。

数字化定制生产和直销是 Dell 从一家规模很小的公司成长为全球最大的电脑公司最重要的经营模式。Dell 通过网络与客户建立直接的联系，只生产与客户签下的订单。这样做的好处是可以用当时主流的部件来组装电脑；及时交货，减少库存，加快流动资金的周转速度，降低成本；提供更加完善的售后服务等。Dell 的网上营业额中有 90%来自中小企业和个人用户，尽管需求千差万别，但 Dell 每台电脑都是根据客户的具体要求组装生产，以低于竞争者的价格向客户提供个性化的服务，将交货时间从原来的一周缩短到 1～2 天，这不仅显著地降低了生产经营成本，而且增加了客户的满意度。

Dell 公司通过首创的革命性的“直线订购模式”，与大型跨国企业、政府部门、教育机构、中小型企业以及个人消费者建立直接联系。网站为 Dell 带来了巨大的商机，并且在企业的整个业务中占据越来越大的比重。

Dell 采用的网上直销模式是第三方的连锁直销平台。Dell 在美国销售更多的是依靠网络，基本上可以不要门店。Dell 的网站实际提供了一个跟踪和查询客户订单状况的接口，客户可以查询从订单发出到产品送到客户手中整个过程的订单状况。Dell 的物流服务也是配合定制生产和直销这一政策而制定的。

Dell 的物流从确认订货开始，确认订货以收到货款为标志，在收到货款之后需要两天时间进行生产准备、生产、测试、包装、发运准备等。

3. 虚拟网络零售模式

虚拟网络零售是指企业没有实体销售渠道，仅通过互联网、移动通信网络等电子商务方式直接向消费者销售商品和服务的企业。亚马逊、京东、当当等公司都是典型的虚拟网络零售企业。虚拟网络零售企业的优势在于管理成本低、销售更加流畅，但是它最大的缺陷没有实体店，有的甚至没有实体的配送系统来支撑网络商务活动的运营。

小案例

亚马逊公司（Amazon，简称亚马逊；NASDAQ：AMZN），是美国最大的一家网络电子商务公司，位于华盛顿州的西雅图。公司是在 1995 年 7 月 16 日由杰夫 · 贝佐斯 Jeff Bezos）成立的，一开始叫 Cadabra。性质是基本的网络书店，是网络上最早开始经营电子商务的公司之一，一开始只经营网络的书籍销售业务，现在则涉及了范围相当广的其他产品，已成为全球商品品种最多的网上零售商和全球第二大互联网企业，在公司名下，也包括了 Alexa Internet、a9、Lab126 和互联网电影数据库（Internet Movie Database，IMDB）等子公司。2004 年 8 月亚马逊全资收购卓越网，使亚马逊全球领先的网上零售专长与卓越网深厚的中国市场经验相结合，进一步提升客户体验，并促进中国电子商务的成长。2013 年，亚马逊凭借其云服务的出色表现，著名 IT 开发杂志 SD Times 将其评选为 2013 SD Times 100，位于“API、库和框架”分类排名的第二名，“云方面”分类排名第一名，“极大影响力”分类排名第一名！2014 年推特与亚马逊联手，开放用户从旗下微网志服务的推文直接购物，以增加电子商务的方式保持会员黏着度，同年亚马逊推出了自己的信用卡刷卡器 Amazon Local Register，进一步向线下市场扩张。

4. “鼠标加水泥”零售模式

所谓的“鼠标加水泥”零售是指传统零售商与在线交易网站相结合的一种零售模式。过去人们把传统企业开发自己的企业网站作为辅助经营手段，这种模式称为“鼠标加水泥”零售模式（例如沃尔玛、苏宁易购、国美在线等），但是现在也有一些成功经营的网络零售商自己创办实体店铺，利用网络环境建立的品牌优势支撑实体门店的传统经营（例如网络零售的先驱、专售计算机的戴尔公司也开设了实体店）。在数字经济环境下，“鼠标加水泥”零售同时经营实体门店、电话销售、网络销售、移动终端销售等商业模式。

小案例：苏宁易购

2009 年苏宁电器网上商城全新改版升级并更名为苏宁易购，8 月 18 日新版网站进入试运营阶段。现在苏宁易购属于苏宁集团旗下新一代 B2C 网上购物平台，现已覆盖传统家电 3C、红孩子母婴、运动户外等品类。未来苏宁易购将依托强大的物流、售后及信息化支持，快速发展，成为中国领先的 B2C 平台之一。2011 年，苏宁易购将强化虚拟网络与实体店面的同步发展，不断提升网络市场份额。近几年来，苏宁易购将依托强大的物流、售后服务及信息化支持，继续保持快速的发展步伐。

5. 网络卖场

网络卖场有两大类，一类是商业目录卖场，另一类是服务共享卖场。

商业目录卖场即按照商品种类组成的一组商业目录。网站上的商品目录或者旗帜广告对商品或是店家进行广告。用户点击商品或是某个店铺的时候，通过链接转换到销售商的店铺，然后完成交易。

2.1.5 B2C 电子商务交易盈利模式

不同的 B2C 电子商务网站的企业其盈利模式是不同的，B2C 电子商务企业所实现的营业收入大多数是企业在价值链过程中自身创造的，常见的收益模式有以下几种：

1. 产品销售营业收入模式

以产品交易作为收入主要来源是多数 B2C 网站采用的模式。这种 B2C 网站又可细分为两种：销售平台式网站和自主销售式网站。

（1）销售平台式网站

网站并不直接销售产品，而是为商家提供 B2C 的平台服务，通过收取虚拟店铺出租费、交易手续费、加盟费等来实现盈利。阿里巴巴 B2C 购物平台——天猫商城就是其典型代表。天猫商城这一 B2C 电子商务平台，收取加入商城商家一定费用，并根据提供服务级别的不同收取不同的服务费和保证金。

（2）自主销售式网站

与销售式不同，自主销售式需要网站直接销售产品。与销售平台相比运营成本较高，需要自行开拓产品供应渠道，并构建一个完整的仓储和物流配送体系或者发展第三方物流加盟商，将物流服务外包。

2. 网络广告收益模式

网络广告收益模式是互联网经济中比较普遍的模式，B2C 网站通过免费向顾客提供产品或服务吸引足够的“注意力”从而吸引广告主投入广告，通过广告盈利。相对于传统媒体来说，广告主在网络上投放广告具有独特的优势：一方面，网络广告投放的效率较高，一般按照广告点击的次数收费。另一方面，B2C 网站可以充分利用网站自身提供的产品或服务的不同来分类消费群体，对广告主的吸引力也很大。

3. 收费会员制收益模式

B2C 网站对会员提供便捷的在线加盟注册程序、实时的用户购买行为跟踪记录、准确的在线销售统计资料查询及完善的信息保障证等。收费会员是网站的主体会员，会员数量在一定程度上决定了网站通过会员最终获得的收益。网站收益量大小主要取决于自身推广努力。比如网络可以适时地举办一些优惠活动并给予收费会员更优惠的会员价，与免费会员形成差异，以吸引更多的长期顾客。

4. 网站的间接收益模式

除了能够将自身创造的价值变为现实的利润，企业还可以通过价值链的其他环节实现盈利。

（1）网上支付收益模式

当 B2C 网上支付拥有足够的用户，就可以开始考虑通过其他来获取收入的问题。以淘宝为例，有近 90%的淘宝用户通过支付，带给淘宝巨大的利润空间。淘宝不仅可以通过支付宝收取一定的交易服务费用，而且可以充分利用用户存款和支付时间差产生的巨额资金进行其他投资盈利。

（2）网站物流收益模式

我国 B2C 电子商务的交易规模已经达到数百亿元，由此产生的物流市场也很大。将物流纳为自身的服务、网站的服务，网站不仅能够占有物流的利润，还使得用户创造的价值得到增值。不过，物流行业与互联网信息服务有很大的差异，B2C 网站将物流纳为自身服务的成本非常高，需要建立实体配送系统，而这需要有强大的资金做后盾，而大多数网站根本很难做到。

2.2　B2B 电子商务

2.2.1　B2B 电子商务的概念和特点

1. B2B 电子商务的概念

B2B 电子商务（Business-to-Business）指的是各企业之间通过网络开展的交易活动。这种交易有的是在企业与供应商之间进行，有的则是企业与政府机构或是与其他各类企业之间的交易。B2B 电子商务的主要特征就是企业通过网络自动地开展交易，或是通过网络进行沟通、协作，目的是对经营、管理的持续优化，B2B 电子商务有时候并不一定通过互联网。企业开展 B2B 电子商务可以实现很多任务，如降低企业运营成本，提升竞争优势，利用互联网平台协调与供应商、客户之间的关系，减少履约延误的现象，利用先进技术整合企业内外的各种优势资源等。

2013 年中国 B2B 电子商务市场交易额达 8.2 万亿元，同比增长 31.2%。企业规模：截至 2013 年 12 月，我国 B2B 电子商务服务企业达 12000 家，同比增长 5.7%。市场营收：2013 年中国 B2B 电子商务服务商的营收规模约为 205 亿元，同比增长 28%。用户规模：截至 2013 年 12 月，国内使用第三方电子商务平台的中小企业用户规模（包括同一企业在不同平台上注册但不包括在同一平台上重复注册）已经突破 1900 万。

市场份额：中国电子商务研究中心（100EC.CN）监测数据显示，2013 年 B2B 电子商务服务商营收（包括线下服务收入）份额中，阿里巴巴继续排名首位，市场份额为 44.5%。接下来的排名分别为：上海钢联（我的钢铁网）、环球资源、慧聪网、焦点科技（中国制造网）、环球市场、网盛生意宝分别位列第二至第七位，分别占比：10.6%、7.1%、3.6%、2.4%、1.7%、1.3%，如图 2-7 所示。

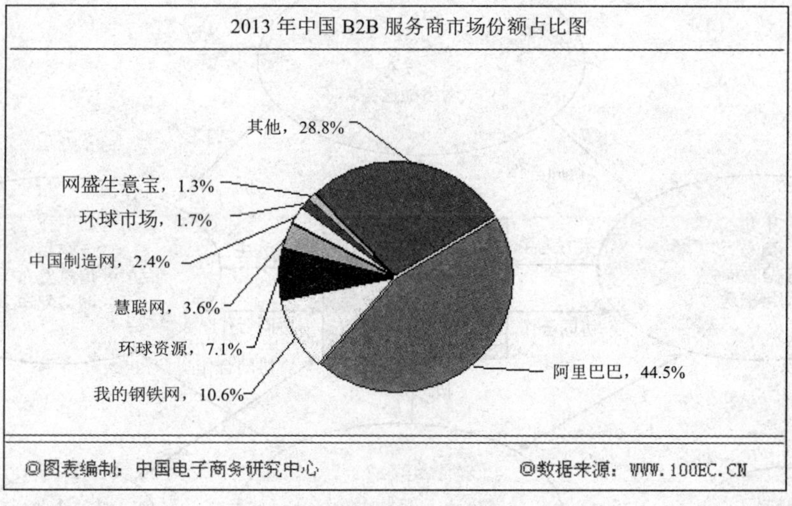

图 2-7　2013 年中国 B2B 服务商市场份额占比图

2. B2B 电子商务的特征

（1）交易各方：卖方、买方、中介

B2B 电子商务可以在制造商与客户之间直接进行，也可以通过网络中介进行。中介是指第三方，尤其在买卖双方间撮合交易。中介可以是虚拟的，也可以是水泥鼠标式的双渠道中介，如为个体消费者提供服务的中介也适用于企业客户。将买家和卖家集成在一起的网络平台，就是典型的 B2B 电子商务中介。

案例资料

"阿里巴巴国际站"是属于综合类 B2B 电子商务网站，帮助中小企业拓展国际贸易的出口营销推广服务，其战略宗旨为"用国际资本打造国际市场，培育国内电子商务市场"。它基于全球领先的企业间电子商务网站阿里巴巴国际站贸易平台，通过向海外买家展示、推广供应商的企业和产品，进而获得贸易商机和订单，是出口企业拓展国际贸易的首选网络平台。"阿里巴巴国际站"提供一站式的店铺装修、产品展示、营销推广、生意洽谈及店铺管理等全系列线上服务和工具，帮助企业降低成本、高效率地开拓外贸大市场。其核心价值是：买家可以寻找搜索卖家所发布的公司及产品信息、卖家可以寻找搜索买家的采购信息、为买卖行为提供了沟通工具、账号管理工具。

（2）B2B 交易类型：企业的采购形式

B2B 电子商务交易有现场采购及战略采购两种主要形式。现场采购指的是一旦有需求就购买商品或服务，购买的价格就是随行就市。买卖双方不一定要预先建立合作关系。股票交易和期货交易都属于现场采购的形式。战略采购则是基于长期合同的购买活动，买卖双方建立在契约关系上的合作关系，买卖双方经过相互了解、磋商建立起来的长期的贸易往来。现场采购在公共交易网站上比较容易实现。而战略采购则需要经过买卖双方面对面的谈判，这种谈判可以是在线进行也可以离线进行，谈判可以在企业自己的场所进行，也可以在公共交易场所的谈判室里进行。B2B 电子商务的各种构成要素如图 2-8 所示。

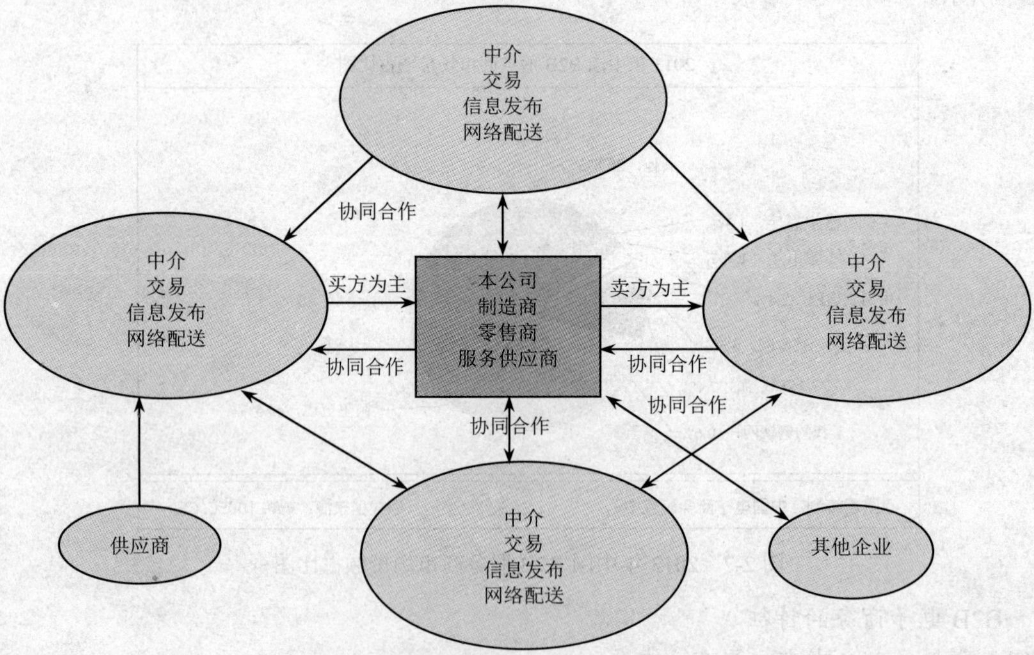

图 2-8 构成 B2B 电子商务的各种要素

（3）交易商品的类型：企业采购什么

B2B 电子商务交易主要采购两种商品：直接材料和间接材料。所谓直接材料是指直接用于生产的材料，例如生产汽车的钢材、印刷书籍的纸张等。直接材料的特征是一般可以预测和计划。它们一般上架销售，采购量很大，而且采购前要为交易条件进行长时间的讨价还价。

间接材料是生产、经营的辅助材料，例如办公用品、照明灯泡等。企业用它们来开展维修、日常经营等，可以称之为非成产物资。

（4）交易的方向

B2B 电子商务市场可以分为垂直市场和水平市场两种。垂直市场是只针对一个行业或行业细分的市场，例如电子产品市场、汽车市场、医疗设备市场、钢材市场、化工产品市场等。水平市场则是供应各个行业都能使用的商品、服务的市场，例如办公用品市场，旅游服务市场，服装批发市场等。

B2B 电子商务交易的特征如表 2-2 所示。

表 2-2　B2B 电子商务交易的特征

交易各方	交易的类型
买卖双方直接交易	现场采购
通过中介交易	战略采购
B2B2C	
销售的商品	交易的方向
直接材料和易耗品	垂直方向
用于维修保养的间接材料	水平方向
参与的企业数及企业参与的形式	开放程度
一对多：卖方市场	企业交易平台有限参与
多对一：买方市场	企业交易平台有限参与
多对多：多方交易市场	企业交易平台不限参与
多家相关企业协同合作或供应链	企业交易平台可以发挥公共交易平台的作用

3. B2B 电子商务交易的优势

B2B 电子商务的交易方式买卖双方能够在网上完成整个业务流程，从建立最初印象，到货比三家，再到讨价还价、签单和交货，最后到客户服务，无须当面进行，均通过计算机网络完成，整个交易完全虚拟化。B2B 电子商务的优势首先在于交易成本大大降低，具体表现在以下方面：

（1）距离越远，网络上进行信息传递的成本相对于信件、电话、传真的成本而言就越低。此外，由于缩短了时间及减少了重复的数据录入，从而也降低了信息成本。

（2）买卖双方通过网络进行商务活动，无须中介者参与，减少了交易的有关环节。

（3）卖方可通过互联网络进行产品介绍、宣传，避免了在传统方式下做广告、发印刷品等大量费用。

（4）电子商务实行“无纸贸易”，这样可以大大减少文件处理费用。

（5）互联网使得买卖双方即时沟通供需信息，使无库存生产和无库存销售成为可能，从而使库存成本显著降低。

B2B 交易减少了交易环节和大量的订单处理，缩短了从发出订单到货物装运的时间，提高了交易效率，促使企业取得了竞争优势。

B2B 电子商务还使得贸易双方的交流更为便捷，大大降低了通信的往来费用，简化了业务流程，节约了大量的时间成本与传输成本。除此之外，通过 B2B 电子商务，供应链伙伴之间更加紧密地联系在一起，大大改善了销售预测与库存管理，降低了整个供应链的库存成本，从而提高了企业生产率，优化资源配置，赢得竞争优势。

2.2.2 B2B 电子商务交易模式

B2B 电子商务有多种交易模式。这里把它分为三种模式：以企业为中心的交易模式、多对多的市场交易模式、其他交易模式。

1. 以企业为中心的交易模式

在以企业为中心的交易模式中，由一家企业进行所有的销售，称为卖方市场；由一家企业进行所有的购买，称为买方市场。

（1）卖方市场

下面介绍卖方市场两种主要的交易模式：直销和正向拍卖。

1）直销

卖方市场是企业通过基于 Web 的私有销售渠道（通常通过外联网）向客户提供商品。小型企业一般使用因特网，并采取一定的加密手段。卖方可以是制造商或中间商（制造商必须是实体，而中间商可以是虚拟的），向批发商、零售商和大企业直接销售，即一个卖家对多个潜在的买家进行销售。

在线销售商可以提供智能化客户服务，从而节省费用。如通用电气公司每年接到 2000 万个关于其产品的求助电话，其中绝大部分来自个人用户，也有许多来自企业。通过使用因特网和自动应答软件代理，每个电话应答的成本从 5 美元降低到了 0.2 美元。

同时企业可以通过在线目录进行直销。可以为所有客户提供一个目录，或者为每位客户定制目录。许多销售商为主要客户提供独立的页面和目录。

直销模式的成功案例包括戴尔、因特尔、IBM 和思科。现在有越来越多的企业在采用这种模式。如果企业在市场上有良好的声誉和足够多的忠诚客户，那么直销模式就有可能取得成功。

2）正向拍卖

一些企业将物品展示在拍卖网站上，以求物品迅速售出，这种拍卖也可称为正向拍卖。如通用公司在自己的网站上通过拍卖的方式出售资本资产。

正向拍卖方式可以为卖家带来以下好处：

带来收入。新的销售渠道可以支持并扩展在线销售，并为企业处理过剩、废弃和报废的物品提供了一个新的场所。

增加浏览量。拍卖给网站带来了“黏性”，参加拍卖的客户会在网站上花费更多的时间，带来更多的页面浏览量。

争取和留住成员。所有竞标活动会带来新的注册成员。

正向拍卖有多种类型。企业可在自己的网站上进行拍卖，这种方式往往适合于一些资金及技术实力较强的大企业，如通用公司；企业也可通过中介（如一些 B2B 的拍卖网站）来进行拍卖，这种方式比较适用于中小企业，因为它对资源没有要求，且实现时间较短。

（2）买方市场

B2B 独有的一项特色是买方市场及其在采购方面的应用。当买方进入卖方市场后，其采购部门必须将订单手工输入到信息系统中。而且，在电子商店或电子商城中搜索和比较供应商及产品的速度慢且成本高。因而，一些大型买方企业开放自己的市场，我们称之为买方市场。在这种模式下，买方企业在自己的服务器上开设电子市场，邀请潜在的供应商对自己所需的产品进行投标。这种模式可以称为反向拍卖、招标或竞标模式。

在电子采购的使用中，通过将采购职能自动化和精简化，采购人员可以将注意力集中在更具战略性的采购上，以提高采购的效率，通过产品标准化和集中采购来降低购买价格及采购费用，改进信息流和管理，尽量减少从非合同供应商处采购，减少购买和运输过程中的错误，发现更好的供应商。

在大型采购中最常见的模式是反向拍卖。有众多企业采用反向拍卖的模式。如有的企业邀请供应商对网站上的零件进行投标。政府和大企业经常采用这种模式，因为它会节省一笔可观的费用。

反向拍卖可以在企业的网站上进行。另外，和正向拍卖一样，反向拍卖也以通过第三方中介来进行。如通用电气公司的 TPN 在线采购系统同时向其他买家开放自己的竞标网站，这样其他买家就可以借助这一竞标网站发布自己的询价请求。因此，TPN 网站可以被视为一家中介市场。

2. 多对多市场模式

与前面提到的以企业为中心的 B2B 交易模式不同，多对多市场模式包括许多卖家和许多买家。它们都是公开的电子商场，有许多称呼和多样化的功能，如电子商场、交易所交易社区、B2B 门户网站等。

“交易所”一词经常被用来描述多对多的电子商场，因此，在本书中使用“交易所”来描述多对多电子交易市场。

（1）交易所的分类

交易所的分类有多种方式，本书根据面向对象的不同将交易所分为水平交易所和垂直交易所。

1）水平 B2B 电子商务交易所

水平交易所可以将买方和卖方集中到一个市场上来进行信息交流、广告、拍卖竞标、交易、库存管理等。如阿里巴巴、环球资源网等都属于水平 B2B 交易所。之所以用“水平”这一概念，主要是指这种网站的行业范围广，很多的行业都可以在同一个网站上进行贸易活动。

水平交易所可以产生很多的利润流。通常情况下，如果水平交易所将眼光放在广告上，那么可以有一个很好的盈利的机会。另外，水平交易所通常会举办网上拍卖会，这样它可以向成交的卖方收取一定比例的交易费。水平交易所还可以靠出售网上店面来赚钱。除此之外，水平交易所还可以自己开展电子商务，从商务活动中直接赚钱。

网络商品中介交易是通过网络商品交易中心，即通过虚拟网络市场进行的商品交易。这是水平 B2B 电子商务的一种主要形式。在这种交易过程中，网络商品交易中心以因特网为基础，利用先进的通信技术和计算机软件技术，将商品供应商、采购商和银行紧密地联系起来，为客户提供市场信息、商品交易、仓储配送、货款结算等全方位的服务。

通过网络商品中介进行交易具有许多突出的优点。

第一，网络商品中介为买卖双方展现了一个巨大的世界市场。以中国商品交易中心为例，这个中心控制着从中心到各省分中心、各市交易分部及各县交易所的所有计算机系统，构成了覆盖全国范围的“无形市场”。这个计算机网络能够储存中国乃至全世界的几千万个品种的商品信息资料，可联系千万家企业和商贸单位。每一个参加者都能够充分地宣传自己的产品，及时地沟通交易信息，最大限度地完成产品交易。这样的网络商品中介机构还通过网络彼此连接起来，进而形成全球性的大市场。这个市场是由国际消费者组成的，而且其数目仍以每年 70% 的速度递增。

第二，网络商品交易中心可以有效地解决传统交易中“拿钱不给货”和“拿货不给钱”两大难题。在买卖双方签订合同前，网络商品交易中心可以协助买方对商品进行检验，只有符合质量标准的产品才可入网。这就杜绝了商品“假、冒、伪、劣”的问题，使买卖双方不会因质量问题产生纠纷。合同签订后便被输入网络系统，网络商品交易中心的工作人员开始对合同进行监控，观察合同的履行情况。如果出现一方违约现象，系统将自动报警，合同的执行就会被终止，从而使买方或卖方免受经济损失。如果合同履行顺利，货物到达后，网络商品交易中心的交割员将协助买方共同验收。买方验货合格后，在 24 小时内将货款转到卖方账户方可提货，卖方也不用再担心“货款拖欠”现象了。

第三，在结算方式上，网络商品交易中心一般采用统一集中的结算模式，即在指定的商业银行开设统一的结算账户，对结算资金实行统一管理，有效地避免了多形式、多层次的资金截留、占用和挪用，提高了资金的风险防范能力。这种指定委托代理清算业务的承办银行大都以招标形式选择，有商业信誉的大商业银行常常成为中标者。

第四，网络商品交易中心仍然存在一些问题需要解决：目前的合同文本还在使用买卖双方签字交换的方式，如何过渡到电子合同，并在法律上得以认证，尚需解决有关技术和法律问题；整个交易涉及的资金二次流转及税收问题仍需认真研究；信息资料的充实也有待于更多的企业、商家和消费者参与；整个交易系统的技术水平如何与飞速发展的计算机网络技术保持同步，则是在网络商品交易中心起步时就必须考虑的，如图 2-9 所示。

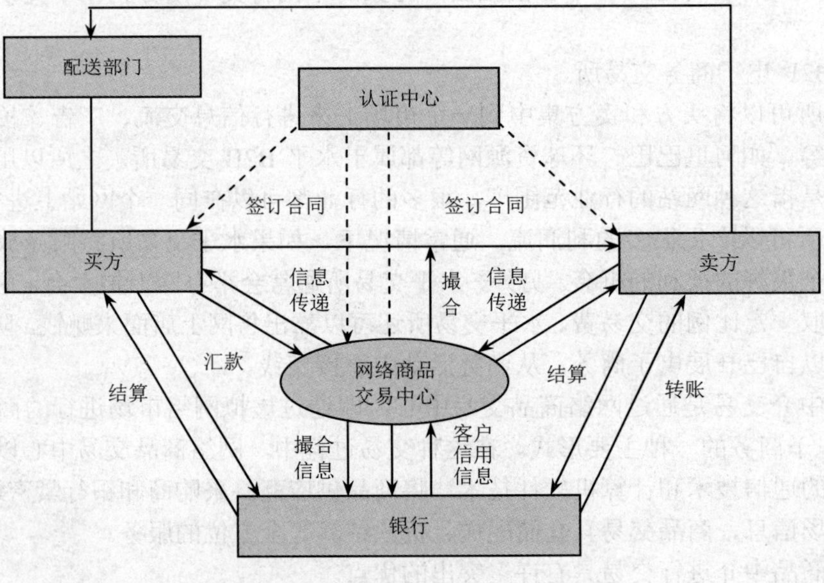

图 2-9 网络商品中介交易的流转程式

网络商品交易中心的流转程式如下所述，

买卖双方将各自的供应和需求信息通过网络传递给网络商品交易中心，网络商品交易中心通过信息发布服务向参与者提供大量的、详细准确的交易数据和市场信息；

买卖双方根据网络商品交易中心提供的信息选择自己的贸易伙伴；

网络商品交易中心从中撮合，促使买卖双方签订合同；

买方在网络商品交易中心指定的银行办理转账付款手续；

指定银行通知网络交易中心买方货款到账；

网络商品交易中心通知卖方将货物发送到设在买方最近的交易中心配送部门；

配送部门送货给买方；

买方验证货物后通知网络商品交易中心货物收到；

网络商品交易中心通知银行买方收到货物；

银行将买方货款转交卖方；

卖方将回执送交银行；

银行将回执转交买方。

2）垂直 B2B 电子商务交易所

垂直 B2B 电子商务交易所可以分为两个方向，即上游和下游。生产商或商业零售商可以与上游的供应商之间形成供货关系，比如 Dell 计算机公司与上游的芯片和主板制造商就是通过这种方式进行合作。生产商与下游的经销商可以形成销货关系，比如 Cisco 与其分销商之间进行的交易。

不同行业的 B2B 电子交易所在功能上可能有一定的差别，但总的来说仍然属于信息发布平台类网站。例如，易创化工网是中国化工行业一个功能较完善、信息较全面的互联网在线交易网络，为用户提供一个开放式、全天候的中外化工供求交流的平台，用户除了可以在公告板上免费发布商业信息外，还开设有在线拍卖和在线招标两种双向竞价模式；中国钟表网除了提供供求信息发布、会员网站链接等服务外，还为会员提供录入、管理资料等服务项目；中国粮食贸易网则集成了网上采购、拍卖、网上交易等一系列功能，网站则收取年度会员费。因此垂直 B2B 交易所除了在行业集中方面与综合 B2B 交易平台不同外，二者的经营模式基本相同。

由于垂直交易所的专业性强，因此其面临的客户很多都是本行业的，潜在购买力强，其广告的效用也会比较大。也正因为如此，垂直交易所的广告费较水平网站要高。假如其广告的千次点击（CPM，Cost per Thousand Impressions）费用是 200 美元，即广告每被点击一千次便会向客户收取 200 美元。除了旗标广告外，垂直交易所还可以通过产品列表以及网上商店门面收费。

同水平交易所一样，垂直交易所也可以举办一些拍卖会，并向交易成功的卖方收取一定比例的交易费。此外还可以收取客户的信息费，即数据库使用费。

垂直交易所成功的最重要的因素是专业技能。一个垂直网站面对的是一个特定的行业、特定的专业领域，因此，网站本身应该对这个领域相当熟悉。

典型垂直交易所的创始人往往对专业技能非常熟悉，他们通常是采购经理、技术部门负责人或者顾问。他们能够洞察全行业的内外需求，能一针见血地指出各家“进场入市”企业的需要，并向他们提供灵活有效的各种解决方案。

垂直交易成功的另一个因素是传统行业的低效率。传统行业的中间环节越多，环节链接效率越低，该行业的垂直网站就越有机会整合其中间环节，因此也就越容易成功。

垂直交易所吸引着更合格、更狭窄且经过预选的参与者，这种市场一旦形成，就具有极大的竞争优势。所以，垂直网站更有聚集性、定向性，他们较喜欢吸收团体会员，以便于建立起忠实的用户群体，吸引固定的回头客。结果，垂直网站形成了一个集约化市场，且客户也多是有效客户。因此这类电子市场是有价值的市场，他们拥有真正有效的购买者。

运作垂直交易所需要较深的专门技能。专业化程度越高的网站，越需要投入昂贵的人力资本来处理很狭窄的、专门性的业务，发挥该虚拟市场的商业潜能。

垂直交易所面临的最大挑战是很难转向多元化经营或向其他领域渗透，这是由于其具备鲜明行业特征的专门知识和客户关系所决定的。

（2）交易所的所有权

交易所所有权有以下三种基本模式：

1）行业巨头。由一家制造商、分销商或经纪商建立并经营交易所。IBM 就是一个例子。IBM 建立了一个交易所用于出售专利，它将自己的 25000 多项专利放在网上进行销售。

2）中立主办者。由第三方中介建立交易所，并承诺高效和公正地运营交易所。韩国三星公司就拥有多家交易所，其中一家专门用于鱼类产品交易。

3）行业联盟或合作社。行业中多家公司集合在一起，并规定没有一家企业可以控制交易所，这样大家都可以获益，Covisint 就是这样一家交易所。

（3）交易所成功的关键

根据著名的管理咨询公司——麦肯锡公司的观点，下列五个因素将是 B2B 交易所成功的关键。

1）早期流动性。流动性是指开展的业务量。企业越早达到必要的流动性程度，就越有机会生存下去。在交易所进行交易的买家越多，愿意参与的供应商就越多，这将导致交易成本下降，从而进一步提高流动性。

2）合适的所有者。交易所提高流动性的方法之一是与能带来流动性的公司建立伙伴关系。比如 Covisint 是由几家大型汽车生产商创建的。这些厂商都通过交易所进行采购，这就是许多垂直交易所都采取联盟形式的原因。在购买者和供应商都很分散的情况下，交易所最好的所有者可能是一家中介，它能够推动买卖双方进行交易从而增加流动性。

3）正确的管理。良好的管理、公平高效的运营和规则都是成功的关键。管理能提供交易的规则、消除矛盾、支持决策制定。而且，好的管理能带来必要的流动性，并使所有者和参与者之间的矛盾最小化。

4）开放性。无论从组织观点还是技术观点来看，交易所都必须向所有人开发。管理委员会应该将标准公开，但这些标准事先应获得一致同意。

5）全方位服务。虽然价格很重要，但买卖双方对降低总成本也很感兴趣。因而，能帮助降低存货成本、减少物品损坏和独立购买等情况的交易所将吸引更多参与者。许多交易所与银行、物流公司和 IT 公司合作提供支持服务。

2.2.3 B2B 电子商务交易盈利模式

目前，B2B 电子商务交易盈利模式主要有会员费、广告费、竞价排名、增值服务、线下服务、商务合作、按询盘付费等。

1. 会员费

企业通过第三方电子商务平台参与电子商务交易，必须注册为 B2B 网站的会员，每年要交纳一定的会员费，才能享受网站提供的各种服务，目前会员费已成为中国 B2B 网站最主要的收入来源。

比如阿里巴巴网站收取中国供应商、诚信通两种会员费，中国供应商会员费分为每年 4 万和 6 万两种，诚信通的会员费每年 2300 元；中国化工网每个会员第一年的费用为 12000 元，以后每年综合服务费用为 6000 元；五金商中国的金视通会员费 1580/年，百万网的百万通 600/年。

2. 公告费

网络广告是门户网站的主要盈利来源，同时也是 B2B 电子商务网站的主要收入来源。阿里巴巴网站的广告根据其在首页的位置及广告类型来收费。

如中国化工网有弹出广告、漂浮广告、Banner 广告、文字广告等多种表现形式可供用户选择，而网站会根据广告在网页中的位置、大小、类型等来收费。

3. 竞价排名

企业为了促进产品的销售，都希望在 B2B 网站的信息搜索中将自己的排名靠前，而网站在确保信息准确的基础上，根据会员交费的不同对排名顺序作相应的调整。

如阿里巴巴的竞价排名是诚信通会员专享的搜索排名服务，当买家在阿里巴巴搜索供应信息时，竞价企业的信息将排在搜索结果的前三位，被买家第一时间找到。中国化工网的化工搜索是建立在全球最大的化工网站上的化工专业搜索平台，对全球近 20 万个化工及化工相关网站进行搜索，搜录的网页总数达 5000 万，同时采用搜索竞价排名方式，确定企业排名顺序。

4. 增值服务

B2B 网站通常除了为企业提供贸易供求信息以外，还会提供一些独特的增值服务，包括企业认证、独立域名，提供行业数据分析报告，搜索引擎优化等。像现货认证就是针对电子这个行业提供的一个特殊的增值服务，因为通常电子采购商比较重视库存这一块。另外针对电子型号做的谷歌排名推广服务，就是搜索引擎优化的一种。

5. 线下服务

主要包括展会、期刊、研讨会等。通过展会，供应商和采购商面对面地交流，一般的中小企业还是比较青睐这个方式。如期刊主要是关于行业资讯等信息，期刊里也可以植入广告。ECVV 组织的各种展会和采购会也已取得不错的效果。

6. 商务合作

商务合作包括广告联盟、政府、行业协会合作、传统媒体的合作等。广告联盟通常是网络广告联盟，亚马逊通过这个方式已经取得了不错的成效，但在我国，联盟营销还处于萌芽阶段，大部分网站对于联盟营销还比较陌生。国内做得比较成熟的几家广告联盟有：百度联盟、谷歌联盟、淘宝联盟等。

7. 按询盘付费

区别于传统的会员包年付费模式，按询盘付费模式是指从事国际贸易的企业不是按照时间来付费，而是按照海外推广带来的实际效果，也就是海外买家实际的有效询盘来付费。其中询盘是否有效，主动权在消费者手中，由消费者自行判断，来决定是否消费。尽管 B2B 市场发展势头良好，但 B2B 市场还是存在发育不成熟的一面。这种不成熟表现在 B2B 交易的许多先天性交易优势，比如在线价格协商和在线协作等还没有充分发挥出来。因此传统的按年收费模式，越来越受到以 ECVV 为代表的按询盘付费平台的冲击。

“按询盘付费”有 4 大特点：零首付、零风险；主动权、消费权；免费推、针对广；及时付、便利大。广大企业不用冒着“投入几万元、十几万，一年都收不回成本”的风险，零投入就可享受免费全球推广，成功获得有效询盘后，辨认询盘的真实性和有效性后，只需在线支付单条询盘价格，就可以获得与海外买家直接谈判成单的机会，主动权完全掌握在供应商手里。

2.3 C2C 电子商务

2.3.1 C2C 电子商务的概念和特点

1. C2C 电子商务的概念

C2C 电子商务即消费者（Customer）与消费者之间的电子商务模式，是指通过网络进行产品或服务的经营活动，网络服务提供商利用计算机和网络技术，提供有偿或无偿使用的电子商务平台和交易服务，便于交易双方（主要为个人消费者）达成交易。其构成要素主要有买卖双方、电子交易平台、电子支付机构、物流服务系统、认证机构等，其中电子交易平台起着举足轻重的作用。

C2C 商务平台就是通过为买卖双方提供一个在线交易的平台，卖方可以自行提供商品在电子交易平台上展示销售，而买方可以自行选择商品拍下并付款或者通过竞价方式在线完成交易支付。例如拍卖网站就属此类，最著名的是 eBay 网站。另外，一些二手货交易网站也应属于此类。

据中国电子商务研究中心（100EC.CN）监测数据显示，从 C2C 市场来看，淘宝集市地位依旧稳固，截至 2013 年 12 月淘宝占全部网络交易的 96.5%，拍拍网占 3.4%，易趣网占 0.1%，如图 2-10 所示。

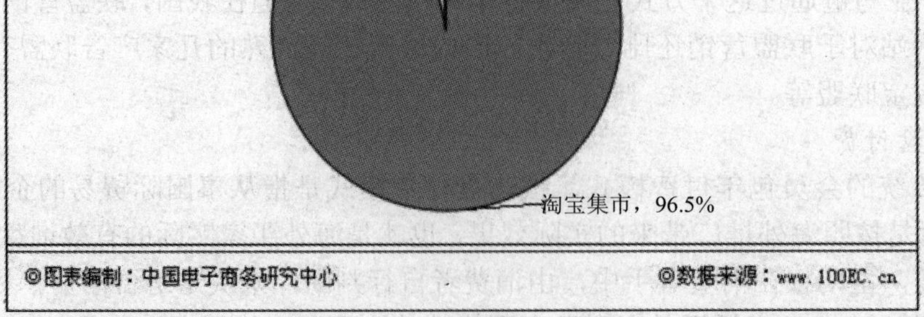

图 2-10 2013 年中国 C2C 网络购物交易市场份额占比图

2. C2C 电子商务的特点

（1）为买卖双方进行网上交易提供信息交流平台

电子商务将传统的交易搬到了网上，C2C 电子商务更是将传统的商业模式从 B2B 和 B2C 扩展到了 C2C，而 C2C 电子商务平台给上网进行物品买卖的人们提供了一个发布和获取信息的平台。而提供信息交流平台，改变信息交流方式，扩大信息交流范围，正是 C2C 电子商务平台提供的最根本也是最基础的服务。可以说其扮演的角色类似于传统商务中交易的中介者。

（2）为买卖双方进行网上交易提供一系列的配套服务

众所周知，电子商务中最基本的三个要素是：信息流、资金流和物流。C2C 电子商务平台除了向买卖双方提供信息交流的渠道外，还需要满足买卖双方资金和货品的交换。由此 C2C 电子商务平台需要为买卖双方提供相应的支付平台和物流系统。而且除了提供相应的工具外，C2C 电子商务平台还需要在买卖双方出现交易纠纷时提供相应的客户服务，同时还要为买卖双方的交易行为在互联网上作信用记录等。

（3）用户数量多，且身份复杂

由于 C2C 电子商务平台对于所有人都是开放的，并且是免费的。无论将来是否免费，但至少短时间内会保持目前这种状态。因此，几乎任何人都可以注册成为网站的用户。电子商务网站用户的身份也较为复杂。首先，很多卖家同时又是买家，即不少用户都同时具有买家和卖家的双重身份。其次，在 C2C 电子商务网站上开店的用户有些并不以赚钱为目的，而只是为了出售一些自己已经不需要了的物品，甚至有些只是将其作为一种娱乐。

（4）商品信息多，且商品质量参差不齐

既然有着数量众多的卖家，自然也就有着数量众多的待出售的物品。C2C 电子商务网站上不仅有人们日常生活中的常用物品如衣服、鞋帽、化妆品、家电、书籍等，也有各种各样的新鲜玩意如游戏点卡、个人收藏、顶级奢侈品等。此外，商品的质量也是参差不齐：既有全新的，也有二手的；既有正品的，也有仿冒的；既有大工厂统一生产的，也有小作坊个人制作的。总之，C2C 电子商务网站就像把我们传统的大商场、特色小店、地摊和跳蚤市场统统融合在了一起。因此，商品信息也是相当庞杂。

（5）交易次数多，但每次交易的成交额较小

由于 C2C 电子商务中参加交易的双方尤其是买家往往是个人，其购买的物品往往又都是单件或者少量的，因此和 B2B 完全不一样，C2C 命中注定就是‘本小利薄’，数量小，批次多是目前绝大部分中国 C2C 卖家所面临的现实。

（6）没有自己的物流系统，依赖第三方物流体系

C2C 电子商务没有自己的物流系统，不能保证物流运输的速度，如果第三方物流出现拖单现象，直接影响了客户的心情，而商家的信誉也会进而受到影响。在淘宝评价中，经常会看到客户因为物流公司运送的缓慢来抱怨商家，给出中评甚至差评。

（7）C2C 交易中容易发生交易纠纷，很难解决

对于网购来说，用户体验是相对于实体店来说最大的缺点，实体店可以让用户进行体验以便确定是否购买产品，减少了售后的产品纠纷问题。而网络购物，只是用户给定的评价和几张图片，所以网购中产生的产品质量问题，一直是网购的硬伤，因此产生的店铺与消费者的纠纷问题也是屡见不鲜，并且很难解决。

2.3.2 C2C 电子商务运作模式

C2C 电子商务运作模式有两大类：拍卖平台运作模式和店铺平台运作模式。

1. 拍卖平台运作模式

这种方式是电子商务企业通过为买卖双方搭建拍卖平台，按比例收取交易费用。

网络拍卖的销售方式保证了卖方的价格不会太低，他们可以打破地域限制把商品卖给地球上任一个角落出价最高的人；同理，买方也可以确保自己不会付出很高的价位。更为重要的是，网络拍卖这个虚拟的大市场克服了传统商店的种种限制：在这里，每个人都站在同一个水平线上。网络拍卖彻底震撼了全球每个商人做生意的方式。同时，它将进一步侵蚀国与国之间的经济障碍，加速整合一个单一的全球化市场。

（1）网络拍卖的定义

网络拍卖是通过因特网进行在线交易的一种模式。

网络拍卖指网络服务商利用互联网通信传输技术，向商品所有者或某些权益所有人提供有偿或无偿使用的互联网技术平台，让商品所有者或某些权益所有人在其平台上独立开展以竞价、议价方式为主的在线交易模式。

关于网络拍卖的主体，目前大多数观点认为它大致分为以下三种：

1）拍卖公司。拍卖公司的网站一般多用于宣传和发布信息，属于销售型网站。

2）拍卖公司和网络公司或其他公司相联合。两者都属于拍卖公司为实现其现实空间实际生活中的既有业务而在网络空间上的延伸。

3）网络公司。网络公司在网络拍卖中提供交易平台服务和交易程序，为众多买家和卖家构筑了一个网络交易市场，由卖方和买方进行网络拍卖，其本身并不介入买卖双方的交易。这类网络公司在我国以易趣网、淘宝网首要代表。网站仅供用户物色交易对象，就货物和服务的交易进行协商，以及获取各类与贸易相关的服务的交易地点。网站不能控制交易所涉及的物品的质量、安全或合法性，商贸信息的真实性或准确性，以及交易方履行其在贸易协议项下的各项义务的能力。网站并不作为买家或是卖家的身份参与买卖行为的本身，它只提醒用户应该通过自己的谨慎判断确定登录物品及相关信息的真实性、合法性和有效性。

（2）网络拍卖和传统拍卖的区别

1）拍卖的运作成本

传统拍卖中，举行一场拍卖会成本非常高，要制作、印刷拍品宣传画册和拍卖目录，组织拍品展示，在公开媒体上刊登拍卖公告等，租用拍卖场地。每一项工作都需要花费一定费用。

网络拍卖中，大多数拍卖网站仅仅是向买卖双方提供一个商品交易载体，即一个虚拟的网络空间，不用租用场地进行拍品展示及拍卖会，拍卖网站只是在计算机系统的服务器上安装了一个专门的竞价软件，而买卖双方则自己完成网上拍卖过程中的所有事情。这就有效地减少了公司的运作成本。

2）拍卖周期

传统拍卖中，进行一次拍卖的工作周期一般较长。从产品构思到拍卖实施，再到最后成效，有许多的环节需要考虑。所花时间至少达数十日之久，如果是一场规模较大的拍卖会，其运作的时间周期会更长。

网络拍卖有所不同，网络拍卖是一个连续的、不间断的过程。卖家只要向拍卖网站登记拍卖物品的信息，一件拍品的拍卖就开始了，省去了拍卖会前期的大量准备工作。

3）拍卖的时空限制

传统拍卖中，拍卖会的举行受到时间和空间的根制。世界各地的拍卖行各自占领着小份额的拍卖市场，在同一地区会有许多家拍卖行激烈地竞争同类物品的拍卖业务。参与拍卖会的竞买人也受时间和地点的限制，在拍卖会进行的时间里，竞买人可能无法及时参加。拍卖会现场空间的大小也限制了竞买人的数量。

通过互联网来进行网上拍卖，将完全打破这种时间和空间上的限制，不同的物品拍卖可以在同一时间进行，一天 24 小时，每周 7 天，拍卖网站上随时都有拍品在拍卖。原有的拍卖交易市场无限制地扩大了，使过去不能参与拍卖的人能参与拍卖，使更多的物品可以进行拍卖，并使交易范围扩大到了全球。

4）拍品的审查

传统拍卖中，举行拍卖会前要对征集到的拍品进行严格审查。而大部分由网络公司建立的拍卖网站只是一个网上竞价交易载体，拍卖网站自身不具备拍卖人主体资格，企业内没有专门的拍品鉴定、估价人员。而且，网络拍卖兴起初期，拍卖网站对卖方全面开放，只要有物品要卖的人都可以上网进行交易。

5）拍卖公告的发布

传统拍卖中，拍卖是一种公开竞买的活动，所有公民都有被告知举行拍卖会的平等权利。我国《拍卖法》中就明确规定：拍卖人应当于拍卖日的七日前通过报纸或其他媒体发布拍卖公告。

网络拍卖则是一个随机的过程，卖方将拍品的相关信息登录到拍品网站上后，就可以开始竞买了。拍卖网站的用户只有在拍品拍卖的时间内，登录拍卖网站，才会知道有些拍品正在进行拍卖。

6）拍品的展示

根据我国《拍卖法》的相关规定，拍卖行应在拍卖前展示拍卖标的，并提供查看拍卖标的的条件及有关资料。

网络拍卖中，展示的仅仅是拍品的相关资料和图片。并且，这些拍品信息和图片是由卖方自己提供的。

7）拍卖过程的实时监控

传统拍卖会上，竞价过程完全透明，竞买人可以随时观察现场其他竞买人的出价情况，并根据自己的意愿及时出价。

在网络拍卖的竞价过程中，竞买人处于不同的计算机终端前，通过互联网完成竞价。竞买人也无法看到其他竞价人当时是否正在出价，所以，极有可能错过加价机会，以至于让他人抢先出价了。

8）拍卖标的的拍卖时限

传统拍卖中，每一场拍卖会经过长时间的前期准备后，正式举行的时间仅是短短几小时，一件拍品的成交与流标，在极短的时间里就被决定了。

网络拍卖中，一件拍卖标的的拍卖时间从一天、三天到一周不等。不同的拍卖网站，所规定的拍卖时间不尽相同，但总体上均比传统拍卖中拍卖标的的拍卖时限长很多。延长拍品的竞价时间，竞买人出价时有更充分的时间进行判断和思考，同时，在较长的时间内还可以吸引更多的竞买人。

9）拍卖现场气氛

传统拍卖会现场，聚集着参加拍卖会的所有竞买人，拍卖现场气氛浓烈，竞买人可以在现场感受到紧张激烈、互不相让的竞价氛围，同时还可享受到现场叫价的乐趣。现场的激烈气氛会感染竞价人的情绪，使拍品的竞价过程更加激烈。网络拍卖则是一个无声的拍卖过程，竞买人只要坐在计算机前面，输入自己愿意出的价格，按动鼠标，网上竞价就实现了，竞买人听不到其他对手喊价时激昂高亢的声音，也无法感受到所有竞买人同聚一堂的热烈气氛。

10）支付方式

传统拍卖中，竞买人成为拍品最终买方后，可采用现金、支票、信用卡、邮汇、电汇等方式支付拍品定金、佣金和其他费用。

网络拍卖中，买受人除了以上方式支付拍卖成交的所有价款外，还可通过网上银行或拍卖网站自己的支付系统支付价款。

11）拍品的点交过程

网络拍卖只是一个虚拟的交易过程，拍品在拍卖前一般由委托人保管，竞买人与委托人分处在不同的地理位置。竞买人通过网络参加拍卖网站上的拍品竞买后，由拍卖网站通知竞买点交过程也即拍品的权属转移。传统动产拍卖中，拍品在拍卖前保存在拍卖行，并在拍卖会现场或专门的场地进行展示。竞买人竞买成功，然后买受人再通过拍卖网站与委托人取得联系，而拍品则直接由委托人移交到竞买人手中。拍卖网站在拍卖交易过程中只是进行信息的传递。当然，部分拍卖网站有自己的配送系统，或通过专门的速递公司帮助委托人将拍品送达竞买人手中。

12）拍卖信息的交流

传统拍卖的信息交流仅限于拍卖行的拍卖公告、拍品目录、拍品实物展示，以及竞买人从拍卖行获得的相关拍卖介绍资料。拍卖行与竞买人之间的信息是不对称的，并且竞买人与委托人之间没有更多的信息交流，而竞买人之间也缺乏信息沟通。

网络是一个全开放式的信息平台。拍卖信息交流贯穿网络拍卖全过程。通过互联网，拍卖网站的用户可以获得众多的信息资料。除了拍品展示信息交流外，卖方可以从网站上的竞买情况中了解现在的竞买人更喜欢什么物品，以投其所好。竞买人可以从拍卖网站的聊天室、留言板上获得更多相关的拍品评价信息，为自己的竞买决策提供帮助。

（3）网络拍卖的分类

1）网络拍卖按照专业程度分类

- 专门的拍卖网站

网站从事的主要活动就是专门进行各种物品的网上拍卖，以竞价方式为主要的交易方式，网站的主要收入来源于网上拍卖业务。例如，美国的、中国的雅宝等网站都属专门的拍卖网站。

- 门户网站上的拍卖服务或拍卖频道

互联网上的大部分网站向网上用户提供的主要服务并不是网络拍卖。这些网站在自己的网页中加入拍卖服务或开通拍卖频道，目的是通过网络拍卖吸引更多的网上注册用户，以此作为营销手段，增加其网上零售的交易额。另外有些门户网站本身就拥有众多的注册用户，这为其网络拍卖业务发展提供了客户基础，而拍卖业务又为它带来了更多的用户点击率，并创造可观的收入。

2）网络拍卖还可按照网站的经营者分类

- 无拍卖主体资格的拍卖网站

一般将这类网站称为竞价网站，它们是由网络技术公司经营的，只是一个虚拟的全天候服务的网上拍卖交易载体。不具备拍卖法中所要求的拍卖人资格，网上拍卖交易多以一般消费品和二手货为主，网络技术公司通常不承担拍卖交易中的法律责任，也不对拍卖商品的品质作担保。

- 有拍卖主体资格的拍卖网站

这些拍卖网站由传统拍卖公司经营。经营者具有拍卖法规定的拍卖主体资格，强调拍卖过程的合法性和对拍品品质的保证。这类拍卖网站目前数量极少。专业型的拍卖网站又可细分为两种：一种是仅将网站当作企业传统拍卖业务的宣传窗口，另一种则是在网上推行实时的拍卖，使网上拍卖与传统拍卖相结合。

（4）网络拍卖中拍卖标的类型

网络拍卖中，拍卖标的种类日益增多。大至太空舱残骸，小至价格低廉的日用消费品都被搬到网上进行拍卖，使网上拍卖更像平民化的竞价交易。拍卖标的主要有以下几种：

1）“低度触摸”的商品

在网络拍卖刚兴起时，网站上展示的拍品大多是低度触摸的商品，如计算机、书籍、CD等。这些商品的成交量高，竞买人无须试用或当面检验就能放心购买。而另一类属于高度触摸的商品，如衣服、鞋子等，竞买人在竞买前喜欢看看质地、试试尺寸大小，这些物品在网络拍卖中略显冷清。但是现在，低度触摸的界限正在消失，例如拍卖衣物时，拍卖网站可提供一个标准尺码以供竞买人作参照。

2）标准化产品

网络拍卖中的大部分拍品是标准化产品，能进行反复复制，同类商品在品质上无差别，如书籍、音像制品等，它们易于用文字进行准确描述，竞买人可根据网站上拍品的文字描述和图片外观来决定是否竞买。

3）艺术收藏品

艺术收藏品在传统拍卖中是最主要的拍品，而且艺术收藏品拍卖发展至今已趋于成熟。但是网上艺术收藏品拍卖刚起步。竞买人很难仅仅凭借一张拍品的照片就判断拍品的真伪和品质，而且那些价值昂贵、年代久远的艺术收藏品，其具体情况不易于用简单的语言清楚而准确地描述。所以，网络拍卖中价格高昂的艺术收费品一般乏人问津，最易成交的大多是中低价格的艺术品。

（5）拍卖网站的盈利模式

1）拍卖成交后的佣金

拍卖交易佣金是拍卖网站最大的收入来源。拍卖网站为买方和竞买人的拍卖活动提供了交易载体。在拍卖交易成功之后，会按拍品成交额的一定比例向卖方或买卖双方收取佣金。

2）保留价费用

传统拍卖中，拍卖交易不成功时，拍卖企业会向委托人收取一定的服务费用，网络拍卖中称为保留价费用。就是拍卖网站根据卖方事先设置的拍品保留价高低，收取费用。

3）登录拍品信息的费用

卖方如果想在某一拍卖网站上进行物品的拍卖活动，拍卖网站会向卖方收取拍品信息登录费用。

4）额外的服务费用

拍卖网站会通过拓展它的服务内容来收取其他的费用。如为拍品提供多角度的拍摄，为拍品提供文字描述等。

2. 店铺平台运作模式

店铺平台运作模式是电子商务企业提供平台方便个人在上面开店铺，以会员制的方式收费，也可通过广告或其他服务收取费用，这种平台也称网上商城。

入驻网上商城开设网上商店不仅依托网上商城的基本功能和服务，而且顾客也主要来自该商城的访问者，因此，平台的选择非常重要，但用户在选择网上商城时往往存在一定的风险，尤其初次网上开店，由于经验不足以及对网上商城了解较少的原因而带有很大的盲目性，有些网上商城没有基本的招商说明，收费标准也不明朗，只能通过电话咨询，这也为选择网上商城带来一定的困惑。

不同的网上商城的功能、服务、操作方式和管理水平相差较大，理想的网上商城应具有以下基本特征：

- 良好的品牌形象，简单方便的申请手续，稳定的后台技术，快速周到的顾客服务，完善的支付体系，必要的配送服务，以及售后服务保证等。
- 有尽可能高的访问量，具备完善的网上维护和管理、订单管理等基本功能，并且可以提供一些高级服务，如对网店的推广、网店访问流量的分析等。

收费模式和费用水平也是重要的影响因素。

不同的人可能对网上销售有不同的要求，选择适合本商店产品特性的网上商城需要花费不少精力，完成对网上商城的选择确认过程大概需要几个小时甚至几天的时间。不过这些前期调研的时间投入是值得的，可以最大限度地减小盲目性，增加购物成功的可能性。

（1）网上商店的类型

一般可根据销售的商品范围和销售目的对网上商店进行分类。

1）按销售的商品范围分类

销售单一商品的网上商店。这类网上商店一般只销售一种商品，它适用某种商品的生产商或代理商在网上进行的销售业务。在销售该商品的同时，也实现了该商品的广告发布作用。无论是刚刚上市的新产品还是人们熟悉的品牌产品，为弥补因商品品种单一带来的网站题材单调的弱点，这类商店大都围绕该商品的销售开展各种形式的广告及促销活动，对商品的介绍主题鲜明、内容详尽，培养消费者对商品品牌的忠诚度是这类网上商店的经营特色。

专业型网上商店。这类商店如同专卖店一样，销售的是相关的某一类商品，如书籍、汽车、电脑软硬件、鲜花、礼品、玩家等。由于销售的商品品种较多，因此为顾客提供了更多的购买机会。这种商店的优势在于能够满足顾客在某一方面的消费需求，使顾客容易挑选到满意的商品，因此尤其适用于零售方式，同时由于商品种类单一，所以可以降低成本，是目前网上商店采用较多的一种形式。

综合型网上商店。如同大百货商场或超级市场一样，这种网上商店销售的商品门类繁多、品种齐全，衣食住行无所不包，所以适合于各种消费需求的顾客光顾。由于容易吸引顾客，因此销售的机会也较多。这种网上商店兼有前两种商店的优点，有利于实现赢利，但由于销售的商品多，网站建设要有一定的“规模”，因此前期投入较大，维护费用也较高，需要一定的实力支撑。

2）按销售目的分类

促销型网上商店。确切地说，这类网上商店并不是以销售商品为主要目的的，而应属于推广商品的广告型商业网站。它侧重于商品的全面介绍，这类商店网站的页面都制作精美，并利用多媒体、虚拟现实等技术尽可能地展示商品的外观或功能，在这类商品的网页是常常汇集了许多厂商和多种商品的信息内容，使 Internet 的信息媒体优势得以充分发挥，因此很容易吸引浏览者，实现良好的广告促销效果。

零售型网上商店。这类商店属于典型的 B2C 形式电子商务交易，其主要特征是：交易能够一次完成，不需要太多的后续工作。

批发型网上商店。这类商店主要以 B2B 的形式进行在线销售活动，主要的交易特征是：交易活动往往要经过买卖双方多次交互后才能完成，并牵涉到资金结算、货物配送等一系列的后续工作。

（2）网上商店的交易流程

通过网上商店进行网上交易应当保证购物的方便，首先应当了解消费者网上购物的一般步骤及网上商店的业务流程。

1）消费者网上购物的一般步骤

流程图如图 2-11 所示。

图 2-11　消费者网上购物流程图

登录网上商店，挑选商品。利用网上商店首页提供的分类、目录或搜索功能，浏览商品的说明、功能、价钱、付款方式、送货条件、退货条件、售后服务等信息，看看是否符合要求，决定是否购买。

订购。决定要购买后，就可以订购了，订购时可使用该网上商店的订购程序直接输入，既可以通过在线形式直接下订单，也可以将订购单打印出来，填写后再传真或邮寄到该公司完成订购。

付款。通常一家网上商店会有多种付款方式可供选择，选择一种自己认为最好的付款方式并支付货款，基本上就完成网上购物了，接下来只需等候商品送达。

获得商品。实体商品利用传统的配送渠道，如邮寄、快递、货运公司等来传送，数字化商品则可以通过 Internet 直接传送。

评价。消费者使用商品后，可以在网上商店对商品进行评价。

2）网上商店的业务流程

流程图如图 2-12 所示。

图 2-12　网上开店业务流程图

网上商店的业务流程是按照顾客网上购物的步骤，再根据商店本身的特点进行量身定制，以求合理地利用资源。目前网上商店的业务流程大同小异，一般有以下几个方面：

发布产品。即商家将商品信息登录到自己的网站中，供顾客挑选。

处理订单。顾客完成商品选择后，下订单付款。这时已明确了送货方式、送货地址以及付款方式。商家根据订单，处理顾客的需求，及时把商品送到顾客手中。

收款。将商品发出后，到对应的账户查询交易款项。

处理评价。交易结束后，可查看顾客对本次交易的评价，对评价做出反馈。

（3）网上店铺的盈利模式

网上店铺的盈利模式主要有直接销售、店铺费用、交易服务费、商品登录费、广告费、增值业务产品（淘宝直通车、淘宝网铺、消费者保障服务）、搜索排名竞价、支付环节收费等。

1）直接销售。店铺运营商可以自己联系制造商，压低零售商的价格，以赚取采购价与销售价的差价。例如现在越来越多的买家喜欢国外代购化妆品，一是免税，价格便宜，二是质量有保证，商家可以有针对地开辟一些商品，进行直接销售。

2）店铺费用。早起，C2C 网上商场对在其平台上开店的用户收取一定的费用。近年来，由于 C2C 平台竞争激烈，国内大多数 C2C 商场都实行免费开店。但是这并不表示对 C2C 平台上开店不收取任何费用，有些平台对要获得开店资格的用户收取保证金，用户只有上缴了保证金才可以开店。

3）交易服务费。交易服务费是指商家每成功做成一笔交易，平台收取一定比例的费用。

4）商品登录费。商品登录费是指商家发布商品需要交给平台的费用。

5）广告费。平台网站上有价值的位置用于放置各类型广告，根据网站流量和网站人群精度标定广告位价格，然后再通过各种形式向商家出售。

6）增值业务产品。大部分的 C2C 平台提供一些特色服务，如商家可向平台支付费用购买一些店铺装修的服务，店铺管理的工具、数据分析的工具等。

7）搜索排名竞价。C2C 平台商品的丰富性决定了购买者搜索行为的频繁性。搜索的大量应用就决定了商品信息在搜索结果中排名的重要性，由此便引出了根据搜索关键词竞价的业务。用户可以为某关键词提出自己认为合适的价格，最终由出价最高者竞得，在有效时间内该用户的商品可获得竞得的排位。

8）支付环节收费。支付公司已成交金额的一定比例收取手续费。

（4）网上开店流程（如图 2-13 所示）

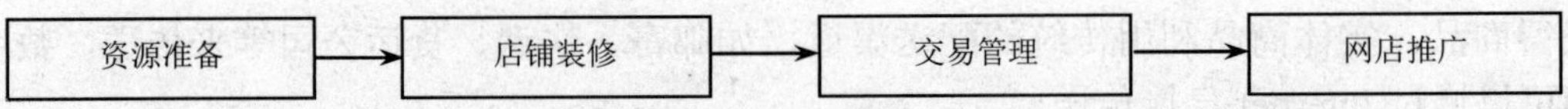

图 2-13 网上开店流程图

1）资源准备。开店前的准备主要包括选择网上商城、选择预售商品。

2）店铺装修。网上虚拟店铺和实体店铺一样，也要有一个漂亮的外观。店铺装修有以下原则：反应店铺定位、与众不同，网页之间要有连贯性、内容清晰、方便浏览。

3）交易管理。网店的交易管理主要包括交易洽谈、处理订单、配送商品、接收款项、处理评价。

4）网店推广。网店推广一般要考虑以下三个方面的内容：确定网店推广的阶段目标、在网店发布运营的不同阶段所采取的网店推广方法、网店推广策略的控制和效果评价。

2.4　其他电子商务模式

2.4.1　协同电子商务

1. 协同电子商务的定义

协同电子商务是在全球经济一体化的背景下，利用新兴技术为实现手段，通过改变业务活动在企业群之间进行各种协同作业的合作模式，提高企业群各种业务活动的效率，最终实现企业群知识网络的正反馈而获得协同效应，从而创建企业持续的竞争优势。协同电子商务要能达到企业决策的准确性和整体动作的高效率，尤其针对现代物流，应该具备两个层次的目标。第一层次的目标是实现企业群相互间各应用环节的电子化，提高企业群各种业务活动的效率，实现企业群中的各业务协同作业的互补效应。协同电子商务第二层次的目标，是在企业群中的各业务协同作业的基础上利用信息技术，沟通企业组织间知识创新与传播环境，引发企业群知识网络的协同，即创造企业群的协同效应，这是协同电子商务最重要的目的和本质。

2. 协同电子商务的内容

企业内部的协同。首先要求企业内部的电子化，在此基础上实现网上采购、销售、考勤、资金预算、奖金准备、人力资源管理等方面的协同。

企业与供应链的协同。这是指企业与产品或信息从原料到最终消费者之间的所有环节的协同，包括企业与供应商、配送中心和零售商的协同。

企业与社会相关部门的协同。协同电子商务并非只是企业和客户之间的事，它还涉及到社会上的很多部门和机构，如支付手段的解决需要银行业的介入，网上税收的实现需要政府的参与等。

3. 协同电子商务的运行模式

协同电子商务集成 Web 前端和企业后端系统，从企业内部出发，利用集成化、价值化、智能化、网络化的管理，借助信息技术实现企业管理集成，以电子商务跨越企业边界，实现真正意义上的客户、企业内部和供应商之间的供应链管理，充分挖掘企业大环境中每一个经济元素的潜在价值以实现盈利。

在协同电子商务中，顾客、公司、供应商形成一种共存、交互的增值关系。企业通过参与到协同社区来确立新的价值链定位，此价值链以企业间的 B2B 关系作为支撑，通过企业与其合作伙伴的协同作业，扩展成为基于 Internet 的价值协同网络。这种价值网络提供了更有效的伙伴间的交互渠道、产品和服务流通机制，灵活地使整条需求链和供应链关联起来，使之达到动态平衡。

4. 协同电子商务的特点与优势

（1）协同电子商务的特点

协同交互性：信息内部处理并行化和信息紧密耦合化贯穿于整个价值链乃至信息网络，使得从产品的研发一直到售后各环节中参与者的交互能力大大提高，扩展了电子商务过程的交互渠道，达到全方位、双向、动态沟通的目标。

实时动态性：在客户满意的条件下，最大限度地节省客户响应时间，强调企业间业务的动态集成，更加注重反馈的实时信息交换，达到实时管理和校正的目标。

系统整体性：着重考虑协同系统相关的内外联系，强调协作群体的资源共享和系统整合，使消费者成本、质量和服务成为所有参与者的共同绩效目标，追求整体最优和群体竞争优势的提升。

系统开放性：即系统对涉及电子商务的所有人员都是开放的，不同机构在虚拟市场中共享相应的信息，作出相应决策和反应。

系统完整性：协同电子商务不只提供单个的功能模块，它还提供非常完整的电子商务平台，包括 ERP 系统、电子商务系统、决策支持系统、供应链优化管理、业务信息仓库等所有与电子商务的基础环境、实施条件、决策支持等相关的系统。

模块集成性和功能协同性：协同电子商务由许多模块组成，这些模块按照业务模式和经营管理思想合理地被整合在一起，它们的功能是协同的，当出现某一事务时，各个模块都能做出协调同步的反应。

（2）协同电子商务的优势

自 2000 年美国 SAP 公司提出协同电子商务这一概念以来，电子商务就从“泡沫经济”的阴影中走出，因为协同电子商务是企业电子商务的盈利模式，能使企业在 21 世纪经济飞速发展时期保持可持续性的竞争优势。与一般电子商务相比，协同电子商务具有以下的优势：

降低企业产品成本、提高企业利润水平。市场经济的规律就是优胜劣汰。

提高抵御风险能力、打造竞争优势。信息时代企业面临的环境更加复杂，企业经营中要面对技术、市场、资金和决策的种种风险，企业间在产品、流程、业务、预测等多方面的协同运作，使得协同系统以整体优势承担风险，提高了企业抗拒风险的能力。

改善客户关系、提升企业形象。采用协同电子商务解决方案的企业可以利用客户关系管理应用系统，优化客户群组合，并通过呼叫中心、网络会议、电子邮件、BBS 等进行实时互动交流。

变革企业组织管理模式、增强企业活力。基于 Web 的协同电子商务为企业构建了全新的组织框架和实效的管理模式，将企业的相关业务进行集成整合，形成一体化企业管理信息系统，使企业管理人员在一个虚拟空间里对企业的资源计划、进销存、供应链、客户关系等进行全方位、全天候、实时动态管理。

2.4.2 O2O 电子商务

1. O2O 电子商务模式概念

O2O 即 Online To Offline，泛指通过有线或无线互联网提供商家的销售信息，聚集有效的购买群体，并在线支付相应的费用，再凭各种形式的凭据，去线下，也就是现实世界的商品或服务供应商那里完成消费，让互联网成为线下交易的前台。这样线下服务就可以用线上来揽客，消费者可以用线上来筛选服务，还有成交可以在线结算，很快达到规模。该模式最重要的特点是：推广效果可查，每笔交易可跟踪，有利于消费者信息的精准把握与广告主广告信息的精准投放。所以目前很多行业纷纷探索 O2O 模式，比如拉手网转型升级为 O2O 模式的团购网站；传统的品牌商李宁将开发自己的 O2O 平台，还有很多地方性的服务网站也都在提供 O2O 的服务，比如绍兴的越淘网就是绍兴本地生活消费类的 O2O 电子商务平台，有关专家预计 O2O 即将打开中国电子商务的蓝图。本文主要从 O2O 的发展现状，平台优势、存在的瓶颈以及应对措施等方面来分析，并能够对 O2O 电子商务模式的发展起到一定的借鉴作用。

2. O2O 模式的发展现状

O2O 这一概念是在 2010 年 8 月份被 Alex Rampell 提出的，但此种模式早年就有，2006 年沃尔玛公司提出的 SitetoStore 的 B2C 战略，即通过 B2C 完成订单的汇总及在线支付，顾客到 4000 多家连锁店取货，大幅降低运营、物流成本和 POS 刷卡排队的时间，提升店内关联销售，该模式就是 O2O 的模型。

追溯中国 O2O 模式，携程可以说是中国最早的 O2O 模式，只是早期模式仅注重信息流的传递，资金流和服务流一般线下实现。后续，如大众点评网等也是 O2O 概念的早期实践者。而团购模式的出现，将信息流与资金流一举通过线上实现，商业流与服务流在线下实现，标志着中国 O2O 另一全新阶段，但团购仅仅是中国 O2O 市场极小缩影，尽管其发展在中国不尽如人意，但是不可否认的是，团购这种模式将 O2O 的概念具象化，也将 O2O 推向产业发展前沿。

3. O2O 模式优势分析

（1）与团购网站的比较优势

团购是低价折扣的临时性促销，对于商家来说，团购这种营销方法没有可持续性，很难变成长期的经营方法。所以提供商品和服务的商家只是团购平台上一个被动的参与者，不是团购模式的主导者。O2O 是网上商城，其主要特点是“生活在线上，享受在线下”，能够为商家和企业带来真实的客流，能够较好地实现线上虚拟经济与线下实体经济的融合，所以提供商品和服务的商家是平台的主导者。

（2）与 B2C（C2C）的比较优势

传统的 B2C 电子商务模式是“电子市场＋物流配送”模式，消费者待在办公室或家里，等货上门，涉及的是物流。而 O2O 是“电子市场＋到店消费”模式，涉及的是客流。同时在节约消费成本的同时，能将线下的服务优势更好地发挥，具有体验营销的特色，进而提高信誉度和成交率。比如：某发饰连锁加盟企业的核心优势是购买产品免费终身盘发，但由于是连锁加盟，所以门店只对区域内会员服务，而这是 B2C 模式无法解决的问题。同时对于连锁加盟型零售企业来说，O2O 模式能顺利解决线上线下利益冲突问题，而 B2C 模式是无法避免线上和传统加盟商的渠道冲突，尤其是价格上的冲突。

2.4.3　团购电子商务

1. 网络团购概念

团购是一种电子商务模式，即团体采购，也称集体采购或团体购买。早期又称集体采购或合作消费，即为一个团队联合起来向商家采购某一商品或服务。互联网及现代信息技术的发展和普及，使得分散在不同角落、互不认识的消费者能够很容易地集体采购某一品牌的某种产品，网络团购应运而生。所谓网络团购，就是认识的或者不认识的具有相同购买意向的零散消费者联合起来，向厂商进行大批量购买的行为，从而加大与商家的谈判能力，以求得最优价格的一种购物方式。根据薄利多销、量大价优的原理，商家可以给出低于零售价格的团购折扣和单独购买得不到的优质服务。

2. 网络团购的现状

在市场交易时，消费者与卖方间的不对称信息导致作为消费者的买方处于市场的弱势地位，为了改变自身在交易中的不利条件，部分消费者一直努力寻求最大化的顾客总价值以保障自身的消费利益，在这种境况下，团购消费形式越来越受到消费者们的青睐。目前国内网络团购机构有很多，对于消费者来说团购价格低于一般的市场价格，使消费者得到实惠；而对于商家来说，薄利多销加快了货物和现金的周转。也可以降低商家的销售成本，因此形成了双赢的局面。

但是从目前中国网上团购运动发展的实践来看，由于其经历时间并不太长，其本身还有许多的矛盾和问题有待解决，尤其是在其营销运作模式上还有必要进一步的完善和优化。目前这些网络团购机构的处境不容乐观。大宗商品的网络团购组织很多，规模参差不齐。很多小型团购网站只有一个躯壳，实际经营的商品很少，每天的交易量也很少；而一些规模较大的团购网站虽然注册会员有几万人，但每月的交易量仍十分有限，难以达到团购要求的规模效应。汽车、房屋、装修材料团购稍好一些，但单个组织的规模和影响力不大，发展缓慢。

3. 网络团购的电子商务模式分析

（1）消费者自发组织的网络团购管理模式

自发团购主要是由那些有购买某种商品欲望的专业或业余自然人发起，在网站没有提供相关商品团购信息的前提下。利用网络工具（如 BBS、新闻组等）建立起针对该产品的团购主题，召集一些具有相同购买意向的人加入，共同购买，形成一定的规模效应，从而增加消费者与企业谈判的筹码，最终达到以团体的优势获得较为优惠的购买价格的目的。

自发团购是网络团购的最初产生形态，具有以下特征：发起人自己参与购买，有较高的购买分辨能力和价格谈判能力，并且愿意为团体争取更好的价格而付诸劳动；发起人与其他团购网友是同一利益整体，在发生团购纠纷时，发起人会坚决站在消费者一边，维护参与者的利益。

自发团购由于发起人的局限，也存在着以下缺陷致使其未能在网上广泛流行：

非规范性：发起人为一般消费者。团购运作不规范，团购会员所需遵守的规范没有约束力。

偶然性；未能形成具有持久性的网络团购团体。购买对象及产品由发起人主观确定，交易完成后项目撤销。

另外，自发团购组织中会员加入与退出网络团购团体的随意性大，难以保障团购目标的实现。

（2）第三方网络商业团购模式

由于消费者自发组织的松散性，因此现在的团购活动一般由第三方或销售方组织与管理。目前在网E盛行的主要是网络商业团购模式。网络商业团购一般由专业的商业网站提供第三方服务平台，也称团购中介，一方面根据网站自身业务现状和目标市场需求设置团购主题。采用会员制的方式吸收参与团购的消费者；另一方面利用大量需求的优势与厂商协商产品价格，最后形成比较规范的团购流程。这种模式具有对团购商品或服务的专业性及其操作流程的规范性，相比消费者自发组织的团购有更好的质量与服务保障。

这种团购模式具体来说，也就是团购组织者通过专业网站，为团购成员和特约商家“牵线搭桥”，将产品信息如型号、团购价格折扣等放在网络上，消费者达成一定规模后，与商家联系完成交易。团购网站则负责对商家诚信进行有效监督，并接受消费者实时投诉、维护网站数据库、审批新加盟商家和二级城市站点等。

（3）厂商组织团购模式

网络团购电子商务模式的成功运作，吸引了众多生产厂商的眼光，使得网络团购模式进一步发生变化，商家变被动为主动，开始自行发动组织各种各样的团购活动，以低价作为促销的原则，深受消费者欢迎。在网络营销团购模式中，厂商取得网络团购的主动权，即作为网络团购的发起方组织自身产品的团购,将网络团购纳入自身网络营销体系从而形成网络营销团购模式。通过这一模式，厂商可以较好地控制团购的价格、规模，灵活地采用多种方式从而平衡多方利益。

2.4.4　社交电子商务

1. 社交电商的概念

社交电子商务（Social Commerce）是电子商务的一种新的衍生模式。它借助社交媒介、网络媒介的传播途径，通过社交互动、用户自生内容等手段来辅助商品的购买和销售行为。在 Web 2.0 时代，越来越多的内容和行为是由终端用户来产生和主导的，比如博客、微博。一般可以分为 2 类。一类是专注于商品信息的，比如 Kaboodle、Thisnext，以及国内的较新网站：美丽说、辣妈说、葡萄网是比较早期的模式。主要是通过用户在社交平台上分享个人购物体验、在社交圈推荐商品的应用。另一类是比较新的模式，通过社交平台直接介入了商品的销售过程，例如社交团购网站 Groupon。还有社交网店，如：法国的 Zlio、中国的辣椒网 Lajoy。这类是让终端用户也介入到商品销售过程中，通过社交媒介来销售商品。

社交化电商的两个核心特征：帮助消费者解决解答“买什么？在哪里买”的问题，即具有导购的作用；用户之间或用户与企业之间有互动与分享，即具有社交化元素。

社交电商迅速发展的主要原因：消费者消耗在社交网络上的时间越来越长；基于动态新闻所进行的品牌精准定位服务；更多新技术的发展，如移动地理定位应用和企业营销工具的发展。

2. 社交电商兴起的原因

（1）外因：互联网入口之变

从互联网的发展史来看，可以将门户网站看做第一代信息入口，如雅虎、新浪；第二代为搜索网站，如谷歌、百度；第三代信息入口则是社交网站，如 Facebook、微博、微信等。

（2）内因：电子商务模式之变

从整个零售产业的发展演进去看，帕勒咨询资深董事罗清启认为：当前国内电商行业对价格的狂热崇拜已经有所消退，但这并不是说价格不再是关键，而是整个产业已经意识到单纯依靠阶段性的低价去吸引消费者已经不再现实。从前期的“抢货”“抢低价的货”，转变为“抢人”，争夺接入用户资源的入口。

3. 社交电子商务的 AISAS 模式

营销方式正从传统的 AIDMA 营销法则（Attention，注意；Interest，兴趣；Desire，欲望；Memory，记忆；Action，行动）逐渐向含有网络特质的 AISAS 发展。

- Attention——引起注意
- Interest——引起兴趣
- Search——进行搜索
- Action——购买行动
- Share——人人分享

AISAS 模式的转变，在全新的营销法则中，两个具备网络特质的“S”——Search（搜索）、Share（分享）的出现，指出了互联网时代下搜索（Search）和分享（Share）的重要性，而不是一味地向用户进行单向的理念灌输，充分体现了互联网对于人们生活方式和消费行为的影响与改变。AISAS 模式是电通公司针对互联网导致传统购物行为变化，所总结出来的一种新的消费者行为分析模式。传统 AIDMA 模式是单向的购物行为，导致双方之间存在买卖关系。并且，交易行为完成后，买卖双方很难维持这段弱关系。

而以强用户粘度见长的社交网络，使购买行为变得更可持续，这就是众多电商网站对社交非常痴迷的原因。对比日重合率，周重合率要远远大于日重合率。这表示相比于一天内，一周内同时访问了两类或多类互联网服务的用户数量增长迅速。

2.4.5 移动电子商务

1. 移动电子商务的概念

移动电子商务是指通过手机、PDA、掌上电脑等手持移动终端从事的商务活动。移动电子商务（M-Commerce），它由电子商务（E-Commerce）的概念衍生出来，现在的电子商务以 PC 机为主要界面，是“有线的电子商务”；而移动电子商务，则是通过手机、PDA（个人数字助理）这些可以装在口袋里的终端与我们谋面，无论何时、何地都可以开始。

移动电子商务就是利用手机、PDA 等无线设备进行 B2B 或 B2C 的电子商务，以前这些业务一贯是在有线的 Web 系统上进行的。与传统通过电脑（台式 PC、笔记本电脑）平台开展的电子商务相比，拥有更为广泛的用户基础。

2. 移动电子商务的发展历程

随着移动技术、计算机技术和移动终端技术的发展，移动电子商务技术已经经历了三代。以短讯为基础的第一代移动电子商务技术存在着许多严重的缺陷，其中最严重的问题是实时性较差，查询请求不会立即得到回答。此外，由于短讯信息长度的限制也使得一些查询无法得到一个完整的答案。这些令用户无法忍受的严重问题也导致了一些早期使用基于短讯的移动电子商务系统的部门纷纷要求升级和改造现有的系统。

第二代移动电子商务系统采用基于 WAP 技术的方式，手机主要通过浏览器的方式来访问 WAP 网页，以实现信息的查询，部分地解决了第一代移动访问技术的问题。第二代的移动访问技术的缺陷主要表现在 WAP 网页访问的交互能力极差，因此极大地限制了移动电子商务系统的灵活性和方便性。此外，由于 WAP 使用的加密认证的 WTLS 协议建立的安全通道必须在 WAP 网关上终止，形成安全隐患，所以 WAP 网页访问的安全问题对于安全性要求极为严格的商务系统来说也是一个严重的问题。这些问题也使得第二代技术难以满足用户的要求。

新一代的移动电子商务系统，也就是第三代移动电子商务系统融合了 3G 移动技术、智能移动终端、VPN、数据库同步、身份认证及 Webservice 等多种移动通讯、信息处理和计算机网络最新的前沿技术，以专网和无线通讯技术为依托，使得系统的安全性和交互能力有了极大的提高，为电子商务人员提供了一种安全、快速的现代化移动执法机制。

3. 移动电子商务的特点

与传统的电子商务活动相比，移动电子商务具有如下几个特点：

（1）更具开放性、包容性。移动电子商务因为接入方式无线化，使得任何人都更容易进入网络世界，从而使网络范围延伸更广阔、更开放；同时，使网络虚拟功能更带有现实性，因而更具有包容性。

（2）具有无处不在、随时随地的特点。移动电子商务的最大特点是“自由”和“个性化”。传统电子商务已经使人们感受到了网络所带来的便利和快乐，但它的局限在于它必须有线接入，而移动电子商务则可以弥补传统电子商务的这种缺憾，可以让人们随时随地结账、订票或者购物，感受独特的商务体验。

（3）潜在用户规模大。目前我国的移动电话用户已接近 4 亿，是全球之最。显然，从电脑和移动电话的普及程度来看，移动电话远远超过了电脑。而从消费用户群体来看，手机用户中基本包含了消费能力强的中高端用户，而传统的上网用户中以缺乏支付能力的年轻人为主。由此不难看出，以移动电话为载体的移动电子商务不论在用户规模上，还是在用户消费能力上，都优于传统的电子商务。

（4）能较好确认用户身份。对传统的电子商务而言，用户的消费信用问题一直是影响其发展的一大问题，而移动电子商务在这方而显然拥有一定的优势。这是因为手机号码具有唯一性，手机 SIM 卡片上存贮的用户信息可以确定一个用户的身份，而随着未来手机实名制的推行，这种身份确认将越来越容易。对于移动商务而言，这就有了信用认证的基础。

（5）定制化服务。由于移动电话具有比 PC 机更高的可连通性与可定位性，因此移动商务的生产者可以更好地发挥主动性，为不同顾客提供定制化的服务。例如，开展依赖于包含大量活跃客户和潜在客户信息的数据库的个性化短信息服务活动，以及利用无线服务提供商提供的人口统计信息和基于移动用户当前位置的信息，商家可以通过具有个性化的短信息服务活动进行更有针对性的广告宣传，从而满足客户的需求。

（6）移动电子商务易于推广使用。移动通信所具有的灵活、便捷的特点，决定了移动电子商务更适合大众化的个人消费领域，比如：自动支付系统，包括自动售货机、停车场计时器等；半自动支付系统，包括商店的收银柜机、出租车计费器等；日常费用收缴系统，包括水、电、煤气等费用的收缴等；移动互联网接入支付系统，包括登录商家的 WAP 站点购物等。

（7）移动电子商务领域更易于技术创新。移动电子商务领域因涉及 IT、无线通讯、无线接入、软件等技术，并且商务方式更具多元化、复杂化，因而在此领域内很容易产生新的技术。随着我国 3G 网络的兴起与应用，这些新兴技术将转化成更好的产品或服务。所以移动电子商务领域将是下一个技术创新的高产地。

4. *移动电子商务提供的服务*

目前，移动电子商务主要提供以下服务：

（1）银行业务：移动电子商务使用户能随时随地在网上安全地进行个人财务管理，进一步完善因特网银行体系。用户可以使用其移动终端核查其账户、支付账单、进行转账以及接收付款通知等。

（2）交易：移动电子商务具有即时性，因此非常适用于股票等交易应用。移动设备可用于接收实时财务新闻和信息，也可确认订单并安全地在线管理股票交易。

（3）订票：通过因特网预定机票，车票或入场券已经发展成为一项主要业务，其规模还在继续扩大。因特网有助于方便核查票证的有无，并进行购票和确认。移动电子商务使用户能在票价优惠或航班取消时立即得到通知，也可支付票费或在旅行途中临时更改航班或车次。借助移动设备，用户可以浏览电影剪辑、阅读评论，然后订购邻近电影院的电影票。

（4）购物：借助移动电子商务，用户能够通过其移动通信设备进行网上购物。即兴购物会是一大增长点，如订购鲜花、礼物、食品或快餐等。传统购物也可通过移动电子商务得到改进。例如，用户可以使用“无线电子钱包”等具有安全支付功能的移动设备，在商店里或自动售货机上进行购物。

（5）娱乐：移动电子商务将带来一系列娱乐服务。用户不仅可以从他们的移动设备上收听音乐，还可以订购、下载或支付特定的曲目，并且可以在网上与朋友们玩交互式游戏，还可以游戏付费，并进行快速、安全的博彩和游戏。

（6）无线医疗（Wireless Medical）：医疗产业的显著特点是每一秒种对病人都非常关键，在这一行业十分适合于移动电子商务的开展。在紧急情况下，救护车可以作为进行治疗的场所，而借助无线技术，救护车可以在移动的情况下同医疗中心和病人家属建立快速、动态、实时的数据交换，这对每一秒钟都很宝贵的紧急情况来说至关重要。在无线医疗的商业模式中，病人、医生、保险公司都可以获益，也会愿意为这项服务付费。这种服务是在时间紧迫的情形下，向专业医疗人员提供关键的医疗信息。由于医疗市场的空间非常巨大，并且提供这种服务的公司为社会创造了价值，同时，这项服务又非常容易扩展到全国乃至世界，我们相信在这整个流程中，存在着巨大的商机。

（7）移动应用服务提供商（MASP）：一些行业需要经常派遣工程师或工人到现场作业。在这些行业中，移动 MASP 将会有巨大的应用空间。MASP 结合定位服务技术、短信息服务、WAP 技术，以及 Call Center 技术，为用户提供及时的服务，提高用户的工作效率。

移动电子商务作为一种新型的电子商务方式，利用了移动无线网络的优点，是对传统电子商务的有益的补充。尽管目前移动电子商务的开展还存在安全与带宽等很多问题，但是相比于传统的电子商务方式，移动电子商务具有诸多优势，得到了世界各国普遍重视，发展和普及速度很快。

本章小结

本掌主要介绍了电子商务的模式，包括 B2C、B2B、C2C 及其他电子商务模式，首先学习的是 B2C 电子商务模式，介绍了 B2C 电子商务的概念和特点，B2C 电子商务交易的优势，B2C 电子商务的商业模式，B2C 电子商务在企业电子商务中的位置，B2C 电子商务系统功能结构分析，B2C 电子商务的一般交易流程，B2C 电子商务商业模式分类，B2C 电子商务交易盈利模式。

其次学习了 B2B 电子商务，掌握了 B2B 电子商务的概念和特点，B2B 电子商务交易的优势，B2B 电子商务交易模式，B2B 电子商务交易盈利模式。

接着是 C2C 电子商务，主要内容是，C2C 电子商务的概念和特点，C2C 电子商务运作模式。最后是其他电子商务模式包括了协同电子商务、O2O 电子商务、团购电子商务、社交电子商务、移动电子商务等。

思考与练习

一、单选题

1．在电子商务模式中，C2C 是（　）。

A．消费者与消费者间的电子商务　B．企业间的电子商务

C．企业内部的电子商务　D．企业与消费者之间的电子商务

2．从业务量看，在各类型电子商务交易中目前（　　）发展得最好。

A．B2B　　B．B2C

C．C2C　　D．G2B

3．比较典型的 B2C 网站是下列中的（　　）。

A．当当网　　B．eBay 易趣

C．彗聪网　　D．一拍网

4．下列哪两家网站是由同一集团创建的（　　）。

A．当当网和卓越网　　B．阿里巴巴和淘宝网

C．一拍网和拍拍网　　D．淘宝网和卓越网

二、多选题

1．网上商店建设前的准备包括（　　）。

A．选取适合的网上商店生成系统　　B．收集有关产品的相关文字图片信息

C．考虑平台的选取　　D．设计购物流程

2．网上商店日常运营管理，不包括（　　）。

A．订单管理　　B．销售统计

C．客户查询和商家信用值　　D．商品预览

3．网络拍卖的主题主要有（　　）。

A．拍卖公司　　B．网络公司

C．零售商　　D．制造商

三、简答题

1．简述 B2C 电子商务模式的特点。

2．简述 B2B 电子商务模式的优势。

3．简述网上店铺的盈利模式。

4．思考淘宝当年能超越易趣的原因，至少 200 字。

四、实训

1．实训名称

实训名称：电子商务交易模式

2．实训内容

（1）任选两个 B2C 零售网站，对照电子商务部分标准进行比较分析。

（2）找出两个电子商务网站，总结它们的盈利方式有哪些？

（3）在去哪儿旅游搜索引擎（www.qunar.com）上选择一个酒店，和携程网（www.ctrip.com）的酒店预定价格进行比较，并完成酒店预定，分析比较两个网站的酒店频道的设计有何相同和不同。

（4）在任何一个电子商务网站上，完成购物，确认成功后，停止付款进程。进行屏幕抓图，保存成 jpg 图片格式。

3．实训成果

电子商务标准	网站现状	简评
销售商公布如下内容：销售商的法定名称以及业主；主要办公地点；和销售商联系的渠道，如电话或 E-mail；特殊业务的专业许可证		
在消费者被要求最终确认订单之前，销售商必须为消费者提供所有费用的清单，包括商品/服务的费用、运费、处理费以及税		
必须提供有关处理取消订单、退货、退款的原则，包括可以取消订单的有效期、哪些产品可以退货、退货的条件、取消订单或者退货的费用、运费的支付方、消费者何时可以得到退款等		
必须提供有关处理取消订单、退货、退款的原则，包括可以取消订单的有效期、哪些产品可以退货、退货的条件、取消订单或者退货的费用、运费的支付方、消费者何时可以得到退款等		

4．撰写实训报告

实训内容							
实训时间		指导老师		班级		姓名	
实训要点：							
实训内容：							
实训成果：							
问题与收获：							
实训完成情况：							

第 3 章　电子商务技术基础

学习要点及目标

1. 了解计算机网络技术的含义和基本知识
2. 掌握 Internet 的接入技术，能够使用 Internet 提供的各类常用服务
3. 基本理解互联网的基本知识，如 TCP/IP 协议和 IP 地址等
4. 了解电子商务 Web 技术的基本应用和功能
5. 掌握电子数据交换技术（EDI）的概念和工作原理
6. 了解 3G 技术和物联网技术的概念，以及它们在电子商务中的应用

核心概念

计算机网络　Internet　网络协议　电子数据交换技术（EDI）　3G 技术　物联网技术

引导案例

阿里巴巴的电子商务技术

电子商务除了包括网上交易和买卖外，还包括各种网上增值服务和客户支持应用。电子商务技术为各种创新的业务模式提供了强大的技术基础和支持。电子商务涉及的技术问题远不仅仅是 Internet 技术，几乎所有的 IT 技术在今天的电子商务中都有应用。

阿里巴巴集团，是一家由中国人创建的国际化的互联网公司；经营多元化的互联网业务，致力为全球所有人创造便捷的交易渠道；自成立以来，集团建立了领先的消费者电子商务、网上支付、B2B 网上交易市场及云计算业务，近几年更积极开拓无线应用、手机操作系统和互联网电视等领域。从 B2B、淘宝、支付宝到阿里云，阿里巴巴始终做着截然不同的内部创新，这种主动激进的风格也渗透到每一次的技术选择中。

在 2009 年到 2013 年整个"去 IOE（在 IT 设备中去除 IBM 小机、Oracle 数据库及 EMC 存储）"的过程中，阿里技术发展策略逐渐从"商业软件""开源软件"发展到自主技术和云计算构成的综合技术服务能力。便宜的 Commodity PC 替换掉过去昂贵的硬件设备，淘宝、支付宝等重要业务将旧的"IOE"集中式架构转变为分布化架构，这种架构是把 IT 后台迁移到云计算平台上的基础工作。

2013 年 3 月，阿里技术保障部给公司高层突然发信一封："云梯 1 要撞墙了！"云梯 1 是阿里内部另一个基于 Hadoop 的分布式集群系统。保障部的员工发现按照现有数据增量和未来业务增长的情况，阿里的存储和计算能力将在 3 个月内达到瓶颈，数据业务面临停滞，必须将

飞天系统快速扩建起来。“飞天”是阿里的大规模分布式系统，几乎等同于整个阿里云的整个技术体系。经过4个月的不懈努力，飞天资深技术总监唐洪和他的团队将5000台飞天集群部署成功。阿里成为国内首个单集群达到5000台规模的公司，在此之前，全球也只有Google、Facebook等顶级公司可以按照5000台机器来划分集群规模。飞天以Web API的方式，向外提供计算、存储和大规模数据处理等云计算服务，建立起庞大的云计算生态体系。

凭借着这些技术，阿里巴巴成为我国最大的互联网公司。由此可见，了解和掌握软、硬件技术对电子商务的发展所起到的作用。

（案例来源：张宇婷 【深度】解密阿里巴巴的技术发展路径 2014年07月17日）

案例导学

为推动电子商务的创新，使其为电子商务发展带来更大的价值，我们需要了解各种IT技术，掌握各种先进的网络技术和知识，使电子商务技术为电子商务的发展提供强大的技术基础和支持。

3.1 计算机网络技术

计算机网络是计算机技术与通信技术有机结合的产物，同时也是电子商务运作的基础平台，是实施电子商务的前提条件。

3.1.1 计算机网络概念

计算机网络是指利用通信设备和线路将分布在不同地理位置的具有独立功能的计算机、终端及其附属设备互联起来，遵照网络协议，以功能完善的网络软件实现资源共享的计算机系统。

理解这一概念，需要认识到下面几点：

（1）计算机网络的最主要目的和功能是资源共享，实现资源共享的双方必须先实现互联，然后再进行数据的通信与传递。

（2）计算机之间的互联需要利用一定的通信设备和线路，包括网卡、线缆、路由器等。

（3）不同计算机之间通信需要遵循统一的网络通信协议，即预先约定的共同语言、相同的规则，如网络通信中最常用的TCP/IP协议。

（4）计算机网络中的各个计算机是完整、相互之间不存在制约与被制约的关系。

3.1.2 计算机网络结构

计算机网络的结构如图3-1所示。一般将计算机网络分为两个部分：资源子网——负责网络数据处理，由计算机、终端及有关软件组成；通信子网——负责网络通信，由节点交换机、集中器、网络连接器和通信线路等组成。

1. 主计算机

在计算机网络中，主计算机（Host，简称主机）负责数据处理和网络控制，由大型机、中型机、小型机和微型机担任，其在网络中的角色是服务器和工作站。

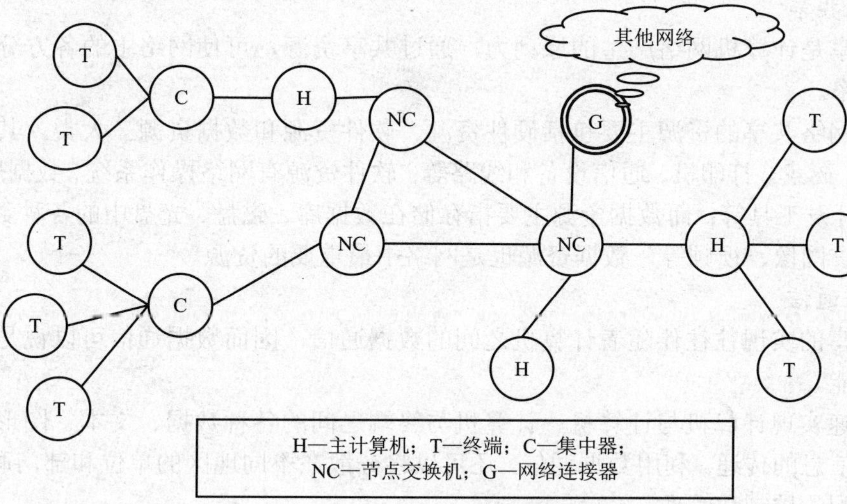

图 3-1　计算机网络的结构

服务器是为其他计算机提供硬件（如大容量磁盘、打印机）和软件（程序和数据）资源服务的计算机。根据服务器所提供的服务，服务器可分为文件服务器、通信服务器、数据库服务器等，在 Internet 服务中，可以有 WWW 服务器、邮件服务器、FTP 服务器等。

工作站是用户网络的前段窗口，用户通过工作站请求网络服务、访问网络的共享资源。工作站一般由普通微型机担任。

2. 终端

终端（Terminal）是网络用户进行网络操作、实现人机对话的工具。与工作站相比，终端没有独立的本地处理能力，必须通过集中器连接到主机才能工作。

3. 节点交换机

节点交换机（Node Computer）又称通信处理机，负责网络中的信息传输控制。在局域网中也可以不专门设置节点交换机，而由主机担任。

4. 集中器

集中器（Concentrator）的作用是将多个终端集中起来，再通过远程通信线路与节点交换机和主机连接，以提高通信效率，降低费用。

5. 网络连接器

网络连接器（Gateway）用于连接其他网络，可实现不同网络信息格式、通信协议、寻址方式等的转换。根据其他网络结构的不同，网络连接器可以是中继器、网桥、路由器或网关。

6. 通信线路

图 3-1 中各设备之间的连线表示通信线路，它们可以采用有线通信线路（双绞线、同轴光缆、光导纤维）或者无线通信线路（无线电、微波、通信卫星等）。

3.1.3　计算机网络功能

计算机网络在各个行业中有广泛的应用，一般来说，其主要功能表现在：

1. 资源共享

资源共享是计算机网络产生的原动力，通过共享资源，可使网络中的各方分工合作，提高资源利用率。

计算机网络共享的资源主要包括硬件资源、软件资源和数据资源三大类。其中，硬件资源包括主机、磁盘、打印机、通信设备和线路等；软件资源有网络操作系统、数据库管理系统、应用软件、开发工具等；而数据资源主要指存储在数据库、磁盘、光盘中的各种数据文件，如文字、图表、图像、视频等，数据资源也是网络中最重要的资源。

2. 数据通信

资源共享的实现往往伴随着计算机之间的数据通信，因而数据通信可以说是计算机网络最基本的功能。

它能快速实现计算机与计算机、计算机与终端之间的各种数据、文本、图形、动画、声音和视频等信息的传递。利用数据通信，还可以将分散在不同地区的单位和部门联系起来，进行统一的调配、控制和管理。

3. 分布处理

计算机网络中的用户可根据自身需求，选择网络上最合适的资源来迅速而经济的解决问题。对于综合性的大型作业或任务，可对其进行任务分解并交给网络中多台计算机进行分布处理，这样既均衡了各计算机的负载，又提高了问题处理速度和设备利用率。

4. 集中管理

通过网络能够将各地生产单位或业务部门计算机中的数据资料进行集中、综合的处理。随着计算机网络技术的发展，目前已有ERP（企业资源计划）、SCM（供应链管理）、CRM（客户关系管理）等多种信息管理系统，利用这些系统能够在日常工作中对各部门单位进行管理，提高工作效率。

5. 提高可靠性和可用性

多台计算机互联成网络后，一旦某台计算机出现故障，其任务可由其他计算机代为处理；一旦某台计算机负担过重，可将其作业中的一部分分给网络中另一空闲计算机处理，从而减少作业时间。

除以上功能外，计算机网络还有易于扩充、提高性价比、节省软硬件设备开销等功能。随着计算机网络技术的不断发展，它的功能和提供的服务将不断增加。

3.2 Internet 技术

3.2.1 Internet 概述

Internet 即国际计算机互联网，又叫国际计算机信息资源网，它是位于世界各地并彼此相互通信的一个大型计算机网络。Internet 并不是一个具体的网络，它是全球最大的、开放的、由众多网络互连而成的一个广泛集合。组成 Internet 的计算机网络包括小规模的局域网、城市规模的区域网，以及大规模的广域网。这些网络通过普通电话线、高速率专用线路、卫星、微波和光缆把不同国家的大学、公司、科研部门以及军事和政府组织连接在一起。总之，Internet 是一个以 TCP/IP 网络协议连接各个国家、地区、机构的计算机网络的数据通信网，它将数千万个计算机网络、数亿万台主机连接在一起，覆盖全球。

Internet 起源于美国国防部高级研究计划局建立的 ARPANET，ARPANET 的最初设计者绝对没有预料到它会发展到今天 Internet 的规模。1969 年 12 月，ARPANET 只有四个节点（洛杉矶加州大学 UCLA、斯坦福研究所 SRI、加州大学伯克莱分校 UCSB 和犹他州立大学），随后与之连接的计算机越来越多。Internet 的发展不仅带来了量的改变，同时也带来了质的改变，现在的 Internet 已经成为我们生活和工作中不可或缺的一部分。

3.2.2 Internet 的功能

Internet 之所以能如此快速的发展，一方面是由于其本身所具有的开放性、共享性、平等性、虚拟性、个性化和全球性的特点，另一方面则是得益于它的诸多服务功能，它能为用户提供形形色色的服务，其中最主要的服务主要有 WWW 服务、搜索引擎、电子邮件服务、文件传输、即时通信、远程登录等。

1. WWW 服务

WWW 是 World Wide Web（环球信息网）的缩写，中文名字叫“万维网”。它是建立在 Internet 之上的主从结构分布式超媒体系统，是一种以图形界面和超文本链接方式来组织信息的技术。通过 WWW 服务，人们可以简单方便、快速直接地访问和浏览信息。

目前 Internet 上 90%的信息存放在 WWW 网站上，因此 WWW 是网络用户查询信息最常用的工具。人们所浏览的网站就是 WWW 的具体表现形式，但其本身并不是互联网，只是互联网的一个组成部分，因此需要说明的是，万维网并不等同互联网，万维网只是互联网所能提供的服务其中之一，是靠着互联网运行的一项服务。

2. 搜索引擎

搜索引擎是指根据一定的策略、运用特定的计算机程序从互联网上搜集信息，在对信息进行组织和处理后，为用户提供检索服务，将用户检索相关的信息展示给用户的系统。它可以帮助信息需求者快速、方便而准确地获得所需信息。其工作原理是：利用网页搜索程序在 Internet 上主动搜索 Web 信息，手机的信息主要是能表明网站内容（包括网页本身、网页的 URL 地址、构成网页的代码以及进出网页的链接）的关键词或短语，然后将这些信息做好索引并存储在方便查询的大型数据库中，供广大用户查询、检索和调用；当用户在搜索引擎网站主页中输入关键字进行信息查询时，搜索引擎网站检索数据库中存储的信息，把包含关键字的网址链接按照一定的顺序排序提供给用户。

当前，在 Internet 中搜寻信息的时候最方便快捷的方法就是通过搜索引擎来查找，因此，掌握基本的搜索技巧对于我们非常必要。

（1）类别搜索

很多的搜索引擎都显示类别，如百度，有网页、新闻、知道、文库、图片、视频等。如果单击其中一个类别，然后再使用搜索引擎，可以选择搜索整个 Internet 还是搜索当前类别。显然，在一个特定类别下进行搜索所耗费的时间较少，而且能够避免大量无关的 Web 站点。

（2）关键字搜索

关键字就是用户在使用搜索引擎时输入的、能够最大程度概括用户所要查找的信息内容的字或者词，是信息的概括化和集中化。在进行信息搜索时，想要得到最佳的搜索结果，就一定要选好关键字。关键字搜索使用简单方便，但是查询结果却不明确，很可能包含很多无用信息。

（3）使用各种符号检索

在检索中能够使用的符号有非常多种，常用的有：空格、双引号（“”）、加号（+）、减号（-）、通配符（*）等。空格表示 AND，在搜索时，如果需要使用多个关键字，就可以用空格把多个关键字隔开，在搜索时，提供的关键字越多，返回的结果越精确。双引号（“”）表示精确匹配关键字，主要使用在当关键词很长时，查询结果中的查询词可能是拆开的，如果对此情况不满意，希望不拆分查询词的时候，就可以给查询词加上双引号，搜索结果就会精确匹配。通配符（*）则与双引号相反，代表模糊查询。而加减号主要是在搜索时限定关键字的，加号（+）限定搜索结果中必须包含的词汇。用减号（-）限定搜索结果不能包含的词汇。注意：加减号前面一定要加空格，否则会被认为只是两个关键字之间的连接符。通过加入这些符号，可以使查询结果更准确，提高查准率。

（4）使用元词检索

大多数搜索引擎都支持“元词”（metawords）功能，依据这类功能用户把元词放在关键词的前面，这样就可以告诉搜索引擎你想要检索的内容具有哪些明确的特征。例如，当在搜索引擎中输入“title：清华大学”，就可以查到网页标题中带有清华大学的网页。在键入的关键词后加上“domainorg”，就可以查到所有以 org 为后缀的网站。其他元词还包括：image：用于检索图片；link：用于检索链接到某个选定网站的页面；URL：用于检索地址中带有某个关键词的网页；专业文档搜索——filetype：文档格式。

3. 即时通信

即时通信是指能够即时发送和接收互联网消息等的服务。自 1998 年面世以来，特别是近几年的迅速发展，即时通信的功能日益丰富，逐渐集成了电子邮件、博客、音乐、电视、游戏和搜索等多种功能。即时通信不再是一个单纯的聊天工具，它已经发展成集交流、资讯、娱乐、搜索、电子商务、办公协作和企业客户服务等为一体的综合化信息平台。

即时通信是一个终端服务，允许两人或多人使用网路即时地传递文字讯息、档案、语音与视频交流。即时通讯按行业应用来分，可以分为四类：

一种是个人即时通信。主要是以个人用户使用为主，开放式的会员资料，非赢利目的，方便聊天、交友、娱乐，如 QQ、微信、新浪 UC、百度 HI、盛大圈圈、移动飞信等。此类软件，以网站为辅、软件为主，免费使用为辅、增值收费为主。

二是商务即时通信。以企业平台网的阿里旺旺贸易通、阿里旺旺淘宝版、慧聪 TM、QQ（拍拍网，使 QQ 同时具备商务功能）、MSN 等。商务即时通信的主要功用，是实现了寻找客户资源或便于商务联系，以低成本实现商务交流或工作交流。

三是企业即时通信。它是以企业内部办公为主，建立员工交流平台，减少运营成本，促进企业办公效率，主要有信鸽、Anychat 即时通讯、微软 Microsoft Lync、阳光互联 Lync、互联网办公室.imo、中国移动企业飞信、蚁傲等。

四是网页即时通信。在社区、论坛和普通网页中加入即时聊天功能，用户进入网站后可以通过右下角的聊天窗口跟同时访问网站的用户进行即时交流，从而提高了网站用户的活跃度、访问时间、用户黏度。

4. 电子邮件

在 Internet 上，电子邮件是一种通过计算机网络与其他用户进行联系的现代化通信手段。电子邮件服务是目前互联网最基本的服务项目和使用最广泛的功能之一。使用电子邮件服务的前提是必须要拥有自己的电子邮箱，很多 ICP 服务商都提供电子邮箱服务。使用电子邮件服务可以实现远距离的快速通信和传送信息资料，其具备快捷、经济、联络范围广等多个优点。电子邮箱可以方便快速地传送各类信息，包括文本信息，也包括图像、声音等多媒体文件等。

电子邮件的地址格式为：用户名@邮件服务器主机的域名，如 zhengzhou@126.com。电子邮件接收与发送过程中常用的协议有：POP3（Post Office Protocol，有据协议）、SMTP（简单邮件传输协议）和 MIME（互联网电子邮件扩展标准）。

5. FTP

与大多数 Internet 服务一样，FTP 也是一个客户机/服务器系统。FTP 的主要功能就是文件传输，用户从一个地点向另一个地点传送文件。用户可以把自己的文件上传到远程计算机上，也可以从远程计算机上下载自己需要的文件。

用户通过一个支持 FTP 协议的客户机程序，连接到在远程主机上的 FTP 服务器程序。用户通过客户机程序向服务器程序发出命令，服务器程序执行用户所发出的命令，并将执行的结果返回到客户机。比如说，用户发出一条命令，要求服务器向用户传送某一个文件的一份拷贝，服务器会响应这条命令，将指定文件送至用户的机器上。客户机程序代表用户接收到这个文件，将其存放在用户目录中。

3.2.3 Internet 协议和 IP 地址

1. Internet 协议——TCP/IP 协议

Internet 的本质是计算机与计算机之间互相通信和交换信息。这种通信跟人与人之间的信息交流一样必须具备一些基本条件，比如：当你给一个美国朋友写信时，首先必须使用一种对方也能看懂的语言，然后还得知道对方的通信地址，才能够把信发出去。同样计算机之间通信，首先也得使用一种双方都能接受的“语言”，这就是通信协议，然后还得知道计算机彼此的地址，通过协议和地址，计算机之间就能交流通信，从而形成网络。

Internet 是由许多小的网络构成的国际性大网络，在每个小网络内部使用不同的协议，正如不同的国家使用不同的语言，所以要保证他们之间能进行信息交流就要靠网络上的世界“语言”——TCP/IP 协议。

当一个用户想给其他用户发送一个文件时，计算机先根据 TCP 协议把该文件分成一个个小数据包，并加上一些特定的信息（可以看成是装箱单），以便接收方的机器确认传输是正确无误的，然后计算机再根据 IP 协议在数据包上标上地址信息，形成可以在 Internet 上传输的 TCP/IP 数据包。

当 TCP/IP 数据包到达目的地后，计算机首先去掉地址标志，利用 TCP 协议的装箱单检查数据是否在传输中有损失。如果接收方发现有损坏的数据包，就要求发送端重新发送被损坏的数据包，确认无误后再将各个数据包重新组合成原文件。

可以概括地说，TCP 协议保证信息传输的质量，IP 协议则保证用户可以收到该信息。

2. IP 地址

Internet 是一个信息的海洋，而这些信息存放在世界各地成千上万的计算机上，为了实现计算机之间的通信，每台连接 Internet 的计算机（也可以称为”主机”）都必须有一个唯一的网络地址，就好像每一个住宅都要有唯一的门牌号，信件才能正确投递；每一台计算机都要有唯一的地址，数据才能正确传输。这个地址就叫做 IP 地址。

但是，随着 Internet 用户的爆炸式膨胀，IP 地址资源已经日渐枯竭，无法满足用户的需要。目前使用的 TCP\IP 协议集到 20 世纪 90 年代已经发展到第 4 个版本，所以目前的 IP 地址格式称为 IPv4，表示第 4 版协议，而将正在测试推广的下一代协议，称为 IPv6。

下面以 IPv4 为例对 IP 地址做一个简单介绍。

（1）IP 地址的结构和分类

IPv4 的地址是一个 32 位的二进制地址，为了便于记忆，将它们分成 4 组，每组 8 位，由小数点分开，用 4 个字节表示。

每个字节的数值范围是 0～255，如 202.116.0.1，这种书写方法叫做点数表示法。

IP 地址可分为 A、B、C、D、E 五类，根据计算机 IP 地址的类别可以区分该计算机所在网络的大小，如表 3-1 所示。

表 3-1　IP 地址的分类

地址类型	引导位	W 的范围	地址结构	可用网络地址数/个	可用主机地址数/个
A 类	0	1～126	网.主.主.主	126	16777214
B 类	10	128～191	网.网.主.主	16384	65534
C 类	110	192～223	网.网.网.主	2097152	254
D 类	1110	224～239	组播地址、多目地址		
E 类	1111	240～	研究和实验用地址、扩展之用		

A 类地址的表示范围为：0.0.0.0～126.255.255.255。A 类地址分配给规模特别大的网络使用。A 类网络用第一组数字表示网络本身的地址，后面三组数字作为连接于网络上的主机的地址。A 类地址共有 126 个网络，每个网络可容纳 16777214 台主机。A 类地址分配给具有大量主机（直接个人用户）而局域网络个数较少的大型网络。该类地址的子网掩码为 255.0.0.0。

B 类地址的表示范围为：128.0.0.0～191.255.255.255。B 类地址分配给一般的中型网络。B 类网络用第一、二组数字表示网络的地址，后面两组数字代表网络上的主机地址。B 类地址共有 16384 个网络，每个网络可容纳 65534 台主机。该类地址的子网掩码为 255.255.0.0。

C 类地址的表示范围为：192.0.0.0～223.255.255.255。C 类地址分配给小型网络，如一般的局域网和校园，它可连接的主机数量是最少的，采用把所属的用户分为若干的网段进行管理。C 类网络用前三组数字表示网络的地址，最后一组数字作为网络上的主机地址。C 类地址共有 2097152 个网络，每个网络可容纳 254 台主机。该类网络的子网掩码为 255.255.255.0。

D 类地址称为组播地址，供特殊协议向选定的节点发送信息时用。

E 类地址保留，以备将来扩展使用。

最后还有一个特殊的地址 127.0.0.0，是网络中本机的 IP 地址。

需要注意的是，在 Internet 中，一台计算机可以有一个或多个 IP 地址，就像一个人可以有多个通信地址一样，但两台或多台计算机却不能共用一个 IP 地址。如果有两台计算机的 IP 地址相同，则会引起异常现象，两台计算机都将无法正常工作。

随着我国互联网的迅速发展，IP 地址资源也将日益紧缺。2014～2015 年逐步停止向新用户和应用分配 IPv4 地址，我国将进入 IPv6 全面商用部署阶段。届时，东部发达地区所有城域网支持 IPv6，中西部欠发达地区约 50%的城域网支持 IPv6，域名服务器全面支持 IPv6 访问与解析，IPv6 宽带接入用户数力争超过 2500 万。而到“十三五”期间，我国将基本建成世界先进水平的网络基础设施，完成向下一代互联网（IPv6）的平滑演进过渡。

（2）IPv6 地址

IPv6（Internet Protocol Version 6）是 IETF（Internet Engineering Task Force，互联网工程任务组）设计的用于替代现行版本 IP 协议（IPv4）的下一代 IP 协议，它由 128 位二进制数码表示。

IPv6 的特性主要表现在下面六个方面。

1）增加 IP 地址的长度。IPv6 的首要目的是增加 IP 地址的长度，从 64 位增长到 128 位，地址空间增大了 2 的 96 次方倍，可以满足用户数量急剧增加的需求。

2）灵活的 IP 报文头部格式。使用一系列固定格式的扩展头部取代了 IPV4 中可变长度的选项字段。IPV6 中选项部分的出现方式也有所变化，使路由器可以简单路过选项而不做任何处理，加快了报文处理速度。

3）IPV6 简化了报文头部格式，字段只有 8 个，加快报文转发，提高了吞吐量。

4）扩充相应功能。目前 Internet 已经有很多支持多媒体通信的技术，能够传输文字、图形、图像、音频和视频等多媒体信息。但随着上网用户的急剧上升，通信量也急剧上升，为增加传输速率和通信带宽，保证视频信息连续不断，要求在原来的 IPv4 协议基础上增加相应的功能。并且，IPv6 允许协议继续演变，增加新的功能，使之适应未来技术的发展。

5）增强了网络安全性能。网络的安全性涉及技术和法律两方面的问题，IPv6 协议主要解决技术方面的问题，包括增加报文鉴别投标和安全密封报文投标，以及增加优先级标记域，来实现对有特殊要求的数据流予以识别和进行特殊处理，身份认证和隐私权是 IPv6 的关键特性。

6）保持与 IPv4 协议的兼容。IPv4 向 IPv6 的转换过程也许需要 10 年多的时间才能完成。为保护现有 Internet 上已有的亿万用户的利益，IPv6 协议应与 IPv4 协议相互兼容，具有互操作性，也就是说，IPv6 能够识别 IPv4 协议。

3.2.4　Internet 和 Intranet

1．Internet

前面已经讲过，Internet 是一个全球计算机互联网络，也是一个巨大的信息资源，最重要的是全球信息资源共享。它是由无数个不同规模的网络通过自愿原则采用 TCP/IP 协议互联起来的一个巨型计算机网络。没有任何机构完全拥有 Internet。Internet 允许世界上数以亿计的人们进行通讯和共享信息。通过发送和接收电子邮件，或者与其他人的计算机建立连接，来回输入信息进行通讯。通过参加讨论组以及通过免费使用许多程序和信息源达到信息共享。

2．Intranet

Intranet，称之为企业内部网，或称内部网、内联网、内网，在此指企业内部网。它是采用 Internet 的协议标准，应用 Internet 现有技术建设的企业内部网络。是 Internet 技术在企业内部的应用。它的核心技术是基于 Web 的计算。Intranet 的基本思想是：在内部网络上采用 TCP/IP 作为通信协议，利用 Internet 的 Web 模型作为标准信息平台，同时建立防火墙把内部网和

Internet 分开。当它连接到 Internet 成为其一部分，当有安全性要求时，采用"防火墙"与 Internet 隔离。用户借助于一个通用浏览器图形界面，只需在感兴趣的文字和图形上弹击一下便可访问到内外部各种不同的信息和资源。当然 Intranet 并非一定要和 Internet 连接在一起，它完全可以自成一体作为一个独立的网络。

一个公司建立的 Intranet 与 Internet 网的着眼点不同。对于 Internet 网来说，由于全世界都可以访问公司的 Internet 站点，它必然被当作一个市场工具，是对人们进行关于贵公司的产品、服务和宣传的地方，把公司的外部形象推向全世界，加深别人对公司的认识；而 Intranet 则完全是为了公司内部的使用，它包含着公司的核心信息，内部数据和信息的流动才是 Intranet 站点的主要任务。

Intranet 指采用 Internet 技术建立的企业内部专用网络。它以 TCP/IP 协议作为基础，以 Web 为核心应用，构成统一和便利的信息交换平台。Intranet 可实现的功能极为广泛和强大，包括：

（1）利用电子邮件，降低通信费用，企业员工可以方便快速地应用电子邮件来传递信息。

（2）利用 Web 电子出版发布企业各种信息，供企业内部或指定客户使用。

（3）在 Web 上开展电子贸易，主要方式有全球范围内的产品展览，销售的信息服务等。

（4）远程用户登录，企业分支机构可以通过电话线路访问总部的信息。

（5）远程信息传送，将企业总部的信息传送到用户的工作站上进行处理。

（6）企业管理信息系统（MIS）应用，如一般的人事、财务管理系统。

（7）企业无纸化办公。

（8）通过与 Internet 相连，进行全球范围的通信及视频会议。

（9）新闻组讨论，企业员工可就某一事件通过网络进行深入讨论且自动记录在服务器中。

Intranet 从根本上改变了企业信息管理的方式，极大地提高了企业内部信息共享与交流的程度，促进了不同部门间的协调与沟通，加快了信息流通的速度，降低了信息处理的成本，提高了工作效率。Intranet 以新的概念、新的模式建设或改造企业的信息系统，使之有效地运转，让企业获得最大的利益。

3. Internet 与 Intranet 的联系

Internet 与 Intranet 既有联系又有区别，Internet 被称为国际互联网，简单地说也就是把全球的电脑信息通过网络连起来，是一个跨越全球的"网络的网络"；而 Intranet 是公司内部的信息网，它是通过"防火墙"与 Internet 进行连接与安全性分隔。"防火墙"是只用软件和硬件的方式将两个计算机网络分隔开来的一种"障碍"，只有合法用户才可跨越"防火墙"访问，而非法用户则被"防火墙"拒之门外。这就是 Intranet 靠"防火墙"与 Internet 分隔开来的实际意义。Intranet 是利用各项技术建立起来的企业内部信息网络。这个概念包含以下两方面的涵义：①Intranet 是一种企业内部的计算机信息网络，这是它与 Internet 的重要区别之一；②Intranet 继承和发展了 Internet 的许多技术，主要有 WWW、电子邮件、数据库和网络操作系统等各项技术。

Internet 与 Intranet 的联系主要表现在 Intranet 继承和发展了 Internet 的许多先进技术，并且 Intranet 与 Internet 进行连接可以交换信息，用户可通过 Intranet 充分享用 Internet 的信息资源。因此在建立 Intranet 时并不需从头开始，而是可以建立在现有公司内部网络硬件基础之上，企业原有应用系统也可以移植到基于 Intranet 的信息系统中，不过需要数据库软件的升级、开发或购买一些接口程度。在安全性方面，Intranet 是在企业内部的信息网络，在它和 Internet 之间需要有道防火墙，以保证企业的信息不受外界攻击，同时可以和外界进行必需的信息交换。

4. Internet 与 Intranet 的区别

Internet 与 Intranet 的区别主要表现在以下三方面：

（1）Internet 是公众网，任何人都可以从任意节点登录上去并访问整个网络的信息；而 Intranet 则是内部网，不仅被防火墙与 Internet 分隔开来，而且内部通常还有严密的安全体系，未授权的用户无法访问其中的信息。

（2）Internet 的信息主要是公众性的，大部分都是广告、新闻、免费软件等；而 Intranet 中的信息是公司内部的，不用于对外公布，主要是公司人事信息、技术信息和财务信息等。

（3）Internet 十分庞大，管理非常复杂，各个节点的通信线路也各式各样，运行效率难以保障；而 Intranet 相对来说规模小得多，管理比较严格，网络线路一般都比较好，因此运行性能较高。

3.2.5 Internet 接入技术

用户能与 Internet 网络互联，是开展电子商务最基本的条件。将用户局域网或者计算机与 Internet 相连的技术，被称为 Internet 接入技术。为用户提供 Internet 接入服务及相关技术支持的公司，被称为 Internet 服务提供商（Internet Service Provider，简称 ISP），ISP 是广大用户连入 Internet 的入口和桥梁。目前，我国最大的 ISP 是中国电信和中国网通，此外，还有联通、铁通等较大的 ISP。ISP 包括 Internet 内容提供商和 Internet 接入服务，前者提供网页制作、门户网站等内容服务，而后者主要帮助用户接入 Internet。

Internet 接入技术很多，主要包括拨号上网、ADSL 宽带上网、专线上网和无线上网等。

1. 拨号上网（PSTN）

拨号上网，即公共交换电话网（Public Switched Telephone Network，PSTN），是早期普通用户上网浏览的常用方式，其接入方法简单，投资小、操作方便。用户只需要一台计算机，一条能打通 ISP（Internet 服务供应商）电话的电话线，再加上一个调制解调器（俗称“猫”），办理好必要手续后，就可以轻松上网。拨号上网最大的缺点就是上网速度慢、独占电话线、传输数据的可靠性低。随着宽带的发展和普及，这种接入方式已经被淘汰。

2. ISDN 上网

综合业务数字网（Integrated Services Digital Network，ISDN），即俗称的“一线通”。是继拨号上网之后出现的一种接入方式，同样的一根电话线，原来只能接一部电话，因此拨号上网的同时是不能打电话的，但申请了 ISDN 后，通过一个称为 NT 的转换盒，就可以同时使用多个终端，用户可以一边在 Internet 上冲浪，一边打电话或者进行其他的数据通信。ISDN 的最大传输速率只有 128kbps，因此，ISDN 已经被宽带 ADSL 替代。

3. xDSL 宽带上网

xDSL 是各种类型 DSL（Digital Subscriber Line，数字用户线路）的总称，包括 ADSL、RADSL、VDSL、SDSL、IDSL 和 HDSL 等。

在 xDSL 技术体系中，目前在中国应用最为广泛的是基于电话双绞线的第一代 ADSL 技术。但是，随着运营商网络覆盖的逐步扩大以及用户业务量的逐渐增加，第一代 ADSL 技术逐渐暴露出一些难以克服的弱点，例如：较低的下行传输速率难以满足一些高速业务的开展，如流媒体业务；所支持的线路诊断能力较弱，随着用户的不断增多，在线路开通前如何快速确定线路质量成为运营商十分头疼的问题；难以解决设备的散热问题等。迫于业务发展的需要，为更好地迎合网络运营和信息消费的需求，ADSL2、ADSL2+、VDSL 等技术应运而生，这里姑且称它们为新一代 xDSL 技术。

通过该类方式接入网络时用户需要拥有一个调制解调器（通常由电信提供，有的地方也可以自行购买）、滤波器和一台带网卡的计算机。它们的主要区别是信号传输速度和距离不同、上行速率和下行速率对称性不同。宽带上网的优点是线路工作稳定，出故障的概率较小，并且如果出现故障也不影响普通电话的业务。它是当前最主流的用户上网方式。

4. 有线电视电缆上网

传统的有线电视网只能实现单向传输，经过改造后，现已经改造为 HFC（光纤和同轴电缆混合网）方式，可以实现双向传输。其终端设备是一个电缆调制解调器，它是利用有线电视网作为接入网的接入设备。有线电视电缆传输速率下行可达 36Mbps，上行最高可达 10Mbps。目前，我国有很多地区的有线电视网开通了这项服务。该种上网方式在我国具有广阔的前景，因为我国有线电视网十分普及，而且上网可以不占用电话线路，并可以和数字式家电紧密集成。

5. DDN 上网

DDN（Digital Data Network，数字数据网），即平时所说的专线上网方式。它是将数万、数十万条以光缆为主体的数字电路，通过数字电路管理设备，构成一个传输速率高、质量好，网络延时小，全透明、高流量的数据传输基础网络。DDN 利用数字信道提供半永久性连接电路以连入 Internet，其传输速率范围为 64kbps～2Mbps。DDN 提供独享上网方式，因此费用较高。

6. 光纤上网

光纤接入技术实际就是在接入网中全部或部分采用光纤传输介质，构成光纤用户环路 Fiber In The Loop，FITL)，实现用户高性能宽带接入的一种方案。

光纤接入网（Optical Access Network，OAN）是指在接入用光纤作为主要传输媒介来实现信息传输的网络形式，它不是传统意义上的光纤传输系统，而是针对接入网环境专门设计的光纤传输网络。光纤接入网又可划分为无源光网络（PON）和有源光网络（AON)，其中无源光网络发展更快些。在实现宽带接入的各种技术手段中，光纤接入是最能适应未来发展的解决方案，特别是 ATM 无源光网络（ATM-PON）几乎是综合宽带接入的一种经济有效的方式。

7. 无线上网

无线上网是指使用无线连接的 Internet 登陆方式。它使用无线电波作为数据传送的媒介。速度和传送距离虽然没有有线线路上网优秀，但它以移动便捷为杀手锏，深受广大商务人士喜爱。无线上网现在已经广泛地应用在商务区、大学、机场，及其他各类公共区域，其网络信号覆盖区域正在进一步扩大。目前主流应用的无线网络分为手机无线网络上网和无线局域网两种方式。

3.3 Web 技术

电子商务是基于互联网而发展起来的，互联网的发展也能够带动电子商务的发展，互联网越来越发达，而电子商务也会随着越来越普及。电子商务中，我们利用互联网进行各种活动，例如通过浏览器访问网站，或者利用搜索引擎查询某些商务信息等。当我们通过浏览器打开各电子商务网站进行信息处理、享受互联网带来的巨大便利时，我们也许希望知道这些功能的背后是由哪些技术来实现的。这些技术有很多方面，例如网络技术、数据库技术、面向对象技术、图形图像处理技术、多媒体技术、网络安全技术、互联网技术、Web 技术等。其中，Web 技术是互联网应用中最为关键的技术之一。

3.3.1 Web 系统的构成

Web 是 Internet 提供的一种服务，通过它可以访问分布于 Internet 主机上的信息资源。Web 是建立在客户机/服务器模型之上，以 HTML 语言和 HTTP 协议为基础，能够提供面向各种 Internet 服务的、一致的用户界面的一种信息服务系统。

Web 以客户机/服务器模式运行。信息资源以页面形式存储在 Web 服务器上，用户通过客户端的 Web 浏览器向 Web 服务器发出查询请求；Web 服务器根据客户端请求的内容做出响应，并将存储在服务器上的某个页面发送给客户端；Web 浏览器对收到的页面进行解释并将页面显示给用户。浏览器与 Web 服务器间的信息传输采用超文本传输协议（HTTP），其具体工作原理如图 3-2 所示。

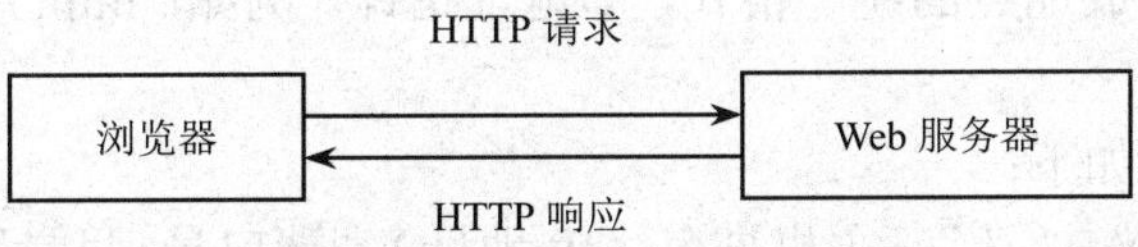

图 3-2 Web 工作原理

根据 Web 的工作原理可以得知，构成 Web 体系结构的基本元素有 Web 服务器、Web 浏览器、浏览器与服务器之间的通信协议 HTTP、写 Web 文档的语言 HTML、标识 Web 上资源的 URL。

1. Web 服务器

Web 服务器又称 WWW 服务器、网站服务器或站点服务器，它将本地的信息用超文本（HyperText）组织，为用户在 Internet 上搜索和浏览信息提供服务。从本质上来说，Web 服务器实际上就是一个软件系统。一台计算机可以充当多个 Web 服务器。为提高用户的访问效率，一般情况下一台计算机只充当一个 Web 服务器；为提供大量用户的访问，多台计算机可以形成集群，只提供一个 Web 服务。通常将只充当一个 Web 服务器的一台计算机就叫做 Web 服务器。

因此，Web 或者说万维网由 Internet 中称为 Web 服务器的计算机组成，由那些希望通过 Internet 发布信息的机构提供并管理。可以这样说，万维网是 Internet 的一个子集，即 WWW 包含于 Internet。在 Web 世界中，每一个 Web 服务器除了提供自己独特的信息服务外，还可以用超链接指向其他 Web 服务器，而这些 Web 服务器又可以指向更多的 Web 服务器。这样，一个全球范围的、由 Web 服务器组成的万维网就形成了。

2. Web 页面

Web 是互联网提供信息的一种手段。通过这种手段，能够实现以 Web 页面为单位管理庞大的信息及其之间的联系，并对其进行无缝检索。那么，Web 在提供信息服务之前，所有信息都必须以文件方式事先存放在 Web 服务器所管辖磁盘中的某个文件夹下，其中包含了由超级标记语言（HTML）组成的文本文件，这些文本文件称为超链接文件，又称网页文件或 Web

页面文件。

当用户通过浏览器在地址栏输入访问网站的网址时，时间上就是向某个 Web 服务器发出调用某个页面的请求。Web 服务器收到页面调用请求后，从磁盘中调用该网页进行相关处理后，传回给浏览器显示。在这里，Web 服务器作为一个软件系统，用于管理 Web 页面，并使这些页面通过本地网络或 Internet 供客户浏览器使用。Web 服务器承担着为浏览器提供服务的责任，它将为浏览器返回其请求的页面。

实际上一个简单的网站就是由一个个网页文件以及图片文件、音频文件及其他辅助文件组成的，每一个网页中包含了各种图片、声音和动画文件等的链接地址，它们存放在 Web 服务器的某个主目录下。Web 服务器对主目录及其下属的各个文件夹和所有文件进行管理和控制，例如可以控制某个文件夹或网页文件的读、写权限等。Web 页面文件由超文本标记语言构成，文件扩展名通常为.htm 或.html。

3. 统一资源定位符

在 WWW 上浏览或查询信息，必须在浏览器上输入查询目标的地址，这就是 URL（Uniform Resource Locator，统一资源定位器），也成 Web 地址，俗称“网址”。URL 规定了某一特定信息资源在 WWW 中存放地点的统一格式，即地址指针。例如，http://www.taobao.com 表示淘宝的 Web 服务器地址。

URL 的完整格式如下：

协议+“://”+主机域名（IP 地址）+端口号+目录路径+文件名

URL 的一般格式如下：

协议+“://”+主机域名（IP 地址）+目录路径

URL 的完整格式由以下几个基本部分组成：

- 协议：所使用的访问协议；
- 主机域名：数据所在的机器；
- 端口号：请求数据的数据源端口；
- 目录路径：通向数据的路径；
- 文件名：包含了所需数据的文件名；

其中，协议是指定服务连接的协议名称，一般有以下几种：

- http：表示与一个 WWW 服务器上超文本文件的连接；
- ftp：表示与一个 FTP 服务器上文件的连接；
- gopher：表示与一个 Gopher 服务器上文件的连接；
- new：表示与一个 Usenet 新闻组的连接；
- telnet：表示与一个远程主机的连接；
- wais：表示与一个 WAIS 服务器的连接；
- file：表示与本地计算机上文件的连接。

目录路径就是在某一个计算机上存放的被请求信息的路径。在使用浏览器时，网址通常在浏览器窗口上部的 Location 或 URL 框中输入和显示。下面是一些 URL 的例子：

http://www.jd.com，京东商城主页；

http://www.tmall.com，天猫商城主页；

http://bj.jumei.com，聚美优品主页；

http://www.dangdang.com，当当网主页。

4. 浏览器的工作原理

浏览器（Browser）就是 Web 客户端程序，要浏览 Web 页面必须在本地计算机上安装浏览器软件。它是一个软件程序，用于与 WWW 建立连接，并与之进行通信。它可以在 WWW 系统中根据连接确定信息资源的位置，并将用户感兴趣的信息资源取回来，对 HTML 文件进行解释，然后将文字图像显示出来，或者将多媒体信息还原出来。与常规的应用软件不同，浏览器是一个必须标准化的软件，原因在于它的交互对象是 HIML 代码。图 3-3 所示为淘宝 IE 浏览器。

图 3-3 淘宝 IE 浏览器

当用户要通过浏览器访问某一个网站时，用户必须首先在浏览器的地址栏中输入相应的网址，接着浏览器将向域名服务器询问该网址对应的 IP 地址，并根据返回的结果直接定位到目标服务器中。如果收到的是 HTML 代码和图片，浏览器就会启动解释程序，按 HTML 标记的要求将网页的内容显示在用户面前；而如果遇到扩展名为 ASP、CGI 之类的脚本程序，解释工作就必须由服务器来完成，浏览器只能被动接受解释的结果并加以显示。

浏览器和服务器之间是通过超文本传送协议（HTTP）进行通信的。HTTP 是一种无记忆的协议，即用户目前正在浏览的页面对此前浏览过的页面没有丝毫的记忆和了解。而实际情况是有时需要浏览器能够记住一些信息，而这些信息却不希望让使用者看到，比如说用户在登录某网站时，第一次输入用户类型和用户名后，希望浏览器能记住用户类型和用户名，用户再次登录的时候就不需要再次输入了。为了实现这样的功能，在浏览器中引入类似 cookie 的概念，也就是浏览器允许用户通过 cookie 读写一些信息，这在一定程度上实现了浏览器的记忆功能。

目前用户使用最多的浏览器是 IE（Internet Explorer）、Baidu Browser（百度浏览器）、360Safety Browser（360 浏览器）、Mozilla Firefox（火狐浏览器）等。值得注意的是，同一个 Web 页面在不同的浏览器中可能具有不同的显示效果，这是因为 Web 页面中可能使用了该浏览器不支持的属性或方法，或者浏览器所支持的技术在版本上有差异。

5. Web 工作机

Web 的结构及其工作机制如图 3-4 所示。

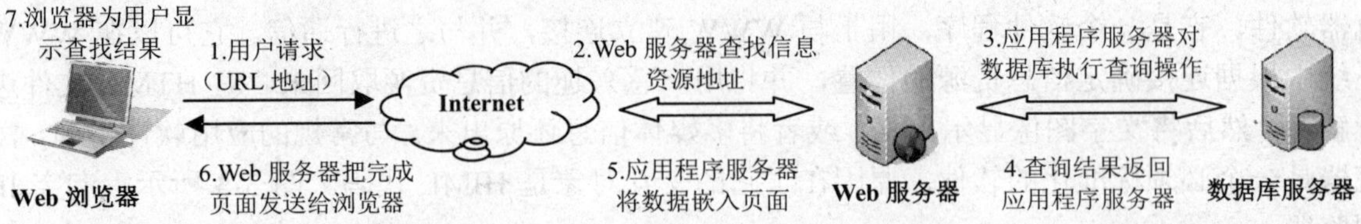

图 3-4　Web 的结构及其工作机制

其工作流程如下：

（1）启动客户端浏览器，并在浏览器中指定一个 URL 地址。经地址解析，找到服务器 IP 地址，浏览器便向该地址指向的 Web 服务器发出请求。

（2）Web 服务器接到浏览器的请求后，把 URL 转换成页面所在服务器上的文件全名，找到相应的文件。

（3）如果 URL 指向 HTML 文档（即静态网页，就是说网页文件里没有特殊程序代码，只有 HTML 标记，这种网页一般以后缀为.htm 或.html 的文件存放），Web 服务器使用 HTTP 协议把文档直接送给浏览器。如果 HTML 文档中嵌入了 CGI、ASP、PHP 或 JSP 程序，则由 Web 服务器运行这些程序，把结果送到浏览器。如果应用程序包含对数据库的操作，则应用程序服务器将查询指令发给数据库驱动程序，由数据库驱动程序对数据库执行查询操作。

（4）查询结果返回给数据库驱动程序，并由驱动程序返回 Web 服务器。

（5）Web 服务器将结果数据嵌入页面。

（6）Web 服务器将完成的页面以 HTML 格式发给浏览器。

（7）浏览器解释 HTML 文档，在客户端屏幕上显示结果。

3.3.2　Web 系统的模式

Web 系统的模式主要有 C/S 模式与 B/S 模式。从应用角度来看，最初软件应用在单机上，随着网络技术的应用，逐步发展到以客户机/服务器（C/S）模式为主的分布式应用。之后，C/S 模式又由两层模式主机变为三层结构。当 Web 普及后，采用 B/S 结构的应用便开始涌现，电子商务就是 B/S 模式的一种应用。

1. C/S 模式

在计算机诞生和应用的初期，数据和程序都是集中在一台计算机上进行计算的，称之为集中式计算，这种集中式计算往往发展成一种大型机和多个与之相连的终端组成的网络结构。当支持大量用户时，大型机自顶向下的维护和管理方式显示出集中式处理的优越性。它具有安全性好、可靠性高、计算能力和数据存储能力强以及系统维护和管理的费用较低等优点。但是也存在着一些明显的缺点，如初识投资较大、可移植性差、资源利用率低以及网络负载大等。

随着微型计算机和网络的发展，数据和应用主机转向了分布式，即数据和应用程序跨越多个节点，形成了新的计算机模式，这就是 C/S（Client/Server，客户机/服务器）计算机模式。这是一种典型的两层计算模式。C/S 计算模式将应用一分为二：前端是客户机，几乎所有的应用逻辑都在客户端进行和表达，用来完成与用户的交互任务；后端是服务器，它负责后台数据的查询和管理、大规模的计算等服务。通常客户端的任务比较繁重，称作“胖”客户端，而服务器端的任务较轻，称作“瘦”服务器。

在客户机/服务器体系结构中，通常很容易将客户机和服务器理解为两端的计算机。但事实上，“客户机”和“服务器”在概念上更多地是指软件，是指两台机器上相应的应用程序，或者说是“客户机进程”和“服务器进程”。服务器端和客户端也不是绝对可分的，如果原来提供服务的服务器端要接受别的服务器端的服务，它就转化为客户端；如果原来接受服务的客户端要为别的客户端提供服务，它就转化为服务器端。对于很多初学者，在调试程序时，往往把自己的计算机既当做服务器端，又当做客户端，如图3-5所示。

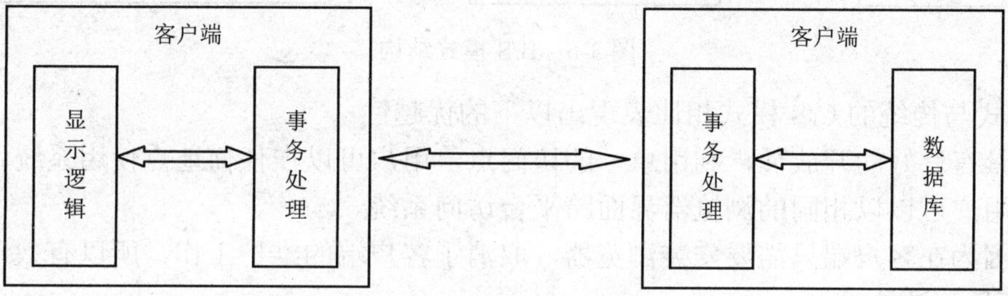

图3-5　C/S模式结构

C/S模式可以使多个客户同时访问服务器上的数据库，但两层结构也有不足之处：在这种结构中，所有的数据处理规则都与单个应用程序绑定在一起，一旦规则发生变化，就必须重新修改和发布客户端的应用程序，这将耗费大量的时间和费用，使客户端的发布、维护等过程都十分困难。因此，这种方式较难以适应大规模分布式应用的需求。

2. 三层模式

为了解决两层结构所存在的问题，开发人员又引入了三层结构的设计方法，即从功能角度出发，将应用程序分成三个相对独立的部分：客户端表示层、应用服务器层和数据服务器层。在三层结构的系统中，客户端表示层主要负责用户输入，接收用户信息并显示结构；数据服务器层负责提供对数据的读取和存储管理工作；而应用服务器层则包含了控制应用处理的所有规则，将表示层和数据服务器层连接起来。在该结构中，应用服务器层承担了大部分工作，因此也称为“瘦客户机/胖服务器”。

3. B/S模式

B/S（浏览器/服务器）模式是对C/S结构的一种改进，在这种结构下，软件应用的业务逻辑完全在应用服务器端实现，用户表现完全在Web服务器端实现，客户端只需要浏览器即可进行业务处理。这是一种全新的软件系统构造技术，这种结构已成为当今应用软件的首选体系结构。

B/S模式是一种基于Web的协同计算模式，是一种三层架构的瘦客户机/胖服务器的计算模式。第一层为客户端表示层，与C/S结构中的“胖”客户端不同，三层架构中的客户层只保留一个Web浏览器，不存放任何应用程序，其运行代码可以从位于第二层的Web服务器下载到本地的浏览器中执行，几乎不需要任何管理工作。第二层是应用服务器层（Web服务器也位于这一层），由一台或多台服务器组成，处理应用中所有业务逻辑，包括对数据库的访问等工作，该层具有良好的可扩展性，可以随着应用的需要任意增加服务的数目。第三层是数据服务器层，主要由数据库系统组成。B/S 模式的结构如图 3-6 所示。

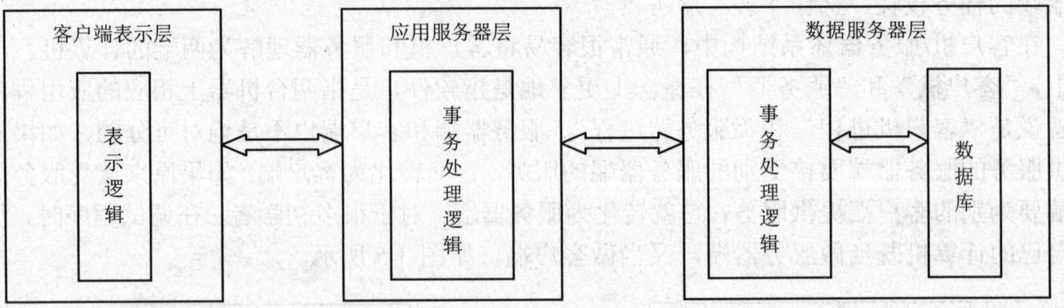

图 3-6　B/S 模式结构

B/S 模式与传统的 C/S 模式相比表现出以下的优越性：

（1）具有良好的开放性，利用单一的访问点，用户可以在任何地点使用系统。

（2）用户可以以相同的浏览器界面跨平台访问系统。

（3）因为在客户端只需要安装浏览器，取消了客户端的维护工作，所以有效地降低了整个系统的运行和维护成本。

采用 B/S 模式构建的应用系统称为 B/S 模式应用系统。B/S 模式应用系统又可分为基于 Intranet 的应用系统、基于 Internet 的应用系统和网站系统。它们统称为 Web 应用系统。

3.3.3　Web 应用开发技术

Web 是一种典型的分布式应用架构。Web 应用中的每一次信息交换都要涉及到客户端和服务器端两个层面。因此，Web 技术大体上分为客户端技术和服务器端技术。

1. Web 客户端技术

Web 客户端通常采用 Browser 作为客户端程序，其主要任务是展现信息内容。具体涉及的技术如下：

（1）HTML（Hyper Text Markup Language，超文本标识语言）

HTML 是一种专门用于制作 Web 页的编程语言，它描述超文本各个部分的内容，告诉浏览器如何显示文本，怎样生成与别的文本或图像的链接点。HTML 文档由文本、格式化代码和导向其他文档的超链接组成。

（2）CSS（Cascading Style Sheet，层叠样式表）

CSS 可以定义 HTML 标签，按列表的语法将许多文字、图片、表格、表单、图层等设计加以格式设定。在 HTML 语法中，常常需要使用到一些设定颜色、字体大小或框线粗细之类的标签，而 CSS 在开始制作网页时就将这些设定做好，不需要在制作网页文档时再反复写入同样的标签。使用 CSS，仅仅改变一个文件就可以改变数百个网页的外观。

（3）脚本语言（Scripting）

脚本语言是一种简单的程序，它由一些 ASCII 码组成，并可以用“记事本”等文本编辑器直接对其进行开发。有些语言程序，如 C、C++、Java 等则必须先经过编译，将源代码转换为二进制代码之后才可执行。而像 Perl、JavaScript、VBScript 等则不需要事先编译，只要利用合适的解释器便可以执行代码。

JavaScript 是由 Sun 公司和 Netscape 公司联合开发的一种脚本语言。它直接把代码写到 HTML 文档中，浏览器读取它们的时候才开始进行编译、执行，所以能查看 HTML 源文件就能查看 JavaScript 源代码。JavaScript 比 Java 更简单有效，且具有 Java 的许多特性。

VBScript 是由 Microsoft 公司推出的 Web 页面编程语言，它也是一种脚本语言，并继承了很多 VB 的语言特性。它必须嵌入到 HTML 页面并下载到客户端，由浏览器解释执行。VBScript 可以和 ActiveX 控件集成，用于开发交互式页面，它也能够进行服务器端的编程。

（4）XML（eXtensible Marked Language，可扩展标记语言）

XML 是专门为 Web 应用设计的一个简单的 SGML 子集，它既克服了 HTML 的不足，又去除了 SGML 中那些对于当前 Web 用户来说不必要的特性，将成为 Web 应用的主流标记语言。

2. Web 服务器端技术

Web 服务器简单地响应浏览器发来的 HTTP 请求，并将存储在服务器上的 HTML 文件返回给浏览器。Web 服务器端技术主要有 CGI、JSP、ASP、PHP 等。

（1）JSP

Sun 公司推出的 JSP（Java Server Pages）是一种执行于服务器端的动态网页开发技术，它基于 Java 技术。在服务器端，Web Server 会通过 Java 虚拟机解释执行。由于 JSP 是以 Java 语言为基础的，因而具有较强的跨平台功能。

（2）ASP

ASP（Active Server Pages）是由 Microsoft 公司开发，它结合了传统的 CGI 程序与 API 技术的优点，把 HTML、Script、ActiveX 组件有机地结合起来，生成具有交互性、高效率的 Web 服务器应用程序，是一种发展成熟的网络因公程序开发技术。

通过 ASP 我们可以将 HTML、ASP 指令和 ActiveX 组件结合以建立动态交互而且高效的 Web 服务器应用程序。

ASP 支持 ActiveX Scripting 系列语言，如 VBScript、JScript、PerlScript。ASP 对 VBScript 的支持最完整，因 VBScript 基于众多编程人员熟悉的 Visual Basic 语言，所以 ASP 更容易被人们所接受。ASP 程序制作方便，可以以 ASP 为扩展名写入 HTML 格式文件中，也可以与 HTML 文档结合在一起使用，易于修改和测试，无需手工编译和连接。ASP 技术属于 ActiveX 技术中的 Server 端技术，直接建立在服务器中，并作为 Web 服务器的一个服务运行，支持多用户、多线程。由于 ASP 程序在服务器端执行，并以标准的 HTML 页面传送到用户端的浏览器上，所以它几乎可以支持任何一种浏览器。

（3）ASP.NET

ASP.NET 既不是一种程序语言，也不是一种开发工具，而是一种技术框架，它含有若干内建对象，用于 Web 服务器端的开发。利用它可以产生和执行动态的、互动的和高性能的 Web 服务应用程序。

（4）PHP

PHP（Personal Home Page）技术是一种跨平台的服务器脚本技术。它大量借用了 C、Java、Perl 语言和语法，并耦合了自己的特性，在 HTML 页面中嵌入 PHP 脚本语言。它支持目前绝大部分数据库，并完全支持 ODBC，对每个数据库都有一组函数用于数据库的访问操作，使 Web 开发者动态生成页面变得很简单。

PHP 技术具有很大的应用前景，目前大量的网站都在使用 PHP 技术。随着 PHP 不断的改版，动态网页的功能越来越强大，而编写它就会变得越来越容易。

3.4 电子数据交换

3.4.1 什么是电子数据交换

电子数据交换（Electronic Data Interchange，EDI）技术产生于 20 世纪 60 年代，被国际标准化组织电工委员会在 ISO/IEC14662 中定义为：“在两个或两个以上的组织的信息系统之间，为实现业务目的而进行的预定义和结构化的数据的自动交换。”这也是我国国家标准有关电子数据交换（EDI）的标准定义。

从定义中我们可以看出，EDI 主要包含三方面的内容，即计算机应用、通信、网络和数据标准化。计算机应用是条件，通信环境是应用的基础，标准化是特征。三方面相互衔接、相互依存，构成了 EDI 的基础框架。

EDI 系统由四部分组成，即数据标准、软件、硬件和通信网络。数据标准是由各企业、各地区代表共同讨论、制定的电子数据交换时的共同标准。其可以使各组织之间的不同文件格式，通过共同的标准获得彼此之间的认可，以达到文件交换的目的。软件具有将用户数据库系统中的信息翻译为标准格式以供传输交换的能力，主要包括转换软件、翻译软件和通信软件。硬件则主要指能实现用户间网络互连的必备设备。通信网络则是实现 EDI 的手段，为发送者和接收者维护邮箱并提供存储转送、记忆保存、格式转换、安全管制等功能。

3.4.2 手工方式与 EDI 方式的比较

在 20 世纪 50 年代，企业开始使用计算机存储和处理内部的交易记录，但企业间的信息仍然是记录在纸质的文档上，无论是报价单、发票、汇款通知等都是通过手工或计算机上填写表格再打印出来邮寄到贸易伙伴处，再由贸易伙伴将数据输入计算机中，以便各个部门共享。传统商业贸易在单价流通过程中，买卖双方之间重复输入的数据较多，容易发生错误，准确率低，劳动力消耗多，延时增加。传统方式下贸易单证的传递如图 3-7 所示。

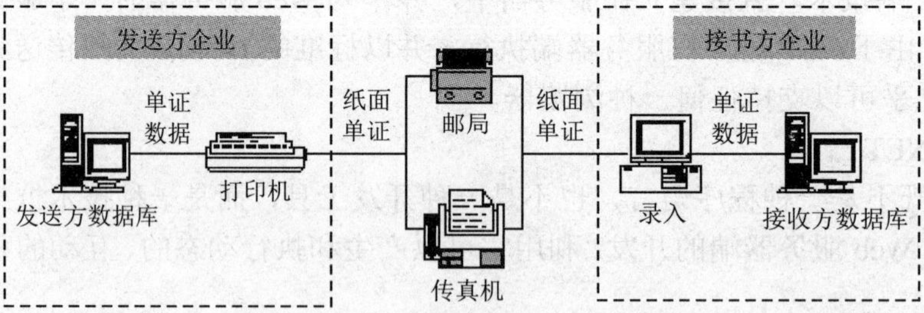

图 3-7 传统方式下贸易单证的传递

到了 20 世纪 60 年代，交易量很大的企业开始交换在穿孔卡或磁带上记录的交易信息，之后，随着数据通信技术的发展，贸易伙伴间逐渐利用电话线替代穿孔卡或磁带来传输数据。直到 20 世纪 80 年代，EDI 进入真正的发展阶段。在 EDI 中，数据库中的数据通过一个翻译器转换成字符型的标准贸易单证，然后通过网络传递给贸易伙伴的计算机。该计算机再通过翻译器将标准贸易单证转化成本企业内部的数据格式，存入数据库。不过，由于单证是通过数字方式传递的，缺乏验证的过程，因此，在整个系统中，首要问题就是加强安全性以及保证单证的真实可靠性。EDI 条件下贸易单证的传递如图 3-8 所示。

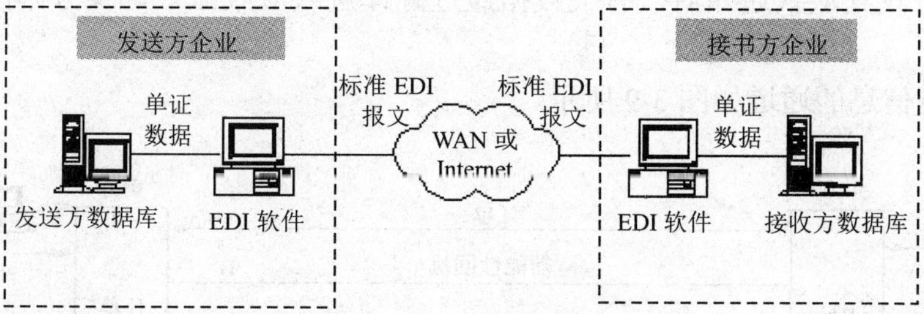

图 3-8　EDI 条件下贸易单证的传递

EDI 是商业贸易伙伴间，将按标准、协议规范化和格式化的经济信息通过电子数据网络，在单位计算机系统之间进行自动交换和处理，它是计算机、通信和现代管理技术相结合的产物。EDI 的广泛应用对各行业都产生了深远的影响，不仅提高了工作效率、减少了错误、降低了成本，更重要的是加速了社会的信息化进程，对全社会的经济发展产生了极大的推动作用，EDI 模式也是世界贸易组织（WTO）推荐的商务方式。其主要优点是速度及准确度，通过纸张文件模式要花 5 天的时间交易，通过 EDI 只需不足 1 小时，并且，通过纸张文件模式处理发票，数据出错率高达 5%，而 EDI 进行数据传送时不存在出现数据错误的问题，提高数据准确度，可相应提高整个供应链的效率。有分析估计，与手工方式相比较，EDI 可将交付时间整体加快 30%。

3.4.3　EDI 贸易的工作流程

一般来说，EDI 较多的应用于有大量表单式数据处理的单位和部门，而且要求这些数据有一定的规范性。EDI 进行商品交易信息处理的工作流程如下：

（1）当买方的库存管理系统提出购买某种物资的数据时，EDI 的翻译软件据此编制一份 EDI 订单。

（2）通信软件将订单通过网络送至网络中心指定的卖方邮箱中。同时，利用公司内部计算机应用程序之间的搭桥软件，将这些数据传送给应付账部门和收货部门，进行有关的登记。

（3）卖方定时经通信网络到网络中心的邮箱中取回订单，EDI 的翻译软件把这份订单翻译成卖方数据格式。

（4）如果确定可以出售给买方指定的物资，则送出供应单返回给买方。若只有部分满足要求或不能满足要求，则以相同的方向返回相应信息。卖方收到订单后，卖方的搭桥软件把有关的数据传送给仓库或工厂以及开票部门，并对计算机发票文件的内容进行相应的更新。

（5）买方收到供应单后，在订单基础上产生一份商品情况询问表，传送给卖方。双方就商品价格等问题进行讨论，直到达成一致。

（6）达成一致后，卖方的仓库或工厂填制装运单，编制船期通知，并将其传送给买方。同时，通过搭桥软件，将船期通知传送给开票部门，生成电子发票，传送给买方。卖方在开立发票时，有关数据就进入应收账部门，对应收账的有关数据进行更新。

（7）买方接到船期通知后，有关数据自动进入收货部门，产生收货通知。收货部门的收货通知通过搭桥软件传送给应付账部门。

（8）买方收到电子发票后，产生一份支付核准书，传送给应付账部门。

（9）买方应付账部门开具付款单据通知自己的开户银行付款，同时通知卖方付款信息。

（10）卖方收到汇款通知后，有关数据经过翻译进入应收账户，买方则因支付而记入贷方项目。

EDI 中商业信息的通道如图 3-9 所示。

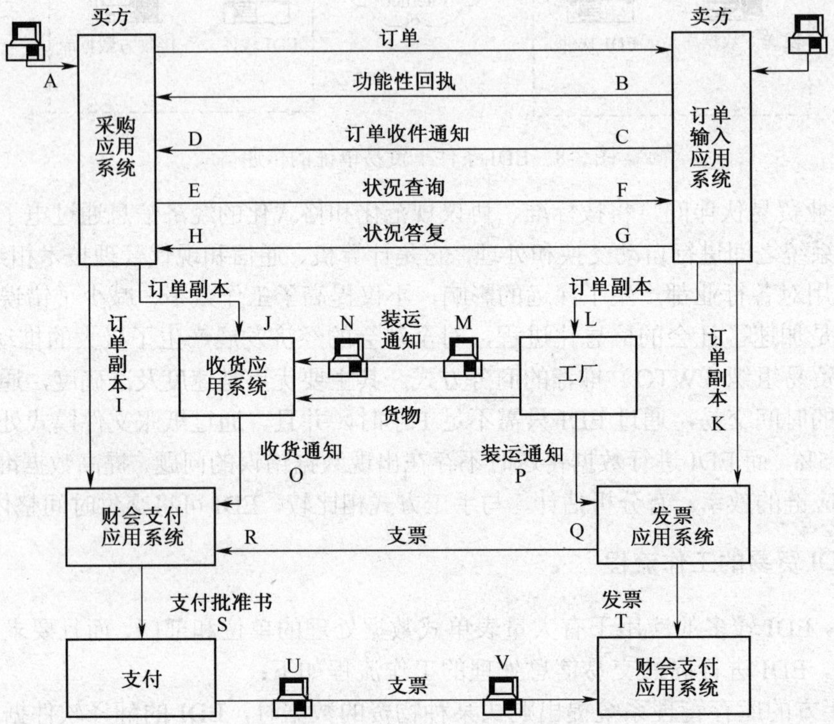

图 3-9　EDI 中商业信息的通道

由此可见，当买方提出购买的要求后，EDI 就可以自动进行转换操作，生成不同用途的数据，送至各相关伙伴，直至该事务处理结束。

3.4.4　EDI 标准

标准化的工作是实现 EDI 互通和互联的前提和基础。伴随着世界经济一体化进程的发展，EDI 已经越来越成为国际贸易领域竞争的主要武器，安全高效的 EDI 可以为企业带来显著的经济效益。但是，在国际范围内，不同的语言，不同的文化，不同的行业，企业在国际合作中不可避免地存在各种问题。为促进 EDI 的发展，世界各国都在不遗余力地促进 EDI 标准的国际化，以求最大限度地发挥 EDI 的作用。

1. 国际 EDI 标准——EDIFACT 和 ANSI X.12

目前在国际上，EDI 标准最有名的是联合国欧洲经济委员会（UN/ECE）下属第四工作组（WP4）制定的《用于行政管理、商业和运输的电子数据互换》标准——EDIFACT 标准。

EDIFACT 已被国际标准化组织 ISO 接收为国际标准，编号为 ISO9735，主要应用于欧洲地区与部门亚太地区。而广泛应用于北美地区的，是由美国国家标准化协会鉴定委员会制定的 ANSI X.12 标准。这两个标准有相同的地方也有不同之处，详情如表 3-2 所示。

表 3-2　UN/EDIFACT 与 ANSI X.12

	UN/EDIFACT	ANSI X.12
单证名	报文，A6，例如 ORDERS	交易套，N3，例如 850
数据段标识符	可标明层次和重复	不能标明层次和重复
默认控制符	有	无
指定控制符	UNA	ISA
数据段终止符	单引号	<LF>或<NL>
数据元素分隔符	+	*
成分数据元素分隔符	:	无
小数点	，或&	&
转义符	?	无
交换信封	UNB，可加长	ISA，固定长度
功能组信封	可选择	必须
数据段要求指示符	M，C	M，O，F
数据段重复	固定最多次数	可无限
环重复	固定最多次数	可无限
符合数据元素	有	无
限定符	可以放在被限定数据元素后面	总是放在被限定数据元素前面
数据类型	A——字母字符 N——数字字符 AN——字母和数字字符	Nx——固定小数据 B——二进制数据 AN——字符 R——实数 ID——代码 DT——日期

在 EDI 标准中，其组成要素主要有三个：数据元素目录、数据段目录和标准报文格式。数据元素是电子单证中最基本的单位。EDI 标准首先要定义标准所涉及的数据元素，对其名称、使用范围、数据类型与长度做出详细规定，数据元素决定了 EDI 标准的适用范围。由于任何纸面的贸易单证都由一些具有一定功能的项组成，因此电子单证为实现纸面单证的功能而设置了与功能的项对应的数据段，每个数据段都是由一个数据元素组成。而一个公司格式的商业单据必须转换成一份 EDI 标准报文才能进行信息交换，所以通过两个步骤将其进行转换，首先将公司格式的商业单据转换为平面文件，接着将平面文件翻译成 EDI 标准报文。

2. 我国 EDI 标准体系

在我国，1990 年首次引进了 EDI 概念，发展到现在，已经开始根据国际标准体系和我国 EDI 应用的实际以及未来一段时期的发展情况，制定出我们自己的 EDI 标准体系——《EDI

系统标准化总体规范》。它是国家各有关部门组织科研机构自定的 EDI 标准化总体技术文件，是我国 EDI 标准化的指导性技术规范。根据该规范，EDI 标准体系分为以下几个部分。

（1）EDI 基础标准体系

EDI 基础标准体系主要由 UN/EDIFACT 的基础标准和开放式 EDI 基础标准两部分组成，是 EDI 的核心标准体系。其中，EDIFACT 有 7 项基础标准，包括 EDI 术语、EDIFACT 应用级语法规则、语法规则实施指南、报文设计指南和规则、贸易数据元目录、复合数据元目录、段目录、代码表，我国等同采用了这 7 项标准。

开放式 EDI 基础标准是实现开放式 EDI 最重要、最基本的条件，包括业务、法律、通信、安全标准及信息技术方面的通用标准等，ISO/IEC JTC1 SC30 推出《开放式 EDI 概念模型》和《开放式 EDI 参考模型》，规定了用于协调和制定现有的和未来的开放式 EDI 标准的总体框架，成为未来开放式 EDI 标准化工作的指南。随之推出的一大批功能服务标准和业务操作标准等将成为指导各个领域 EDI 应用的国际标准。

（2）EDI 单证标准体系

EDI 报文标准源于相关业务，而业务的过程则以单证体现。单证标准化的主要目标是统一单证中的数据元和纸面格式，内容相当广泛。其标准体系包括管理、贸易、运输、海关、银行、保险、税务、邮政等方面的单证标准。

（3）EDI 报文标准体系

EDI 报文标准是每一个具体应用数据的结构化体现，所有的数据都以报文的形式进行传输。EDI 报文标准主要体现于联合国标准报文（United Nations Standard Message，简称 UNSM），其 1987 年正式形成时只有十几个报文，而到 1999 年 2 月止，UN/EDIFACT D.99A 版已包括 247 个报文，其中有 178 个联合国标准报文（UNSM）、50 个草案报文（Message in Development，简称 MiD）及 19 个作废报文，涉及到海关、银行、保险、运输、法律、税务、统计、旅游、零售、医疗、制造业等诸多领域。EDI 报文标准主要分为管理报文标准、商业报文标准、运输报文标准和其他报文标准等。

（4）EDI 代码标准体系

EDI 代码标准是 EDI 实现过程中的重要组成部分，因为在 EDI 传输的数据中，除了公司名称、地址、人名和一些自由文本内容外，几乎大多数数据都以代码形式发出，为使交换各方便于理解收到信息的内容，便以代码形式把传输数据固定下来。代码标准是 EDI 实现过程中不可缺少的一个组成部分。EDI 代码标准体系包括管理、贸易、运输、海关、银行、保险、检验等方面的代码标准。

（5）EDI 通信标准体系

计算机网络通信是 EDI 得以实现的必备条件，EDI 通信标准则是顺利传输以 EDI 方式发送或接收的数据的基本保证。EDI 通信标准主要分为四大类：EDI 通信标准、EDI 网络标准、EDI 处理标准、EDI 安全保密标准。EDI 通信标准体系包括 ITU 的 X.25、X.200/ISO 7498、X.400 系列/ISO 10021、X.500 系列等，其中 X.400 系列/ISO 10021 标准是一套关于电子邮政的国际标准。虽然这套标准，ISO 叫做 MOTIS，ITU 称为 MHS，但其技术内容是兼容的，它们和 EDI 有着更为密切的关系。

（6）EDI 安全标准体系

由于经 EDI 传输的数据会涉及商业秘密、金额、订货数量等内容，为防止经 EDI 传输的涉及商业秘密、金额、订货数量等内容的数据的篡改、遗失，保证 EDI 信息交换的有效性，防止非法用户的介入和非法数据的存取，维护系统安全可靠的运行，必须通过一系列安全保密的规范给以保证。EDI 安全标准体系包括 EDI 安全规范、电子签名规范、电文认证规范、密钥管理规范、X.435 安全服务、X.509 鉴别框架体系等。

（7）EDI 管理标准体系

EDI 管理标准体系主要涉及 EDI 标准维护的有关评审指南和规则，包括标准技术评审导则、标准报文与目录文件编制规则、目录维护规则、报文维护规则、技术评审单格式、目录及代码编制原则、EDIFACT 标准版本号与发布号编制原则等。

（8）EDI 应用标准体系

EDI 应用标准体系主要指在应用过程中用到的字符集标准及其他相关标准，包括：信息交换用七位编码字符集及其扩充方法；信息交换用汉字编码字符集；通用多八位编码字符集；信息交换用汉字编码字符集辅 2 集、4 集等。

EDI 标准体系的框架结构并非一成不变，它将随着 EDI 技术的发展和 EDI 国际标准的不断完善而将不断地进行更新和充实。

3.5 3G 技术

3G 技术作为推进移动电子商务应用的技术之一，对于电子商务的发展非常重要。2009 年 1 月 7 日 14 时 30 分，中国联通、中国移动与中国电信这三大电信运营商分别获得了 3G 牌照，这也成为中国正式进入 3G 时代的重要标志。

3.5.1　3G 技术的基本概念

3G 即第三代无线通信系统的简称，是指支持高速数据传输的蜂窝移动通讯技术，是将无线通信与国际互联网等多媒体通信结合的新一代移动通信系统。3G 是无线通信网与互联网通信相结合的产物，速率一般在几百 Kbps 以上，不仅能够支持高速移动环境，快速处理视频、声音和图像，还可以提供多种信息服务，如电话会议等。

国际电信联盟（ITU）确定 3G 通信的四大标准分别是：欧洲和日本推动的 W-CDMA 标准，美国高通公司提出的 CDMA2000 标准，中国大唐电信公司与德国西门子公司合作开发的 TD-SCDMA 标准以及 WiMAX 移动无线标准。

1. W-CDMA（宽频分码多重存取）

W-CDMA 意为宽频分码多重存取，这是基于 GSM 网发展出来的 3G 技术规范，是欧洲提出的宽带 CDMA 技术，主要支持者是朗讯、诺基亚、夏普等以 GSM 系统为主的欧洲厂商，它与日本提出的宽带 CDMA 技术基本相同。它的优势是：一方面有着数量庞大的用户群，接受度比较好；另一方面，其可以在现有的 GSM 网络基础上进行架设，方便供应商过渡。

2. CDMA2000（多载波分复用扩频调制）

CDMA2000 是由美国高通公司首先提出的，其主导者是韩国，参与者包括摩托罗拉、三星等许多企业，需要指出的是中国联通也是应用这种模式过渡的。这套标准的主要优势是拥有低廉的建设成本，因为它可以直接从原有的 CDMA2000 IX 升级到 CDMA2000 3X（3G），无需额外的其他技术支持，此外，这个标准的研发技术在目前各标准中是进度最快的。

3. TD-SCDMA（时分同步码分多址接入）

TD-SCDMA标准是由中国原邮电部电信科学技术研究院（大唐电信）向ITU提出的，已经正式成为全球的3G标准之一。该标准将智能无线、同步CDMA和软件无线电等当今国际领先技术融于其中，在频谱利用率、对业务支持具有灵活性、频率灵活性及成本等方面的独特优势。目前全球已经有一半以上的设备厂商都表示支持TD-SCDMA标准，这主要有两个原因：一是因为它将国际上的领先技术融入其中，具有低辐射的特点，被誉为绿色3G，各国也都积极选择环保产品；二是因为中国具有庞大的市场，也就预示着拥有大量的潜在客户，所以各大电信设备厂商都非常重视这个标准。

4. WiMAX（全球微波互联接入）

WiMAX是IMT-2000 3G标准后的又一3G标准。它是一项新兴的宽带无线接入技术，能够提供高速数据连接，最远可达50km的数据传输距离，是又一种提供“最后一英里”的无线连接方案。

3.5.2 3G发展现状

在国外，3G的使用比我国早很多。但是从全球来看，不同的国家和地区呈现出不同的市场特征。例如日本全面进入3G时代，而韩国的3G是以娱乐为主的等。2009年1月7日，工业和信息化部为中国移动、中国电信和中国联通发放3张第三代移动通信（3G）牌照，此举标志着中国正式进入3G时代。其中，批准：中国移动增加基于TD-SCDMA技术制式的3G牌照（TD-SCDMA为中国拥有自主产权的3G技术标准）；中国电信增加基于CDMA2000技术制式的3G牌照；中国联通增加了基于WCDMA技术制式的3G牌照。

中国3G技术的商业应用在2009～2013年处于高速发展阶段，3G网络的巨大投资以及网络运营维护外包化趋势的形成给网络优化行业带来了广阔的市场空间。截至2013年1月，我国3G基站总数累计达到约104万个，其中TD基站总数超过了28万。2014年6月底，中国3G用户累计达到4.71亿户。

中国电信CDMA2000基站：由于中国电信公司是最早进行3G改革的公司之一，而且在改建过程中CDMA2000技术可以在中国电信公司原有的CDMA设备上进行平滑升级，不需要进行大规模的基站和网路建设，因此中国电信公司的3G网络在国内有非常高的覆盖率。据统计，中国联通覆盖了341个城市和1917个县城；中国移动的TD网络覆盖全国283个地级市、370个县级市及1607个县的热点区域，以及部分发达乡镇；中国电信3G网络已经覆盖了所有县级以上城市，是3家公司覆盖率最好的。

但根据2014年10月工信部发布的2014年10月份通信业经济运行情况报告中显示，3G用户首次出现负增长，10月净减85万户，2G用户减少超过970万。4G用户继续保持高速增长态势，10月净增突破1450万户，再创新高，移动电话用户结构呈现2G和3G用户均向4G用户迁移趋势。

4G即第四代移动电话行动通信标准，指的是第四代移动通信技术。4G是集3G与WLAN于一体，并能够快速传输数据、音频、视频和图像等。从3G到4G，移动网络峰值下载速率从42Mbps提升到100Mbps、150Mbps，4G网络正成为用户提升网速的选择。2013年12月4日下午，工业和信息化部（以下简称“工信部”）向中国移动、中国电信、中国联通正式发放了第四代移动通信业务牌照（即4G牌照），中国移动、中国电信、中国联通三家均获得TD-LTE

牌照，此举标志着中国电信产业正式进入了 4G 时代。工信部日前披露的数据显示，三大运营商 4G 基站总数累计达到 70 万个，4G 用户超过 4300 万。中国联通、中国电信都未单独公布 4G 运营数据，不过，中国移动已经建设了超过 50 万个 4G 基站，4G 用户已经超过 4000 万。目前，我国各大运营商都正将 4G 网络向偏远地区逐渐覆盖。

3.5.3　3G 技术对电子商务的影响

3G 技术对电子商务的影响主要表现在移动电子商务方面。3G 网络是覆盖全球的无缝立体通信网络，密度要求非常高，不仅满足城市，也覆盖偏远的山区。其支持高速移动环境的特点为移动商务的开展奠定了坚实的基础，在带来巨大商机的前提下，也带来了一些影响。

1. 3G 技术对移动商务方式实现的影响

目前移动商务的实现方式主要包括短信或彩信、WAP 手机上网、无线射频识别等。这些方式都要受到传输速率的影响，而 3G 技术可以提供较高的数据传输速率，使用户可以高速接入移动网络，浏览并下载所需信息，这样就可以节省大量时间，从而提高效率。

2. 3G 技术对移动商务业务平台的影响

移动商务平台一般由三个模块组成，分别是接入模块、内容服务模块与微支付模块。而平台上所有模块的实现都需要以 3G 网络为依托，随着 3G 技术的普及与应用，可以对移动电子商务各服务平台进行进一步的完善，3G 技术使移动电子商务变成了现实。

3. 3G 技术对移动商务业务的影响

一是 3G 技术可以使移动商务业务，如移动支付、手机购物等更加安全高效地实现。二是较强的数据传输能力与稳定的传输服务，可以使用户直接利用 3G 手机收发邮件、发送相关文件，甚至可以拨打可视电话，同时也可以随时随地通过可视电话连接到公司网络上，随时查看公司情况、参加公司会议等，这就使移动办公成为了现实。

4. 3G 技术对移动商务安全的影响

3G 技术可以满足用户对移动商务高安全性的要求。首先 3G 技术可以帮助用户解决身份认证的有关问题。在 3G 网络中，当用户接入互联网时通过特定的 SIM 卡进行验证，每一个 SIM 卡对应一个特定的用户，这就可以作为移动商务信用认证的基础，从而解决用户消费信用方面存在的有关问题。另一方面，3G 技术将移动商务的安全特性与安全服务定义得更加完善，明显克服了第二代移动通信系统的不足。此外，3G 网络系统对算法进行了改进，并且把接入链路的数据加密延伸到了无线接入控制器，不仅提供数据的完整性保护，还供用户随时查看自己使用的安全可视性操作。

3.6　物联网技术

3.6.1　物联网概念

物联网是继计算机、互联网与移动通信网之后的信息产业新方向，是新一代信息技术的重要组成部分。物联网（Internet of Things）的概念是在 1999 年由 MIT Auto-ID 主任 Kevin Ashton 教授提出的。所谓物联网，简单地说就是“物物相连的互联网”。物联网的定义是：通过射频识别（RFID）、红外感应器、全球定位系统、激光扫描器等信息传感设备，按约定的协议，把任何物品与互联网连接起来，进行信息交换和通讯，以实现智能化识别、定位、跟踪、监控和管理的一种网络。这有两层意思：其一，物联网的核心和基础仍然是互联网，是在互联网基础上的延伸和扩展的网络；其二，其用户端延伸和扩展到了任何物品与物品之间，进行信息交换和通信，也就是物物相息。因此，通俗地说，物联网指的就是世界上的所有物品，只要嵌入一个微型传感器芯片，通过互联网就能够实现物与物之间的信息交换。它是在互联网基础上延伸扩展的网络，它将人人相连的互联网拓展到人物相连、物物相连，如图 3-10 所示。

图 3-10　物联网

物联网改变人们的生活，目前，世界各国都高度重视物联网的发展：

- 美国已将物联网上升为国家创新战略重点之一，提出了“智慧地球”的概念；
- 欧盟执委会发表题为《Internet of Things——An action plan for Europe（物联网——欧盟行动计划）》的物联网行动方案；
- 日本的 U-Japan 计划将物联网作为四项重点战略领域之一；
- 韩国的 IT839 战略将物联网作为三大基础建设重点之一；
- 我国政府提出“感知中国”的战略构想，并指出大力发展物联网产业是今后一项具有国家战略意义的重要决策。

3.6.2　物联网体系结构

物联网包括感知层、网络层、应用层。相应的，其技术体系包括感知层技术、网络层技术、应用层技术以及公共技术。

感知层：数据采集与感知主要用于采集物理世界中发生的物理事件和数据，包括各类物理量、标识、音频、视频数据。物联网的数据采集涉及传感器、RFID、多媒体信息采集、二维码和实时定位等技术。

网络层：实现更加广泛的互连功能，能够把感知到的信息无障碍、高可靠性、高安全性地进行传送，需要传感器网络和移动通信技术、互联网技术相融合。经过近十余年来的快速发展，移动通信、互联网等技术已比较成熟，基本能够满足物联网数据传输的需要。

应用层：主要包含应用支撑平台子层和应用服务子层。其中应用支撑平台子层用于支撑跨行业、跨应用、跨系统之间的信息协同、共享、互通的功能。应用服务子层包括智能交通、智能医疗、智能家居、智能物流、智能电力等行业应用。

公共技术：不属于物联网技术的某个特定层面，而是与物联网技术架构的三层都有关系，它包括标识与解析、安全技术、网络管理和服务质量管理。

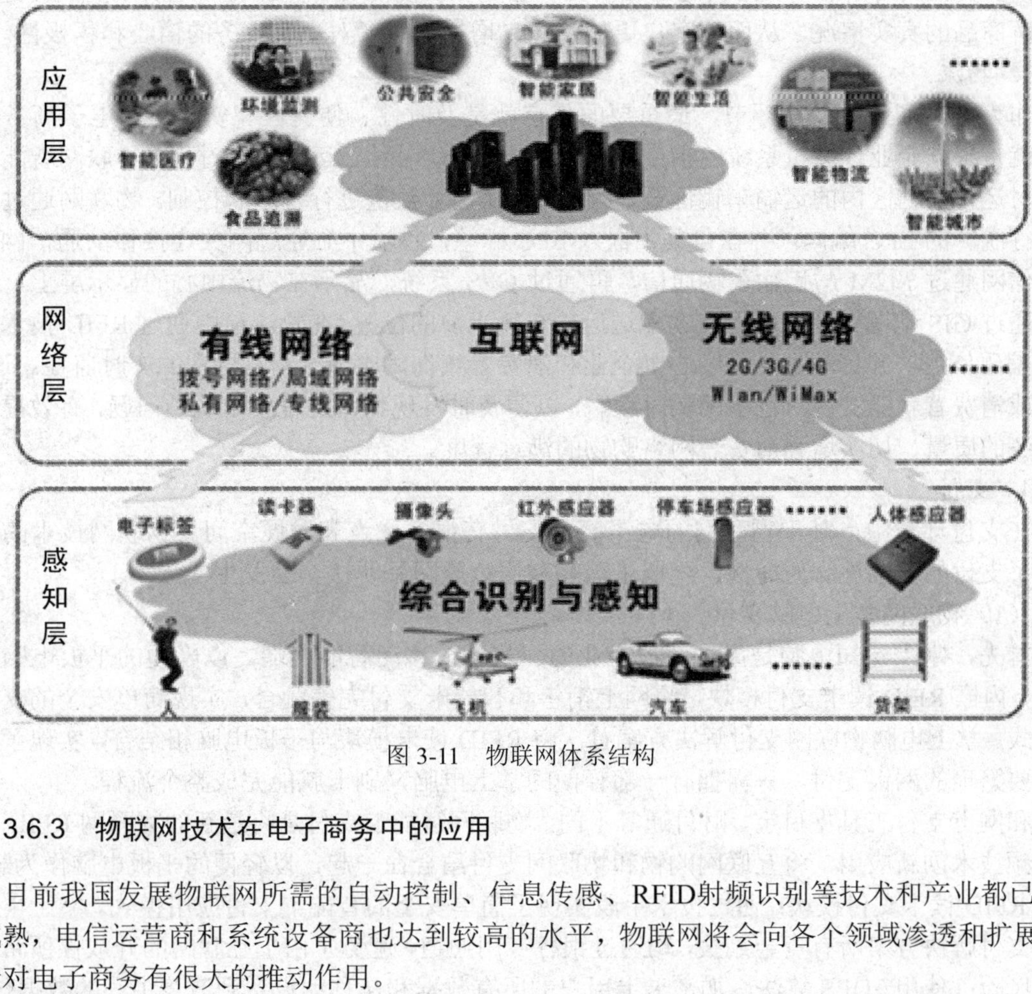

图 3-11　物联网体系结构

3.6.3　物联网技术在电子商务中的应用

目前我国发展物联网所需的自动控制、信息传感、RFID射频识别等技术和产业都已经基本成熟，电信运营商和系统设备商也达到较高的水平，物联网将会向各个领域渗透和扩展，它将会对电子商务有很大的推动作用。

1. *库存*

通过物联网，企业可以在库存方面实现数据的同步，对每一件商品的实时监控。这里的库存包括分公司、仓库、配送中心三个方面。以京东为例，作为一个大型电子商务企业，按照区域成立了多个分公司，分公司管理一个地区设置好的仓库、配送中心。对于这样的多地库存方式，需要一个支持其运转的智能库存网络体系。运用传感器、RFID 等技术对库存商品信息进行实时感知和传输，同时形成自动化库存，自动实现与销售平台商品数据的同步，并通过对产品当前所处阶段的信息进行预测，估计出未来的趋势或意外发生的概率，从而及时采取补救措施或预警，极大提高企业对市场的反应能力，加快了企业的反应速度。

2. 商品安全

在电子商务发展的今天，消费者对网络购物商品质量的疑问仍然存在。这可以在物联网中得到有效地解决。在商品管理方面可建立商品追踪系统，从商品生产（甚至是原材料生产）开始，就在商品中嵌入 EPC 标签，记录商品生产、流通的整个过程。消费者在网上购物时，只要根据卖家所提供的商品 EPC 标签，就可以查询到商品从原材料到成品，再到销售的整个过程，以及相关的信息，从而决定是否购买。这样可以使消费者更加有效地辨别商品，更加清楚了解商品的真实情况，从而让客户更加信任，增加消费者对电子商务的信心和积极性。

3. 物流

作为电子商务的物流环节，最重要的特点就是及时性、便捷性和安全性。电子商务物流环节就是根据企业计算机系统的指令，完成商品配送、补给、运输的全过程。物联网智能物流系统对运行在辖区内的运输车辆位置、运送商品类型、数量进行管理和控制。物联网通过对包裹进行统一的 EPC 编码，并在包裹中嵌入 EPC 标签，物流中心通过网关连接移动通信网，移动通信网通过 M2M 与运输车辆通信，再通过 GPS 系统，显示在物流中心的显示屏上，管理人员通过 GIS 地图方便地掌握货物配送运输车辆当前的位置，在物流途中通过 RFID 技术读取 EPC 编码信息，并传输到处理中心供企业和消费者查询，实现对物流过程的实时监控。这样，企业或消费者就能实现对包裹的实时跟踪，以便及时发现物流过程中出现的问题，有效提高物流服务的质量，切实增强消费者网络购物的满意程度。

4. 支付

在支付环节中，基于物联网的电子商务支付有很多优点和发展空间。物联网技术的应用提高了支付的安全性和便捷性，降低了黑客和钓鱼类网站非法交易发生的频率。

（1）物联网掌上电脑支付

首先，掌上感知电脑是电子商务企业的一款个人移动智能终端，以轻便的平板电脑作为载体，内嵌 RFID 读卡支付模块，将网上销售和智能卡支付完美融合，实现简单安全的支付应用模式。掌上电脑物联网支付解决方案首次将 RFID 读卡模块与平板电脑相结合，实现了用户不需要繁琐的网银支付，只需拥有一部轻便的掌上电脑，刷卡就能完成整个流程。

和网上支付工具支付宝、财付通等不同，物联网智能卡支付是将最新的物联网 RFID 非接触射频技术创新应用，将互联网购物和物联网支付结合在一起，以轻便的平板电脑作为载体，内嵌 RFID 读卡支付模块；通过技术手段实现了简单安全的智能卡支付应用模式。掌上电脑物联网支付解决方案所有资金划拨，均通过银行专用通道，避免了由于互联网的开放性所带来的安全风险；使用 3DES 算法，加密卡上用户的所有数据和从移动设备到清算中心的数据传输，最大限度保证资金的安全。

物联网掌上电脑这种支付技术被绑定在轻便的掌上感知电脑终端上，内嵌 RFID 读卡支付模块，对应掌上电脑背面一个类似迷你公交卡大小的感应区，消费者使用此终端产品进行购物，与传统的网上支付相比无需再进行繁复的支付操作，只需要在支付时将物联网智能一卡通在感应区附近轻轻拍一下，就可以完成整个支付。

（2）智能 SD 卡支付

现今手机已经成为人们生活中不可或缺的工具。手机载体的移动支付工具让人们看到了移动支付新的希望。通过手机实现的移动支付方式，成为最接近人们日常使用习惯和消费习惯的移动支付方式，手机支付也呈现多用途化、多形式化的发展前景，例如 SIMPASS 技术支付，

RF-SIM 支付，NFC 支付等。手机中的智能 SD 卡支付也是其中一种。

智能 SD 卡移动支付在尽量避免改动手机主板和 SIM 卡的原则下，将 RFID 模块放置在智能存储卡中。这样做的优点在于不需要改动手机，支付功能可以随 SD 智能存储卡迁移至 PC 机平台或者其他移动终端平台上，大大提高支付的便捷性。智能 SD 卡移动支付是在 SD 智能存储卡上集成 RFID 功能，同时在存储卡上预留天线引脚，通过手机终端和移动网络连接 POS 机，智能 SD 卡在 POS 机上完成支付。

智能 SD 卡支付有以下特点：①运算安全性。SD 智能存储卡内置智能安全芯片，数据加密、数字签名、签名验证等密码运算都在安全芯片上进行，各种密钥在使用中均不出卡。SD 卡上的核心组件同时支持安全连接协议功能。②认证安全性。移动客户端实现的安全连接协议具有双向认证功能，保证客户端和服务器端都无法伪造。敏感信息在传递过程中都通过安全通道来传输，可以有效防止黑客攻击，也能够阻止钓鱼网站的侵扰。③使用便利性。智能 SD 卡支付符合用户的使用习惯，使用智能 SD 卡实现支付，用户无需更换手机和 SIM 卡，即可使用移动支付功能。和其他移动支付相比，无论在安全性、方便性、用户体验上都具有明显优势。

总之，物联网技术在电子商务中的应用前景是十分广阔的，应用方法和类型多种多样。物联网技术在电子商务各环节中的应用，不仅能给电子商务带来新的经济增长点，而且能彻底解决电子商务中的一系列问题，明显提升电子商务的核心竞争力。

本章小结

计算机网络是指利用通信设备和线路将分布在不同地理位置的具有独立功能的计算机、终端及其附属设备互联起来，遵照网络协议，以功能完善的网络软件实现资源共享的计算机系统。

网络协议是计算机网络不可缺少的组成部分，它是为网络中数据交换而指定的规则、约定和标准的集合。IPv4 地址分为 A、B、C、D、E 五类。而到“十三五”期间，我国将基本建成世界先进水平的网络基础设施，完成向下一代互联网（IPv6）的平滑演进过渡。

Internet 的常用服务提供用户访问资源和信息交流的方式，主要包括：WWW 服务、搜索引擎、电子邮件服务、文件传输、即时通信、远程登录等。Internet 接入技术很多，主要包括拨号上网、ADSL 宽带上网、专线上网和无线上网等。

Web 是 Internet 提供的一种服务，通过它可以访问分布于 Internet 主机上的信息资源。Web 体系结构的基本元素有 Web 服务器、Web 浏览器、浏览器与服务器之间的通信协议 HTTP、编写 Web 文档的语言 HTML、标识 Web 上资源的 URL。Web 是一种典型的分布式应用架构。Web 应用中的每一次信息交换都要涉及到客户端和服务器端两个层面。因此，Web 技术大体上分为客户端技术和服务器端技术。

EDI 主要包含三方面的内容，即计算机应用、通信、网络和数据标准化。EDI 系统由四部分组成，即数据标准、软件、硬件和通信网络。

3G 即第三代无线通信系统的简称，是指支持高速数据传输的蜂窝移动通讯技术，是将无线通信与国际互联网等多媒体通信结合的新一代移动通信系统。物联网是继计算机、互联网与移动通信网之后的信息产业新方向，是新一代信息技术的重要组成部分。它们对电子商务的发展有着重要的作用和意义。

思考与练习

一、填空

1．EDI 系统由四部分组成，分别是________、________、________和通信网络。

2．物联网是继计算机、互联网与移动通信网之后的信息产业新方向，是新一代信息技术的重要组成部分。物联网三层体系结构分别是感知层、________、________。

3．Web 系统的模式主要有________和________。

4．浏览器和服务器之间是通过________进行通信的。

二、判断

1．浏览器的基本用途是允许用户在自己的计算机上查找、检索、采集、获取 Web 上的各种资源。（　）

2．Intranet 是指采用 Internet 技术建立的企业内部专用网络。（　）

3．EDI 解决了消费者与企业间的信息传输问题。（　）

三、单项选择题

1．http://www.taobao.com 是指因特网上的（　）。

A．URL 地址　B．邮件地址　C．口令　D．ISP

2．电子商务中大量使用 EDI，其中文意思为（　）。

A．电子数据交换　B．电子数据库

C．电子数据系统　D．增值网络

3．下列属于 Web 客户端技术的有（　）。

A．JSP　B．HTML　C．ASP　D．PHP

4．下列属于 FTP 服务器功能的是（　）。

A．负责公司邮件收发　B．支持软件产品的顾客送达

C．管理顾客的 WWW 请求　D．支持员工远程登录

5．从查询角度看，WWW 最大的缺点是（　）。

A．出现大量无关的不精确信息　B．查寻范围太窄

C．查询速度太慢　D．所查找的结果信息太少

四、简单题

1．如何理解计算机网络？

2．简述 Internet 的接入方式。

3．常用的 Web 浏览器有哪些？

4．比较 Web 开发技术的优缺点。

5．简述 EDI 的工作流程。

6．简述 3G 技术对电子商务的影响。

7．简述物联网的概念及其对电子商务的影响。

五、应用题

1．列举常见的 Internet 服务。

在日常生活中，我们经常使用 Internet，列举生活中常见的 Internet 服务，并根据自身的体验对这些服务的优缺点进行阐述并填写下表。

Internet 服务	优点	缺点

2．查看和修改主机的 IP 地址及子网掩码。

（1）在自己使用的计算机上，学习如何查看 IP 地址和子网掩码，并对 IP 地址和子网掩码进行修改，并观察修改后的结果。

（2）列出查看和修改主机 IP 地址和子网掩码的几种方法。

3．通过 FTP 软件对文件进行上传和下载。

（1）从网上下载并安装一个 FTP 软件。

（2）指定一个 FTP 地址，并设置用户名和密码。

（3）登陆指定的 FTP 服务器，上传或下载指定的文件。

第 4 章　电子支付

学习要点及目标

1. 掌握电子支付的概念，了解其分类及其主要支付工具
2. 理解网上支付的概念、系统构成及发展
3. 了解网上银行的基本业务
4. 掌握第三方网上支付平台的概念及其运作流程
5. 了解移动支付的定义及其分类

核心概念

电子支付　网上支付　网上银行　第三方网上支付平台　移动支付

引导案例

支付宝——当前全球最大的移动支付厂商

支付宝是全球领先的第三方支付平台，成立于 2004 年 12 月，致力于为用户提供“简单、安全、快速”的支付解决方案。旗下有“支付宝”与“支付宝钱包”两个独立品牌。自 2014 年第二季度开始成为当前全球最大的移动支付厂商。

支付宝主要提供支付及理财服务。包括网购担保交易、网络支付、转账、信用卡还款、手机充值、水电煤缴费、个人理财等多个领域。在进入移动支付领域后，为零售百货、电影院线、连锁商超和出租车等多个行业提供服务。还推出了余额宝等理财服务。

支付宝公司上级主管部门为中国人民银行。2011 年，支付宝获得了由中国人民银行颁发的国内第一张《支付业务许可证》。

截至 2013 年底，支付宝实名认证的用户数超过 3 亿。2013 年，支付宝单日交易笔数的峰值达到 1.88 亿笔。其中，移动支付单日交易笔数峰值达到 4518 万笔，移动支付单日交易额峰值达到 113 亿元人民币。

2013 年，支付宝手机支付完成超过 27.8 亿笔、金额超过 9000 亿元，成为全球最大的移动支付公司。

来自艾瑞咨询的数据显示，自 2013 年第一季度以来，支付宝在移动互联网支付市场的份额从 67.6%逐步提升至 78.4%，居全球第一。

（案例来源：支付宝官网　2014 年 9 月 20 日）

案例导学

以因特网和无线互联网为核心的一场信息技术革命正席卷全球。这场变革改变了资金的传统流转模式，互联网信息技术使得资金运作虚拟化、网络化，资金流转更加高效、成本更低。资金流是电子商务中的“三流”之一，资金的快速流转是电子商务的内在要求。目前多种安全的电子支付方式可供选择，这在方便了消费者的同时，也使我国电子商务飞速发展。

1998 年招商银行推出的网上银行业务是我国电子支付的起始点。随后各大银行的网上缴费、移动银行业务和网上交易等逐渐发展起来。2005 年被称为中国电子支付元年，这一年很多电子支付法规出台或者得到完善，之后，中国的电子支付实现了飞跃式增长。电子支付的出现，使人们突破了时间和空间的限制，可以自由地进行电子商务交易。而随着电子商务在我国的飞速发展，作为电子商务重要支持手段的电子支付也成为大家所关注的热点。

4.1　电子支付概述

4.1.1　电子支付的概念

2005 年 10 月，中国人民银行公布《电子支付指引（第一号）》，规定：“电子支付是指单位、个人直接或授权他人通过电子终端发出支付指令，实现货币支付与资金转移的行为。”简单来说，电子支付是指从事电子商务交易的当事人，包括消费者、厂商和金融机构，通过信息网络，使用安全的信息传输手段，通过网络进行的货币支付或资金流转。电子支付是电子商务系统的重要组成部分。电子支付的发展经历了五个阶段。

第一阶段：电子化支付。这一阶段，互联网尚未得到大规模商用，但是多种电子化支付系统，包括 POS、预付款机制、软/硬件电子现金、计费系统等都已出现，并得到充分发展，因此在此阶段的电子支付主要表现在银行利用计算机处理银行之间的业务，办理结算。

第二阶段：信用卡支付。在此阶段中，信用卡开始通过互联网这种新型信息交换渠道进行支付，但是没有严密的防护措施，只是通过互联网传递信用卡号码从而实现交易。此阶段的主要特征是银行计算机与其他机构计算机之间资金的结算，如代发工资等业务。

第三阶段：网上银行。在此阶段最重要的一个步骤就是银行组织开发并推广 SET，SET 是一个真正的金融支付标准，它按照现实环境中支付交易的要素构建出一个适用于互联网的模型，交易过程中各方之间依赖数字证书相互进行身份验证，SET 开发的目的主要就是防止早期信用卡通过网络简单呈递出现的欺诈行为。此外，银行业也开始尝试将其他传统支付工具（如直接借记、贷记转账）进行改造以适用于互联网。此阶段的主要特征是利用网络终端向客户提供各项银行服务，如自助银行。

在此阶段，政府和央行注意到电子货币的试验和扩散，开始考虑电子货币和互联网支付的法律问题：1997 年德国的电子货币业务被明确视为银行业务，1998 年欧盟委员会开始起草电子货币法律。

第四阶段：支付方式多元化。在这一阶段，互联网支付系统在多个方向、多个细分领域取得了长足的进展。信用卡占据了网上支付的统治地位，从全球范围来看占了70%～90%的份额。SET标准革新方案开始出现，两大银行卡组织回到合作的道路上来，以3D-Secure为基础统一了信用卡在线认证标准。此阶段电子支付的主要表现是利用银行销售终端向客户提供自动的各种扣款服务，例如音乐与视频下载以及数字内容市场的微支付机制、日本的"手机钱包"计划、卡基电子货币在移动、交通、政府等不同领域的充分应用等。

在法律领域，欧盟电子货币指令于2000年正式颁布，2002年开始生效并逐步在欧盟各国推行。

第五阶段：网上支付，也就是基于Internet的电子支付。它将第四阶段的电子支付系统与Internet整合，实现随时随地通过Internet进行直接转账结算，形成电子商务交易支付平台。

电子支付发展的前四个阶段都属于非Internet环境下的电子支付，而只有第五阶段才属于Internet环境下的电子支付。

4.1.2 电子支付的分类

很多人将电子支付等同于网上支付，这是不正确的，网上支付只是电子支付的一种。电子支付的业务类型按电子支付指令发起方式可以分为网上支付、电话支付、移动支付、销售点终端交易（POS）、自动柜员机交易（ATM）和其他电子支付。

1. 网上支付

网上支付是电子支付主要形式的一种。广义地讲，网上支付是以互联网为基础，利用银行所支持的某种数字金融工具，发生在购买者和销售者之间的金融交换，而实现从买者到金融机构、商家之间的在线货币支付、现金流转、资金清算、查询统计等过程。网上支付形成了电子商务的环境，也成为电子商务的网上支付，网上支付是电子商务的关键环节之一。

2. 电话支付

电话支付是电子支付的一种线下实现形式，是指消费者使用电话（固定电话、手机）或其他类似电话的终端设备，通过银行系统就能从个人银行账户里直接完成付款的方式。

3. 移动支付

移动支付是使用移动设备通过无线方式完成支付行为的一种新型的支付方式。移动支付所使用的移动终端可以是手机、掌上电脑PDA、移动PC等。

4. 销售点终端（POS）

销售点终端是一种多功能终端，把它安装在信用卡的特约商户和受理网点中与计算机联成网络，就能实现电子资金自动转账，它具有支持消费、预授权、余额查询和转账等功能，使用起来安全、快捷、可靠。POS主要有以下两种类型：一种是消费POS，具有消费、预授权、查询止付名单等功能，主要用于特约商户受理银行卡消费；另一种是转账POS，具有财务转账和卡卡转账等功能，主要用于单位财务部门。

5. 自动柜台交易（ATM）

自动柜台机又名自动提款机。是指银行在不同地点设置的一种小型机器，利用银行卡让客户可以通过机器进行提款、存款、转账等银行柜台服务。

4.1.3 电子支付工具

随着计算机技术的发展，电子支付的工具越来越多。电子支付的工具可以分为三大类：

一是电子货币类，如电子现金、电子钱包等；二是电子信用卡类，包括智能卡、借记卡等；三是电子支票类，如电子支票、电子汇款（EFT）、电子划款等。这些方式各有自己的特点和运作模式，适用于不同的交易过程。先简单介绍一下电子现金、电子钱包、电子支票和电子信用卡。

1. 电子现金

电子现金（E-Cash）又称为数字现金，是一种以数据形式流通的货币。它把现金数值转换成为一系列的加密序列数，通过这些序列数来表示现实中各种金额的市值，用户在开展电子现金业务的银行开设账户并在账户内存钱后，就可以在接收电子现金的商店购物。电子现金有着较为严格的制作程序，并且充分利用数字签名等尖端安全技术，以保证电子现金的防伪和可靠。电子现金即具有现钞所拥有的基本特点，又由于和网络结合而具有互通性、多用途、快速简便等特点，已经在国内外的网上支付中广泛使用。数字签名技术的推广应用使得电子现金的安全性大大提高。在网上交易中，电子现金主要用于小额零星的支付业务，使用起来比借记卡、信用卡更为方便。

2. 电子钱包

电子钱包（E-Wallet）是电子商务购物活动中常用的一种支付工具，非常适用于网上小额购物，在电子钱包内可以存放电子货币，如电子现金、电子零钱、电子信用卡等。电子钱包有两种类型，一种是指纯粹的软件，需要安装在计算机或智能手机中或是基于网页版的电子钱包（无需安装软件），主要用于网上消费、账户管理，这类电子钱包常与银行卡账户连接在一起；另一种是小额支付的智能储值卡，持法人预先在卡中存入一定的金额，交易时直接从储值卡账户中扣除交易金额，主要是线下日常生活中的支付，如公交 IC 卡、校园卡等。我们说的主要是指第一种的电子钱包。目前世界上有 VISA Cash 和 Mondex 两大电子钱包服务系统，其他电子钱包服务系统还有 HP 公司的电子支付应用软件（VWALLET）、微软公司的电子钱包 MS Wallet、IBM 公司的 Commerce Point Wallet 软件、MasterCard Cash、Euro Pay 的 Clip 和比利时的 Proton 等。

3. 电子支票

电子支票（Electronic Check，E-check 或 E-cheque）是客户向收款人签发的、无条件的数字化支付指令，是传统支票的电子化。它能够通过 Internet 或无线接入设备完成传统支票的所有功能。电子支票借鉴了纸张支票转移支付的优点，利用数字传递将钱款从一个账户转移到另一个账户，这种电子支票的支付是在与商户及银行相连的网络上以密码方式传递的，多数使用公用关键字加密签名或个人身份证号码（PIN）代替手写签名。用电子支票支付，事务处理费用较低，而且银行也能为参与电子商务的商户提供标准化的资金信息，故而是最有效率的支付手段。电子支票非常适合网上 B2B 交易的大额资金的结算业务。

4. 电子信用卡

信用卡按卡的信用性质与功能可以分为借记卡（属于广义信用卡）和贷记卡（属于狭义信用卡）。借记卡的特征是“先存款，后支用”，持卡人必须先在发卡机构存款，用款时以存款余额为限，不允许透支。贷记卡的特征是“先消费，后还款”，持卡人无需先在发卡机构存款，就可享用一定信贷额度的使用权，之后于规定时间还款。这里的信用卡指的是商业银行、信用卡公司等发行主体发行的贷记卡或准贷记卡。信用卡的最大特征就是同时具备了信贷和支付两种功能。

电子信用卡是为了适应电子商务而对信用卡的电子化，电子信用卡通过网络直接支付。电子信用卡具有快捷、方便的特点，买方可以及时通过发卡机构了解持卡人的信用度，避免了欺诈行为的发生。由于使用信用卡要通过公共的 Internet 网络进行信用卡传输，因此在技术上需要保证传输的安全性和可靠性。利用 SET 安全电子交易协议保证电子信用卡卡号和密码的安全传输，在信用卡运行支付的过程中，也需要认证客户、商家以及信用卡发放机构的身份，防止抵赖行为的发生。电子信用卡非常适合 B2C 模式和小额 B2B 模式的电子商务。

4.2 网上支付

4.2.1 网上支付概念

网上支付从广义上来说，是指以互联网为基础，利用银行所支持的某种数字金融工具，发生在购买者和销售者之间的金融交换，而实现从买者到金融机构、商家之间的在线货币支付、现金流转、资金清算、查询统计等过程，由此为电子商务服务和其他服务提供金融支持。简单来说，网上支付就是指客户、商家、网上银行之间使用安全电子手段，利用电子现金、银行卡、电子支票等支付工具通过网络传送到银行或相应的处理机构，从而完成支付的整个过程。

网上支付不等同于电子支付，网上支付是电子支付的一个子集。电子支付和网络支付经常被混淆，但是严格来说，两者之间存在很多差异。如上节所述，电子支付有很多支付方式，只有在线、并且通过公共网络进行的支付才是网上支付。

4.2.2 网上支付系统的构成

网上支付系统的构成主要由以下几个元素组成：Internet、客户、商家、客户开户行、商家开户行、支付网关、银行网络、认证中心，如图 4-1 所示。

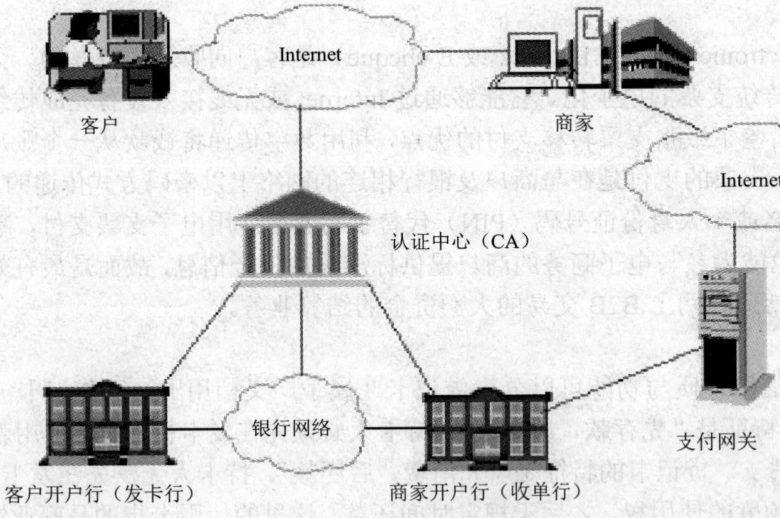

图 4-1 网上支付系统体系结构

（1）Internet。Internet 是电子商务网上支付的基础，是商务信息、支付信息传递的载体。

（2）客户。客户是指与商家有着交易关系并存在了未清偿的债务债权关系（一般是债务）的一方。客户用自己所拥有的支付工具（电子货币）：电子现金、电子支票、银行卡来发起支付。这是网上支付系统运作的原因和起点。

（3）商家。商家是拥有债权的商品交易的另一方。商家可以根据客户发起的支付指令向金融体系请求获取货币给付。

（4）客户开户行。客户开户行是指客户在其中拥有账户的银行。客户所拥有的支付工具（电子货币）是由开户行提供的，客户开户行在提供支付工具的时候也同时提供了一种银行信用，用以保证支付工具的兑付。在卡基支付体系中，客户开户行又被称为发卡行。

（5）商家开户行。商家开户行是商家在其中开设账户的银行，其账户是整个支付过程中资金流向的地方，商家将客户的支付指令提交给其开户行后，就由开户行完成支付授权的请求以及银行间的清算等工作，商家开户行是依据商家提供的合法账单（客户的支付指令）来工作的，因此又称为收单行。

（6）支付网关。支付网关是 Internet 公用网和银行网络（金融专用网）之间的接口，支付信息必须通过支付网关才能进入银行支付系统，进而完成支付的授权和获取，支付网关关系着支付结算的安全以及银行自身的安全，关系着金融系统的安全，因此十分重要。

（7）银行网络。银行网络作为一个进入专用网，是银行内部及行间进行通信的网络，应具备较高的安全性。

（8）认证中心。认证中心又称为数字证书授权（Certificate Authority）中心，简称 CA 中心，它是法律承认的权威机构，用于对电子商务各参与方：客户、商家、支付网关、网上银行等进行身份认证，发放数字证书，以保证电子商务交易和支付能安全、可靠地进行。

除以上各参与方外，在网上支付一般结构的构成中还包括支付中使用的电子货币以及所遵循的网上支付协议。因此，网上支付系统应该是融购物流程、电子货币、网上支付协议、认证体系、Internet、客户、商家、支付网关、开户行、收单行以及银行网络为一体的综合大系统。

4.2.3　网上支付发展现状

伴随着电子商务的浪潮，网络支付方式逐渐深入人心。这种快捷和日渐安全的在网络上支付货款、支付各项公用事业费用的账单、甚至进行个人网上理财方式，让使用者感到快捷和方便，同时随着消费者对信息安全技术信心的提高，网上支付也越来越受欢迎。据中国电子商务研究中心（100EC.CN）监测数据显示，2013 年，全国共发生网上支付业务 236.74 亿笔，金额 1060.78 万亿元，同比分别增长 23.06%和 28.89%。截至 2014 年 6 月，我国使用网上支付的用户规模达到 2.92 亿，较 2013 年底增加 3558 万人，半年度增长率为 12.3%。与 2013 年 12 月相比，我国网民使用网上支付的比例从 42.1%提升至 46.2%。与此同时，手机支付增长迅速，用户规模达到 2.05 亿，半年度增长率为 63.4%，是整体网上支付市场用户规模增长速度的 5.2 倍，网民手机支付的使用比例由 25.1%提升至 38.9%。

我国网上支付市场在这几年如此快速增长，主要有以下几个方面的原因：首先，截至 2013 年年初，央行分 6 批颁发了 233 张支付牌照，并出台了《支付机构互联网支付业务管理办法》等一系列相关政策，有力地引导了互联网支付行业的发展。其次，传统企业的电子商务化进程加速；涉及到支付环节的网购、游戏、在线旅游预订等市场的活跃，以及用户对其他付款渠道不断增长的需求，推动了电子支付和移动支付网民规模的增长。最后，基于牌照、商户、用户资源以及商业模式等层面的创新，开创了网上支付新业务模式个人消费信贷。通过第三方支付可获得贷款的金额从 50 元到 1000 万元不等，特别是小额信贷业务，为个人消费信贷提供了融资渠道和支付便利，从而促进支付业务的发展。

并且，国外媒体在最近的调查中发现，近 95%的受访者表示他们会经常或曾经在逛某商家实体店的同时浏览该商家的网店。其中，有超过 75%的受访者认为，商家应该允许顾客在实体店使用网上支付方式消费。这进一步证明，消费者对提升付款方式的灵活性有着更高的期待，他们希望能在付款买单时能有更多的选择。这也是未来网上支付发展的又一个方向。

4.2.4 网上支付方式的比较

在 Internet 进行电子商务的支付过程中可以分为预支付、实时支付和后支付三种方式。预支付是先付款、后消费，如同现在的手机话费卡、银行储蓄卡等，是商家最喜欢的支付方式。后支付是先购买、再付款，信用卡就是这种后付款方式，这样存在商家被欺诈的风险。实时支付是在交易的同时，款项也通过银行由买家转到卖家。对于最普遍的 B2C 模式，由于交易双方互不认识，也不可能会面，商家一般要求实行预支付或实时支付。

当前，网上支付手段已经多种多样，不过总的来说，按照渠道可分为网上银行支付和非银行类网上支付，前者如中国工商银行、中国建设银行等，后者如支付宝、财付通、快钱等，后者也称为第三方支付机构。近年来，网上金融创新层出不穷，第三方支付公司异军突起，迅速占领网上金融领域，现将网上银行和第三方支付进行比较，分析它们之间的区别和联系。

1. 网上银行与第三方支付的联系

网上银行又称网络银行、在线银行，是指银行利用 Internet 技术，通过 Internet 向客户提供开户、查询、对账、行内转账、跨行转账、信贷、投资理财等传统服务项目，使客户可以足不出户就能够安全便捷地办理各类银行业务。

第三方支付就是一些和产品所在国家以及国外各大银行签约，并具备一定信誉保障的第三方独立机构提供的交易支付的支持平台。它通过和银行的商业合作，以银行的支付结算功能为基础，向政府、企业、事业单位提供中立的、公正的面向其用户的个性化支付结算与增值服务。

根据网上银行与第三方支付的概念，我们可以看到它们之间存在着联系。第一，两者都是货币经营活动，电子银行与第三方支付均为在实际资金基础上利用信息技术手段实现支付指令的交换和处理。第二，两者都会产生资金聚集效应，存在金融风险隐患。银行的资金聚集效应表现为存款，风险隐患为挤兑和破产；第三方支付机构的资金聚集效应为沉淀资金，风险隐患为丧失偿债能力。

概括来说，无论电子银行还是第三方支付，实际都是利用信息网络技术取代有形的货币来实现货币的支付功能，或者说一般等价物功能。这是随着社会经济发展，货币金额越来越大，交易越来越多，流通要求越来越快，传统纸币和纸质票据不能满足社会经济发展需要而形成的。

2. 网上银行与第三方支付的区别

（1）两种支付方式的基本流程比较

网上银行的服务流程是客户通过银行开设的账户号码进入自己的网上账户，进行查询、转账等其他业务操作，网上账户的开设需要到银行营业网点办理，网上银行是客户在银行账户的网上客户端，可以进行传统业务的网上办理，比如查询、转账、透支交易等，其账户金额即银行账户金额。

第三方支付服务内容主要提供网上购物的中介服务，其基本流程是：网上购物的买家将贷款存入第三方支付账户，第三方支付账户通知卖家发货，当买家收到货物后通知第三方支付账户，第三方支付账户再将货款支付给卖家，全部操作在网上完成。

银行经营货币可以直接实现货币的清结和偿付（不管是否通过银行的银行即中国人民银行），第三方支付必须通过银行进行支付指令交换和处理后才能完成最终货币资金的划拨。

（2）两种支付方式的操作比较

网上银行打破了传统银行业务的地域、时间限制，能在任何时候、任何地方，以任何方式为客户提供金融服务，这既有利于吸引和保留优质客户，又能主动扩大客户群，开辟新的利润来源。但是，网上银行在使用时操作较为繁复，需要进行下载证书、安装 U 盾、登录网银界面、U 盾密码、支付密码、确定支付等一系列操作。并且还出现同一银行有十几种不同类型的 U 盾，让客户在选择上、操作上都十分困难，对终端设备也有一定要求，还可能出现不兼容等现象。

而第三方支付的界面较银行网上业务而言简洁明了，支付流程便捷，给不了解互联网业务的支付者节省了时间与精力。如手机快捷支付，只需发送一个验证码到手机上再键入界面，便可完成支付，节约了登录银行网银界面、键入卡号、插 U 盾、输入密匙、支付密码、确认交易等繁杂的操作步骤。第三方支付解决了终端设备的制约性，从设备上解放了消费者，客户可以随时、随地、用多种方式完成支付，不但节约了时间成本，也免去了 U 盾等安全设备遗失带来的不便。但是对于没有线下营销点的第三方支付企业来说，如果监管力度出现遗漏或是系统出现故障，很可能使得存入第三方的资金去向无根可寻，造成支付流程的不可逆困境，给消费者以及电商等收费方带来不便。

（3）两种支付方式的安全比较

在第三方支付中，账户信息或信用卡信息仅需告知支付中介，而非每一个收款人，大大减少了信用卡信息和账户信息失密的风险，而支付担保业务可以在很大程度上保障付款人的利益。

（4）与用户之间的法律关系定性不同

在传统的诉讼中，各地法院一般都是按照储蓄合同关系处理电子银行与用户之间的法律关系的。储蓄合同的法律特性，比如一些特定的权利义务，基本按照《储蓄管理条例》来确定。

第三方支付与用户之间的法律关系目前还没有明确。有观点认为，沉淀资金不属于第三方支付企业所有，因此，第三方支付企业与用户之间是保管合同关系。这种观点还值得商榷。《合同法》第 365 条规定：”保管合同，是保管人保管寄存人交付的保管物，并返还该物的合同”。第三方支付企业接受款项后并不返还，而是付给他人，因此不符合保管的特征。从接受物理货币的角度来说，第三方支付企业货币实际存于银行，对企业来说，也并没有实际“保管”货币。因此，认定为保管合同关系，似乎难以成立。

（5）支付指令的信用等级不同

第三方支付企业的支付指令实际是一种商业信用，而银行的电子银行等支付指令则是银行信用，按照通常的商业经验来说，银行信用要优于商业信用。

概括来说，电子银行是金融的信息化，而第三方支付是信息服务的金融化。第三方支付企业是信息科技企业，说到底提供的是信息技术服务，而电子银行则是金融升级换代进入信息时代。

4.3 网上银行

4.3.1 网上银行的概念

网上银行（Internet bank or E-bank），包含两个层次的含义，一个是机构概念，指通过信息网络开办业务的银行；另一个是业务概念，指银行通过信息网络提供的金融服务，包括传统银行业务和因信息技术应用带来的新兴业务。在日常生活和工作中，我们提及网上银行，更多的是第二层次的概念，即网上银行服务的概念。

网上银行是在 Internet 时代金融电子化与信息化建设的最新内容，是电子银行的高级发展阶段，它是一种崭新的网上金融系统，突破了实物媒介等传统的空间和时间上的局限性，缩短了客户与银行的距离，为用户提供了全方位、全天候、便捷、实时的金融服务。另外，我们还要能区分网上银行与电子银行的概念，电子银行指商业银行利用计算机技术和网络通信技术，通过语音或其他自动化设备，以人工辅助或自动形式，向客户提供方便快捷的金融服务。常见的 ATM 自动柜员机、POS 系统、无人银行等银行服务形式均属电子银行的范畴。简单来说我们可以把网上银行看做利用 Internet 技术的一种电子银行形式，或者说银行通过 Internet 来为客户提供各种金融服务。

4.3.2 网上银行的基本业务类型

网上银行业务是银行借助个人电脑或其他智能设备，通过互联网技术或其他公用信息网，为客户提供的多种金融服务。网上银行业务不仅涵盖传统银行业务，而且突破了银行经营的行业界限，深入到证券、保险甚至是商业流通等领域。网上银行代表了未来银行业的方向，网上银行业务的迅速发展必将推动着银行业新的革命。网上银行如图 4-2、图 4-3 所示。

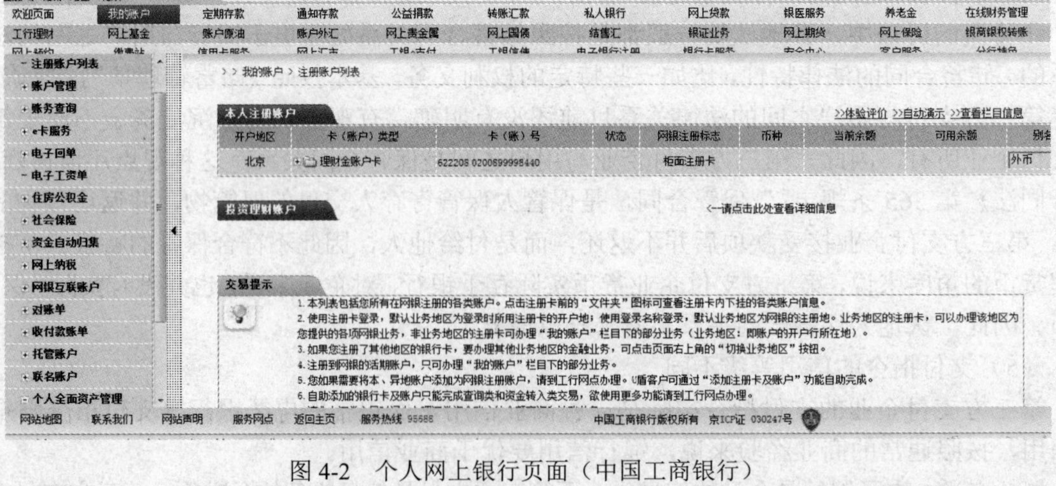

图 4-2 个人网上银行页面（中国工商银行）

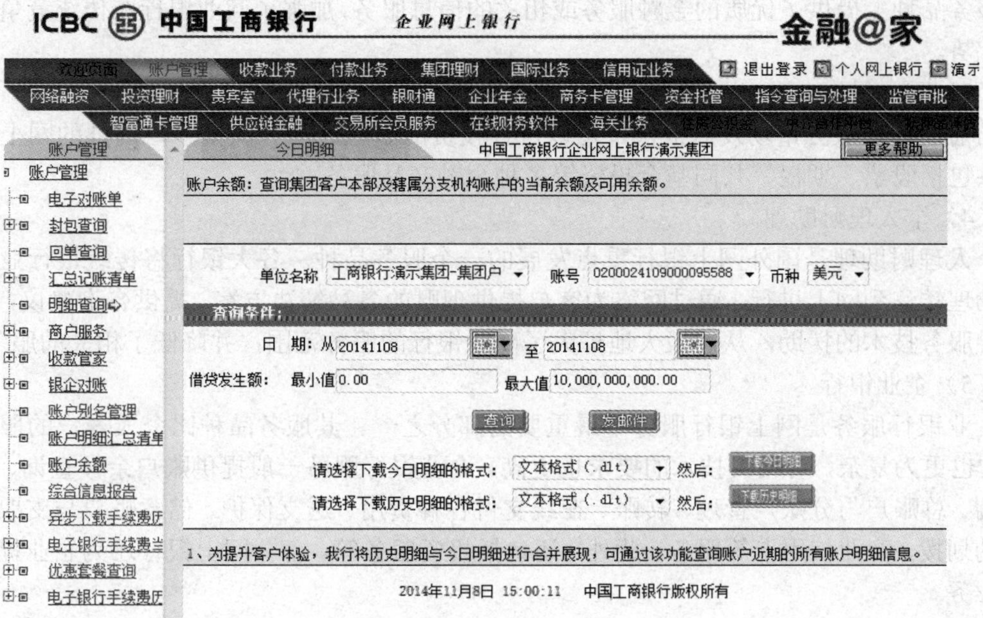

图 4-3 企业网上银行页面（中国工商银行）

1. 从提供服务的性质来分

（1）信息服务

主要是宣传银行能够给客户提供的产品和服务，包括存贷款利率、外汇牌价查询、投资理财咨询等。这是银行通过互联网提供的最基本的服务，一般由银行一个独立的服务器提供。这类业务的服务器与银行内部往来无链接路径，风险较低。

（2）客户交流服务

主要包括电子邮件、账户查询、带宽申请、档案资料定期更新等。该类服务使银行内部网络系统与客户之间保持一定的链接，银行必须采取合适的控制手段，检测和防止黑客入侵银行内部网络系统。

（3）交易服务

交易服务包括个人业务和公司业务两类。这是网上银行业务的主体。个人业务包括转账、汇款、代缴费用、按揭贷款、证券买卖和外汇买卖等。公司业务包括结算业务、信贷业务和投资银行业务等。银行交易服务系统服务器与银行内部网络直接相连，无论从业务本身或是网络系统安全角度，均存在较大风险。

2. 从业务的基本类型来分

从网上银行业务的基本类型来分主要有基本网银业务、网上购物、网上投资、个人理财助手、企业银行、其他金融服务。

（1）基本网银业务

网上银行提供的个人账务的基本业务主要包括：在线账户余额查询、交易历史记录、下载数据、转账和网上支付等。

（2）网上购物

商业银行的网上银行设立的网上购物协助服务，大大方便了客户网上购物，为客户在相同的服务品种上提供了优质的金融服务或相关的信息服务，加强了商业银行在传统竞争领域的竞争优势。

（3）网上投资

当前，金融服务市场发展很快，可以进行投资的金融产品种类繁多，国外的网上银行一般提供包括股票、期权、共同基金投资等多种金融产品服务。

（4）个人理财助理

个人理财助理是国外网上银行重点发展的一个服务品种。各大银行将传统银行业务中的理财助理转移到网上进行，通过网络为客户提供理财的各种解决方案，提供咨询建议，或者提供金融服务技术的援助，从而极大地扩大了商业银行的服务范围，并降低了相关的服务成本。

（5）企业银行

企业银行服务是网上银行服务中最重要的部分之一。其服务品种比个人客户的服务品种更多，也更为复杂，对相关技术的要求也更高。企业银行服务一般提供账户余额查询、交易记录查询、总账户与分账户管理、转账、在线支付各种费用、透支保护、储蓄账户与支票账户资金自动划拨、商业信用卡等服务。此外，还包括投资服务等。部分网上银行还为企业提供网上贷款业务。

（6）其他金融服务

除了银行服务外，大商业银行的网上银行均通过自身或与其他金融服务网站联合的方式，为客户提供多种金融服务产品，如保险、抵押和按揭等，以扩大网上银行的服务范围。

4.3.3 网上银行支付的基本流程

在电子商务过程中，根据网上支付系统的体系结构，简单介绍网上银行支付的基本流程，如图 4-4 所示。

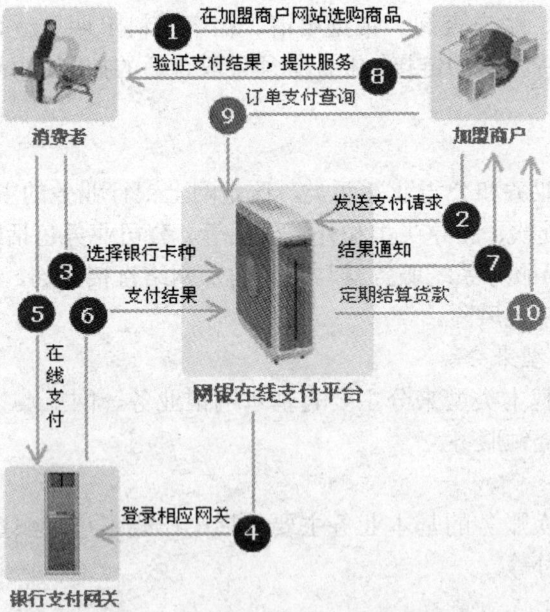

图 4-4 网上银行支付的基本流程

针对持卡消费者：

（1）持卡消费者到加盟商户的网站选购商品，并选择网上支付货款。

（2）加盟商户将持卡消费者网上支付的请求发送给网银在线支付平台。

（3）持卡消费者选择所属的银行卡种，向相应银行网关发送支付请求。

（4）自动登录相应银行支付网关界面。

（5）持卡消费者输入卡号、密码等相关信息开始在线支付。

（6）在线支付完成后，银行反馈支付结果并将货款转入在线支付平台。

（7）在线支付平台向加盟商户发送支付结果，并通知其处理订单。

（8）加盟商户根据反馈的支付结果为消费者提供服务。

针对网站商户：

（1）加盟商户可以随时登录在线支付平台查询订单支付信息（或者使用自动对账接口免人工查询订单支付结果）。

（2）在线支付平台定期给加盟商户结算货款（为了保障加盟商户的资金流畅运转，银行提供按天结算服务）。

4.4 第三方支付

4.4.1 第三方支付平台的概念

第三方支付是随着电子商务的发展而产生的。随着网络经济的发展，电子商务在迅速崛起。作为电子商务中间环节的网上支付，是电子商务流程中交易双方最为关心的问题。由于电子商务中的商家与消费者之间的交易不是面对面的进行，而且物流与资金流在时间和空间上也是分离的，这种没有信用保证的信息不对称，导致商家和消费者之间的博弈。商家不愿先发货，怕货物发出后不能收回货款；消费者不愿先付款，担心支付后拿不到商品或商品质量得不到保障。博弈的最终结果是双方都不愿意先冒险，网上购物无法进行。第三方支付就是在这种情形下产生的。第三方支付平台在商家和消费者之间建立了一个公共的、可以信任的中介。它满足了电子商务中商家和消费者对信誉和安全的要求，它的出现和发展说明该方式是市场发展的必然结果。

所谓第三方支付，就是一些和产品所在国家以及国外各大银行签约、并具备一定实力和信誉保障的第三方独立机构提供的交易支持平台。在通过第三方支付平台的交易中，买方选购商品后，使用第三方平台提供的账户进行货款支付，由第三方通知卖家货款到达、进行发货；买方检验物品后，就可以通知付款给卖家，第三方再将款项转至卖家账户。

第三方支付平台要求接入的企业必须提供营业执照、税务登记证及年审证明，防止诚信不足的商家欺诈消费者；第三方支付平台保持客观中立，成功解决了商家、消费者、银行之间的纠纷，保护了各方的利益。第三方电子商务支付平台作为一种新的网络交易手段和信用中介，不仅具备资金传递功能，而且能对交易双方进行约束和监督，较好地解决了长期困扰电子商务支付的诚信环境和安全机制问题。

4.4.2 第三方支付发展现状

根据艾瑞咨询（iResearch）统计数据显示，2013 年中国第三方互联网支付市场交易规模达 53729.8 亿，同比增速 46.8%。2013 年中国第三方互联网支付市场交易规模达 53729.8 亿，同比增长 46.8%，整体市场持续高速增长，在整体国民经济中的重要性进一步增强。2013 年与金融的深度合作，使第三方互联网支付公司找到了新的业务增长点，目前这种助力还没有完全爆发，艾瑞预计未来两年互联网金融对于第三方互联网支付的推动作用将会更强，或进一步提高交易规模增速。2010～2017 年中国第三方互联网支付市场交易规模如图 4-5 所示。

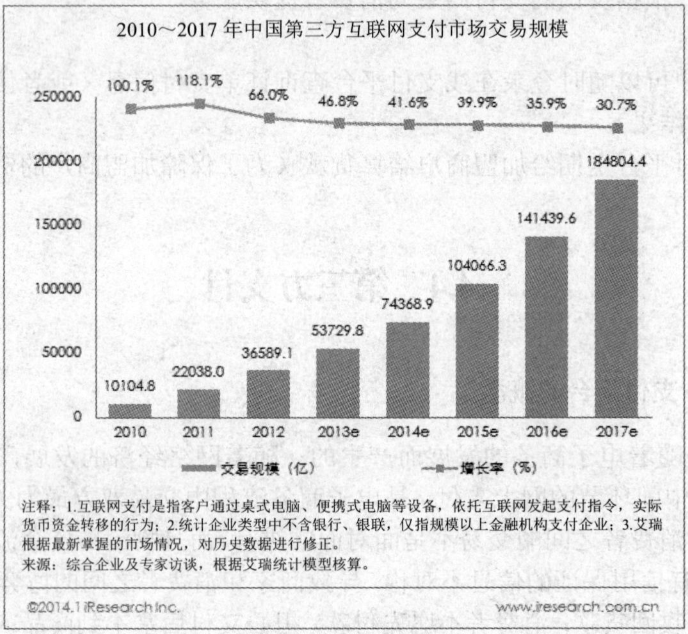

图 4-5 2010～2017 年中国第三方互联网支付市场交易规模

2013 年中国第三方互联网支付交易规模结构中网络购物依然占据最大份额，为 35.2%；其次是航空客票，占 13.2%；而在互联网金融元年爆发的基金申购市场则一跃成为第三大细分市场，占比为 10.5%，其余传统领域市场占比均有不同程度缩小。

艾瑞分析认为，2013 年的第三方支付方式存在三个特点：第一，2013 年经过多年市场培养，更多传统零售，包含百货、购物中心以及品牌店等机构涉足电子商务的脚步加快，提高了网络购物的占比；第二，余额理财模式的兴起，使得金融机构更加重视与第三方互联网支付企业间的合作，未来基金申购和保险行业的前景更好；第三，航空客票、电商 B2B 以及电信缴费三个行业比较稳定，增速不及其他行业，份额有所下降。因此，当前第三方互联网支付的覆盖面在继续增大，并且其交易结构也表现得更加复杂。

4.4.3 第三方支付的特点

第三方支付具有显著的特点：

第一，第三方支付平台提供一系列的应用接口程序，将多种银行卡支付方式整合到一个界面上，负责交易结算中与银行的对接，使网上购物更加快捷、便利。消费者和商家不需要在不同的银行开设不同的账户，可以帮助消费者降低网上购物的成本，帮助商家降低运营成本；同时，还可以帮助银行节省网关开发费用，并为银行带来一定的潜在利润。

第二，较之 SSL、SET 等支付协议，利用第三方支付平台进行支付操作更加简单而且易于接受。SSL 是应用比较广泛的安全协议，在 SSL 中只需要验证商家的身份。SET 协议是基于信用卡支付系统的比较成熟的技术。但在 SET 中，各方的身份都需要通过 CA 进行认证，程序复杂，手续繁多，速度慢且实现成本高。有了第三方支付平台，商家和客户之间的交涉由第三方来完成，使网上交易变得更加简单。

第三，第三方支付平台本身依附于大型的门户网站，且以与其合作的银行的信用作为信用依托，因此第三方支付平台能够较好地突破网上交易中的信用问题，有利于推动电子商务的快速发展。

在通过第三方平台的交易中，买方选购商品后，使用第三方平台提供的账户进行货款支付，由对方通知卖家货款到达、进行发货；买方检验物品后，就可以通知付款给卖家。第三方支付平台的出现，从理论上讲，彻底杜绝了电子交易中的欺诈行为，这也是由它的以下特点决定的。

4.4.4 第三方支付的流程

第三方支付平台阶段是典型的应用支付层架构。其支付流程都是付款人提出付款授权后，平台将付款人账户中的相应金额转移到收款人账户中，并要求其发货，等到付款人确认已经收到货物或者服务时，或在某段时间内没有提出拒绝付款的要求，支付平台才将款项转到收款人账户中。在第三方支付交易流程中，支付模式使商家看不到客户的信用卡信息，同时又避免了信用卡信息在网络上多次公开传输而导致信用卡信息被窃。

下面简单介绍第三方支付的流程，如图 4-6 所示。

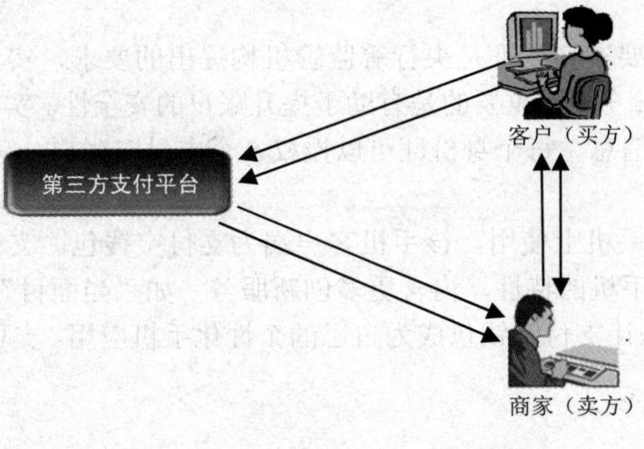

图 4-6 第三方支付流程图

第一步，客户在电子商务网站上选购商品，最后决定购买，买卖双方在网上达成交易意向。

第二步，客户选择利用第三方作为交易中介，客户用信用卡将货款划到第三方账户。

第三步，第三方支付平台将客户已经付款的消息通知商家，并要求商家在规定时间内发货。

第四步，商家收到通知后按照订单发货。

第五步，客户收到货物并验证后通知第三方。

第六步，第三方将其账户上的货款划入商家账户中，交易完成。

4.4.5 第三方支付平台产品介绍

中国国内的第三方支付产品主要有支付宝、财付通、快钱、易宝、网银在线、百付宝（百度钱包）等。

1. 支付宝

（1）支付宝概述

支付宝（中国）网络技术有限公司是国内最大的独立第三方支付平台，由阿里巴巴集团创办。支付宝公司从2004年建立开始，提出的建立信任、化繁为简、以技术创新带动信用体系完善的理念，深得人心，旗下有“支付宝”与“支付宝钱包”两个独立品牌。用户覆盖了整个C2C、B2C，以及B2B领域，自2014年第二季度开始成为当前全球最大的移动支付厂商。

支付宝主要提供支付及理财服务。包括网购担保交易、网络支付、转账、信用卡还款、手机充值、水电煤缴费、个人理财等多个领域。在进入移动支付领域后，为零售百货、电影院线、连锁商超和出租车等多个行业提供服务。还推出了余额宝等理财服务。

支付宝与国内外180多家银行以及VISA、MasterCard国际组织等机构建立战略合作关系，成为金融机构在电子支付领域最为信任的合作伙伴。

支付宝公司上级主管部门为中国人民银行。2011年，支付宝获得了由中国人民银行颁发的国内第一张《支付业务许可证》。

（2）支付产品业务

1）如何使用支付宝

使用支付宝支付服务需要先注册一个支付宝账户，分为“个人账户”和“企业账户”两类。在支付宝官方网站或者支付宝钱包注册均可。

2）实名认证

用户使用支付服务需要实名认证是央行等监管机构提出的要求，实名认证之后可以在淘宝开店，增加更多的支付服务，更重要的是有助于提升账户的安全性。实名认证需要同时核实会员身份信息和银行账户信息。每个身份证可以授权5个支付宝账户。

3）支付宝钱包

支付宝也可以在智能手机上使用，该手机客户端为支付宝钱包。支付宝钱包具备了电脑版支付宝的功能，也因为手机的特性，内含更多创新服务。如“当面付”“二维码支付”等。还可以通过添加“服务”来让支付宝钱包成为自己的个性化手机应用。支付宝钱包主要在iOS、Android系统上使用。

4）安全事项

支付涉及到用户的资金安全，因此遵循官方的安全规范至关重要。如安全控件、短信校验服务、数字证书、第三方证书、支付盾、宝令、宝令手机版、安全保护问题、安全策略、手机安全设置等。

（3）支付宝资金

使用支付宝时，资金可以事先充值到支付宝账户，也可以在支付时使用银行卡（包括信用卡、借记卡）和充值卡。

1）支付宝余额

支付宝账户内的资金被称为余额。充值到余额、支付时使用余额以及余额转出都是当前最常见的服务。银行卡中的资金可以通过网银和快捷支付进入支付宝账户。20 多家银行网银和 170 多家银行的快捷支付都能充值到支付宝余额。使用余额支付时基本没有额度限制，用户可以先多次充值再付款。支付宝余额还支持随时提现，用户可以将余额提现至自己绑定的银行卡。

2）网银

网银是指银行面向所有用户和场景提供的网上银行综合服务，包括了支付和转账等服务。在支付宝环境下，主要指用户通过网银充值到支付宝余额以及支付时跳转到网银扣款。使用网银支付时，浏览器会跳转到银行网银页面，按银行要求的信息填写进行支付。

3）快捷支付

快捷支付是为网络支付量身定做的网银服务，主推支付功能，由银行与支付宝直连，保障了支付的安全性和便捷性。其支付成功率达到了 95%左右。用户可以通过在银行留下的联系方式、银行卡号、手机校验码等信息快速开通快捷支付服务。付款时输入支付宝支付密码。其便捷性更强，支付宝与保险公司承诺用户资金安全。180 多家银行与支付宝合作提供了快捷支付服务。

4）余额宝

余额宝是支付宝推出的理财服务，但也能用于日常的购物、还信用卡等支付。在用于支付时，余额宝的优势在于额度较大、支付成功率非常高。未用于支付时余额宝还能获得理财收益。余额宝占支付宝支付的比例正在逐步升高。

2. 百付宝

（1）百付宝概述

百付宝一般又叫百度钱包，它是百度公司的支付业务品牌及产品名称。百度钱包打造“随身随付”的“有优惠的钱包”，它将百度旗下的丰富产品及海量商户与广大用户直接“连接”，提供超级转账、付款、缴费、充值等支付服务，并全面打通 O2O 生活消费领域，同时提供“百度金融中心”业务，包括“百度理财、众筹、贷款”等资产增值功能与个人金融服务，让用户在移动时代轻松享受一站式的支付生活。

（2）百付宝功能

“百度钱包”致力于为消费者打造一个“随身随付”“优惠无处不在”的钱包。可以满足用户在线充值、在线支付、交易管理、生活服务、提现、账户提醒等支付工具功能。同时，致力于打造成为用户资产管理平台、会员权益的消费运营平台。

1）“超级转账”功能

百付宝已连接了 129 家银行，覆盖了除西藏地区外的全国范围，目前手续费全免。通过此功能，用户不需要登录网银，不需要使用U 盾、安装控件等便可完成转账支付；同时，无异地及跨行手续费，此外，百度钱包还提供付款方和收款方的“双方”免费短信通知。

2）充值功能

目前百度钱包手机充值、网游充值等一直保持着全网最低价，并在未来会持续这项政策。而其他更多的包括各类商家的“优惠”将以“支付有优惠”“优惠卡”等方式进行。

3）会员积分功能

用户通过“百度钱包”进行消费，可以获得累计积分，积分可以在个人账户中查询，用户可凭借积分获取特殊权益，还可通过积分抵现的方式参与钱包和商户联合开展的活动，购买特价商品。

4）理财功能

用户可通过“百度钱包”购买百度理财平台多款理财产品，成为用户资金增值服务全新渠道。百度理财平台自上线以来，先后推出了百度理财 B、百赚、百发（团购）、百赚利滚利几款理财产品。

（3）使用场景

1）快速订餐

用户通过手机百度无线搜索外卖，订座等相关信息，商户则以平台形式轻应用展现在搜索结果，同步用户购买需求且引导用户完成在线支付。目前有包括易淘食等轻应用，可以让用户在手机上提前完成周边餐厅排队、点菜、支付等流程。

2）享受 O2O 的最后一公里便利

场景 1：用户可以通过 pc，无线端 lbs 及搜索附近便利店及其能提供的服务，店铺详情按照轻应用落地页面展示，以便用户完成在线下单，线下收货，且资金流与信息流同步。

场景 2：用户在线下门店，通过百度轻拍对商品进行拍照（海报，实物，条码等商品明显标示）进入对应轻应用页面，引导用户完成下单，且现场取货。

3）自助购票+自备导游

旅游时既想对景点有深入了解，又不想跟随导游游览不自由，用户可以通过类似于景点通这样的轻应用，搜到相关景点，就可以边浏览边有语音导览。比如搜索“故宫”，就可以一边游览，一边听故宫的背景、典故等。

4）游戏SDK

百度钱包在面向游戏开发者推出的数娱专版 SDK，集成了账户、支付、数据统计等多项功能，并获得游戏开发者的好评。

5）刷脸支付

基于头像识别技术与语音识别技术，未来百度钱包的绑卡用户在线下支付时，只需通过头像拍照与语音口令即可完成支付。

3. 财付通

（1）财付通概述

财付通是腾讯公司于 2005 年 9 月正式推出的专业在线支付平台，其核心业务是帮助在互联网上进行交易的双方完成支付和收款。致力于为互联网用户和企业提供安全、便捷、专业的在线支付服务。个人用户注册财付通后，即可在拍拍网及 20 多万家购物网站轻松进行购物。财付通支持全国各大银行的网银支付，用户也可以先充值到财付通，享受更加便捷的财付通余额支付体验。

财付通与拍拍网、腾讯 QQ 有着很好的融合，按交易额来算，财付通排名第二，份额为 20%，仅次于支付宝。

2013 年 4 月 11 日，国内主流的第三方支付平台财付通与台湾玉山银行举办媒体发布会，共同宣布将进一步推行“两岸支付通”产品，并首次针对大陆地区以外的商家开通“二维码扫描支付”。

（2）财付通开通流程

每个 QQ 都有钱包标志，点下会出现我的钱包窗口，在窗口的左上角点击立即激活，输入自己的姓名、支付密码、身份证号，然后点发送验证码，QQ 上绑定的手机号就会接收到验证码，再输入这个验证码就可以提示数字证书安装成功。以后就可以正常使用财付通。

4. 快钱

快钱是国内领先的独立第三方支付企业，旨在为各类企业及个人提供安全、便捷和保密的综合电子支付服务。目前，快钱是支付产品最丰富、覆盖人群最广泛的电子支付企业，其推出的支付产品包括但不限于人民币支付、外卡支付、神州行卡支付、联通充值卡支付、VPOS 支付等众多支付产品，支持互联网、手机、电话和 POS 等多种终端，满足各类企业和个人的不同支付需求。

快钱总部位于上海，在北京、广州等地设有分公司。公司拥有由互联网行业资深创业者、优秀金融界人士和顶尖技术人员所组成的国际化管理团队，在产品开发、技术创新、市场开拓、企业管理和资本运作等方面都具有丰富的经验。出众的执行力和快速的发展使得快钱获得了硅谷大型风险投资基金的风险投资，并于 2006 年荣获第三届中国国际金融论坛十佳中国成长金融机构殊荣。

快钱产品和服务的高度安全性以及严格的风险控制体系深受业内专家和众多企业及消费者的好评，快钱电子支付平台采用了国际上最先进的应用服务器和数据库系统，支付信息的传输采用了 128 位的 SSL 加密算法，整套安全体系获得了美国 MasterCard 网站信息安全认证、美国 VISA 持卡人信息安全认证和美国运通（American Express）的 DSS 认证，而美国 Oracle 公司、VeriSign 数字安全公司和 ScanAlert 网络安全公司每天为快钱提供全面的安全服务，确保了数以亿计交易资金往来的安全。2013 年中国第三方支付核心企业交易规模市场份额如图 4-7 所示。

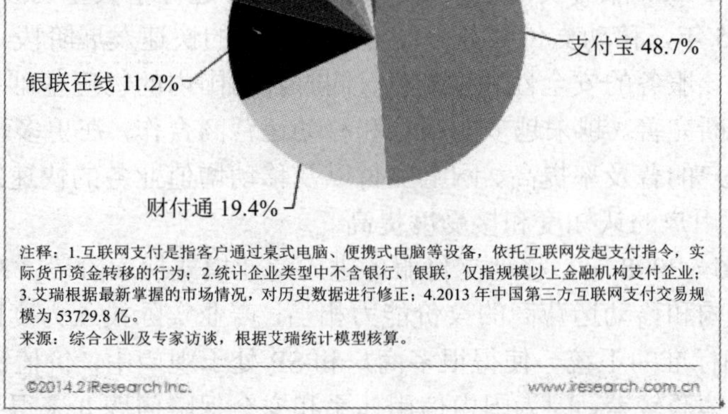

图 4-7　2013 年中国第三方支付核心企业交易规模市场份额

根据艾瑞咨询在 2014 年初发布的数据来看，2013 年中国第三方互联网支付核心企业交易规模市场份额相对保持稳定。支付宝以 48.7%的占比依然保持领先，财付通占 19.4%，银联在线占 11.2%，快钱占 6.7%，汇付天下占 5.8%，易宝支付占 3.4%，环迅支付占 2.9%，其他占 1.9%。

4.5 移动支付

作为移动互联网和 3G 增值业务的焦点，移动支付大大丰富了人们的消费方式，它具有方便、快捷、安全、低廉等优点，不但有非常大的商机前景，而且将会引领移动电子商务和无限金融的发展。移动支付是移动电子商务发展的一种趋势，必将成为移动电子商务的一个新亮点。

4.5.1 移动支付概念

移动支付是一个新兴的领域，当前对于移动支付的应用和讨论很多，但是却没有一个统一的移动支付的概念，总体来说有以下一些观点。

移动支付是指基于无线通信技术（蓝牙、红外、NFC、RFID、移动互联网、短信等），通过移动终端（手机、PDA、电子书、PSP 等）为服务于商务交易而进行的有目的的资金流动。

移动支付是在现有技术（如 Wireless LAN、Bluetooth 等）的基础上提出的用手持设备（如手机和 PDA 等设备）作为一个新的终端进行交易的支付方法。

也有观点认为，移动支付是指用户使用移动手持设备，通过无线网络（包括移动通信网络和广域网）购买实体或虚拟物品以及各种服务的一种新型支付方式。移动支付不仅能够给移动运营商带来增值收益，而且可以增加银行业的中间业务收入，同时能够帮助双方有效提高其用户的粘性和忠诚度。

总之，移动支付就是指交易双方为了某种货物或者服务，使用移动终端设备为载体，通过移动通信网络实现的商业交易。

4.5.2 移动支付的发展历程与现状

在我国，移动支付的发展经历了三个阶段。

第一阶段是 2003～2004 年，是移动支付服务市场的起步阶段。国外移动服务的快速发展给我国国内市场展示了该服务的美好前景，移动运营商于是尝试性地推出了一些移动支付服务，如彩票的投注、E-mail 服务费的代收等。此时，媒体进行了大量的炒作性报道。

第二阶段是 2005 年，移动支付服务市场进入了预期的快速发展阶段。国外移动技术不断改进，进一步提高了该服务的安全性和便捷性。同时我国国内的物理基础（移动通信网络及其他相关技术）也在不断完善。越来越多的银行和移动运营商合作，在更多地区更多领域开展该服务。用户和移动用户的普及率提高、网上支付以及移动增值业务的快速发展，为该服务奠定了良好的业务环境。用户的认知度和接受度提高。

第三阶段是 2006～2008 年，移动支付服务进入商业模式探索阶段。在此时间段，产业主导者不清晰，金融机构和移动运营商的议价能力相当，产业实际投入力度比较低。市场的缓慢发展以及相关规范和标准的不统一使得很多商户和 SP 处于观望中，价值链构建和合作机制的完善非常缓慢。用户体验较差，因为国内信用体系和安全保障问题并未得到实质性解决，用户通过移动支付购买的商品和服务并不丰富，并没有带来真正的便捷。

第四阶段是 2009 年以后，移动支付服务进入了稳定发展阶段。在此阶段，由于日益激烈的竞争压力，移动运营商和金融机构为了增加业务和吸引力，纷纷拓展了更广泛的服务内容和支付通道，双方展开了进一步的深层次合作，市场推广力度加大，价值链不断完善。

随着 3G 乃至 4G 技术的不断发展，中国移动互联网迅速崛起。移动互联时代颠覆了桌面互联网时代人类生产、生活的方式，创造了新的信息传播模式和商业模式。2013 年，我国网民规模达 6.18 亿，较 2012 年新增 5358 万人；手机网民规模达 5 亿，较 2012 年新增 8009 万人，网民中使用手机上网的人群占比由 2012 年底的 74.5%提升至 81.0%，手机网民规模继续保持稳定增长。2014 年 2 月 17 日，央行网站发布 2013 年支付体系运行总体情况。电子支付业务增长较快，移动支付业务则保持数倍的超高位增长。2013 年，全国共发生电子支付业务 257.83 亿笔，金额 1075.2 万亿元，同比分别增长 27.4%和 29.5%。移动支付业务 16.74 亿笔，金额 9.64 万亿元，同比分别增长 212.9%和 317.6%。

一系列的数据可以看出，目前我国移动支付的发展潜力巨大。也正是看到如此可观的市场前景，移动支付产业链上群雄并起，电信运营商及互联网巨头等纷纷进军移动支付领域，不断创新移动支付模式，推动了移动互联网的发展，也让移动支付产业发展驶入快车道。

同时数据也显示，我国使用网上支付的用户规模达到 2.92 亿，较 2013 年底增加了 3558 万人，半年度增长率 12.3%。上半年，支付应用在整个互联网和手机端都成为增长最快的应用。其中，手机支付用户规模半年增长 63.4%，使用率由去年底的 25.1%增至 38.9%。由此可以看出，今年移动支付的规模增长相当迅速。

并且，移动支付与消费者生活的紧密结合催生了众多应用场景和数据服务功能，也带动了手机端商务应用的迅速发展。相比 2013 年底，手机购物、手机团购和手机旅行预订的用户规模增长率分别达到了 42.0%、25.5%和 65.4%。此外，互联网理财产品仅在一年时间内，用户规模达到 6383 万，使用率达 10.1%。根据艾瑞咨询统计数据显示，2012 年中国移动支付市场交易规模达 1511.4 亿元，同比增长 89.2%；预计 2016 年中国移动支付市场交易规模将突破万亿交易规模，达到 13583.4 亿元。

在我国，移动支付用户呈现出与区域经济发展水平大体相应的区域分布。华东地区以江苏、上海、浙江等省份引领，占比最大。北京、山东、河北等省份是华北地区移动支付用户主要的来源。广东省则是华南地区最主要的移动支付用户所在地，如图 4-8 所示。新兴的移动支付渗透到欠发达地区不仅需要当地物流等配套支付环境的改善，还需要用户支付硬件和自身使用能力的提高。

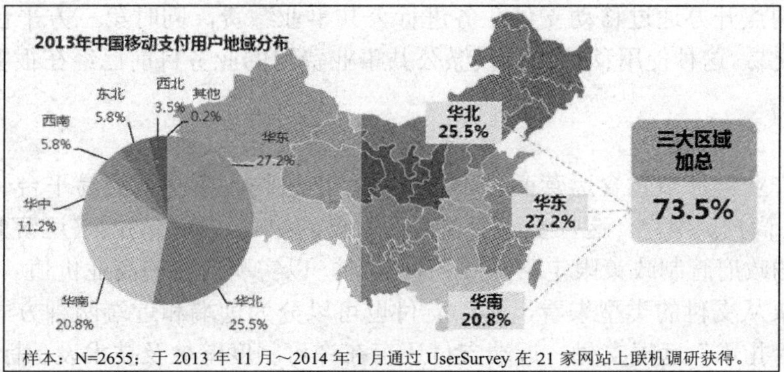

样本：N=2655；于 2013 年 11 月～2014 年 1 月通过 UserSurvey 在 21 家网站上联机调研获得。

图 4-8　2013 年中国移动支付用户地域分布

2013 年中国移动支付使用场景中，使用移动支付进行购物的人占比为 63.2%，转账汇款和信用卡还款使用率分别达 31.2%和 36.3%，而在中国网民移动支付最常使用的场景中，排名第一的网上购物占比为 46%、转账汇款和信用卡还款的占比分别为 10.2%和 9.3%，如图 4-9 所示。

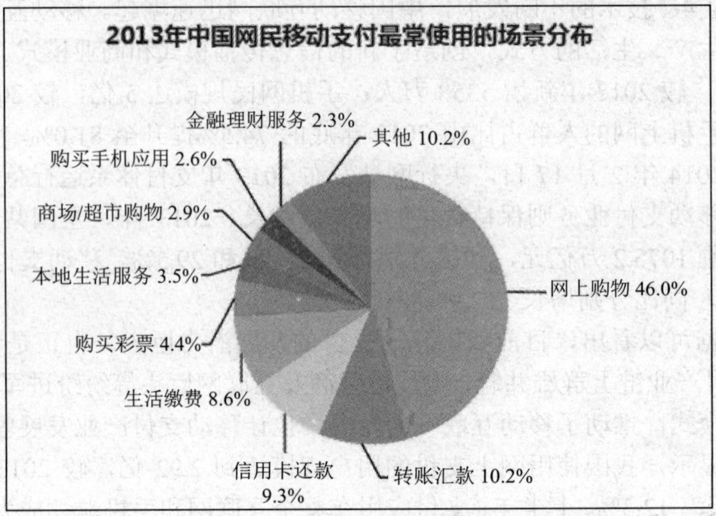

图 4-9 2013 年中国网民移动支付最常使用的场景分布

4.5.3 移动支付业务

1. 手机小额服务

主要使用手机账号或特制的小额账户完成支付功能。一般采用 SMS、WAP、USSD、K-Java 等实现，通过将手机绑定银行卡、网上银行、移动话费积分为小额账户充值，可以通过电信运营商提供业务、管理用户账户，第三方交易服务提供商提供支付平台，付费采用预付费实时扣除、后付费记账等方式完成。

2. 金融移动服务

移动运营商和金融机构合作，将手机和银行卡绑定，从银行卡支付交易费用。金融移动服务一般由电信运营商提供通道，银行负责资金管理、结算等，由第三方交易平台负责移动支付运营管理。这种服务的付费采用实时扣除模式，同时也支持信用卡支付。

3. 公共事业缴费

银行营业网点开办通过移动支付业务进行公共事业缴费，同时第三方平台通过移动网络通知用户确认交易。这种使用移动终端代缴公共事业费用的业务目前已经在很多第三方支付服务平台实现。

4. 产业链

移动支付产业链环节包含运营商、银行、信用卡机构、第三方交易平台、解决方案提供商、终端厂商、商户、用户。这些参与者以移动用户为中心，以移动网络运营商或金融机构为主导，在一定的政府管制政策限定下开展各种活动，以实现自己的商业价值。

当然，如果从支付的类型来看，移动支付也可以分为远端和近端两种方式，目前多数第三方支付企业“扎堆”远端支付，近端支付还存在许可制度壁垒及技术设备标准问题等障碍，分类情况见图 4-10。

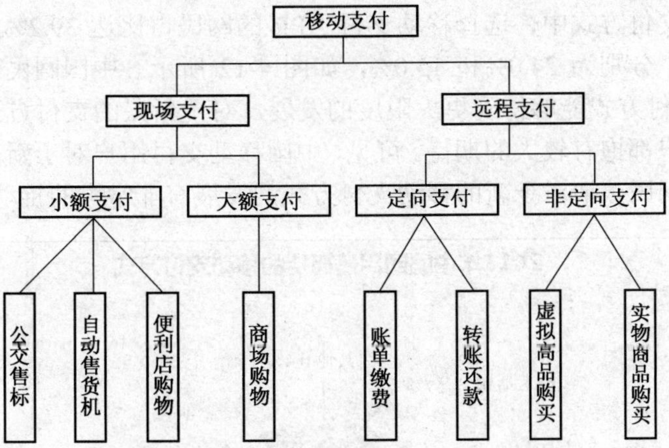

图 4-10 按支付类型对移动支付进行分类

4.5.4 影响移动支付未来发展的因素

1. 移动支付用户使用原因

用户选择使用移动支付的最主要原因就是简单快捷和提高效率。根据艾瑞咨询提供的《2014 年中国移动支付用户报告》中指出，在中国网民使用移动支付的最主要原因中，服务高效快捷排名第一，占比达 21.8%，操作简单和无需携带钱卡占比分别达 18.7%和 15.0%，如图 4-11 所示。因此，中国网民使用移动支付的原因可以分为其为支付带来的效率的提升，和为生活带来的便捷，除此之外，移动支付还通过网购、本地化生活服务等方式提供了更优惠、更透明的支付体验。移动支付为客户提供了一个通过电子化的支付工具解决生活中频繁交易的工具，真正提高了效率，是支付的革命性创新。

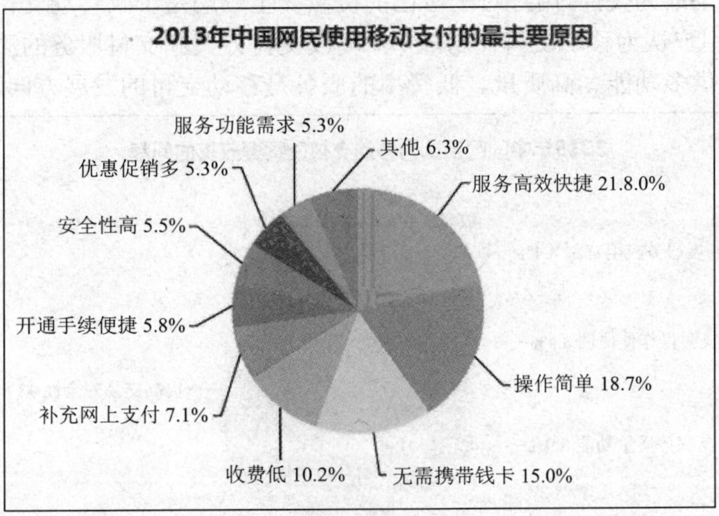

图 4-11 2013 年中国网民使用移动支付的最主要原因

2. 移动支付用户在未来期待的支付方式

针对未来的移动支付方式，根据艾瑞咨询提供的《2014 年中国移动支付用户报告》中指出，网民最期待的移动支付方式中，选择移动支付 APP 的网民占比达 39.2%，近场支付和微信支付分列第二和第三，分别为 24.0%和 15.0%，如图 4-12 所示。中国网民仍比较期待移动支付 APP 这种既有的支付方式能够得到更大限度的发展，对于新兴的支付方式如近场支付、微信支付等中国网民用户都抱有较大的期待。可见，中国移动支付用户对于新兴事物的兴趣度和接受度都较高，这种网民热情对于新的移动支付方式的发展有非常大的推动性。

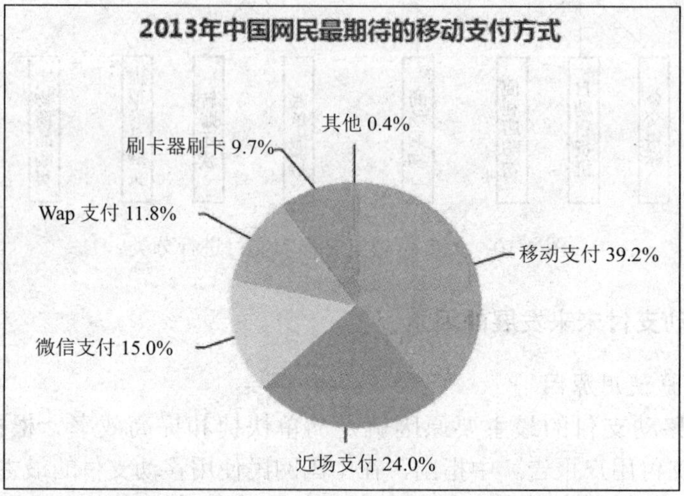

图 4-12 2013 年中国网民最期待的移动支付方式

3. 移动支付未来最需改善的问题

在未来移动支付中，用户认为最需要改善的问题主要还是安全问题，占比 43.8%，降低交易成本，提供离线支付方案紧随其后，占比分别为 11.8%和 10.4%，如图 4-13 所示。用户对于移动支付的交易安全最为关注，用户对于自己的资金安全顾虑是影响移动支付未来发展的重要因素。除此之外，用户认为移动支付使用成本、离线支付方案和支付服务的质量功能都需要改善，未来为用户提供多功能、高质量、低费率的服务是移动支付的发展方向。

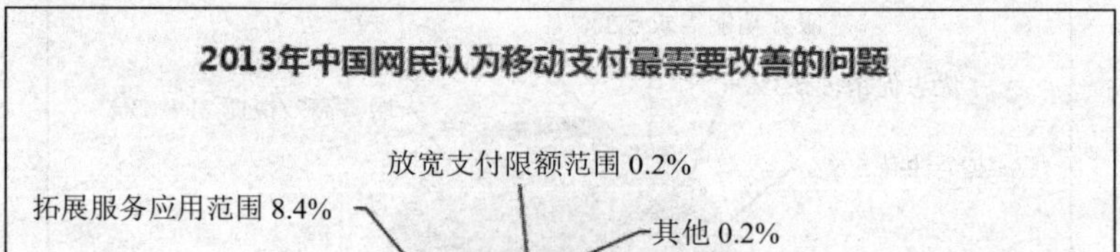

图 4-13 2013 年中国网民认为移动支付最需要改善的问题

与移动支付一同增长的还有手机病毒的数量。根据腾讯发布的数据，手机病毒数从 2011 年的 2.5 万增长到 2013 年的 79.3 万，3 年增加 31 倍。电商类 APP 感染病毒的软件款数占 39.69%，位居第一。百度手机卫士与易观智库联合发布的《中国手机安全市场现状研究报告》也显示，2014 年一季度跟移动金融相关的手机病毒样本量就达到了 12 万，给用户造成经济损失高达 7500 万元。

4.6　实训

一、实训名称

实训名称：支付宝支付

二、实训内容

（1）到银行申请一张银行卡并开通网上银行功能。
（2）到淘宝网申请支付宝会员，完成支付宝实名认证。
（3）为支付账户充值 50 元，选购商品并进行支付。
（4）使用支付宝余额进行支付，输入金额、支付密码，完成操作。

三、实训成果

同学们利用支付宝直接购物并进行网上支付。

四、实训步骤

1. 支付宝账号设置

（1）注册淘宝网账户（如图 4-14 所示），获得支付宝账户。

图 4-14　打开淘宝主页

（2）按照指引逐步填写注册信息，如图 4-15 所示。

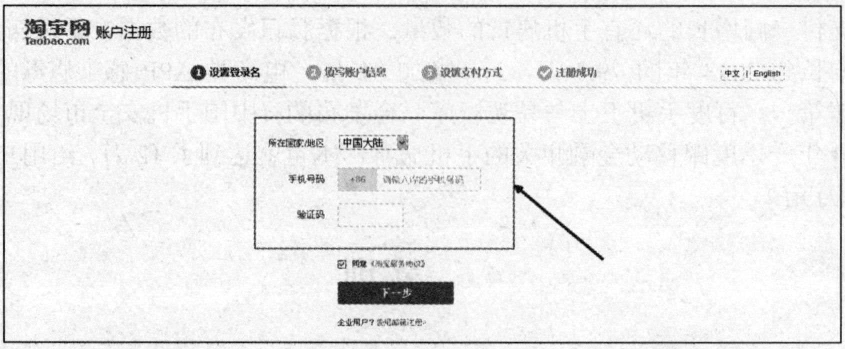

图 4-15 淘宝网账户注册

（3）淘宝网注册完毕后，进行实名认证，如图 4-16 所示。

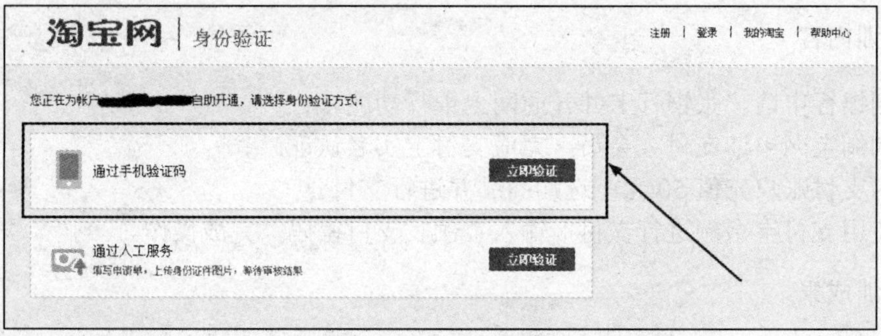

图 4-16 进行身份验证

（4）注册支付宝账户，选择用户类型，填写个人真实信息，如图 4-17 所示。

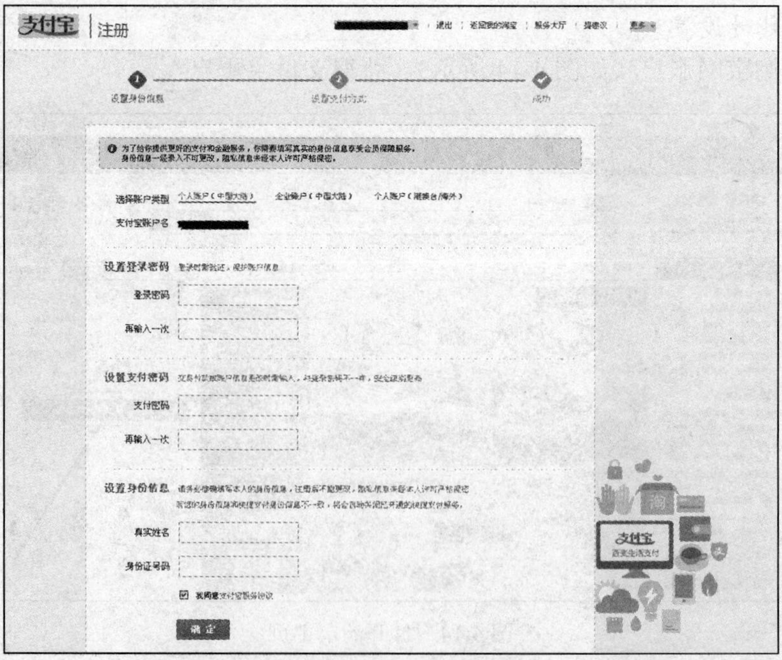

图 4-17 支付宝信息填写

（5）输入银行卡卡号，开通快捷支付，如图 4-18 所示。

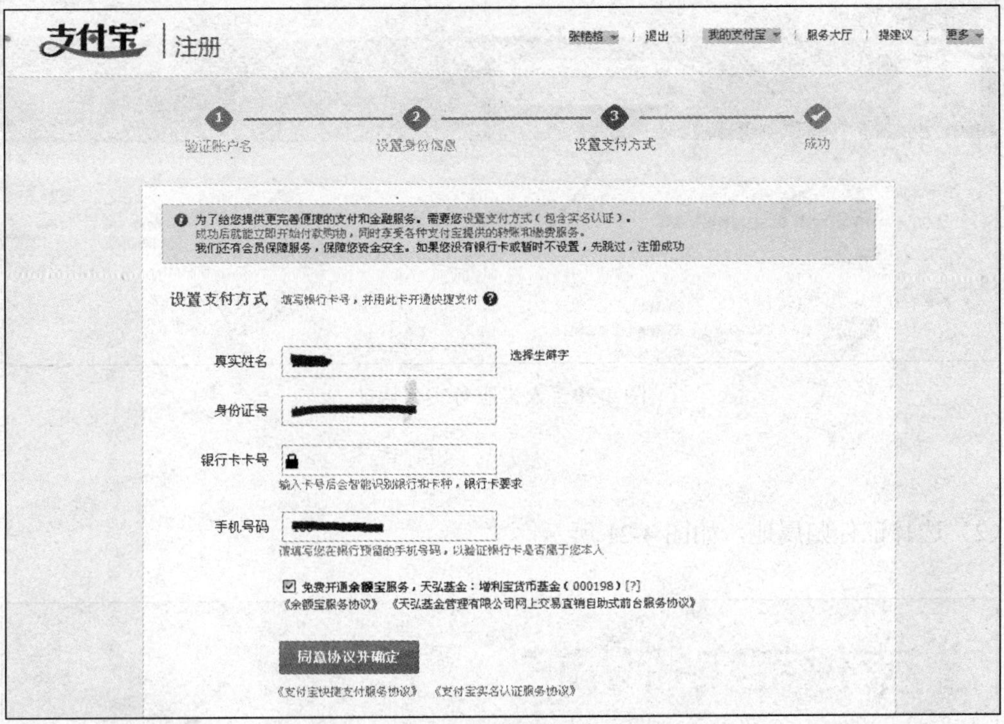

图 4-18　设置支付方式

（6）支付宝服务开通成功，如图 4-19 所示。

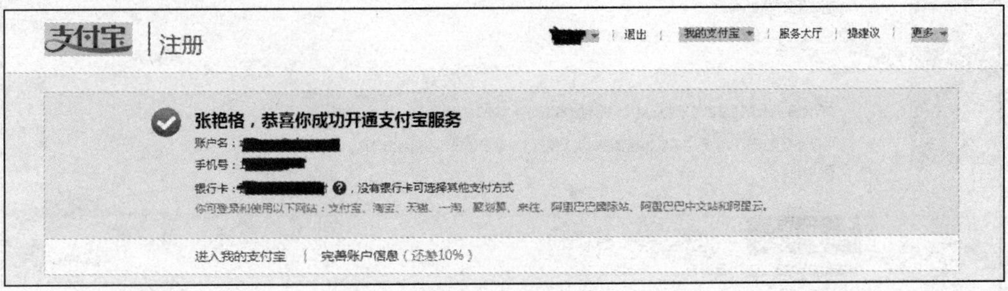

图 4-19　注册成功

输入自己银行卡的开户行及卡号，系统会在 24 小时之内给你打一笔小于一角的款，你在认证系统内填写银行打款的金额，这样银行卡就认证结束了。此时的支付宝可以付款购物，同时享受各种支付宝提供的转账和缴费业务。

2. 支付宝的实名认证

（1）在“我的支付宝”界面，点击“实名认证”，如图 4-20 所示。

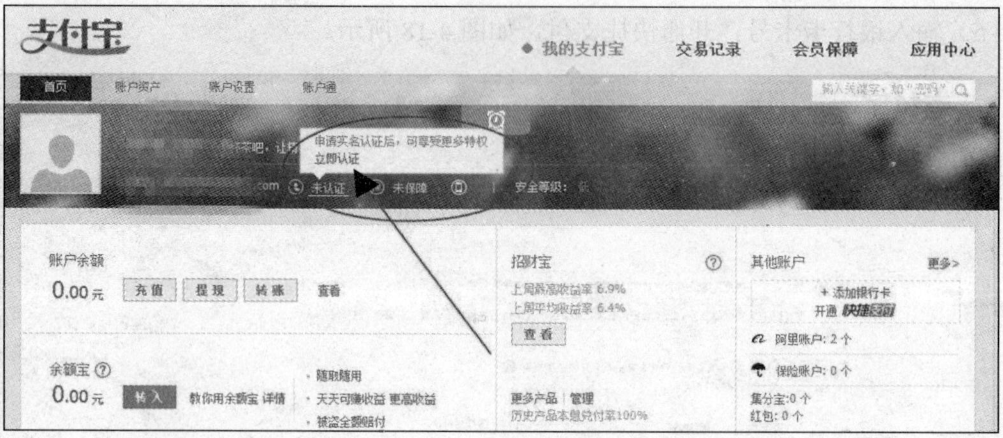

图 4-20　人工服务实名认证

（2）选择证件归属地，如图 4-21 所示。

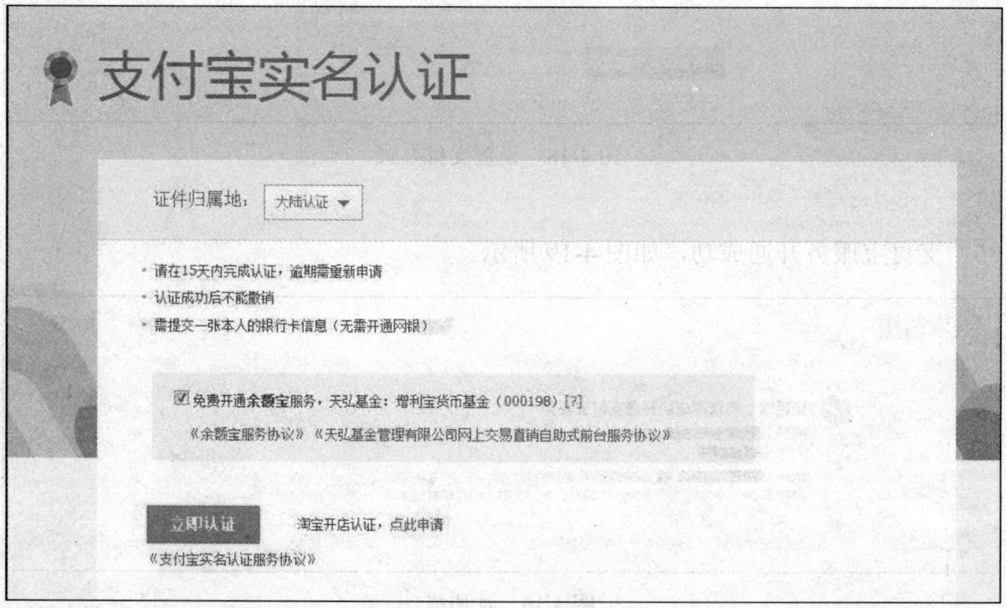

图 4-21　证件归属地选择

（3）填写个人信息并上传身份证原件扫描件或数码照片，如图 4-22 所示。

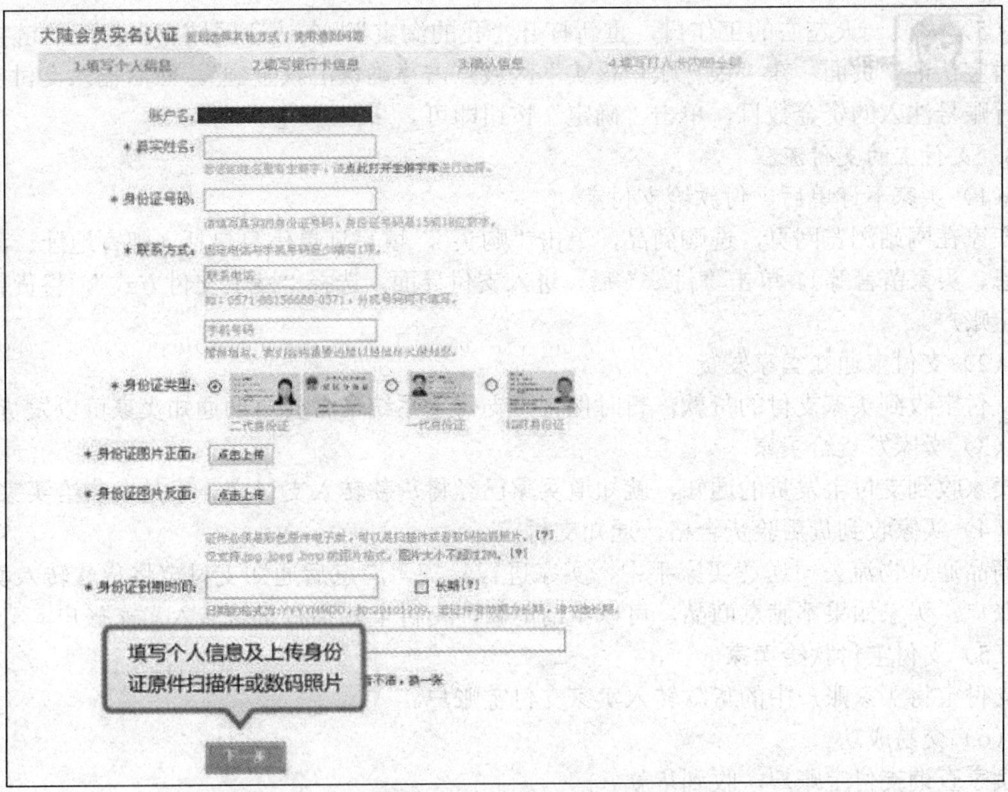

图 4-22　实名认证个人信息填写

（4）认证提交成功后，支付宝会在 1～2 天内给银行卡中打入一笔 1 元以下的确认金额，如图 4-23 所示。

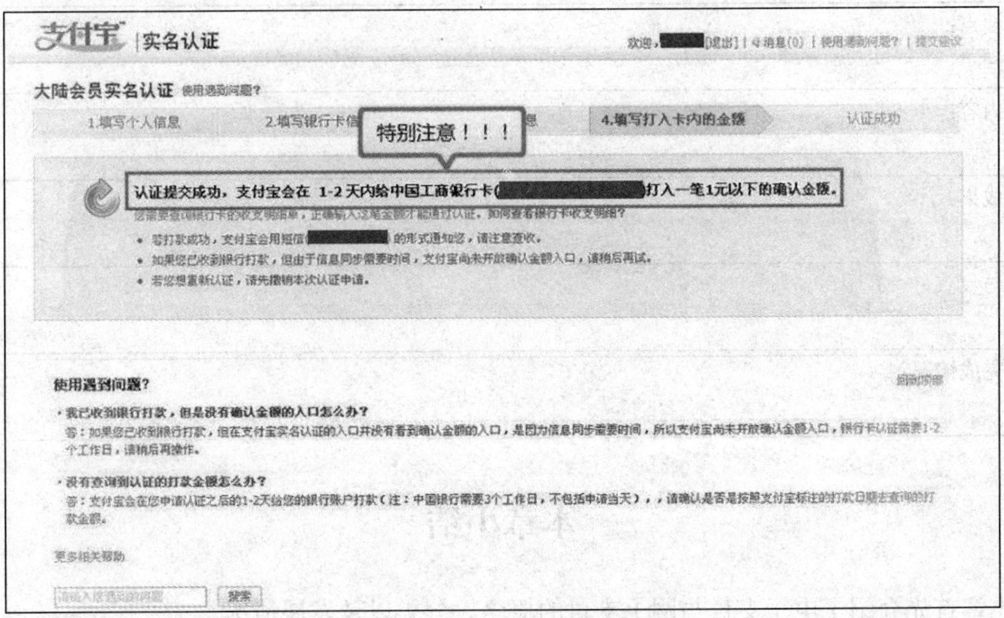

图 4-23　填写打入卡内确认金额

（5）大概一天左右的工作日，重新打开“我的淘宝”，在认证区域点击相应的链接打开“支付宝认证”页面，在“银行账户核实”区域点击“确认汇款金额”，然后输入支付宝向你的银行账号注入的资金数目，单击“确定”按钮即可。

3. 支付宝的支付流程

（1）买家下订单后，付款给支付宝

卖家在网站浏览网页，选购商品，单击“购买”，填写订单信息包括（邮寄地址、商品购买信息、买家留言等）。单击“付款”后，进入支付界面，选择“网上支付方式”，将货款转入支付宝账户。

（2）支付宝通知卖家发货

支付宝收到买家支付的货款，暂时保管，支付宝系统平台会自动通知卖家可以发货了。

（3）卖家发货给买家

卖家收到支付宝发货的通知，就知道买家已经将货款转入支付宝，于是发货给买家。

（4）买家收到货后验货合格，通知支付宝

商品通过物流公司送达买家手中，买家进行验货，满意后通知支付宝将货款转入卖家支付宝账户。买家如果不满意商品，可以申请退款，支付宝就不将货款转入卖家账户。

（5）支付宝付款给卖家

支付宝将买家账户中的货款转入卖家支付宝账户。

（6）交易成功

卖家查询支付宝账户，收到货款。

4. 撰写实训报告

实训内容							
实训时间		指导老师		班级		姓名	
实训要点：							
实训内容：							
实训成果：							
问题与收获：							
实训完成情况：							

本章小结

本章首先介绍了电子支付与网上支付的概念、分类以及发展情况。

电子支付是指单位、个人直接或授权他人通过电子终端发出支付指令，实现货币支付与资金转移的行为。”简单来说，电子支付是指从事电子商务交易的当事人，包括消费者、厂商和金融机构，通过信息网络，使用安全的信息传输手段，通过网络进行的货币支付或资金流转。

网上支付从广义上来说，是指以互联网为基础，利用银行所支持的某种数字金融工具，发生在购买者和销售者之间的金融交换，而实现从买者到金融机构、商家之间的在线货币支付、现金流转、资金清算、查询统计等过程，由此为电子商务服务和其他服务提供金融支持。简单来说，网上支付指的是客户、商家、网上银行之间使用安全电子手段，利用电子现金、银行卡、电子支票等支付工具通过网络传送到银行或相应的处理机构，从而完成支付的整个过程。

网上支付不等同于电子支付，网上支付是电子支付的一个子集。

本章还介绍了网上支付的三种类型，即网上银行、第三方支付、移动支付。每种支付方式都有各自的特点和优势，并且，随着电子商务和信息技术的发展，还会出现更多的支付方式。

本章在最后以第三方支付平台支付宝为例，进行了网上支付实训。

思考与练习

一、填空

1．________是 Internet 公用网和银行网络之间的接口，关系着支付结算的安全以及银行自身的安全。

2．________是为了满足电子商务中商家和消费者对信誉和安全的要求，在商家和消费者之间建立的一个公共的、可以信任的中介。

二、判断

1．在电子商务中，电子支付等同于网上支付。（　　）

2．电子证书是由特定的授权机构——CA 中心发放，具有法律效力。（　　）

3．在卡基支付体系中，商家开户行也被称为发卡行。（　　）

4．电子现金非常适合小额交易。（　　）

三、单项选择题

1．目前网上支付工具有三种，其中不包括（　　）。

A．电子货币类　　B．电子支票类

C．电子信用卡类　　D．电子钱包类

2．第三方支付系统给交易双方提供了（　　），解决网络交易的信用危机问题。

A．信用担保　　B．资金划拨

C．增值服务　　D．发票

3．下列不属于网上银行优势的有（　　）。

A．组建成本低　　B．安全性高

C．互动性　　D．业务全球化

4．从业务类型分，网上银行不包括（　　）。

A．网上投资　　B．网上购物

C．客户交流　　　　　　　　　　D．企业银行

四、多项选择题

1．电子支付与传统支付相比有（　　）的优势。

A．电子支付是采用先进的技术完成信息传输的

B．电子支付其工作环境是基于一个开放的系统平台

C．电子支付使用最先进的通讯手段

D．电子支付技术已经安全可靠

E．电子支付具有快捷、高效的优势

2．下面属于数字现金支付形式的特点有（　　）。

A．匿名性　　B．多功能性　　C．具有协议性

D．不依赖于软件的支持　　　　E．可鉴别性

五、简单题

1．电子支付的定义和特征分别是什么？

2．目前比较常用的电子支付工具有哪些？各自的优缺点分别是什么？

3．什么是网上支付？网上支付与电子支付有什么区别？

4．什么是网上银行？网上银行提供哪些功能和服务？

5．什么是第三方支付平台？第三方支付平台有什么特点？其运作流程如何？

六、应用题

1．在任何一家银行网站，申请网上支付卡，记录申请步骤及遇到的问题并填写下表。

网上银行名称	
网上银行的网址	
上网使用的工具	
申请步骤	
申请过程所使用的时间	
申请结果	
遇到的问题	

2．选取一家网上购物网站，并购买一件商品，用申请的银行支付卡进行购物支付，记录

购物流程并填写下表。

购物网站的名称	
购物网站的网址	
购买商品名称	
网上购物及网上支付的步骤	
送货所用时间	
遇到的问题	

第 5 章　网络营销

学习要点及目标

1. 掌握市场营销和网络营销的基本概念
2. 理解网络营销的产生与发展
3. 网络营销特点及网络营销的基本理论
4. 网络消费者购买行为分析、网络消费者购买过程
5. 学习并掌握各种网络营销策略
6. 学习并掌握网络营销方法

核心概念

网络营销概念　网络营销理论　网络消费者　网络营销策略　网络营销工具

引导案例

腾讯投资京东获 15%股份　拍拍等相关业务注入京东

2014 年 03 月 10 日，腾讯将旗下拍拍、QQ 网购、部分易迅网还有相关业务注入京东，同时以 2.14 亿美元收购京东上市前 15%的股份。此次京东与腾讯交易达成后，国内电商领域已经形成了“北京东南阿里”两大格局。

在此交易中，京东将收购腾讯 B2C 平台 QQ 网购和 C2C 平台拍拍网的 100%权益、物流人员和资产，以及易迅网的少数股权和购买易迅网剩余股权的权利。双方还将签署战略合作协议，其中，腾讯将向京东提供微信和手机 QQ 客户端的一级入口位置及其他主要平台的支持，以助力京东在实物电商领域的发展；双方还将在在线支付服务方面进行合作，以提升顾客的网购体验。在此次交易中，京东将向腾讯发行新股。为双方合作的一部分，腾讯总裁刘炽平将加入京东集团董事会。

此前传言易迅网将并入京东。今天上午，腾讯相关负责人在接受采访时称，易迅仍在腾讯电商旗下，并将保持独立发展，其账户体系不会与京东合并，也将继续保持其“闪电送达”的特色。采购、物流等部门与京东深度融合，可以提升易迅相关方面的能力，能够为用户提供更便宜的价格、更快速的物流等更好的体验。

此次腾讯与京东合作，涉及到了旗下的 QQ 网购拍拍网和易迅网。今天上午，腾讯回应称，在整合业务的过程中不会主动裁员。腾讯相关负责人称，在 QQ 网购、拍拍并入京东后，所有员工都有一次自主选择的机会，并将获得相应的补偿，不存在所谓的主动裁员。易迅网仍保持

独立发展，暂无集中的人事架构变化，未来部分部门可能会面临调整，届时将会视具体情况拿出合理方案。腾讯尊重每一位员工的选择，并愿意帮助他们更合理地规划未来的职业发展。截至目前，并没有出现大批员工离职的现象，也不存在主动裁员。

针对双方业务和人员整合的问题，今天上午，京东相关负责人称，本次京东收购易迅部分股权，并有权购买易迅剩余的股权。物流方面，易迅物流的员工会加入京东。“QQ 网购的平台式 B2C 模式及拍拍网的平台式 C2C 模式，将与京东现有的自营及平台式 B2C 业务形成有利互补。京东会保留拍拍网，同时，我们会根据对市场格局的分析和用户的需求，考虑将 QQ 网购并入京东平台业务并作出适当的调整。”

此次入股京东，腾讯认为可以构建一个合理的电商市场格局。腾讯相关负责人称，腾讯与任何合作伙伴的牵手，都是希望能够坚持开放心态，通过优势共享和资源整合，带给用户更好的产品和服务。腾讯同时相信，任何行业都不应该一家独大，良性竞争才能给用户带来更多红利。

两家公司合作对于现有电商格局会发生怎样的变化？DCCI 互联网研究院院长、互联网专家刘兴亮认为，此次腾讯与京东合作，最有价值的就是向京东开放了微信和 QQ 两大平台。对于腾讯为何与京东合作的问题，刘兴亮认为，他们是为了应对共同的敌人阿里巴巴，而且双方都需要对方，“腾讯与阿里巴巴竞争，电商优势差一些；京东单独与阿里竞争，资金与流量入口方面有弱势。两家的合作就能互相弥补。”

（案例来源：北京晚报记者贾中山报道 2014 年 03 月 10 日）

案例导学

腾讯与京东联姻，在未来移动电商领域的布局，将是一箭双雕的效果；一是迅速建立以微信、手机 QQ 等移动用户群为基础的电商生态；二是帮助京东全面升级 2012 年京东建立的自营物流网络。未来移动商务的核心，必然是社交＋娱乐＋数据驱动；此番腾讯与京东的战略合作，也凸显腾讯的开放战略之一贯性和连续性，它一定会专注于开放平台本身，而不是借船出海、进入某个具体的商业领域，这是腾讯的风格，也是腾讯的优势。

5.1　网络营销的概述

5.1.1　网络营销的概念

市场营销——“市场”指企业现实和潜在的消费者；“营”指经营、运营，包括计划、组织、协调、控制、决策等活动；“销”指销售，包括产品上市、发售、推广等活动。网络营销的本质仍然是营销，重在经营销售。

网络营销（Internet Marketing，e-Marketing 等）是以现代电子技术和通信技术的应用与发展为基础，与市场的变革、竞争以及营销观念的转变密切相关的一门新学科。它是企业整体营销战略的一个组成部分，是为实现企业总体经营目标所进行的、以互联网为基本手段营造网上经营环境的各种活动。

网上经营环境是指企业内部和外部与开展网上经营活动相关的环境，包括网站本身、客户、网络服务商、合作伙伴、供应商、销售商、相关行业等。网络营销的开展就是与这些环境建立关系的过程。网上经营环境的营造主要通过建立一个以营销为主要目的的网站，并以此为基础，通过一些具体策略对网站进行推广，从而建立并扩大与其他网站之间以及与客户之间的关系，其主要目的是为企业提升品牌形象、增进客户关系、改善客户服务、开拓网上销售渠道并最终扩大销售。

与许多新兴学科一样，“网络营销”目前同样也没有一个公认的、完善的定义。不过，以下几点理解已渐成共识：

（1）网络营销是手段而不是目的

网络营销具有明确的目的和手段，但网络营销本身不是目的，网络营销是营造网上经营环境的过程，也就是综合利用各种网络营销方法、工具、条件并协调其间的相互关系，从而更加有效地实现企业营销目的手段。

（2）网络营销是企业整体营销战略的一个组成部分

在互联网时代，网络营销将成为企业营销战略中必不可少的内容，只不过所扮演的角色不同而已。但不论其占主导或从属地位，网络营销活动都不可能脱离一般营销环境而独立存在。网络营销只不过是传统营销的一种扩展，即向互联网上的延伸，所有的网络营销活动都是实实在在的。

网上营销与网下营销是一个相辅相成、互相促进的营销体系。因此，一个完整的网络营销方案，除了在网上做推广之外，还很有必要利用传统营销方法进行网下推广。如网站本身的推广手段往往也要采取许多传统的方式：在传统媒体上做广告、召开新闻发布会、印发宣传册等。

（3）网络营销不等于网上销售

网络营销是为实现产品销售目的而进行的一项基本活动，但网络营销本身并不等于网上销售。

网络营销的目的并不仅仅是为了促进网上销售，很多情况下，网络营销活动不一定能实现网上直接销售的目的，但是可能提升企业品牌价值、加强与客户之间的沟通、增加客户的忠诚度、拓展对外信息发布的渠道、改善客户服务等。

（4）网络营销不等于电子商务

网络营销和电子商务是一对紧密相关而又具有明显区别的概念。电子商务是指系统地利用电子工具，高效率、低成本地从事以商品交换为中心的各种活动的全过程。可以将电子商务简单地理解为电子交易，电子商务强调的是交易行为和方式。

企业在开展网络营销时利用 EDI、Internet 实现交易前的信息沟通、交易中的网上支付和交易后的售后服务。显然，网络营销是企业电子商务活动中最基本的、最重要的 Internet 上的商业活动。无论传统企业还是互联网企业都需要网络营销，网络营销仅是企业整体营销战略的一个组成部分；网络营销本身并不是一个完整的商业交易过程，而只是促进商业交易的一种手段。因此，可以说网络营销是电子商务的基础，开展电子商务离不开网络营销，但网络营销并不等于电子商务。

（5）网络企业、传统企业与网络营销

前几年，人们把一开始就基于互联网的企业通常称为网络企业，将网络企业之外的所有企业都统称为传统企业。但近年来，纯网络公司已由盲目开张转入理性发展，有些网上零售商甚至发展实体商店来拓展销售渠道；而另一方面，传统企业上网的热潮也日益高涨，网络营销已经成为许多企业的重要营销策略，一些小企业对这种成本低廉的网上营销方式甚至比大中型企业表现出更大的热情。

网络企业与传统企业、网络营销与传统营销之间正在逐步相互融合。但对于大多数传统企业来说，网络营销仅是一种辅助性的营销策略，也是一个全新的领域，建立网站、网站推广、利用网站宣传自己的产品和服务等，都是网络营销的内容，网站为人们提供了一个了解企业的窗口。在初级阶段，网站的形象与企业形象之间可能并不完全一致，因为在企业网站建立之前，企业的供应商、合作伙伴、客户等对于企业已经有了一定的认识，企业的品牌形象在建立企业网站之前就已经确立了。

与传统企业不同，网站代表着网络企业的基本形象，人们认识一个网络企业通常是从网站开始的，因而网站的形象在一定程度上代表着企业形象，在许多人的心目中，网站就是一个网络企业的核心内容。因此，对于网络企业来说，网站的品牌形象远比传统企业的网站重要。

传统企业的网络营销大都从建立网站开始，现在，国内的大多数大型企业也都建立了自己的网站，不过具有电子商务功能的网站还很少。根据全球最大的传播公司 TribalDDB 首次针对中国企业网站效果的调查，在已经建成的这些企业网站中，网站的形象与企业形象很不相称，功能和服务也不完善，实用性不强，而且，中国品牌的企业网站明显落后于国际品牌。由此可见，中国企业信息化的总体水平还不高，传统企业的网络营销水平还处于初级阶段。

5.1.2　网络营销的产生与发展

互联网作为信息双向交流和通信的工具，已经成为众多商家青睐的传播媒介，被称为继广播、电视、报纸、杂志之后的新的媒体——数字媒体。不仅如此，互联网络还被视为决定国家竞争力的基础设施，全世界无论是发达国家还是发展中国家，无不全力建设其国家信息高速公路（NIL）。互联网发展已由最初的学术研究转变为如今的商业应用，并且成为全球企业经营必不可少的工具。由于互联网是一个虚拟的世界，在这个世界中，有消费者、商家、产品和服务，形成了一个名副其实的虚拟市场。既然有市场的存在，就必然产生营销活动。在全球化的联网时代，这种崭新的市场营销方式就是网络营销。网络营销的产生是科学技术的发展、消费者价值观的变革和商业竞争等综合因素所促成的。

1. 网络营销产生的技术基础：互联网的崛起

市场营销是为创造实现个人和组织的交易，而规划和实施创意、产品、服务构想、定价、促销和分销的过程。21 世纪是信息世纪，科技、经济和社会的发展正在迎接这个时代的到来。计算机网络的发展，使信息社会的内涵有了进一步改变。在信息网络时代，网络技术的应用改变了信息的分配和接收方式，改变了人们的生活、工作、学习、合作和交流的环境。企业也正在利用网络新技术的快速便车，促进企业飞速发展。网络营销是以互联网为媒体，以新的方式、方法和理念实施营销活动，能够更有效地促进个人和组织交易活动的实现。网络营销的效益是网络使用人数的平方。如果入网用户呈指数倍增加，网络的效益也随之以更大的指数倍增加。随着宽带网工程的快速发展、入网费用的下降，我国网上市场成为新兴和潜力巨大的市场。企业如何在如此潜力巨大的市场上开展网络营销、占领新兴市场，对企业既是机遇又是挑战。

2. 网络营销产生的观念基础：消费者价值观的变革

满足消费者的需求，是企业经营永恒的核心。利用网络这一科技制高点为消费者提供各种类型的服务，是取得未来竞争优势的重要途径。当市场经济发展到今天，多数产品无论在数量还是在品种上都已极为丰富。消费者能够以个人意愿为基础挑选和购买商品和服务。他们的需求多种多样，变化飞快。消费者的选择不单是商品的使用价值，而且还包括其他的“延伸物”，这些“延伸物”及其组合可能各不相同，每一个消费者都是一个细分市场。在社会分工日益细分化和专业化的趋向下，消费者对单项“填鸭式”营销沟通感到厌倦和不信任。消费者会主动通过各种可能渠道获取与商品有关的信息进行比较，增加对产品的信任和争取心理上的满足感。工作压力较大、紧张度高的消费者会以购物方便为目标，追求时间和劳动成本的尽量节约。一些自由职业者或家庭主妇还希望通过购物来消遣时间，寻找生活乐趣。虽然营销工作者倾向于以各种差别化来减弱消费者对价格的敏感度，避免恶性削价竞争，但价格始终是消费者心理的重要影响。这说明即使在当代发达的营销技术面前，价格作用仍不可忽视。只要价格降价幅度超过消费者的心理界限，消费者也难免会改变既定的购物原则。

3. 网络营销产生的现实基础：商业竞争的日趋激烈

随着市场竞争的日益激烈化，为了在竞争中占有优势，各企业都使出了浑身解数想方设法地吸引顾客，很难说还有什么新颖独特的方法能够出奇制胜。一些营销手段即使能在一段时间内吸引顾客，也不一定能使企业盈利增加。市场竞争已不再依靠表层营销手段的竞争，更深层次的经营组织形式上的竞争已经开始。经营者迫切地去寻找变革，以尽可能地降低商品从生产到销售的整个供应链上所占用成本和费用比例，缩短运作周期。而对于经营者求变的要求，网络营销可谓是一举多得。开展网络营销，可以节约昂贵的店面租金，可以减少库存商品资金占用，可使经营规模不受场地的制约，可便于客户信息的采集等。这些都可以使得企业经营的成本和费用降低，运作周期变短，从根本上增强企业的竞争优势，增加盈利。

5.1.3 网络营销的特点

网络营销的实质是着眼于信息流的、通过计算机网络传输信息的市场营销，这种全新的营销方式在经营环境、范围、手段、运作形式，以及供求双方的沟通等方面，有着传统营销方式所不可比拟的优势。

1. 电子时空的运作方式

以无时间和空间约束的Internet为依托的网络营销，没有时间、空间、地域、国别的限制，减少了市场壁垒和市场扩展的障碍。企业通过网络可随时传递企业的形象、经营和产品等信息，直接面对全球大市场开展营销活动；从客户来说，通过网络可以实时快捷地查询、浏览到所需的各种产品及服务信息，并将自己的需求及时发送给企业。

2. 平等、自由的竞争环境

Internet为企业提供了一个真正平等、自由竞争的市场环境，过去由知名企业、跨国公司所形成的市场垄断局面、中小企业进入国际市场的障碍都将不复存在。上网的企业无论大小，面对的都将是同一个覆盖全球的大市场。这从根本上增强了企业的竞争优势。

3. “一对一”的双向交互式的沟通渠道

市场营销中最重要的是企业与客户之间的信息传播与交流。传统营销中那种“一对多”、单向式的信息沟通模式，被网络营销中“一对一”的、具有双向交互式的沟通模式所取代。消费者可以主动地在网上选择所感兴趣的信息、产品或服务，或向企业提出各种消费意愿。而企业也可根据其反馈的需求信息，定制、改进或开发新产品。这种交互式的沟通方式是以消费者为主导的、非强迫性的，它使企业与消费者间的沟通更直接、更迅速、更方便、更友好，而且更有效了。

4. 市场目标定位准确

网络营销顺应了当今社会消费需求个性化、多样化的大趋势，从大规模无差异性向个性化集中营销转化。它更准确而详尽地细分了目标市场，使企业可以从每一个消费者身上寻找商机，为其提供称心如意的产品和服务。同时，网上的促销效果是可以统计的，消费者的各种消费意愿也是可收集到的。这些信息使企业确立有效的营销目标，进而可以主动地、有针对性地开展营销活动，这是其他营销手段所无法比拟的。

5. 减少中间环节，提高经营效率

网络营销通过网络和计算机通讯省去了许多营销的中介环节，缩短了传统供应链，变推销为直销，节省了大量时间，大大提高营运效率。同时也可以实现零库存和仅有一个网络中介商的高效营运。

6. 降低经营成本

网络营销利用计算机网络为营销环境，减少了销售中间环节，简化了信息传播过程，网站和网页分别成为营销的场所和界面。一方面可以节省大量的店面资金和人工成本，减少库存产品的资金占用，降低在整个商品供应链上的费用；另一方面可以减少由于多次迂回交换带来的损耗，使产品在网络流通中增值。据 Internet 营销服务总监 Karen Blue 对某大公司的调查表明，网上促销的成本是直邮促销的 1/3，但其效果却增加了一倍以上。企业节省下来的开支，可以让利于消费者，通过网络营销消费者和企业可以达到双赢。

7. 多样化的营销形式

目前 Internet 上访问人数最多的那些热门网站，其内容都是以丰富的信息为基础。在商务网站上除图文并茂的产品信息外，一般还提供大量知识性、趣味性、参与性的信息，各种广告形式、促销活动、公关手段（电子公关）都可以在 Web 上实现，且具有更丰富的内涵（如动态广告、虚拟现实等）。这是其他营销方式所难以做到的。如网上书店 Amazon 就是充分利用了数字化世界处理“大量信息”的能力，成为全球最成功的“网络零售业”典范。Amazon 网站的数据库可提供 350 万个书目，这个数字是世界上最大书店的 15 倍。顾客可以通过各种图书检索手段找到自己想要买的书，这正是网上书店的优势之一。

5.1.4 网络营销的理论基础

网络营销是企业整体营销战略的一个组成部分，网络营销理论是传统营销理论在互联网环境中的应用和发展。

1. 直复营销理论

直复营销（Direct-Marketing）是指利用人员面对面推销、邮寄附有直接反馈的产品目录，通过电讯、电视、互联网、购物亭（比如自动售货机）等媒介向目标市场发出直接的销售信息，进行商品介绍、推广并寻求回应的市场营销活动。直复营销中的“直”指产品或服务不经过经销商而直接到达客户手中，“复”指客户和企业之间的沟通和交流，客户对企业实施的直复营销活动有明确的回复，企业可精确统计回复的数据并对结果进行评价。

传统的直复营销依靠产品目录、印刷品邮件和报刊杂志上带回复表的广告，而现代通信技术的发展使得互联网成为直复营销的最佳媒介。互联网具有方便快捷、双向沟通，内容篇幅不受限制，文字、声音、图像、动画共存的优良特性，它可以方便地在企业和顾客之间架起桥梁。顾客可以通过网络看货、下订单，企业通过网络接受订单、安排生产及发货，因此直复营销策略和技巧也可以在网络营销中采纳。

2. 关系营销理论

关系营销以系统论为基本思想，将企业置身于社会经济大环境中考察企业的市场营销活动，认为企业营销是一个与消费者、竞争者、供应商、分销商及政府管理机构发生互动作用的过程，正确处理与他们的关系是企业营销的核心。关系营销的基本立足点是建立、维持和促进与顾客和其他商业伙伴之间的关系，以实现参与各方的目标，从而形成一种兼顾各方利益的长期关系。关系营销将建立和发展与相关个人、企业组织的关系作为企业市场营销的关键变量，把握了现代市场竞争的时代特点，故被称为是对营销理念的又一次革命。关系营销的核心是争取与维持客户，为顾客提供满意的产品和服务，通过加强与客户的联系和沟通，维持与客户的长期关系，在此基础上开始营销活动，实现企业的营销目标。

关系营销理论在 20 世纪 90 年代后受到了广泛的重视，这一理论包含了两个基本点：一是在宏观上认识到市场营销会对范围很广的一系列领域产生影响，包括客户市场、劳动力市场、供应市场、内部市场、相关者市场、金融市场及政府管理部门。二是在微观上认识到企业与客户的关系是不断变化的，市场营销的核心应从过去的简单一次性交易关系转变到注重保持长期的关系上来。企业是社会经济大系统中的一个子系统，企业的营销目标要受到众多外在因素的影响，每个企业通过网络和外界紧密相联，因此必须要使企业融入到自己为之服务的社会之中。关系营销体现了电子商务时代的互动性、合作性和个性化发展趋势。

实施关系营销并不是以损害企业利益为代价的，一般来说，争取一个新顾客的营销费用是保持老顾客费用的 5 倍。所以加强与客户的联系，提高客户对企业的忠诚度是可以为企业带来长远利益的，它提供的是企业与顾客的双赢策略。顾客可以通过互联网向企业提出建议与个性化的需求，企业根据顾客的个性化需求利用柔性化的生产技术最大限度地满足顾客的要求，在为顾客提供服务的同时创造超额利润；另一方面企业也可以从顾客的需求中了解市场，细分市场和锁定市场，提高对市场变化的反应速度。

3. “软营销”理论

“软营销”理论是针对工业化时代的“强势营销”提出的新理论。在传统营销中，最能体现强势营销特征的是两种促销手段：传统广告和人员推销。在传统广告中，消费者通常是被动地接收广告信息的“轰炸”，企业通过不断地灌输强势信息的方式在消费者心中留下深刻的印象，至于消费者是否愿意接受，是否需要这样的广告信息则不予考虑；在人员推销中，推销人员根本不考虑推销对象是否需要和愿意接受，只是根据推销人员自己的判断强行展开推销活动。所以这两种强势促销手段都试图以一种灌输的方式引导消费者，而不管消费者是否需要，因此这两种手段往往会引起消费者的反感和厌弃。如著名的美国在线公司（AOL.com）曾经对其用户强行发送 E-mail 广告，结果招到用户的一致反对，许多用户约定同时给 AOL 公司发送邮件进行报复，造成 AOL 的电子邮件服务器瘫痪，最终 AOL 不得不道歉以平息众怒。

“软营销”与“强势营销”的根本区别在于：软营销的主动方是消费者，强势营销的主动方是企业。软营销强调企业进行市场营销活动的同时必须尊重消费者的感受和体验，让消费者舒服地主动接纳企业的营销活动。

由于在网络时代个性化消费需求的回归，使消费者在心理上希望自己成为主动方，而网络的互动特性又使他有成为主动方的可能。他们不欢迎不请自到的广告，但他们会在某种个性化需求的驱动下自己到网上寻找相关的信息和广告。网络软营销恰好是从消费者的体验和需求出发，采取拉动式策略吸引消费者的关注，从而达到营销效果。在互联网上开展网络营销活动必须要遵循网络礼仪（Netiquette），网络软营销就是在遵循网络礼仪的基础上，利用网络文化的微妙之处来营造潜在的销售氛围，从而获得一种独特的营销效果。

4. 整合营销理论

整合营销（Integrated Marketing）的基本思想是“把顾客整合”到整个营销过程中来，及把顾客从需求产生到需求满足都整合到整个营销过程中来，整合营销强调营销不再是单一的企业营销部门的活动，而是综合了与企业经营活动存在关联的各个内部企业单位与外部主体如供应商、顾客等的全局性活动。它要求企业整合各种可以利用的内部资源和外部资源，从而最大限度地获得竞争优势。

网络整合营销理论包含三层含义：

（1）把顾客整合到整个营销决策中来。企业必须意识到顾客对自己的重要性，并着手研究顾客的需要，生产相应的产品去满足顾客。企业的中心从生产转向市场，将顾客的需求作为企业营销活动的起点。满足消费者的个性化需求，让顾客参与产品的设计与定价可以激发他们对企业的信任感和参与意识，从而争取到新客户，拉住了老客户。

（2）把原料供应商、产品分销商、仓储及配送部门整合在一起，实行供应链管理，缩短产品的生产与供货周期，提高营销效率，降低产品成本。

（3）将传统营销手段与网络营销手段整合到一起，虽然网络具有其他传媒无法比拟的快速、廉价与互动的优越性，并不意味着网络营销手段可以完全取代传统营销手段。

5. 长尾理论

长尾（The Long Tail）这一概念是由《连线》杂志主编克里斯·安德森（Chris Anderson）在 2004 年十月的“长尾”一文中最早提出，用来描述诸如亚马逊和 Netflix 之类网站的商业和经济模式。长尾市场也称之为“利基市场”。“利基”一词是英文“Niche”的音译，意译为“壁龛”，有拾遗补缺或见缝插针的意思。菲利普·科特勒在《营销管理》中给利基下的定义为：利基是更窄地确定某些群体，这是一个小市场并且它的需要没有被服务好，或者说“有获取利益的基础”。

所谓长尾理论是指，只要产品的存储和流通的渠道足够大，需求不旺或销量不佳的产品所共同占据的市场份额可以和那些少数热销产品所占据的市场份额相匹敌甚至更大，即众多小市场汇聚成可产生与主流相匹敌的市场能量。也就是说，企业的销售量不在于传统需求曲线上那个代表“畅销商品”的头部，而是那条代表“冷门商品”经常为人遗忘的长尾。举例来说，一家大型书店通常可摆放 10 万本书，但亚马逊网络书店的图书销售额中，有四分之一来自排名 10 万以后的书籍。这些“冷门”书籍的销售比例正以高速成长，预估未来可占整个书市的一半。这意味着消费者在面对无限的选择时，真正想要的东西和想要取得的渠道都出现了重大的变化，一套崭新的商业模式也跟着崛起。简而言之，长尾所涉及的冷门产品涵盖了几乎更多人的需求，当有了需求后，会有更多的人意识到这种需求，从而使冷门不再冷门。

5.2 网络消费者

5.2.1 我国 Internet 用户分析

CNNIC 第 34 次调查报告中我国网民规模与结构特征如下。

1. 总体网民规模

截至 2014 年 6 月，我国网民规模达 6.32 亿，半年共计新增网民 1442 万人。互联网普及率为 46.9%，较 2013 年底提升了 1.1 个百分点，如图 5-1 所示。

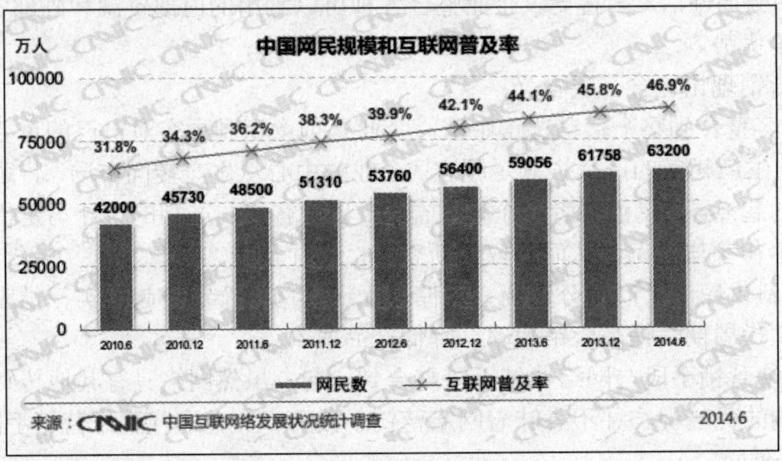

图 5-1 中国网民规模与互联网普及率

2014 年上半年，随着智能手机对功能手机的替代已经基本完成，智能手机对网民普及率增长的拉动效果减弱。工信部发布数据显示，2011、2012 年我国智能终端出货量分别为 1.18 亿、2.24 亿部，2013 年前 11 个月我国智能手机出货量为 3.48 亿部，2014 年第一季度我国智能手机出货量为 1.0 亿部，同比下降 24.7%。智能手机用户已形成庞大规模，市场占有率已趋于饱和，增速呈减缓趋势；此外，由于易转化群体逐渐被纳入网民群体，互联网渗透难度加大，非网民群体中低学历群体占比很高，且该人群上网意愿非常低。本次调查显示，除学生外，在农村非网民中初中及以下学历人群占到 87.9%，而该人群中仅有 6.1%的人表示未来半年内肯定上网或可能上网；除学生外，在城镇非网民中初中及以下学历人群占 66.3%，而该人群中仅有 9.4%的人表示未来半年内肯定或可能上网，如图 5-2 所示。

2. 手机网民规模

截至 2014 年 6 月，我国手机网民规模达 5.27 亿，较 2013 年底增加 2699 万人，网民中使用手机上网的人群占比进一步提升，由 2013 年的 81.0%提升至 83.4%，手机网民规模首次超越传统 PC 网民规模。手机网民规模在 2013 年全年激增 8009 万之后，潜在手机网民已被大量转化，手机网民在网民中的占比已经处于相当高位，未来一段时间我国手机网民增长将主要依靠创新类移动应用迎合非手机网民潜在网络需求来拉动，如图 5-3 所示。

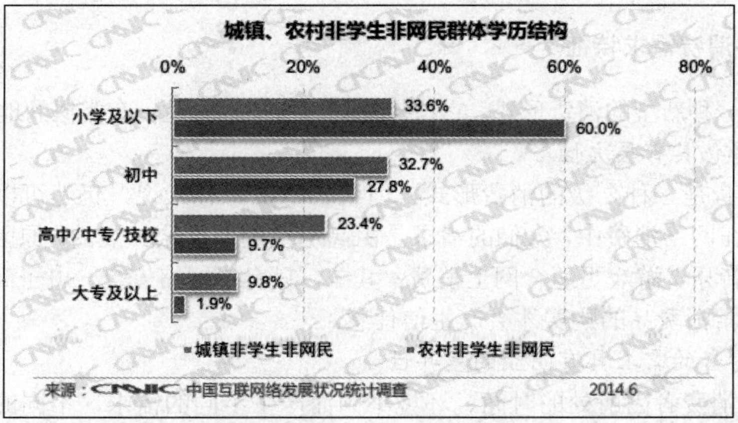

图 5-2　城镇、农村非学生非网民群体学历结构

图 5-3　中国手机网民规模及其占网民比例

3. 农村网民规模

截至 2014 年 6 月，我国网民中农村网民占比 28.2%，农村网民规模达 1.78 亿，较 2013 年底增加 169 万人。随着城市化进程加大，我国农村部分相对发达地区人口逐步转为城市人口，这导致农村网民在全国网民中的占比略有下降，如图 5-4 所示。

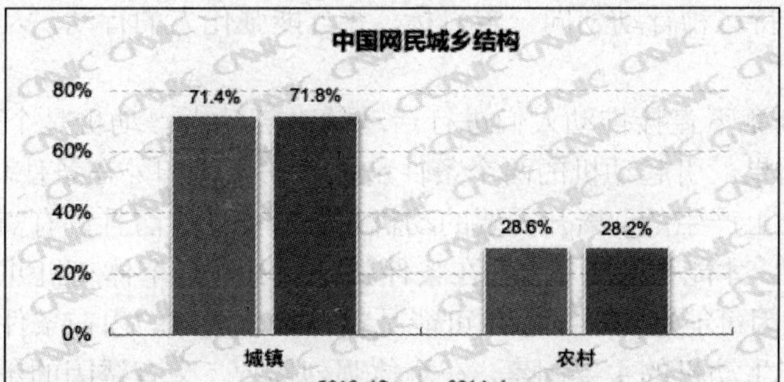

图 5-4　中国网民城乡结构

5.2.2 网络消费需求特征

网络消费是一种新型的消费形式，它与传统的消费形式相比，有类似的地方，也有其特点。

1. 网络消费仍具有层次性

网络消费本身是一种高级的消费形式，但就其消费内容来说，仍然可以分为由低级到高级的不同层次。在网络消费中，人们的需求是由高层次向低层次扩展的。原因其一是精神产品为书刊、软件、音乐、游戏更适合网上消费；其二，只有在网络安全、电子商务物流配送逐步完善后人们对日常消费品的购买才会产生信任感。

2. 网上消费者的需求具有明显的差异性

不同的网上消费者因所处的时间、环境不同而产生不同的需求，不同的网上消费者在同一需求层次上的需求也会有所不同。网上消费者来自世界各地，国别、民族、信仰、年龄、性别、文化水平以及生活习惯的不同，故产生了明显的需求差异性。这种差异性远远大于实体商务活动的差异。所以，从事网络营销的厂商要想取得成功，必须在整个生产过程中，根据不同消费者的特点，采取不同的方法和措施。

3. 网上消费者的需求具有交叉性

网上各个层次的消费不是相互排斥的，而是具有紧密的联系，需求之间广泛存在交叉的现象。例如，在同一张订购单上，消费者可以同时购买最普通的生活用品和昂贵的饰品，以满足生理的需求和尊重的需求。这种情况的出现是因为网上商店可以囊括极为丰富的商品，人们可以在较短的时间里浏览多种商品，因此产生交叉性的购买需求。

4. 网络消费需求的超前性和可诱导性

电子商务构造了一个世界性的虚拟大市场，在这个市场中，最先进的产品和最时髦的商品会以最快的速度与消费者见面。具有创新意识的网络消费者必然很快接受这些新的商品，从而带动周围同一消费层次的消费者新一轮的消费热潮。从事网络营销的厂商应当充分发挥自身的优势，诱导网络消费者将潜在的需求转变为现实的需求。

5.2.3 网络消费者上网动机

动机是为实现一定的目的激励人们行动的内在原因。人们从事任何活动都有一定的原因，这个原因就是人的行为动机，动机可以是有意识的，也可能是无意识的。它能产生一股动力，引起人们的行动，维持这种行动朝向一定目标，并且能强化人的行动，因此在国外也被称为驱动力。

动机是在需要刺激下直接推动人们进行活动的内部动力。动机是个体的内在过程，行为是这种内在过程的结果。引起动机的两个条件是：内在条件和外在条件。内在条件就是需要，动机是在需要的基础上产生的，离开需要的动机是不存在的。而且只有需要的愿望很强烈、满足需要的对象存在时，才能引起动机。外在条件就是能够引起个体动机并满足个体需要的外在刺激，称为诱因。诱因可能是物质的，也可能是精神的。个体的内在条件——需要，个体的外在条件——诱因是产生动机的主要因素。在个体强烈需要、又有诱因的条件下，就能引起个体强烈的动机，并且决定他的行为。

由于动机是激励人们行动的内在需要和动力，它对人的行为作用机能是很大的。主要表现在三个方面：①引发行为；②选择目标，动机能使人的行动朝着特定的方向进行，有选择地决定目标，使行为指向一定方向；③强化行为，一定动机指引下的行为结果，反过来对动机以巨大影响。行为结果好，这个动机会使行为重复出现，使行为进一步保持与巩固加强，这叫做正强化作用。当动机引导的行为效果不好，则动机会因不好的行为结果，削弱行为，使行为减少以至不再出现。

网络消费者的购买动机通常可以分为两类：需要动机和心理动机。

1. 需要动机

随着网络技术的发展，现实生活中的市场变成了网络虚拟市场，但两者间的差别很大，因此在虚拟社会中人们希望满足的基本需要有以下三个方面：

（1）兴趣需要

人们由于好奇或能获得成功的满足感而对网络购物产生兴趣。这种兴趣主要来源于两种内在驱动力：一种是探索，人们出于好奇驱动自己沿着网络提供的线索不断深入查询以获得更多信息；另一种是成功，当人们因在网络上找到自己想要的资料、软件、游戏而获得一种成功的满足感。

（2）聚集需要

由于人们生活节奏的加快，大家很少有时间聚在一起，而网络给有共同话题的人提供聊天的机会。通过网络聚集起来的群体是一个民主性的群体，每个人都可以发表自己的意见。

（3）交流需要

在网络这个虚拟的社会里，参加者大都有目的，他们交流的是买卖的信息和经验，谈论的问题基本是商品质量的好坏、价格的高低、库存量的大小等。

2. 心理动机

心理动机是由于人们的认识、感情、意志等心理过程而引起的购买动机。

（1）理智动机

网络购买者大多是中青年，大家具有较高的分析判断能力。在理智购买动机驱使下的网络消费购买动机，先注意商品的先进性、科学性和质量高低，后才注意商品的经济性。这种购买动机的产生主要用于耐用消费品或价值较高的高档商品的购买。

（2）感情动机

感情动机可分为两种形态，一种是低级形态的感情购买动机，它是由于喜欢、满意、好奇而引起的；一种是高级形态的感情购买动机，它是由于人们的道德感、美感、群体感所引起的，具有稳定性和深刻性。

（3）惠顾动机

惠顾动机是建立在理智经验和感情的基础之上的，网络消费者在做出购买决策时，心目中首先确定购买动机，并在每次购买过程中克服和排除其他的同类水平产品的吸引和干扰，按照原先计划实施购买行为。具有惠顾动机的网络消费者，往往是某一站点的忠实浏览者。他们不仅自己浏览站点，而且对较多网站也有很大的影响功能，甚至在企业产品或服务出现某种过失的时候也能谅解。

5.2.4　影响网络消费者购买行为的主要因素

所谓消费者行为是指消费者为满足其个人或家庭生活需要而发生的购买商品的决策或行动。消费者的行为是受动机支配的，因此研究消费者的购买行为应先分析消费者的需求和欲望。

影响消费者行为的主要因素有以下几个方面：

1. 产品因素

产品因素包括：产品特性、产品的价格、购物的便捷性、安全可靠性等。

2. 心理影响因素

消费者的个性心理包括消费者的需要、动机、兴趣、理想、信念、世界观等个性心理倾向以及能力、气质、性格等个性心理特征，这是影响消费者行为的内在因素，消费者在购买决策上受到心理因素的影响，主要包括：动机、知觉、学习、信念与态度等。

3. 收入影响因素

市场营销的经济环境主要是指企业市场营销活动所面临的外部社会经济条件。具体来说，主要是指社会购买力。通常影响购买力水平的因素有以下 3 个方面：消费者收入、消费者支出、居民储蓄及消费信贷等。

4. 社会影响因素

社会因素所指的是消费者周围的人对他所产生的影响，其中以参考群体、家庭以及角色地位最为重要。

5.2.5 网络消费者的购买过程

与传统购买行为过程类似，在网上消费者从酝酿购买到实际购买决策的形成大致可分为五个阶段；即诱发需求、收集信息、比较选择、购买决策和购后评价。

1. 诱发需求

购买过程的起点是诱发需求，这种需求是在内外因素的刺激下产生的。

对于网络营销来说，诱发需求的动因只能局限于视觉和听觉。文字的表述、图片的设计、声音的配置成为诱发网上消费者购买的直接动因。从这方面讲，网络营销对消费者的吸引具有相当的难度。因此网络营销要注意了解消费者的实际需求、潜在需求以及需求程度、需求诱发因素，采用各种促销手段去吸引，诱导他们的需求欲望。

2. 收集信息

当需求被唤起之后，每个消费者都希望自己的需求能得到满足。所以，收集信息、了解行情，成为消费者购买过程的第二个环节。

消费者对信息的收集主要来自个人渠道、商业渠道和公共渠道。在传统的购买过程中，消费者对于信息的收集较多是出于被动进行的状态，如亲朋好友或同事提供的购买信息和体会，厂商的展览推销、上门推销、中介推销、各类广告宣传等。在网上购买过程中，不同商品信息的收集主要是通过 Internet 进行的。而且，网上购买信息的收集具有较大的主动性。

3. 比较选择

比较选择是购买过程中必不可少的环节。消费者对各种渠道汇集而来的资料进行比较、分析、研究，了解各种商品的特点及性能，从中选择最为满意的一种。一般说来，消费者的综合评价主要考虑商品的功能、质量、可靠性、样式、价格和售后服务等。

4. 购买决策

网上消费者在完成对商品的比较选择后，便进入到购买决策阶段。网上购买决策是指网上消费者在购买动机的支配下，从两件或两件以上的商品中选择一件满意的商品的过程。

与传统购买方式相比，网上购买者的购买决策有许多独特之处。首先，网上购买者理智动机所占比重较大，而感情动机的比重较小，这是因为消费者在网上寻找商品的过程本身就是一个主动思考的过程。其次，网上购买受外界影响较小。

网上消费者在决策购买某种商品时，一般必须具备三个条件：第一，对厂商有信任感；第二，对支付有安全感；第三，对产品有好感。所以，树立企业形象、改进货款支付方法、完善商品邮寄方法，以及全面提高产品质量，是每个参与网络营销的厂商必须重点抓好的三项工作。

5．购后评价

消费者购买商品后，往往通过对自己的购买行为进行价值检验和反省，重新考虑这种购买是否正确，效用是否满意，服务是否周到等问题。这种购后评价往往决定了消费者今后的购买走向。

Internet 为网络营销者收集消费者购后评价意见和建议提供了得天独厚的条件，企业从网上收集到这些评价后，通过计算机的分析、归纳，可以迅速地找出工作中的缺陷和不足，及时改进自己的产品和服务，调整营销策略。

5.3　网络营销策略

5.3.1　网络营销产品策略

1．网络营销产品的概念

从市场营销学的角度来看，产品是指向市场提供的，供人们获取、使用或消费，从而满足人们某种欲望或需要的一切东西，包括有形物品、服务、人员、场所、组织、主意或者他们的组合。从经济学的本质上讲，产品是一个收益的集合，它能满足一个组织或消费者的愿望，从而愿意以货币或者其他价值的东西来交换它。

在传统市场营销中，产品满足的主要是顾客的一般性需求，因此产品相应的分成核心利益或服务、有形产品和延伸产品三个层次。而由于网络营销是在网上虚拟市场开展营销活动，要实现营销目标，必须满足网上消费者一些特有的需求特征，因此网络营销产品内涵与传统产品内涵有一定的差异性，主要是网络营销产品的层次比传统营销中产品层次大大拓展了。在网络营销中，产品的整体概念可分为五个层次：由内而外依次是核心利益层次、有形产品层次、期望产品层次、延伸产品层次、潜在产品层次。

传统的市场营销理论要求企业根据消费者的需求开发和销售产品或服务，而网络营销对企业提出了更高的要求，即其产品还必须适合利用 Internet 进行推广和销售。从目前国内外的情况看，适合在网络上销售的商品有其自身的特点，可以分为三大类：实体商品、软体商品和在线服务。

尽管网络营销产品种类众多繁杂，但网络营销产品有其共同的产品特征：不可破坏性、可复制性、产品效用评价的主观性、产品效用的短期性和累积性、产品的外部性、内容的可变性、产品的先验性。

2．网络营销新产品开发

什么是新产品？新产品的界定应从顾客的需求出发：只要产品整体概念中的任何一个层次发生了变化、改进、革新，都称之为新产品。根据新产品与原有产品差别由小到大，可以将新产品进行分类：重新定位而产生的新产品、仿制级的新产品、改进级的新产品、换代级的新产品、全新级新产品。

新产品的开发对企业来说具有重要的意义，特别是随着社会的发展和科学技术的进步，不断开发新产品更是成为企业在市场上求得生存和发展的重要条件之一。

进入网络时代，由于信息与知识的共享、科学技术扩散速度的加快，企业的竞争从原来的简单依靠产品的竞争转为拥有不断开发新产品能力的竞争。对从事网络营销的企业而言，注重新产品的开发，对企业经营中立于不败之地是十分必要的，新产品开发是许多企业市场取胜的法宝。但是，绿色产品的发展、产品开发完成时间的缩短和产品生命周期的缩短、消费要求个性化的发展等的存在，都对网络时期新产品的开发提出了新的要求，使新产品的开发难度加大。这对企业来说既是机遇也是挑战。企业开发的新产品如果能适应市场需要，可以在很短的时间内占领市场，打败其他竞争对手。

网络时代开发新产品必须首先研究在电子商务时代消费者的消费行为与消费要求的特点，进而确定网络营销新产品的定位和新产品的研制与开发。与传统新产品开发一样，网络营销新产品开发策略也有以下几种：新问世的产品、新产品线、现有产品外新增加产品、现有产品的改良品或更新后降低成本的产品、重定位的产品。但策略制定的环境和方法是不一样的。

总之，在网络营销时代，企业在设计产品和制造系统时要考虑到顾客的个性化需求，产品的构造既要多样化又要标准化，生产系统也要能满足大规模定制生产的要求。

5.3.2 网络营销定价策略

1. 价格理论——影响定价的因素研究

企业营销策略有很多种，但无论是传统营销还是网络营销，价格策略都是最富有灵活性和艺术性的策略，是企业营销组合策略中的重要组成部分。网络营销价格是指在网络营销过程中买卖双方成交的价格。网络营销价格的形成是极其复杂的，它受到多种因素的影响和制约。企业在进行网络营销决策时必须对各种影响因素进行综合考虑，从而采用相应的定价策略。

影响网络营销定价的因素主要从企业内部和企业外部两个方面来考虑。其中企业内部因素主要有定价目标因素、营销组和战略、成本因素、产品的生命周期、产品的属性，企业外部因素包括顾客因素、市场和需求的性质，以及竞争环境和竞争对手等。其中，以下因素对于网络营销的定价策略又有着独特的影响：对价格的敏感度、独特的价值效应、顾客参与的主动性、回归一对一谈判。在进行网络营销时，企业应在传统营销定价模式的基础上，利用互联网的特点，特别重视价格策略的运用，以巩固企业在市场中的地位，增强企业竞争力。

2. 网络营销成本分析

从企业内部说，企业产品的生产成本总的是呈下降趋势，而且成本下降趋势越来越快。在网络营销战略中，可以从降低营销及相关业务管理成本费用和降低销售成本费用两个方面分析网络营销对企业成本的控制和节约。下面将全面分析互联网应用将对企业其他职能部门业务带来哪些成本费用的节约。

降低采购成本费用。采购过程中之所以经常出现问题，是由于过多的人为因素和信息闭塞造成的，通过互联网可以减少人为因素和信息不畅通的问题，在最大限度上降低采购成本。

降低库存。利用互联网将生产信息、库存信息和采购系统连接在一起，可以实现实时订购，企业可以根据需要订购，最大限度降低库存，实现“零库存”管理。

生产成本控制。利用互联网可以节省大量生产成本，首先利用互联网可以实现远程虚拟生产，在全球范围寻求最适宜生产厂家生产产品；另一方面，利用互联网可以大大节省生产周期，提高生产效率。

2. 网络营销定价特征分析

麻省理工学院和马兰大学的一份研究报告表明网络营销的现实并非如人们所想象。这份报告对网络营销的 4 个特征进行了分析。

通过分析发现：从价格水平来看，网络营销的价格水平相对比较低，价格趋低化；从价格弹性来看，价格竞争对销售影响不大，价格高低对销售影响减少；从标价成本来看，价格变动次数远大于传统商家，但调价幅度依然是传统商家的百分之一，尽管标价成本非常低。从价格差异来看，造成网上价差的原因主要有以下几个方面：产品的不可比较性、购物的便利程度及购物经验、商家的知名度、品牌和公众对商家的信任度、锁定顾客、价格歧视。

随着市场经济的进一步发展，和全球一体化进程的加快，全球化、低价位定价、顾客主导定价、价格动态化必将成为网络营销鲜明的定价特点。

4. 网络营销定价策略

企业为了有效地促进产品在网上销售，就必须针对网上市场制定有效的价格策略。由于网上信息的公开性和易于搜索的特点，网上的价格信息对消费者的购买起着重要的作用。消费者选择网上购物，一方面是由于网上购物比较方便，另一方面是因为从网上可以获取大量的产品信息，从而可以择优选购。

网络定价的策略很多，本部分我们主要根据网络营销的特点，着重阐述差别定价策略、免费价格策略、顾客主导定价策略、低位定价策略、个性化定制生产定价策略、定制定价策略、动态定价策略、使用定价策略、折扣定价策略、拍卖定价策略和声誉（品牌）定价策略、特殊产品的特殊定价策略、竞争导向定价策略。

上述几种价格策略是企业在利用网络营销拓展市场时可以考虑的几种比较有效的策略。并不是所有的产品和服务都可以采用上述定价方法，企业应当根据产品的特性和网上市场发展状况来决定定价策略的选择。不管采用何种策略，企业的定价策略应与其他策略配合，以保证企业总体营销策略的实施。

5.3.3　网络营销分销策略

1. 网络营销渠道概述

渠道是指产品从生产者向最后消费者或最终产业用户转移时，直接或间接将所有权转移所经过的途径。

在传统的市场营销中，渠道是指使产品或服务能顺利地被使用或消费而相互联系和配合起来的一系列独立组织。它所涉及的是商品实体和所有权或者服务从生产向消费转移的整个过程，在这个过程中，独立中间商和代理中间商等中间环节将帮助企业实现商品或服务的转移，让消费者能够方便地得到所需的产品。

网络营销渠道则是指借助互联网的销售平台向消费者提供商品的信息和服务，以促成商品的价值转移和信息的双向沟通，从而辅助企业的营销目标实现的一整套相互依存的中间环节。

网络虚拟市场作为一种新型的市场形式，同样存在一个分销渠道类型的选择问题。而且互联网将迅速改变传统的渠道模式，会产生许多新的中介形式，这些新的中介动摇了传统渠道观念存在的基础，表现出网络环境下营销渠道的新特点，形成独具特色的网络渠道类型。并且在现实中使许多传统的渠道和媒介成为过去。随着 Internet 的发展，网络将给企业提供一种全新的销售渠道，它突破了传统营销渠道的地域限制，把企业和消费者连在一起。这种渠道不仅简化了传统营销中多种渠道的层级构成，而且集售前、售中、售后服务为一体，因此具有很大的优势。

对于从事网络营销的企业来说，熟悉网络分销的过程，分析、研究不同网络分销渠道的特点和功能，合理地选择网络分销渠道，加强网络分销渠道的建设，避免渠道冲突，不仅有利于企业产品顺利地完成从生产领域到消费领域的转移，促进产品销售，而且有利于企业获得整体网络营销上的成功。

2. 网络营销渠道策略

渠道是指产品从生产者向最后消费者或最终产业用户转移时，直接或间接将所有权转移所经过的途径。随着营销环境的变化，渠道也在变化，渠道的实质在于使得消费者能够最方便、最低成本、快捷获得所需产品。

网络渠道不但是传统渠道的补充，而且也是传统渠道的延伸。在企业的营销操作过程中，完全可以将网络渠道和传统渠道整合在一起，从而拓展企业营销的空间。网络渠道策略主要有：增值策略、延伸策略、整合策略、双道策略。

（1）增值策略：增值就是价值的增加，这里主要指产品信息的增值和客户信息的增值。

（2）延伸策略：延伸在这里是一种多方位、立体化的延伸，它包括了信息传播的延伸、营销手段的延伸、营销范围的延伸。

（3）整合策略：依上所述，网络渠道不但是传统渠道的补充，而且也是传统渠道的延伸。在企业的营销操作过程中，完全可以将网络渠道和传统渠道整合在一起，从而拓展企业营销的空间。比如网络渠道向上可以整合市场调查与预测、采购及订单处理；向下可整合到配送、物流咨询、物流方案的选择与规划、库存控制决策建议、货款回收与结算、教育与培训、物流系统设计与规划方案的制作等。整合主要有：上上整合——企业内、企业外、因特网线上整合和上下整合两种。

（4）双道策略：所谓双道就是网上营销与直线营销的结合以及直销渠道和中介渠道的结合。

企业应根据不同的情况选择适合的渠道，增强网络销售的优势。

5.3.4 网络营销促销策略

1. 网络营销促销概述

所谓促销，是指企业运用各种方式方法，向消费者传递产品或服务的信息，从而激发其购买欲望，促进其购买的活动过程。促销实质上就是企业与消费者之间的一种信息沟通过程。

传统的促销多以企业为主体，通过一定的媒体或工具对顾客进行压迫式的信息传递，以加强顾客对公司和产品的接受度和忠诚度，顾客是被动的和接受的，企业缺乏与顾客的沟通和联系。传统促销的四种主要工具：广告、人员推销、销售促进和公共关系。

网络促销是指利用网络技术手段向虚拟市场传递商业信息，帮助与说服顾客购买产品或服务，从而引起消费者的购买欲望和购买行为的各种活动。

虽然传统的促销和网络促销都是让消费者认识产品，引导消费者的注意和兴趣，激发他们的购买欲望，并最终实现购买行为，但网络手段的运用，使网络营销的促销活动与传统促销有很大的区别。

网络促销的作用主要表现为：传递信息、激发需求、说服诱导、稳定销售、信息反馈等。

实施网络促销过程一般包括如下几个步骤：确定网络促销的目标受众—设计网络促销的信息内容—选择网络促销的组合方式—制定网络促销预算方案-衡量网络促销效果—加强网络促销过程的综合管理。

网络营销是在网上开展的促销活动，由于网络的特性，企业只能是以站点为媒介来面向客户，不再是派出人员与客户沟通，这就使得传统促销工具中的“人员推销”不再凑效，取而代之的是“站点推广”，其余三个不变。所以，对应于传统营销的四种主要促销形式，网上促销工具形式也有四种，分别是网络广告、站点推广、销售促进和公共关系。

2. 网络营销站点推广

网络营销站点作为企业在互联网上进行营销活动的阵地，能否吸引大量的注意是成败的关键。站点推广的目的是在浩如烟海的网络信息中凸显企业的网站品牌形象，最大限度地吸引顾客的访问，并由此达到促进产品销售的目标。网站推广与传统的产品推广一样，在一定的原则下，需要进行系统的安排和计划。

随着网络技术的发展，各种类型的网络广告和网络推广服务也层出不穷。“大幅面广告”“条幅广告”“网络音频广告”“网络视频广告”“QQ 广告”“按钮广告”“搜索引擎收费登录”“搜索竞价排名”等。

小案例

2012 年 10 月 12 日，聚美优品发布 2012 年新版广告。广告由其 CEO 陈欧主演，广告词如下：“你只闻到我的香水，却没看到我的汗水；你有你的规则，我有我的选择；你否定我的现在，我决定我的未来；你嘲笑我一无所有不配去爱，我可怜你总是等待；你可以轻视我们的年轻，我们会证明这是谁的时代。梦想，是注定孤独的旅行，路上少不了质疑和嘲笑，但，那又怎样？哪怕遍体鳞伤，也要活得漂亮。我是陈欧，我为自己代言。”

在那个 1 分 39 秒的镜头中，聚美优品 CEO 陈欧扮演着一个创业者，受到外界各种质疑、攻击、抹黑……仅仅因为太年轻。结尾处他奋起拳击，将眼前玻璃击得粉碎，简单包扎后继续踩着玻璃碴前进，“哪怕遍体鳞伤，也要活得漂亮。”大家记住了这个背影，并将镜头中的 9 句台词命名为“陈欧体”。2013 年 3 月 1 日聚美优品促销 3 天突破 10 亿。

站点推广的方式多种多样，企业要选择一个适合自己的推广服务，现在主要流行的站点推广方式主要有：电子邮件营销（E-mail 营销）、搜索引擎营销、通过建立链接进行站点的推广、通过提供免费的资源进行站点的推广、在新闻或 BBS 讨论区进行推广、结合传统促销方式进行推广。

进行营销站点的推广要制定一定的计划，这样有助于在网站推广工作中有的放矢，并且有步骤有目的地开展工作，避免重要的遗漏，而且其推广不能盲目进行，需要进行效果跟踪和控制。

但总的来说，网站推广是个系统工程，而不仅仅是一些网站推广方法的简单复制和应用。常见的推广方式是网站推广的基本手段，但并不意味着网站推广的全部，更不代表进行了这些基本工作就完成了网站推广的任务，而是要综合考虑多种相关因素，根据企业内部资源条件和外部经营环境来制定针对性的网站推广策略，并且对网站推广各个环节、各个阶段的发展状况进行有效的控制和管理。

3. 网上销售促进

网络销售促进又称为网络 SP，是指在互联网上利用短期性的以让利为特征的刺激性措施拉动消费者和商家迅速或较多地购买某一特定的产品或服务。

进行网络销售促进要遵循以下原则：环境适应原则、网络可行性原则、创意多变原则。值得注意的是，有些产品在促销期间销量增加，促销期后销量就减少，并且减少的部分大于增加的部分，即出现了负效应，这就说明企业采用的促销方法不合适，没有建立起品牌忠诚度，需要改进。

方法：网络销售促进的方法有网上折价、增加商品附加值、赠品、网上抽奖、积分促销、拍卖促销、网上集体议价、优惠券、互动游戏促销（竞赛、抽奖、游戏）、产品示范和比较、免费试用服务、会员制营销、联合销售促进等。

企业应充分结合网络特征，对网上销售促进作一个规划——编制网络促销计划书，并按策划实施，在实施的过程中要根据实际情况进行调整、管理，以达到预期目的。

4. 网上公共关系

公共关系又称“公众关系”，简称“公关”。公共关系作为企业的一种营销沟通方式，是指企业通过各种传播媒介，与社会公众保持良好的沟通关系，树立在公众中的企业形象，扩大企业的社会知名度和影响力，从而间接地达到产品促销目的的营销活动。通过内部和外部信息传播，促进公众对企业的了解，建立企业良好形象；与新闻界搞好关系，用正面形式展示企业的新闻和信息；产品的公共宣传，将产品介绍给更多的公众，在目标顾客中增强形象并创造对产品的需求；与新顾客建立关系，巩固与老顾客之间的关系。其主要由组织、公众和传播三个要素组成。

菲利普·科特勒曾就公共关系的完整描述做过一番解释，较为形象地展示了现代企业公共关系所涉及的七个领域：出版物（Publications）、事件（Events）、新闻（News）、社区关系（Community Relations）、媒介确认（Identify Media）、游说（Lobby）、社会理念营销（Social Cause Marketing）。

网络公共关系是指企业利用互联网进行的公关活动。与广告和销售促进一样，公共关系是企业营销沟通组合中的关键环节和营销工具。在网络营销中，“网络”赋予了公共关系新的内容、特色和规则，也给公共关系提供了新的途径。

网络公共关系要素与传统公关要素一样，也包括公关主体、公关客体和公关中介。网络公共关系的目标与基本任务与传统公关也无太大差别，但是由于网络的开放性和互动性，使得网络公共关系又具有一些新的特点。

网络公共关系的实施主要包括以下几个步骤：确定公共关系活动目标、选择公关信息和工具、制作和发布信息、评价公关活动效果。

网络公共关系的建立和维护要围绕相关领域采取相应策略：充分利用网络出版物策略、策划并利用事件策略、站点宣传推广策略、新闻媒介的公关策略、网络社区公关策略、公共论坛关系策略、网络危机公关策略。

5.3.5 网络营销品牌策略

品牌是一种名称、术语、标记、符号或图案，或是它们的相互组合，用以识别某个销售者或某群销售者的产品或服务，并使之与竞争对手的产品和服务相区别。与品牌紧密联系的有如下一些概念：品牌名、品牌标志、品牌角色、商标。

品牌的作用在于造成企业或企业的产品差别，不同品牌代表不同企业的工艺特点和产品质量水平。名牌产品往往代表着品质优良的产品，往往成为顾客优先购买的目标。对于企业来说，品牌反映企业形象，优质名牌反映良好企业的形象。因此，企业建设品牌对于企业的生存、发展，对于增强企业的竞争力，都有着十分重要的意义。

企业不做品牌可以生存，但是很难发展。许多人都认为 21 世纪的市场竞争即是品牌的竞争，越来越多的企业把品牌作为资产看待，用品牌去凸显自己的竞争优势，构建自身的品牌策略。

网络给每一个人、每一个单位都提供了平等的开放空间和平等的竞争机遇。许多传统企业利用资金优势独霸舆论阵地的情况和局面将不复存在。强势品牌利用传统媒体开拓的阵地，网络在半小时内就可以突破。不仅如此，利用广告、控制时段，无论是强行灌输还是软文渗透的传统思路和做法都将受到冲击。因此，网上市场品牌必将成为一种趋势，在网络营销中起着举足轻重的地位。与传统营销中品牌的特征相比，网络营销中的品牌有其自己的特征。

品牌策划的核心就是由文化作媒介，与消费者的心灵对接，产生必然和强烈的共鸣，从而最大限度地激发目标消费者的购买热情和欲望，最终达到实现和提升销售业绩的目标。如何构建品牌？这并不是一蹴而就的，是一个长期的过程，需要一定成本，有步骤地进行。建立了品牌并不是就可以高枕无忧了，品牌需要进行管理、维护，只有这样建立了品牌诚信才能使品牌得以有效延伸，走得更远更好，提高顾客忠诚。

企业在互联网上进行商业活动，同样存在被识别和选择的问题，由于域名是企业站点联系地址，是企业被识别和选择的对象，因此提高域名的知名度，也就是提高企业站点知名度，也就是提高企业被识别和选择的概率，域名在互联网上可以说是企业形象的化身，是在虚拟网上市场环境中商业活动的标识。所以，必须将域名作为一种商业资源来管理和使用。也正因为域名具有商标特性，与商标一样具有“域名效应”，使得某些域名已具有潜在价值，域名的保护也不可忽视。

提高站点内容的丰富性和服务性，还须注重对域名及站点的品牌建设问题，以尽快发挥域名的商标特性和站点的商业价值，避免出现影响企业形象的有关域名站点问题。

5.3.6　网络顾客关系管理策略

1．顾客关系管理的意义

客户关系管理（Customer Relationship Management，CRM）源于“以客户为中心”的新型商业模式，是从改善企业与客户之间关系的基础上发展起来的。它通过搜集、整理和分析客户资料，建立和维护企业与客户之间卓有成效的“一对一”关系，使企业在提供更快捷更周到的服务、提高客户满意度的同时，吸引和保持更多高质量的客户，从而提高企业绩效，并通过信息共享和优化商业流程有效地降低企业经营成本。

网络经济时代的客户满意有其自身的特点，网络客户关系与传统客户关系相比，也有其自身的优势：可以满足顾客个性化的服务需求、实现实时服务、实现跨越时空的服务，是降低成本的最有效途径，简化了顾客服务过程。

网络营销时代的到来从根本上改变了客户关系管理的方式，改变了企业与客户、供应商和合作伙伴之间交流的方式。互联网对改进客户沟通和业务水平有巨大的帮助，网络客户管理必将凭借其强大的优势成为在线客户服务中最有用的互联网应用。

2. 顾客分析——区分最重要的顾客

实施CRM时一个常见的误区是：顾客关系管理的目的是与所有的顾客建立稳定的关系。事实上，企业永远做不到，也没有必要这样做。

建立顾客关系管理系统首先应当对顾客进行分析与识别，支持企业在合适的时间和合适的场合，通过合适的方式，将合适价格的合适产品和服务提供给合适的顾客。寻找到合适的顾客，与他们建立稳定的关系。这建立在大量的顾客信息资料的收集和整理分析基础上，对顾客进行差异化分析的方法有许多，RFMD模型就是一例。

选择正确的客户，就决定了企业管理客户组合的水平。一个企业可以选择在其客户组合中包括市场上的所有客户，也可以选择重点与属于某些团体的客户建立关系，或者可以选择着眼于与特定的单个客户建立关系。

CRM实质上是顾客满意度的研究：如果实施CRM系统，顾客会对公司更加满意，因而会更加忠诚于公司。这时，CRM其实成了一种增加顾客满意度的方法。

顾客永远处于动态过程中，顾客关系管理虽然能够为企业留住老顾客和培育顾客信任起到不可替代的作用，但当企业的发展与顾客定位不一致时，或者老顾客背离企业时，顾客关系管理就应该为企业的顾客服务提供决策支持，帮助企业妥善处理好因顾客背离给企业带来的负面影响，这样才能使顾客关系管理的效用价值最大化。

3. 顾客关系管理的方法

在客户关系管理应用结构中，核心思想是以客户为中心。这表现在围绕客户而不是围绕营销、销售，也不是围绕其他职能部门组织客户关系管理的业务流程。客户的评价反馈是网站改善客户关系管理业务流程的标准。将客户的观点融进客户关系管理业务流程中，这就会使客户关系管理业务流程随客户的需求而变化。换句话说，网站的业务活动不是基于各职能部门的需求，而是基于使客户满意的网站整体目标。

要实现客户关系管理需要建立企业自身的客户关系管理系统，而要想建立一个强大而有效的客户关系管理系统，首先应做好以下3方面的工作：

（1）树立以顾客为中心的经营理念。

（2）了解顾客的需要，提高顾客的满意度。

（3）科学地进行顾客关系管理，培养顾客的忠诚度。

同时，客户关系管理系统的实施也要按一定的步骤有序进行：

（1）制定实施客户关系管理战略。

（2）设计组织保障体系。

（3）再造企业的流程。

（4）开发CRM系统。

顾客关系营销的重点也是难点在于发展一种同企业最佳顾客之间的特定关系，顾客从中感受到良好的双向沟通，并认为自己得到了特别关注和奖励。许多事实表明，仅仅让顾客满意是不够的，当出现更好的产品供应时，宣称满意的顾客经常更换供应商。这说明高度的顾客满意和喜悦能培养一种对品牌情感上的吸引力，而不仅仅是一种理性偏好，并且将建立起高度的顾客忠诚。

5.4　常用的网络营销方法

网络营销职能的实现需要通过一种或多种网络营销手段，常用的网络营销方法除了搜索引擎注册之外还有关键词搜索、网络广告、交换链接、信息发布、邮件列表、许可 E-mail 营销、个性化营销、会员制营销、病毒性营销等。按照一个企业是否拥有自己的网站来划分，企业的网络营销可以分为两类：无站点网络营销和基于企业网站的网络营销。有些方法在两种情况下都适用，但更多方法需要以建立网站为基础，基于企业网站的网络营销显得更有优势。

网络营销的具体方法很多，其操作方式、功能和效果也有所区别，常用的网络营销方法有以下几种：

5.4.1　搜索引擎注册与排名

这是最经典也是最常用的网络营销方法之一。现在，虽然搜索引擎的效果已经不像几年前那样有效，但调查表明，搜索引擎仍然是人们发现新网站的基本方法。因此，在主要的搜索引擎上注册并获得最理想的排名，是网站设计过程中主要考虑的问题之一。网站正式发布后尽快提交到主要的搜索引擎，是网络营销的基本任务。目前主要的访问量较大的中文搜索引擎均已开始收费登录，只要适合网站登记的条件，交少量的费用就可以在适当的类别中登记自己的网站。

5.4.2　交换链接

交换链接也称互惠链接，是具有一定互补优势的网站之间的简单合作形式，即分别在自己的网站上放置对方网站的 LOGO 或网站名称并设置对方网站的超级链接，使得用户可以从合作网站中发现自己的网站，达到互相推广的目的。交换链接的作用主要表现在：获得访问量，增加用户浏览时的印象，在搜索引擎排名中增加优势，通过合作网站的推荐增加访问者的可信度等。

5.4.3　病毒性营销

病毒性营销并非真的以传播病毒的方式开展营销，而是通过用户的口碑宣传网络，信息像病毒一样传播和扩散，以快速复制的方式传向数以千计、百万计的受众。病毒性营销的经典范例是 Hotmail.com。Hotmail 是世界上最大的免费电子邮件服务提供商，在创建之后的一年半时间里就吸引了 1200 万个注册用户，而且还在以每天超过 15 万个新用户的速度发展。令人不可思议的是，在网站创建的 12 个月内，Hotmail 只花费很少的营销费用，还不到其直接竞争者的 3%。Hotmail 之所以爆炸式的发展，就是由于利用了“病毒性营销”的巨大效力。其实，原理和操作方法很简单：Hotmail 在每一封免费发出的邮件信息底部附加一个简单提示：“Get your private，free E-mail at http://www.hotmail.com”，接收邮件的人将看到邮件底部的信息，然后，收到邮件的人们继续利用免费 E-mail 向朋友或同事发送信息，会有更多的人使用 Hotmail 的免费邮件服务，于是，hotmail 提供免费邮件的信息不断在更大的范围扩散。现在几乎所有的免费电子邮件提供商都采用类似的推广方法。

5.4.4 网络广告

几乎所有的网络营销活动都与品牌形象有关，在所有与品牌推广有关的网络营销手段中，网络广告的作用最为直接。标准标志广告（Banner）曾经是网上广告的主流（虽然不是唯一形式），尽管现在还出现在大部分网络媒体的页面上，但显然已经走过了自己的辉煌时期，Banner广告的平均点击率从最初的30%降低到0.4%以下。2001年以来，网络广告领域发起了一场轰轰烈烈的创新运动，新的广告形式不断出现，最具代表性的是360X300像素的巨型广告，由于克服了标准条幅广告条承载信息量有限的弱点，这种巨型广告目前获得了相对比较高的点击率。不过，有研究表明，网络广告的点击率并不能完全代表其效果，网络广告对那些已浏览而没有点击广告的、占浏览者总数99%以上的访问者同样产生作用，影响力甚至可以持续相当长一段时间，因此现在的广告客户已经不再单纯追求点击率，更加重视品牌形象展示和广告效果的转化率。除了投入预算发布网络广告之外，也可以采用交换广告的方式，通常与专业的广告交换网或者与合作伙伴相互交换广告。

5.4.5 信息发布

信息发布既是网络营销的基本职能，又是一种实用的操作手段。通过互联网，不仅可以浏览到大量商业信息，同时还可以自己发布信息。在网上发布信息可以说是网络营销最简单的方式，有许多网站提供企业供求信息发布，并且多数为免费发布信息，有时这种简单的方式也会取得意想不到的效果。不过，最重要的是将有价值的信息及时发布在自己的网站上，以充分发挥网站的功能，比如新产品信息、优惠促销信息等。研究表明，大多数消费者访问制造商的网站是为了查找公司联系信息或产品基本信息，网站提供的有效信息越详细，用户的满意程度越高。如果一个网站的更新周期以季度为单位，甚至整年都是一个老面孔，自然不会受到用户欢迎，也很难取得好的网络营销效果。

5.4.6 许可 E-mail 营销

基于用户许可的E-mail营销与滥发邮件（SPAM）不同，许可营销比传统的推广方式或未经许可的E-mail营销具有明显的优势，比如可以减少广告对用户的滋扰、增加潜在客户定位的准确度、增强与客户的关系、提高品牌忠诚度等。开展E-mail营销的前提是拥有潜在用户的E-mail地址，这些地址可以是企业从用户、潜在用户资料中自行收集整理，也可以利用第三方的潜在用户资源。

5.4.7 邮件列表

邮件列表实际上也是一种E-mail营销。与E-mail营销一样，邮件列表也是基于用户许可的原则，用户自愿加入、自由退出，稍微不同的是，E-mail营销直接向用户发送促销信息，而邮件列表是通过为用户提供有价值的信息，在邮件内容中加入适量促销信息，从而实现营销的目的。邮件列表的主要价值表现在四个方面：作为公司产品或服务的促销工具，方便和用户交流，获得赞助或者出售广告空间，收费信息服务。邮件列表的表现形式很多，常见的有新闻邮件、各种电子刊物、新产品通知、优惠促销信息、重要事件提醒服务等。利用邮件列表的营销功能有两种基本方式：一种方式是建立自己的邮件列表；另一种方式是利用合作伙伴或第三方提供的邮件列表服务。

5.4.8 个性化营销

个性化营销的主要内容包括：用户定制自己感兴趣的信息内容，选择自己喜欢的网页设计形式，根据自己的需要设置信息的接收方式和接受时间等，如网易的个性化网页设计（my.163.com）。个性化服务在改善客户关系、培养客户忠诚以及增加网上销售方面具有明显的效果，但个性化服务的前提是获得尽可能详尽的用户个人信息，这两者之间存在一定的矛盾。据研究，为了获得某些个性化服务，在个人信息可以得到保护的条件下，用户才愿意提供有限的个人信息，这正是开展个性化营销的前提保证。个性化服务是一个循序渐进的过程，需要在一定的基础条件下进行，比如完善的网站基本功能、良好的品牌形象等。如创造营销佳绩、风靡西方的芭比娃娃在网上同样优秀。自 1998 年开始，女孩们就能登录 www.barbie.com 网站设计自己特有的芭比娃娃。她们可以选择娃娃的皮肤颜色、眼睛颜色、发型及头发颜色、衣服、配饰和名字。她们甚至能填写一份调查表，详述娃娃的好恶。当芭比娃娃通过邮寄的方式到达时，女孩们会在包装上看到娃娃的名字，并随带一份电脑生成的关于娃娃性格的描述。

5.4.9 会员制营销

会员制营销是拓展网上销售渠道的一种有效方式，主要适用于有一定实力和品牌知名度的电子商务公司。会员制营销已经被证实为电子商务网站的有效营销手段。国外许多网上零售型网站都实施了会员制计划，几乎已经覆盖了所有行业。从 2000 年下半年开始，会员制营销方式开始被国内一些电子商务网站采用，如易趣、当当网上商店等，尽管还处于初级阶段，但已经看出电子商务企业对此表现出的浓厚兴趣和旺盛的发展势头。除了对网上销售具有直接的促进作用之外，会员制营销方法也可以产生良好的广告效果。

5.4.10 网上商店

从根本上说，网络营销的目的直接或间接与销售有关，无论这种销售是网上的还是网下的。建立在第三方提供的电子商务平台上、由商家自行经营的网上商店，如同在大型商场中租用场地开设商家的专卖店一样，是一种比较简单的电子商务形式。网上商店除了通过网络直接销售产品这一基本功能之外，还是一种有效的网络营销手段。如果从企业整体营销策略和客户的角度考虑，网上商店的作用主要表现在两个方面：一方面，网上商店为企业扩展网上销售渠道提供了便利的条件；另一方面，建立在知名电子商务平台上的网上商店增加了客户的信任度，从功能上来说，对不具备电子商务功能的企业网站也是一种有效的补充，对提升企业形象并直接增加销售具有良好的促进作用，尤其是将企业网站与网上商店相结合，效果更为明显。

网络营销的方法并不限于上面所列举的内容，而且由于各网站内容、服务、网站设计水平等方面有很大差别，各种方法对不同的网站所发挥的作用也会有所差异，网络营销效果也受到很多因素的影响，有些网络营销手段甚至并不适用于某个具体的网站，需要根据企业的具体情况选择最有效的策略。

5.5 案例分析

御泥坊管理营销

品牌档案

品牌：御泥坊（湖南长沙）

品类：面膜

面世时间：2006 年

高管团队：戴跃锋（董事长兼总裁）；刘海浪（御泥坊品牌创始人，现只负责御泥坊原材料初加工管理）；黄锦峰（参谋长，类似 COO）；康文述（产品技术总工程师，曾就职联合利华）

全线产品数量（款）：近 150 款

销售额：2011 年接近两亿，2012 年目标销售额两亿；

（以上资料由御泥坊提供）

总部位于湖南的“御泥坊”是一家完完全全依赖淘宝渠道做起来的面膜品牌。2006 年至今，御泥坊在淘宝上的年销售额从半年不到 1000 元飙升至一年近两亿。从这个品牌在此期间的几个重要时间点来看，御泥坊证明了营销手段、产品管理和大环境这三个要素在淘品牌成长过程中的重要作用。

在《天天向上》栏目大做广告

2010 年 4 月，御泥坊的销售额环比猛增了四五倍。这让公司总裁戴跃锋有点意外，因为以往的增长速度一般是一到两倍。不过他很清楚这种意外的增长来自哪里。4 月 9 日，他参加的湖南卫视“天天向上”节目播出。这期节目里，他现场演示了御泥坊泥浆面膜的制作过程，给自己的品牌大大地做了一次广告。

如今回想起那次节目，戴跃锋仍然觉得是御泥坊碰上了好时机。2009 年底，淘宝网与湖南卫视成立合资公司“湖南快乐淘宝文化传播有限公司”。2010 年 4 月，湖南卫视品牌栏目之一《天天向上》为此制作了“快乐淘宝”特辑，挑选了多个品类的 10 多家淘宝网店铺进行典型推广。当时的御泥坊刚刚决定从单纯的做产品做销售额转向同时做品牌，并开始大量地推出新品和升级产品形象。

带着这样的规划，戴跃锋走进了湖南卫视的演播室。无论是现场演示面膜制作工艺还是主持人夸张幽默的表演，戴跃锋把御泥坊想要传达的“天然性”诉求表现得相对清晰到位。当时参加节目的还有淘宝的另一内衣淘品牌“歌瑞尔”。不过，不知出于何种原因，创始人张翔甚至没有在节目里提及“歌瑞尔”的品牌名（也可能是节目剪辑缘故）。

据戴跃锋透露，当时店铺的挑选以淘宝网的广告商家优先。2007 年中，淘宝网正式推出广告业务。而御泥坊从 2008 年起就开始在淘宝投放广告。如今，年销售额近两亿的御泥坊每年的品牌推广费用大约为 4000 多万，其中淘宝渠道占去了 60%，其他渠道包括时尚杂志和电视节目。

2010 年 5 月，御泥坊与湖南当地的生活周刊《新壹周》合作，对生产基地和工艺进行了重点宣传。2011 年，御泥坊的泥浆面膜被湖南卫视的美容类栏目《我是大美人》重点推荐。此外，御泥坊还在湖南卫视的购物节目《越淘越开心》和《快乐购》中频频亮相。

不难看出，除了淘宝广告外，御泥坊的媒体投放都集中在了其总部所在的湖南。得益于湖南卫视的全国性覆盖和高频次的曝光，御泥坊取得了不俗的推广效应。这种效应直接反应在了销售额上。2010 年，御泥坊的销售额猛增 10 倍达到了 4000 万元。

良好的网购大环境

御泥坊遇到的“好时机”不止“快乐淘宝”一个。2006 年，中国的 C2C 和 B2C 市场已经开始出现快速增长的迹象。

以淘宝平台为例，2005 年，淘宝网的全年销售额为 80 亿。2006 年，这一数字翻番为 169 亿。2007 年，淘宝年销售额 433 亿，业绩增长速度再次明显加快达到了 156%。正望咨询的《2008 年中国网上购物调查报告》显示，2007 年网上购物在网民中的渗透率快速增长。2007 年年底北上广三地的网上购物渗透率同比增加了 13.3 个百分点，达 42.5%。同期，北上广三地网上购物人数超 900 万，同比增长 122.6%。

2007 年，御泥坊的销售额也在这样的大环境中直线飙升。2006 年底，戴跃锋从御泥坊创始人刘海浪手中接下御泥坊的网上销售业务。戴跃锋称，接手前的半年里，御泥坊在淘宝上只卖出了 1000 块钱的商品。而 2007 年全年，配合大规模的试用活动，御泥坊淘宝店销售额蹿升至 70 万。“当时主要是网购的发展势头非常好，而且我们的基数小，高增长其实很容易做到。”戴跃锋如今这样总结道。

2009 年，淘宝开始推行“大淘宝战略”。大淘宝战略意在将淘宝网从一个网店平台转向电子商务基础设施平台。淘宝在阐述大淘宝战略时特地提及了帮助传统品牌开展电商业务的意图，越来越多的传统品牌开始进驻淘宝商城。与此同时，凡客、麦包包等纯互联网品牌的大热让戴跃锋开始意识到品牌在未来竞争中的重要性。“当时淘宝的人跟我说这是一个机会，所以我又重新回到御泥坊开始重点做品牌。”

2008 年下半年，御泥坊公司股东间出现矛盾，戴跃锋在 2009 年基本已淡出公司经营。至今，戴跃锋对于当时的矛盾细节都没有详细谈起过。

2010 年，戴跃锋在股东的邀请下回到御泥坊。御泥坊的大部分电视宣传也都在他回归后陆续铺开。

淘品牌的产品研发和管理

几乎所有的淘品牌都保持着较快的新品更新速度。不过和服装类淘品牌相比，美妆类淘品牌的新品更迭因为品类特性、研发周期和原材料等各种因素而有所限制。

2010 年，御泥坊开始有计划地扩充产品线。2008 年，御泥坊的全线产品有 20 款，2010 年，这一数据迅速增加至 60 多款。目前，这一数字已更新至 150 款。这些产品的研发分为自主研发、公司合作和外包给研发机构三种。如今御泥坊的核心系列产品大部分都由自己研发。

御泥坊研发一款面膜新品的周期大概为半年到一年。戴跃锋介绍说，他们的产品开发团队分为产品企划和产品配方研发两块。产品企划主要是根据市场需求企划产品理念。产品配方研发则根据产品企划的需求研发配方。一款新品大致要经历“企划方案——研发配方——实验室测试——包材测试——内部员工试用——邀请顾客试用”这些环节后才能批量生产上市。

并非每款企划的产品都能够实现批量生产和上市，而这些失败的个例也在考验着戴跃锋的决策能力。御泥坊曾经想开发一个景德镇陶瓷系列，但由于陶瓷包装的密封性没达到标准，立项两年仍旧无法实现批量生产。如今，这个项目已经基本被放弃。“但在配方研发、包装打样、试用实验等环节已经花费了好几十万。”戴跃锋说。

根据官方介绍，御泥坊的原材料“御泥”具有不可再生性。“御泥”需要经过开采和长达

6 个月的物理沉淀。这样的制作工艺也让御泥坊的原料、产品管理环节有别于服装类的淘品牌。为了保证原材料的供应，生产基地一般会提前一年准备下一年的原材料。

戴跃锋表示，目前的“御泥”储备大概能支持品牌 30 年的发展。为了避免“御泥”的枯竭带来的问题，御泥坊已经在开始在泥浆面膜之外拓展植物类的面膜产品。而且这一拓展已经初见成效。据了解，御泥坊泥浆类面膜目前只占整个品牌 30%左右。

据了解，御泥坊的客单价为 120 元，每位用户平均购买的商品是 1.5 件。戴跃锋对这两个参数都还比较满意。他透露，今年御泥坊的客单价目标是 140 元。这个目标的跨度并不大，因为对于戴跃锋来说，今年御泥坊的重点不再是销售额，而是内部管理体系的梳理和品牌升级。“前两年高速增长，内部的员工管理没跟上，影响到了公司做事的效率。”

而戴跃锋所说的品牌形象升级只涉及产品和店铺外在的形象升级，不涉及御泥坊本身的价格策略和品牌定位。从产品价位看，御泥坊每款产品的价格一般都在 100 元左右，属于淘宝上定位中等的面膜。对此，戴跃锋表示，御泥坊仍旧定位于都市中的小资女性，暂时不会去做高端产品。

“御泥坊”从湘西小镇一步步迈向网络这个营销大舞台，并成为这个舞台的主角，其独特的品牌营销策略是其成功之道。本文从品牌营销的角度解读“御泥坊”的成功之道，探讨“御泥坊”得到消费者认同，收获业界喝彩声的秘诀。

（1）独特的产品特性倡导消费新主张。

（2）品牌故事讲述丰富的品牌文化。

（3）情感营销引发消费者情感共鸣。

（4）高效的销售团队。

（5）“给力”的网络口碑传播。

本章小结

本章先学习了网络营销的概述部分，主要内容是网络营销的概念、网络营销的产生与发展、网络营销的特点、网络营销的理论基础。

其次，分析网络消费者，具体有我国网络用户分析，网络消费需求特征，网络消费者上网动机，影响网络消费者购买行为的主要因素，网络消费者的购买过程。接着重点学习了网络营销策略，分别从网络营销产品策略，网络营销定价策略，网络营销分销策略，网络营销促销策略，网络营销品牌策略，网络顾客关系管理策略等。

最后学习常用的网络营销方法，关键词搜索、网络广告、交换链接、信息发布、邮件列表、许可 E-Mail 营销、个性化营销、会员制营销、病毒性营销等。

思考与练习

一、单选题

1. 网络用户目前获得信息主要是通过（　　）。

A. 电子邮件　　　　B. BBS

C．搜索引擎　　D．新闻组

2．网络营销整体产品中核心产品是指（　　）。

A．核心功能或基本使用价值　　B．形式产品

C．期望价值　　D．附加价值

3．Dell 公司通过网络直接向消费者销售电脑，这属于（　　）。

A．传统营销　　B．网络直销

C．网络间接销售　　D．混合营销

二、多选题

1．网络营销策略中的 4P 分别是（　　）。

A．产品策略　　B．价格策略

C．渠道策略　　D．促销策略

E．成本策略

2．网络营销整体产品层次有（　　）。

A．核心利益层次　　B．有形产品层次

C．期望产品层次　　D．延伸产品层次

E．潜在产品层次

三、简答题

1．简述网络消费者购买决策过程。

2．简述网络消费需求特征。

3．分析影响网络消费者购买行为的主要因素。

4．针对双 11 促销，分析网络促销的作用及策略应用。

第 6 章　电子商务物流管理

学习要点及目标

1. 了解物流的产生和发展
2. 了解物流技术
3. 熟悉物流活动的一般要素
4. 熟悉物流模式，掌握物流模式的选择

核心概念

物流　企业自营物流　第三方物流　配送中心　条码　RFID

引导案例

戴尔公司电子商务物流的八部曲

戴尔公司是商用桌面 PC 市场的第二大供应商，其销售额每年以 40%的增长率递增，是该行业平均增长率的两倍。年营业收入达 100 亿美元的业绩，使它位居康柏、IBM、苹果和 NEC 之后第五位。戴尔公司每天通过网络售出的电脑系统价值逾 1200 万美元，面对骄人的业绩，总裁迈克尔·戴尔说，这归功于物流电子商务化的巧妙运用。

一、戴尔公司电子商务化物流取得的效果

戴尔公司的日销量超过 1200 万美元，但其销售全是通过国际互联网和企业内部网进行的。在日常的经营中戴尔公司仅保持两个星期的库存（行业的标准是刚超过 60 天），存货一年周转 30 次以上。基于这些数字，戴尔公司的毛利率和资本回报率分别是 21%和 106%。戴尔公司实施电子商务化物流后取得的物流效果是：①1998 年成品库存为零；②零部件仅有 2.5 亿美元的库存量（其盈利为 168 亿美元）；③年库存周转次数为 50 次；④库存期平均为 7 天；⑤增长速度 4 倍于市场成长速度；⑥增长速度两倍于竞争对手。

在现实企业的经营中，电子商务的实现的确可以使销售过程的中间环节成为多余，并可以构造一条最简短的流通渠道，这条渠道可以由专业的流通企业经营，也可由专业的制造企业经营，还可以由信息网络服务商来经营。制造商从事电子商务的情况比较普遍。

二、戴尔公司电子商务化物流的八个步骤

在戴尔的直销网站（http://www.dell.com）上，提供了一个跟踪和查询消费者订货状况的接口，供消费者查询已订购的商品从发出订单到送到消费者手中全过程的情况。戴尔对待任何消费者（个人、公司或单位）都采用定制的方式销售，其物流服务也配合这一销售政策而实施。戴尔的电子商务销售有八个步骤。

（一）订单处理

在这一步，戴尔要接收消费者的订单，消费者可以拨打 800 免费电话或通过戴尔的网上商店进行网上订货，也可以通过浏览戴尔的网上商店进行初步检查，首先检查项目是否填写齐全，然后检查订单的付款条件，并按付款条件将订单分类。采用信用卡支付方式的订单将被优先满足，其他付款方式则要更长时间得到付款确认，只有确认支付完款项的订单才会立即自动发出零部件的订货并转入生产数据库中，订单也才会立即转到生产部门进行下一步作业。用户订货后，可以对产品的生产过程、发货日期甚至运输公司的发货状况等进行跟踪，根据用户发出订单的数量，用户需要填写单一订单或多重订单状况查询表格，表格中各有两项数据需要填写，一项是戴尔的订单号，二是校验数据，提交后，戴尔会通过因特网将查询结果传送给用户。

（二）预生产

从接收订单到正式开始生产之前，有一段等待零部件到货的时间，这段时间叫做预生产。预生产的时间因消费者所订的系统不同而不同，主要取决于供应商的仓库中是否有现成的零部件。一般地，戴尔要确定一个订货的前置时间，即需要等待零部件并且将订货送到消费者手中的时间，该前置时间在戴尔向消费者确认订货有效时会告诉消费者。订货确认一般通过两种方式，即电话或电子邮件。

（三）配件准备

当订单转到生产部门时，所需的零部件清单也就自动产生，相关人员将零部件备齐传送到装配线上。

（四）配置

组装人员将装配线上传来的零部件组装成计算机，然后进入测试过程。

（五）测试

检测部门对组装好的计算机用特制的测试软件进行测试，通过测试的机器被送到包装间。

（六）装箱

测试完后的计算机被放到包装箱中，同时要将鼠标、键盘、电源线、说明书及其他文档一同装入相应的卡车运送给顾客。

（七）配送准备

一般在生产过程结束的次日完成送货准备，但大订单及需要特殊装运作业的订单可能花的时间要长些。

（八）发运

将顾客所订货物发出，并按订单上的日期送到指定的地点。戴尔设计了几种不同的送货方式，由顾客订货时选择。一般情况下，订货将在 2～5 个工作日送到订单上的指定地点，即送货上门，同时提供免费安装和测试服务。

戴尔的物流从确认订货开始。确认订货是以收到货款为标志的，在收到用户的货款之前，物流过程并没有开始，收到货款之后需要 2 天时间进行生产准备、生产、测试、包装、发运准备等。戴尔在我国的福建厦门设厂，其产品的销售物流委托国内的一家货运公司承担。由于用户分布面广，戴尔向货运公司发出的发货通知可能十分零星和分散，但戴尔承诺在款到后2~5天送货上门，同时，在中国对某些偏远地区的用户每台计算机还加收200~300元的运费。

三、电子商务化物流对戴尔公司的好处及隐患

电子商务化物流使戴尔公司既可以先拿到用户的预付款，待货运到后货运公司再结算运费（运费还要用户自己支付），戴尔既占压着用户的流动资金，又占压着物流公司的流动资金，按单生产又没有库存风险。戴尔的竞争对手一般保持着几个月的库存，而戴尔的库存只有几天，这些因素使戴尔的年均利润率超过50%。当然，无论什么销售方式，首先必须对用户有好处。戴尔的电子商务型直销方式对用户的价值包括：一是用户的需求不管多么个性化都可以满足；二是戴尔精简的生产、销售、物流过程可以省去一些中间成本，因此戴尔的价格较低；三是用户可以享受到完善的售后服务，包括物流、配送服务，以及其他售后服务。

决定戴尔直销系统成功与否的关键是要建立一个覆盖面较大、反应迅速、低成本的物流网络和系统。如果戴尔按照承诺将所有的订货都直接从工厂送货上门，就会带来两个问题：

（一）物流成本过高

如果用户分布的区域很广，订货量又少，则这种系统因库存降低减少的库存费用是无法弥补因送货不经济导致的运输及其他相关成本上升而增加的费用的，可能在某些重要的销售市场设立区域配送中心是必要的，这样可能会使库存成本上升，但交货期缩短。

（二）交货期过长

传统的销售渠道是消费者面对现货；在戴尔的销售方式下，用户面对的是期货。此时，消费者看重的是名牌企业，因而有可能等待，但这并不是消费者期望的事情，所以像戴尔这样依赖准确的需求预测，电话订货或网上订货，然后再组织生产和配送的模式，实际上蕴藏着较大的市场、生产及物流风险，不是很容易办到的。

四、电子商务化物流服务

如果将电子商务的物流需求仅仅理解为门到门运输、免费送货或保证所订的货物都送货的话，那就错了。因为电子商务需要的不是普通的运输和仓储服务，它需要的是物流服务。而物流与仓储运输存在比较大的差别，正是因为传统的储运服务无法全方位地为电子商务服务，才使得电子商务经营者感到物流服务不到位、太落后等。那么电子商务经营者需要的是什么服务呢？答案是，除了传统的物流服务外，电子商务还需要增值性的物流服务。增值性的物流服务包括以下内容：

（一）增加便利性的服务，即使人变懒的服务

一切能够简化手续、简化操作的服务都是增值性服务。简化是相对于消费者而言的，并不是说服务的内容简化了，而是指为了获得某种服务，以前需要消费者自己做的一些事情，现在由商品或服务提供商以各种方式代替消费者做了，从而使消费者获得这种服务变得简单。消费者获得服务或商品就像用傻瓜照相机一样简单，不仅简单而且更加好用，这当然增加了商品或服务的价值。在提供电子商务的物流服务时，推行一条龙门到门服务、提供完备的操作或作业提示、省力化设计或安装、代办业务、一张面孔接待客户、24小时营业、自动订货、传递信息和转账（利用EOS、EDI、EFT）、物流全过程追踪等都是对电子商务销售有用的增值性服务。

（二）加快反应速度的服务，即使流通过程变快的服务

快速反应已经成为物流发展的动力之一。传统的观点和做法将加快反应速度变成单纯对

快速运输的一种要求，而现代物流的观点认为，可以通过两条途径使过程变快，一是提高运输基础设施和设备的效率，比如修建高速公路、铁路提速、制定新的交通管理办法、将汽车本身的行使速度提高等。这是一种速度的保障，但在需求方对速度的要求越来越高的情况下它也变成了一种约束，因此必须想其他的办法来提高速度。所以第二种办法，也是具有重大推广价值的增值性物流服务方案，应该是优化电子商务的流通渠道，以此来养活物流环节、简化物流过程，提高物流系统的快速反应性能。

（三）降低成本的服务，即发掘第三利润源泉的服务

电子商务发展的前期，物流成本高居不下，有些企业可能会因为根本承受不了这种高成本而退出电子商务领域，或者是选择性地将电子商务的物流服务外包出去，这是很自然的事情。发展电子商务，一开始就应该寻找能够降低物流成本的物流方案。企业可以考虑的方案包括：采用第三方物流；电子商务经营者之间或电子商务经营者与普通商务经营者联合，采取物流共同化计划；同时，对于具有一定销售量的电子商务企业，可以通过采用比较适用但投资比较少的物流技术和设施设备，或推行物流管理技术，如运筹学中的管理技术、单品管理技术、条形码技术和信息技术等，提高物流的效率和效益，降低物流成本。

（四）延伸服务，即将供应链集成在一起的服务

向上可以延伸到市场调查与预测、采购及订单处理；向下可以延伸到配送、物流咨询、物流方案的选择与规划、库存控制决策建议、货款回收与结算、教育与培训、物流系统设计与规范方案的制作等。

（资料来源：一大把网站）

案例导学

为什么说电子商务与物流的关系是“成也物流，败也物流”？

戴尔公司给我们提供了电子商务化物流的先河，如何实现电子商务化物流是目前企业所面临的问题，而能否提供电子商务化物流增值服务现在已成为衡量一个企业物流是否真正具有竞争力的标准。

6.1　电子商务物流概述

6.1.1　物流概念的产生

物流概念的发展经过了一个漫长而曲折的过程。回顾物流的发展历程并理解历史上经典的物流概念，不仅有利于人们了解物流的发展规律，更有利于全面深入地理解物流的内涵。

1. 物流概念的起源——市场营销的推动

英国克兰菲尔德物流与运输中心（CCLT，Cranfield Center for Logistic sand Transportation）主任、资深物流与市场营销专家马丁·克里斯多夫（Martin Christopher）教授认为，阿奇·萧（Arch W.Shaw）是最早提出“实体配送”（Physical Distribution）概念并进行实际探讨的学者。

阿奇·萧在 1915 年哈佛大学出版社出版的《市场流通中的若干问题》一书中指出：“创

造需求与实物供给的各种活动之间的关系说明存在平衡性和依赖性两个原则”“实体配送是与创造需求不同的一个问题……流通活动中的重大失误都是因为创造需求与实体配送之间缺乏协调造成的”。

1916 年，L.D.H.Weld 在《农产品的市场营销》中指出，市场营销的效用中包括时间效用、场所效用、所有权效用和营销渠道的概念，从而肯定了实体配送在创造产品的市场价值中的时间价值及场所价值中的重要作用。

1922 年，克拉克（F.E.Clark）在《市场营销原理》中将市场营销定义为：影响商品所有权转移的活动和包括实体配送的活动。

1935 年，美国销售协会对实体配送进行了定义：“实体配送是包含于销售之中的物质资料和服务从生产地点到消费地点的流动过程中，伴随的种种经济活动。”

2. 物流概念的起源——军事后勤的贡献

以詹姆士·约翰逊（James C.Johnson）和唐纳德·伍德（Donald E.Wood）为代表的学者认为“物流一词首先用于军事”。他们说，1905 年美国少校琼斯·贝克（Chauncey.B.Baker）认为“那个与军备的移动和供应相关的战争艺术的分支就叫 Logistics（国内也翻译为‘后勤’）”。

美国韦勃斯特大词典，在 1963 年把后勤定义为“军事装备物资、设施与人员的获取、供给和运输”。

1970 年，美国空军在一份技术报告中对后勤学下的定义：后勤学即“计划和从事部队的输送、补给和维修的科学”。

日本将引进的后勤学译为“兵站学”，并将其含义表述为“除了军需资料的订购、生产计划、采买、库存管理、配给、输送、通用外，还包括规格化、品质管理等军事作战行动所必需的资材管理”。

美国学者鲍尔索克斯斯在 1974 年出版的《后勤管理》一书中，将后勤管理定义为“以卖主为起点将原材料、零部件与制成品在各个企业间有策略地加以流转，最后达到用户其间所需要的一切活动的管理过程”。这时后勤一词已经不仅仅是军事上的含义了。

1981 年在美国出版的《后勤工程与管理》是用于大学生和研究生课堂教学的教科书，书中引用了美国工程师学会（The Society Of Logistics Engineers，SOLE）对后勤学的定义，即“对于保障的目标、计划及其设计和实施的各项要求，以及资源的供应和保持等有关的管理、工程与技术业务的艺术与科学”。

战后，“后勤”一词在企业中得到广泛应用，并出现了商业后勤、流通后勤的提法，使后勤的外延推广到生产和流通等领域。经过长时间演变之后，Logistics 的范围已经远远超出了原先“后勤”的范畴，其内涵也比民用领域的 PD 更为丰富。

Logistics 的严密性使它逐渐取代了 PD 在企业中的地位。

3. 物流概念的起源

- 市场营销的推动——早期物流概念
- Physical Distribution（实体配送）——ArchW.Shaw1915

起源于对市场营销的研究，关注流通，主要是关于产品销售过程中的储存管理、运输管理问题。

- 军事后勤的贡献——现代物流概念

Logistics——发源于 WWⅡ军事后勤理论和实践，结合战后制造业生产组织方式的变革和工业工程方法的普及对物流服务的要求，发展出来的一个独立的服务业体系。

Physical Distribution，涵盖采购、厂内物流和产品流通。

4. “物流”称谓的由来

1963 年，日本派出“流通技术专业考察团”，由早稻田大学宇野正雄教授率领专家学者一行 12 人赴美国考察，历时一个多月，弄清了日本以往称为“流通技术”的内容就相当于美国的 Physical Distribution（PD），此后日本亦将此类活动改称为 PD。

1964 年，池田内阁“五年计划”制定小组的平原直谈到 PD 这一术语时，将其翻译为“物的流通”，并在 1965 年的政府文件中正式采用，以后这一术语又逐渐被简称为“物流”。

从引进物流概念到 20 世纪 70 年代的近 20 年间，日本逐渐发展成为世界上物流产业最发达的国家之一。

物流概念传入我国主要有两条途径。一是 20 世纪 60 年代末直接从日本引入“物流”这个名词，并沿用“PD”这一英文称谓；另一条途径是 20 世纪 80 年代初，随着欧美的市场营销理论传入我国。欧美的“市场营销”教科书中，几乎毫无例外地都要介绍 PD，使我国的营销领域逐渐开始接受物流观念。

20 世纪 80 年代后期，当西方企业用 Logistics 取代 PD 之后，我国和日本仍把 Logistics 翻译为“物流”，有时也直译为“后勤”。

1988 年中国台湾地区开始使用“物流”这一称谓。

1989 年 4 月，第八届国际物流会议在北京召开，“物流”一词的使用日益普遍。

我国在引进物流概念的过程中，为了将 Logistics 与 Physical Distribution 区分开来，也常常将前者称为“现代物流”，而将后者称为“传统物流”。

6.1.2 物流的定义

由于学者们不同的学科背景和学术偏好，形成了不同的物流学派，比如军事学派、企业学派、工程学派、管理学派等。这些学派对物流的定义都有各不相同的提法，即便是在同一学派内，也经常会出现不同的物流定义。事实上，随着实践的发展和认识的深入，某些学术机构也会对其所下的物流定义进行修订和改进。

一些较有影响的物流定义：

日本综合研究所编著的《物流手册》：物流是物资资料从供给者向需求者的物理性移动，是创造时间、场所价值的经济活动。从物流的范畴来看，包括包装、装卸、保管、库存管理、流通加工、运输、配送等各种活动。

英国管理协会（BIM）物流管理中心（Center for Physical Distribution Management）：物流指的是企业内部广泛的活动范围，它涉及货物和原材料从生产地到顾客的内向和外向的有效移动。物流管理的目标就是为了实现这种物流活动的最大有效性。

2001 年 4 月 17 日批准颁布的《中华人民共和国国家标准物流术语》（GB / T18354—2001）对物流的定义为“物品从供应地向接收地的实体流动过程。根据实际需要，将运输、储存、装卸搬运、包装、流通加工、配送、信息处理等基本功能实施有机的结合。”

物流的定义，出于不同的侧重点（企业、工程、管理）有各种不同的提法，一般来说归纳为狭义和广义的两种：狭义的“物流”，仅指作为商品的物质资料的空间运动过程，属于流通领域的范畴。广义的“物流”，还包括物质资料在生产过程中的运动过程，即物流既发生在流通领域，又包含在生产领域之内。我们研究的是广义的物流。

“物流”作为一个专用学科名词，包含了物质资料在流动过程中的技术和管理活动。对“物流”的界定：物质资料在生产过程中各个生产阶段之间的流动和从生产场所到消费场所之间的全部运动过程；包括运动过程中的空间位移及与之相关联的一系列生产技术性（包括自然技术和管理技术）活动。

对于物流的定义，可以做如下的理解：

（1）物流的对象不仅仅是物品

物流的对象不仅仅是物品，还应包括服务和信息。服务和信息是特殊商品。

（2）物流是一个过程和系统

过程是指人机交互作用于作业对象，达成作业目标的行为集合，物流过程从纵向可以分为环节、作业和动作；从横向可以分解为流体、载体、流向、流量、流程和流速六要素。物流过程从始至终是由一系列作业环节组成的，物流作业环节又是由具体的物流作业组成的，而具体的物流作业又是物流作业动作的集合，比如，物流过程由运输、储存、包装、装卸、流通加工、信息处理等环节组成，其中的运输环节，又由组配、装车、驾驶、卸货等作业组成。

（3）物流过程需要一体化管理

现代物流并不是运输、储存、装卸、包装、流通加工、配送、回收和物流信息等要素的简单集合，而是从供应方开始到顾客整个流通过程发生的商品实物运动及相关服务的一体化管理。

（4）物流包括整个社会再生产过程

现代物流的范围包括从原材料采购到最终消费者送货，直到退货、废弃物回收等。

（5）物流是效率和效果的统一

就物流而言，有效率就是指以最低的物流费用满足顾客的要求，而有效果则是以物流的速度（订货周期）、可获得性、准时性、差异化等来反映服务的水平。当然，在许多场合，效率和效果是有矛盾的，解决的办法是：战略匹配，即针对顾客的不同偏好或者优先顺序，提供不同的物流战略，来达到效率和效果的统一。

6.1.3 物流活动的一般要素

企业物流活动的构成要素有六个，其中实现物质、商品空间移动的运输以及时间移动的存货是两个中心要素，另外四个要素是因包装物流顺利进行而开展的搬运、流通加工和信息，它们对物流的顺利进行起着十分重要的作用。

1. 运输

运输是用设备和工具，将物品从一地点向另一地点运送的物流活动。其中包括集货、分配、搬运、中转、装入、卸下、分散等一系列操作。

（1）运输的两个基本功能

1）实现产品空间转移

商品运输可以创造出商品的空间效用和时间效用；商品运输可以扩大商品的市场范围；商品运输可以保证商品价格的稳定性；商品运输能够促进社会分工的发展。

2）短时间产品存放

从广义的库存概念讲，运输的过程本质上是处于动态库存状态。下面从另外角度理解运输的功能。

对产品进行临时存放是一个特殊的运输功能，这个功能在以往并没有被人们关注。在仓库有限的时候，利用运输车辆存放也许是一种可行的选择。

（2）运输方式

基本运输方式是由铁路、公路、水路、航空和管道运输等多种主要运输方式组成的。

- 铁路运输：指使用铁路列车运送货物。主要承担长距离，大批量的货运，是在干线运输中起主力运输作用的运输方式。
- 公路运输：指使用机动车辆（主要指汽车）在公路上进行货物运输的一种方式。
- 水路运输：指使用船舶在内河或海洋运送货物的一种运输方式。
- 航空运输：指使用飞机或其他航空器进行运输的一种方式。
- 管道运输：指利用管道输送气体、液体和粉状固体的一种运输方式。
- 联合运输：联合运输是指一次委托，由两家以上运输企业或用两种以上运输方式共同将某一批物品运送到目的地的运输方式。

2. 储存

储存是保护、管理、贮藏物品。物品流通活动中的存货行为是为了调整生产和消费之间的时间差而进行的。例如，我们的主食大米，集中在秋天收获，而消费者每天都要食用，为了调整集中生产、平均消费的时间性，就要放在仓库里保存。因此，在生产和消费（或销售）之间，多多少少存在这样的一些时间差，在供需之间，时间方面的调整就是存货活动的主要功能。其他方面，如提高商品时间效用的功能，也是存货的功能。反之，提高商品的场所效用是运输的功能。这就是说，提高商品的场所效用和时间效用这两个功能，即运输和存货，成为物流活动的支柱。

对仓储管理与库存控制定义的理解，仓储管理即对“储备”实物本身进行的操作（对在库货在途商品的数量和品质以及运作进行的管理，以防商品数量短少，质量发生变化，提高劳动生产率）。

库存控制：对库存数量和结构进行变化和管理的物流作业活动。

3. 包装

包装是为在流通过程中保护产品、方便储运、促进销售，按一定技术方面而采用的容器、材料及辅助物等的总体名称。也指为了达到上述目的而采用容器、材料和辅助物的过程中施加一定技术方法等的操作活动。

包装与物流领域有直接的关系，这种包装称为工业包装，也称运输包装或外包装。运输包装（transport package）是以满足运输贮存要求为主要目的的包装。它具有保障产品的安全，方便储运装卸，加速交接、点验等作用。与商品零售有关的包装称为商品包装或零售包装、消费者包装。销售包装（sales package）又称内包装，是直接接触商品进入零售网点和消费者或用户直接见面的包装。

包装类型有：

（1）按运输工具分类

按运输工具不同，包装可分为铁路货物包装、卡车货物包装、船舶货物包装和航空货物包装等。

（2）按包装材料分类

根据使用的包装材料不同，包装可分为纸箱包装、木箱包装、纸袋包装、玻璃瓶包装、塑料袋包装（软包装）等。

（3）按包装商品种类

按包装商品种类不同，包装可分为食品包装、药品包装、蔬菜包装、机械包装、危险品包装等。

（4）按包装使用次数划分

按包装使用次数又可分为一次性使用包装和重复使用包装。重复使用包装又分为两种情况，一是回收再用（纸、金属等），还有一种情况是回收后可直接复用（如酒瓶回收）。

（5）按商品销售地点划分

按商品销售地点的不同可以分为内销包装和外销包装。

4. 搬运与装卸

搬运是在同一场所内，对物品进行水平移动为主的物流作业。搬运是为产品的货物运输和保管的需要而进行的企业。搬运是介于物流各环节（如运输、储存等）之间起衔接作用的活动。它把货物运动的各个阶段连接成为连续的“流”，使物流的概念名副其实。

在仓库管理中，物料搬运是一项重要的活动。产品必须有人接收、分拣、组装，以满足顾客的订货需要。在物料搬运设备中投入的直接劳动和资金是物流总成本的一个主要组成部分。产品搬运的过程越少，产品损坏的可能性也就越小，而仓储的整体效率却会增加。现实中还利用各种各样的机械化和自动化设施来协助物料搬运。实际上每一个仓库及其物料搬运能力都反映了整个物流过程中的一个微系统。

所谓装卸是指物品在指定地点以人力或机械装入运输设备或卸下。装卸是物流过程中对于保管货物和运输两端货物的处理活动，具体来说，包括货物的装载、卸货、移动、货物堆码上架、取货、备货、分拣等作业以及附属于这些活动的作业。

5. 流通加工

流通加工（distribution processing）是物品在从生产地到使用地的过程中，根据需要施加包装、分割、计量、分拣、刷标志、拴标签、组装等简单作业的总称。

流通与加工的概念本不属同一范畴。加工是改变物质的形状和性质，形成一定产品的活动；而流通则是改变物质的空间状态与时间状态。流通加工则是为了弥补生产过程加工不足，更有效地满足用户或本企业的需要，使产需双方更好地衔接，将这些加工活动放在物流过程中完成，而成为物流的一个组成部分。流通加工是生产加工在流通领域中的延伸，也可以看成是流通领域为了更好地服务，在职能方面的扩大。

6. 信息

所谓信息，指的是能够反映事物内涵的知识、资料、信函、情报、数据、文件、图像、语言、声音等。信息是事物的内容、形状及其发展变化的反映。

物流信息指的是物流活动过程中所必需的各种信息。迅速和准确的信息交流能够改善物流，可以制定新的和独特的物流解决方案，使物流达到前所未有的作用。

然而，这种技术与信息质量密切相关。信息质量上的缺陷会给物流作业带来许多问题，信息质量的缺陷主要划分为两大类：

（1）所收到的信息会在趋势和事件方面不准确

由于大量的物流是在未来的需求之前发生的，不准确的判断或预测都会引起存货非正常损耗或过剩，而过分乐观的预测又会导致不恰当的存货定位。

（2）有关订货的信息与顾客的具体需求一旦产生误差，处理误差的订货将会增加物流成本。

由于退回存货的费用往往会增加物流成本，即使另外存在着销售机会，设法向其他顾客提供所需的服务也会再次产生费用。

6.1.4　物流的分类

1. 按照物流作用进行分类

物流按照作用可以分为供应物流、销售物流、生产物流、回收和废弃物流等。

（1）供应物流（Supply Logistics）

生产企业、流通企业或用户购入原材料、零部件或商品的物流过程称为供应物流。也就是物资生产者、持有者到使用者之间的物流。对于制造企业而言，是指对于生产活动所需要的原材料、燃料、半成品等物资的采购、供应等活动所产生的物流；对于流通企业而言，是指交易活动中，从买方角度出发的交易行为中所发生的物流。

（2）销售物流（Distribution Logistics）

生产企业、流通企业售出产品或商品的物流过程称之为销售物流，是指物资的生产者或持有者到用户或消费者之间的物流。对于制造企业，是指售出商品；而对于流通企业是指交易活动中，从卖方角度出发的交易行为中所发生的物流。

（3）生产物流（Production Logistics）

从工厂的原材料购进入库起，直到工厂成品库的成品发送为止，这一全过程的物流活动称为生产物流。生产物流是制造企业所特有的，它和生产流程同步。原材料、半成品等按照工艺流程在各个加工点不停顿地移动、流转形成了生产物流。如果生产物流发生中断，生产过程也将随之停顿。

（4）回收物流（Returned Logistics）

不合格物品的返修、退货以及伴随货物运输或搬运中的包装容量、装卸工具及其他可再用的旧杂物等，经过回收、分类、再加工、使用的流动过程。

（5）废弃物流（Waste Material Logistics）

废弃物流是伴随某些厂矿的产品，同时或共生的副产物（如钢渣、煤矸石等）、废弃物，以及生活消费品中的废弃物（如垃圾）等，收集、分类、加工、包装、搬运、处理过程的实体物流。

2. 按照物流活动的空间范围划分

（1）地区物流

所谓地区，有不同的划分原则：首先，按行政区域划分，我国可以划分为八大区：东北、华北、西北、西南、华南、华东、华中等；还可以按省区来划分，可划分为北京、天津等 30 多个省、直辖市和自治区等；其次，是按经济圈划分，如苏锡常经济区等；还有按地理位置划分的地区，如长江三角洲地区、河套地区、环渤海地区、珠江三角洲地等。地区物流系统对于提高该地区企业物流活动的效率，以及保障当地居民的生活福利环境，具有不可缺少的作用。研究地区物流应根据地区的特点，从本地区的利益出发组织好物流活动。如某城市建设一个大型物流中心，显然这对于当地物流效率的提高、降低物流成本、稳定物价是很有作用的。但是也会引起由于供应点集中、货车来往频繁、产生废气噪音、交通事故等消极问题。因此物流中心的建设不单是物流问题，还要从城市建设规划、地区开发计划出发统一考虑，妥善安排。

（2）国内物流

国家或相当于国家的实体，是指拥有自己的领土、领海和领空的政治、经济实体。它所制定的各项计划、法令政策都是为其自身的整体利益服务的。物流作为国民经济的一个重要方面，也应该纳入国家的总体规划。我国物流业也是社会主义现代化事业的重要组成部分，全国物流系统的发展必须从全局着眼，对于因为部门分割、地区分割所造成的物流障碍应该清除。在物流系统的建设投资方面也要从全局考虑，使一些大型物流项目能够尽早建成，为经济建设服务。

国家整体物流系统化的推进，必须发挥政府的宏观调控作用，具体说有以下几方面：

1）物流基础设施的建设，如公路、高速公路、港口、机场、铁道的建设，以及大型物流基地的配置等。

2）制定各种交通政策法规，例如铁道运输、卡车运输、海运、空运的价格规定，以及税收标准等。

3）物流活动有关的各种设施、装置、机械的标准化，这是提高全国物流系统运行效率的必经之路。为了标准化有所依据，提出“物流模数”的概念，所谓物流模数是指为了实现物流合理化、标准化，在决定物流系统各个要素尺寸时，其数量应是某个基准尺寸的倍数（小数或整数倍），这个基准尺寸称为物流模数。物流活动中各种票据标准化、规格化也是重要的内容。

4）物流新技术的开发、引进和物流技术专门人才的培养。

（3）国际物流

国际物流（International Logistics）是指世界各国（或地区）之间，由于进行国际贸易而发生的商品实体从一个国家（或地区）流转到另一个国家（或地区）的物流活动。随着国际贸易的发展，物流国际化越来越突出，“物流无国界”已被人们所公认，国际物流将不断得到发展，这就要求有相应的国际物流设施和管理经验。国际物流比国内物流更为复杂，需要国际间的良好协作，同时也需要国内各方面的重视和参与。

3. 按照物流系统性质分

（1）社会物流

社会物流一般是指流通领域发生的物流，是全社会物流的整体，所以有人也称之为大物流或宏观物流。社会物流的一个标志是：它是伴随商业活动发生的，也就是说与物流过程和所有权的更迭相关的。

就物流学的整体而言，可以认为研究对象主要是社会物流。社会物流的流通网络是国民经济的命脉，流通网络分布是否合理，渠道是否畅通这些都是至关重要的。必须对其进行科学管理和有效控制，采用先进的技术手段，保证高效能、低成本运行，这样做可以带来巨大的经济效益和社会效益。

（2）行业物流

同一行业中的企业虽然在市场上是竞争对手，但是在物流领域中却可以常常互相协作，共同促进行业物流系统的合理化，行业物流系统化的结果是使参与的所有企业都得到相应的利益。

例如在日本建设机械行业，提出行业物流系统化的具体内容有：各种运输手段的有效利用；建设共同的零部件仓库，实行共同集配送；建立新旧车设备及零部件的共同流通中心；建立技术中心，共同培训操作人员和维修人员；统一建设机械的规格等。又如在大量消费品方面提出采用发票的统一、商品规格的统一、法规政策的统一、托盘规格的统一、陈列柜和包装模数化等。

（3）企业物流

企业是一种从事商务活动，即为满足顾客需要而提供产品或服务，以营利为目的经济组织，区别于经济领域的其他主体——政府和居民。一个制造企业，要首先购进原材料，然后经过若干工序的加工，最后形成产品销售出去。一个运输企业要按照客户的要求将货物运送到指定地点。在经营范围内由生产或服务活动所形成的物流系统称之为企业物流。

根据物流活动发生的先后次序，可将其划分为四部分。

1）供应物流。包括原材料等一切生产资料的采购、进货、运输、仓储、库存管理和用料管理。

2）生产物流。包括生产计划与控制、厂内运输（搬运）、在制品仓储与管理等活动。

3）销售物流。包括产成品的库存管理、仓储发货运输、订货处理与顾客服务等活动。

4）回收和废弃物流。包括旧物资、边角余料等的回收利用；各种废弃物的处理（废料、废气、废水等）。

4．按照从物流作业执行者的角度进行分类

（1）企业自营物流

企业自营物流是指生产制造企业自行组织的物流。一般来说，工业企业自营物流包含三个层次。

1）物流功能自备。就如同我们在传统企业中看到的那样，企业自备仓库、自备车队等，企业拥有一个自我服务的体系。其中又包含两种情况：一是企业内部各职能部门彼此独立地完成各自的物流使命；二是企业内部设有物流运作的综合管理部门，通过资源和功能的整合，专设企业物流部或物流公司来统一管理企业的物流运作。

2）物流功能外包。一是将有关的物流服务委托给物流企业去做，即从市场上购买有关的物流服务，如由专门的运输公司负责原料和产品的运输；二是物流服务的基础设施为企业所有。但委托有关的物流企业来运作，如请仓库管理公司来管理仓库，或请物流企业来运作管理现有的企业车队。从产业进化的角度来看这是一个进步。

3）物流系统组织。企业自己既不拥有物流服务设施，也不设置功能性的物流职能部门，而是通过整合市场资源的办法获得相应的物流服务。包括供应链的设计、物流服务标准的制定、供应商和分销商的选择等，直至聘请第三方物流企业来提供一揽子的物流服务。

（2）第三方物流

第三方物流（Third-Party Logistics，简称 3PL 或 TPL）的概念源自于管理学中的 Out-Souring，意指企业动态地配置自身和其他企业的功能和服务，利用外部的资源为企业内部的生产经营服务；将 Out-souring 引入物流管理领域，就产生了第三方物流的概念。所谓第三方物流是指生产经营企业为集中精力搞好主业，把原来属于自己处理的物流活动，以合同方式委托给专业物流服务企业，同时通过信息系统与物流企业保持密切联系，以达到对物流全程管理和控制的一种物流运作与管理方式。因此第三方物流又叫合同制物流。

3PL 既不属于第一方，也不属于第二方，而是通过与第一方或第二方的合作来提供其专业化的物流服务，它不拥有商品，不参与商品的买卖，而是为客户提供以合同为约束、以结盟为基础的，系列化、个性化、信息化的物流代理服务。最常见的 3PL 服务包括设计物流系统、EDI 能力、报表管理、货物集运、选择承运人、货代人、海关代理、信息管理、仓储、咨询、运费支付、运费谈判等。

6.1.5 物流配送

1. 配送的定义

按照国家标准《物流术语》（GB/T18354－2006）规定，配送是指在经济合理区域范围内，根据用户要求，对物品进行拣选、加工、包装、分割、组配等作业，并按时送达指定地点的物流活动。

（1）配送是物流中一种特殊的、综合的活动形式

配送是特殊的物流，它处于接近用户的那一段流通领域，辐射范围小，是末端物流，因而具有局限性，配送是一种重要的方式，有其战略价值，并不能解决流通领域的所有问题。

（2）配送是商流与物流的紧密结合

从商流来讲，配送和物流的不同之处在于，物流是商物分离的产物而配送则是商物合一的产物，配送本身就是一种商业形式。虽然配送具体实施时，也有以商物分离形式实现的，但从配送的发展趋势看，商流与物流越来越紧密的结合，是配送成功的重要保障。从物流来讲，配送几乎包括了所有的物流功能要素，是物流的一个缩影或在某小范围中物流全部活动的体现。一般的配送集装卸、包装、保管、运输于一身，通过这一系列活动完成将货物送达的目的。

（3）配送是“配”和“送”的有机结合的形式

配送与一般送货的重要区别在于，配送利用有效的分拣、配货等理货工作，使送货达到一定的规模，以利用规模优势取得较低的送货成本。如果不进行分拣、配货，有一件运一件，需要一点送一点，这就会大大增加动力的消耗，使送货并不优于取货。所以，追求整个配送的优势，分拣、配货等工作是必不可少的。

（4）配送是一种“中转”形式

配送是从物流结点至用户的一种特殊送货形式。从送货功能看，其特殊性表现为：从事送货的是专职流通企业，而不是生产企业；配送是中转型送货，而一般送货尤其从工厂至用户的送货往往是直达型；一般送货是生产什么，有什么送什么，配送则是企业需要什么送什么。所以，要做到需要什么送什么，就必须在一定中转环节筹集这种需要，从而使配送必然以中转形式出现。当然，广义上，许多人也将非中转型送货纳入配送范围，将配送外延从中转扩大到非中转，仅以送为标志来划分配送外延，也是有一定道理的。

（5）配送以用户要求为出发点

配送在定义中强调按“用户的定货要求”明确了用户的主导地位。配送是从用户利益出发、按用户要求进行的一种活动，因此，在观念上必须明确用户第一、质量第一，配送企业的地位是服务地位而不是主导地位，因此不能从本企业利益出发而应从用户利益出发，在满足用户利益的基础上取得本企业的利益。更重要的是，不能利用配送损伤或控制用户，不能利用配送做为部门分割、行业分割、割据市场的手段。

（6）配送概念体现最合理方式

如果过分强调按用户要求是不妥的，用户要求受用户本身的局限，有时实际会损失自我

或双方的利益。对于配送者讲，必须以要求为据，但是不能盲目，应该追求合理性，进而指导用户，实现共同受益的商业原则。

2. 配送的类型

（1）按配送组织者的不同进行分类

1）配送中心配送

这种配送的组织者是专职配送中心，规模比较大；其中有的配送中心由于需要储存各种商品，储存量也比较大；也有的配送中心专职组织配送，因此储存量较小，主要靠附近的仓库来补充货源。由于配送中心专业性比较强，与用户之间存在固定的配送关系。配送中心配送是配送的重要形式。作为配送主体形式的配送中心，其配送不但在数量上占主要部分，而且也作为某些小配送单位的总据点，因而发展较快。作为大规模配送形式的配送中心配送，其覆盖面较宽。因此，必须有一套配套的大规模实施配送的设施，比如配送中心建筑、车辆、路线、其他配送活动中需要的设备等，因此，其一旦建成便很难改变，灵活机动性较差，投资较高。这就导致了在实施配送初期很难大量建立配送中心。因此，这种配送形式有一定局限性。

2）商店配送

这种配送形式的组织者是商业或物资的门市网点，这些网点主要承担商品的零售，一般来讲规模不大，但经营品种却比较齐全。除日常经营的零售业务外，这种配送方式还可根据用户的要求，将商店经营的品种配齐，或代用户外订外购一部分本商店平时不经营的商品，与商店经营的品种一起配齐运送给用户。这种配送组织者实力有限，往往只是零星商品的小量配送，所配送的商品种类繁多，但是用户需用量不大，甚至有些商品只是偶尔需要，很难与大配送中心建立计划配送关系，所以常常利用小零售网点从事此项工作。

由于商业及物资零售网点数量较多、配送半径较小，所以比较灵活机动，可承担生产企业非主要生产物资的配送以及对消费者个人的配送。可以说，这种配送是配送中心配送的辅助及补充形式。

3）仓库配送

这种配送形式是以一般仓库为据点来进行配送。它可以是把仓库完全改造成配送中心，也可以是在保持仓库原功能的前提下，以仓库原功能为主，再增加一部分配送职能。由于其并不是按配送中心要求专门设计和建立的，所以一般来讲，仓库配送的规模较小，配送的专业化比较差。

4）生产企业配送

这种配送形式的组织者是生产企业，尤其是进行多品种生产的生产企业。这些企业可以直接从本企业开始进行配送，而不需要再将产品发运到配送中心进行中心配送。由于避免了一次物流的中转，所以生产企业配送具有其一定优势。

（2）按配运时间及数量分类

1）定时配送

定时配送是指按规定时间间隔进行配送，比如数天或数小时一次等。而且每次配送的品种及数量可以根据计划执行，也可以在配送之前以商定的联络方式（比如电话、计算机终端输入等）通知配送的品种及数量。

这种配送方式时间固定、易于安排工作计划、易于计划使用车辆。

2）定量配送

定量配送是指按照规定的批量，在一个指定的时间范围内进行配送。这种配送方式中，数量固定，备货工作较为简单，可以根据托盘、集装箱及车辆的装载能力规定配送的定量，能够有效利用托盘、集装箱等集装方式，也可做到整车配送，配送效率较高。

3）定时定量配送

定时定量配送是指按照所规定的配送时间和配送数量进行配送。这种方式兼有定时、定量两种方式的优点，但是其特殊性强、计划难度大，因此适合采用的对象不多，不是一种普遍的方式。

4）定时、定路线配送

定时、定路线配送是指在规定的运行路线上，制定到达时间表，按运行时间表进行配送，用户则可以按规定的路线站及规定的时间接货以及提出配送要求。对于用户来讲，既可以在一定路线、一定时间进行选择，又可以有计划地安排接货力量。但这种方式应用领域也是有限的。

5）即时配送

即时配送是指完全按照用户突然提出的配送要求的时间、数量，随即进行配送的方式。这是有很高的灵活性的一种应急方式，采用这种方式的配送可以实现保险储备的零库存，即用即时配送代替保险储备。

（3）按配送商品种类及数量不同分类

1）单（少）品种大批量配送

一般来讲，对于工业企业需要量较大的商品，由于单独一个品种或几个品种就可达到较大输送量，可以实行整车运输，这种情况下就可以由专业性很强的配送中心实行配送，往往不需要再与其他商品进行搭配。由于配送量大，可使车辆满载并使用大吨位车辆。这种情况下，由于配送中心的内部设置、组织、计划等工作也较为简单，因此配送成本较低。但是，如果可以从生产企业将这种商品直接运抵用户，同时又不致于使用户库存效益下降时，采用直送方式则往往效果更好一些。

2）多品种、少批量配送

多品种、少批量配送是根据用户的要求，将所需的各种物品（每种物品的需要量不大）配备齐全，凑整装车后由配送据点送达用户。这种配送作业水平要求高，配送中心设备要求复杂，配货送货计划难度大，因此需要有高水平的组织工作保证和配合。而且，在实际中，多品种、少批量配送往往伴随多用户、多批次的特点，配送频度往往较高。

3）配套成套配送

这种配送方式是指根据企业的生产需要，尤其是装配型企业的生产需要，把生产每一台设备所需要的全部零部件配齐，按照生产节奏定时送达生产企业，生产企业随即可将此成套零部件送入生产线以装配产品。

这种配送方式中，配送企业承担了生产企业大部分的供应工作，使生产企业可以专致于生产，与多品种、少批量的配送效果相同。

（4）按加工程度的不同分类

1）加工配送

加工配送是指与流通加工相结合的配送。即在配送据点中设置流通加工环节，或是将流通加工中心与配送中心建立在一起。流通加工与配送的结合，使得流通加工更有针对性，减少了盲目性。对于配送企业来说，不但可以依靠送货服务、销售经营取得收益，还可通过加工增值取得收益。

2）集疏配送

集疏配送是指只改变产品数量组成形态而不改变产品本身的物理、化学形态的，与干线运输相配合的一种配送方式。比如大批量进货后小批量、多批次发货，零星集货后以一定批量送货等。

（5）按经营形式的不同分类

1）销售配送

销售配送方式是指配送企业是销售型企业，或者是指销售企业作为销售战略一环所进行的促销型配送。各种类型的商店配送一般多属于销售配送。

2）供应配送

供应配送是指用户为了自己的供应需要所采取的配送形式。在这种配送形式下，一般来讲是由用户或用户集团组建配送据点，集中组织大批量进货（以便取得批量折扣），然后向本企业配送或向本企业集团若干企业配送。

3）销售—供应一体化配送

销售—供应一体化配送是指对于基本固定的用户和基本确定的配送产品，销售企业可以在自己销售的同时，承担用户有计划供应者的职能，既是销售者同时又成为用户的供应代理人，起到用户供应代理人的作用。

销售—供应一体化的配送是配送经营中的重要形式，这种形式有利于形成稳定的供需关系，有利于采取先进的计划手段和技术手段，有利于保持流通渠道的畅通稳定，因而受到人们的关注。

4）代存代供配送

代存代供配送是指用户将属于自己的货物委托给配送企业代存、代供，有时还委托代订，然后组织对本身的配送。这种配送，在实施时不发生商品所有权的转移，配送企业只是用户的委托代理人。商品所有权在配送前后都属于用户所有，所发生的仅是商品物理位置的转移。配送企业仅从代存、代送中获取收益，而不能获得商品销售的经营性收益。在这种配送方式下，商物是分流的。

6.1.6 配送中心

1. 配送中心定义及要求

按照国家标准《物流术语》（GB/T18354—2006）的规定，配送中心（Distribution Center）即从事配送业务且具有完善信息网络的场所或组织，应基本符合下列要求：

- 主要为特定的用户服务；
- 配送功能健全；
- 完善的信息网络；
- 辐射范围小；
- 多品种、小批量；
- 以配送为主，储存为辅。

配送中心是指将从供应商处所获得的大量的货物，通过储存、保管、分拣、配货以及流通加工、信息处理等作业后，按客户需求送交客户的组织结构或物流设施。它是以组织配送型销售或供应，执行实物配送为主要职能的流通型物流结点。

配送中心最主要的作用就在于大大地减少了流通领域中供需双方的接触次数——交易次数，使得物流配送通路简捷，布局合理有序。

2. 配送中心的作用

- 使物流成本得到控制；
- 实现库存集约化；
- 通过提高顾客服务水平，促进产品销售；
- 有利于把握销售信息；
- 有利于实现商物分离。

3. 配送中心主要功能

（1）集散功能

货物由几个公司集中到配送中心，再进行发运或向几个公司发运。集散功能也可以将其他公司的货物放入该配送中心来处理、发运，以提高卡车的满载率，降低费用成本。

（2）储存保管功能

储存，一是为了解决季节性货物生产计划与销售季节性的时间差问题。二是为了解决生产与消费之间的平衡问题，为保证正常配送的需要，满足用户的随机需求，在配送中心不仅应保持一定量的商品储备，而且要储存商品保管保养工作，以保证储备商品的数量，确保质量完好。

（3）分货、拣化与配货功能

将集中的大量商品按用户的需要重新分拣、配齐后，送至用户。这是配送中心的主要功能之一，也是区别传统仓库的主要方面。

（4）流通加工功能

配送过程中，为解决生产中大批量、少规格和消费中的小批量、多样化要求的矛盾，按照用户对货物的不同要求对商品进行分装、配装等加工活动，这也是配送中心的功能之一。

（5）送货功能

将配好的货物按到达地点或到达路线进行送货。运输车辆可以租用社会运输力量或自己的专业运输车队。

（6）物流信息、汇总及传递功能

它为管理者提出更加准确、及时的配送信息，也是用户与配送中心联系的渠道。

6.2 物流系统及其分类

6.2.1 物流系统

物流系统是指在一定的空间和时间里，对其所从事的物流事物和全过程作为一个整体处理，以系统的观点、系统工程的理论和方法进行分析研究，以实现空间和时间的经济效益。

电子商务下的物流系统是指在实现电子商务特定过程的时间和空间范围内，由所需位移的商品（或物质）、包装设备、装卸搬运机械、运输工具、仓储设备、人员和通信设备等若干相互制约的动态要素所构成的具有特定功能的有机整体。

6.2.2　物流系统的分类

1. 运输子系统

运输物流子系统是指承担商品物理位移功能的系统，通过空间变换帮助商品完成市场价值交换并实现商品增值，完成商品由生产者向消费者转移的传递过程。运输物流子系统是物流系统的最重要组成部分。

2. 仓储子系统

仓储物流子系统是承担商品存储、保管职能，通过时间变换帮助商品实现价值甚至实现商品价值增值的物流系统，作为连接社会再生产诸环节的“储水池”和“调节器”，仓储子系统有着不可缺少的重要作用。

3. 装卸搬运子系统

该系统是承担货物在各个储运交接环节以及各海陆空口岸搬运装卸职能的物流系统。

4. 包装、加工子系统

随着市场竞争的加剧，在物流领域对商品进行必要的加工和包装是提高消费者满意度和对商品的认同感，从而提高市场占有率的一种重要手段，也是降低生产加工总费用、提高对客户需求反应速度的有效竞争手段。

5. 配送子系统

从客户需要出发，依托现代信息技术，把选货、配货、与送货结合起来，通过迅速、准确、周到的服务提高客户满意度并实现业务增值。

6. 物流信息子系统

物流信息子系统是整个物流系统的神经系统和指挥系统，先进的物流系统是提高整个物流系统运行效率的基础条件，也是各个子系统之间衔接和配合的桥梁和纽带。

6.3　物流技术

【例 6-1】沃尔玛信息技术下的成功

一、强大的信息技术和后勤保障体系是沃尔玛成功的基石

50 年代末，当第一颗人造卫星上天的时候，全世界商业对现代通讯技术还无人问津。而 70 年代沃尔玛就率先使用了卫星通讯系统，新世纪开始，沃尔玛又投资上亿美元开始实施“互联网统一标准平台”的建设。凭借先发优势、科技实力，沃尔玛的店铺冲出阿肯色州，遍及美国，走向世界。由此可见，与其说它是零售企业，不如说它是物流企业。沃尔玛领先于竞争对手，先行对零售信息系统进行了非常积极的投资：最早使用计算机跟踪存货（1969 年），全面实现 S.K.U.单品级库存控制（1974 年），最早使用条形码（1980 年），最早使用 CM 品类管理软件（1984 年），最早采用 EDI（1985 年），最早使用无线扫描枪（1988 年），最早与宝洁公司等大供应商实现 VMI-ECR 产销合作（1989 年）。

在信息技术的支持下，沃尔玛能够以最低的成本、最优质的服务、最快速的管理反应进行全球运作。尽管信息技术并不是沃尔玛取得成功的充分条件，但它却是沃尔玛成功的必要条件。这些投资都使得沃尔玛可以显著降低成本，大幅提高资本生产率和劳动生产率。

沃尔玛的全球采购战略、配送系统、商品管理、人力资源管理、天天平价战略在业界都是可圈可点的经典案例。可以说，所有的成功都是建立在沃尔玛利用信息技术整合优势资源，信息技术战略与传统物流整合的基础之上。可以说，强大的信息技术和后勤保障体系使它不仅在经营商品，更在生产商店，经营物流。

90 年代沃尔玛提出了新的零售业配送理论，开创了零售业的工业化运作新阶段：集中管理的配送中心向各商店提供货源，而不是直接将货品运送到商店。其独特的配送体系，大大降低了成本。加速了存货周转，形成了沃尔玛的核心竞争力。90 年代初，沃尔玛就在公司总部建立了庞大的数据中心，全集团的所有店铺、配送中心和经营的所有商品，每天发生的一切与经营有关的购销调存等详细信息，都通过主干网和通信卫星传送到数据中心。

任何一家沃尔玛商店都具有自己的终端，并通过卫星与总部相连，在商场设有专门负责排货的部门。沃尔玛每销售一件商品，都会即时通过与收款机相连的电脑记录下来，每天都能清楚地知道实际销售情况，管理人员根据数据中心的信息对日常运营与企业战略作出分析和决策。

沃尔玛的数据中心已与上万家供应商建立了协同工作，从而实现了快速反应的供应链管理库存 VMI。厂商通过这套系统可以进入沃尔玛的电脑配销系统和数据中心，直接从 POS 得到其供应的商品流通动态状况，如不同店铺及不同商品的销售统计数据、沃尔玛各仓库的存货和调配状况、销售预测、电子邮件与付款通知等，以此作为安排生产、供货和送货的依据。生产厂商和供应商都可通过这个系统查阅沃尔玛产销计划。这套信息系统为生产商和沃尔玛两方面都带来了巨大的利益。

沃尔玛总部的通讯网络系统使各分店、供应商、配送中心之间的每一进销调存节点都能形成在线作业。使沃尔玛的配送系统高效运转。这套系统的应用，在短短数小时内便可完成“填妥订单—各分店订单汇总—送出订单”的整个流程，大大提高了营业的高效性和准确性。

二、通过信息流对物流整合、优化和及时处理，实现成本控制

沃尔玛在美国本土已建立了 62 个配送中心，整个公司销售商品 85%由这些配送中心供应，而其竞争对手只有约 50%～65%的商品集中配送。沃尔玛完整的物流系统号称“第二方物流”，相对独立运作。不仅包括配送中心，还有更为复杂的资料输入采购系统、自动补货系统等。其配送中心的平均面积约 10 万平方米，相当于 23 个足球场，全部自动化作业，现场作业场面就像大型工厂一样蔚为壮观。

沃尔玛公司共有六种形式的配送中心：第一种是干货配送中心；第二种是食品中心（相当于我们的“生鲜”）；第三种是山姆会员店配送中心；第四种是服装配送中心；第五种是进口商品配送中心；第六种是退货配送中心（其收益主要来自出售包装箱的收入和供应商支付的手续费）。

其配送中心的基本流程是：供应商将商品送到配送中心后，经过核对采购计划、进行商品检验等程序，分别送到货架的不同位置存放。提出要货计划后，电脑系统将所需商品的存放位置查出，并打印有商店代号的标签。整包装的商品直接由货架上送往传送带，零散的商品由工作台人员取出后也送到传送带上。一般情况下，商店要货的当天就可以将商品送出。

沃尔玛要求他所购买的商品必须带有 UPC/EAN 条形码，从工厂运货回来，卡车将停在配送中心收货处的数十个门口，把货箱放在高速运转的传送带上，在传送过程中经过一系列的激光扫描，读取货箱上的条形码信息。而门店需求的商品被传送到配送中心的另一端，那里有几十辆货车在等着送货。其十多公里长的传送带作业就这样完成了复杂的商品组合。其高效的电脑控制系统，使整个配送中心用人极少。数据的收集、存储和处理系统成为沃尔玛控制商品及其物流的强大武器。

为了满足美国国内 3400 多个连锁店的配送需要，沃尔玛公司在国内共有近 3 万个大型集装箱挂车，5500 辆大型货运卡车，24 小时昼夜不停地工作。每年的运输总量达到 77.5 亿箱，总行程 6.5 亿公里。

合理调度如此规模的商品采购、库存、物流和销售管理，离不开高科技的手段。为此，沃尔玛公司建立了专门的电脑管理系统、卫星定位系统和电视高度系统，拥有世界第一流的先进技术。

全球 4700 多个店铺的销售、定货、库存情况可以随时调出查问。公司 5500 辆运输卡车，全部装备了卫星定位系统，每辆车在什么位置，装载什么货物，目的地是什么地方，总部一目了然。可以合理安排运量和路程，最大限度地发挥运输潜力，避免浪费，降低成本，提高效率。沃尔玛正是通过信息流对物流、资金流的整合、优化和及时处理，实现了有效的物流成本控制。

从采购原材料开始到制成最终产品，最后由销售网络把产品送到消费者手中的过程都变得高效有序，实现了商业活动的标准化、专业化、统一化、单纯化，从而达到实现规模效益的目的。（资料来源：中华考试网）

物流技术是指物流活动中所采用的自然科学与社会科学方面的理论、方法以及设施、设备、装置与工艺的总称。

一般认为，物流技术包括两个方面，即物流硬技术和物流软技术。

6.3.1 射频及标签识别技术

射频识别（Radio Frequency Identification，RFID）俗称电子标签，广泛用于零售业。是利用射频信号及其耦合和传输特性进行非接触双向通信、实现对静止或者移动物体的自动识别，并进行数据交换的一项自动识别技术（GB/T 18354—2006）。射频识别是一种非接触式的自动识别技术，它通过射频信号自动识别目标对象并获取相关数据，识别工作无须人工干预，可工作于各种恶劣环境。RFID 技术可识别高速运动物体并可同时识别多个标签，操作快捷方便。

1. 射频识别系统（Radio Frequency Identification System）

射频识别系统由射频标签、识读器、计算机网络和应用程序及数据库组成的自动识别和数据采集系统。识读器在一个区域发射能量形成电磁场，射频标签经过这个区域时检测到识读器的信号后发送存储的数据，识读器接收射频标签发送的信号，解码并校验数据的准确性已达到识别的目的。

（1）射频标签（Radio Frequency Tag）

射频标签是安装在被识别对象上，存储被识别对象的相关信息的电子装置。它相当于条码技术中的条码符号，用来存储需要识别传输的信息。与条码不同的是，标签必须能够自动或者在外力的作用下，把存储的信息主动发射出去。电子标签一般由调制解调器、控制器、编码发生器、时钟、存储器及天线组成。

（2）射频读写器（RFID reader）

读写器一般认为是射频识别即 RFID 的读写终端设备。它不但可以阅读射频标签，还可以擦写数据，故叫读写器。若只能阅读，不能擦写，则叫读卡器或射频识别器。读写器应用非常广泛，主要应用于身份识别、货物识别、安全认证和数据收录等方面，具备安全、准确、快速、扩展、兼容性强等特点。

2. RFID 工作原理

（1）读写器通过发射天线将无线电载波信号向外发射。

（2）当电子标签在发射天线的工作范围内时，电子标签被载波信号激活，并将自身的代码通过天线向外发射。

（3）射频识别系统的接收天线接收电子标签发出的信号并传递给读写器，读写器再对信号进行解调解码，传输给计算机主机。

（4）计算机主机根据读写器传来的信息作出相应的处理和控制，发出信号给执行系统，执行系统根据信号执行指定动作。

（5）各个监控点通过计算机网络连接起来，构成了一个总控信息平台。

6.3.2 条形码技术

1. 条码技术

条码（Bar Code）是指一组规则排列的条、空及字符组成的、用以表示一定信息的代码。条码系统是由条码符号、制作及扫描阅读器组成的自动识别系统。条码系统是由条码符号设计、制作及扫描阅读组成的自动识别系统（GB/T 18354—2006）。

条形码识读装置是条形码系统的基本设备，它的功能是译读条形码符号，即把条形码条符宽度、间隔等信号转换成不同时间长短的输出信号，并将该信号转化为计算机可识别的二进制编码，然后输入计算机。识读装置由扫描器和译码器组成。扫描器又称光电读入器，它装有照亮被读条形码的光束检测器件，接收条形码的反射光，产生模拟信号，经放大、量化后送译码器处理。当计算机配置了网络控制器之类的接口软硬件时，这个条形码系统就能同时处理多个条形码识读装置输入的条形码信息。

2. 条码技术的优点

条码是迄今为止最经济、实用的一种自动识别技术。条码技术具有以下几个方面的优点：

（1）输入速度快

条码输入与键盘输入相比，条码输入的速度是键盘输入的 5 倍，并且能实现“即时数据输入”。

（2）可靠性高

键盘输入数据出错率为三百分之一，利用光学字符识别技术出错率为万分之一，而采用条码技术误码率低于百万分之一。

（3）采集信息量大

利用传统的一维条码一次可采集几十位字符的信息，二维条码更可以携带数千个字符的信息，并有一定的自动纠错能力。

（4）灵活实用

条码标识既可以作为一种识别手段单独使用，也可以和有关识别设备组成一个系统实现自动化识别，还可以和其他控制设备联接起来实现自动化管理。

另外，条码标签易于制作，对设备和材料没有特殊要求，识别设备操作容易，不需要特殊培训，且设备也相对便宜。

3. 条码编码规则

（1）唯一性

条码编码时，每一种规格的产品对应一个产品代码，不同规格的同种产品应对应不同的产品代码。

（2）永久性

产品代码一经分配，就不再更改，并且是跟随产品终身的。当此种产品不再生产时，一定期间内其对应的产品代码只能搁置起来，不得重复起用再分配给其他的商品。

（3）无含义性

代码本身不表示产品的任何特性，仅用来标识产品，不作为产品分类的手段。这样就使编码简单、灵活、可靠，有足够的代码容量以适应产品频繁更新换代的需要。

4. 条码的分类

按照维数，条码分为一维条码和二维条码。

（1）一维条码

一维条码只是在一个方向（一般是水平方向）表达信息，而在垂直方向则不表达任何信息，其一定的高度通常是为了便于阅读器的对准。一维条码是由一个接一个的“条”和“空”排列组成的，条码信息靠“条”和“空”的不同宽度和位置来传递，信息量的大小是由条码的宽度和印刷的精度来决定的，条码越宽，包容的“条”和“空”越多，信息量越大；条码印刷的精度越高，单位长度内可以容纳的“条”和“空”越多，传递的信息量也就越大。这种条码技术只能在一个方向上通过“条”与“空”的排列组合来存储信息，所以叫它“一维条码”。

任何一个完整的一维条码通常都是由两侧的空白区、起始符、数据字符、校验符（可选）、终止符和供人识别字符组成的。

一维条码符号中的数据字符和校验符是代表编码信息的字符，扫描识读后需要传输处理，左右两侧的空白区、起始符、终止符等都是不代表编码信息的辅助符号，仅供条码扫描识读时使用，不需要参与信息代码传输。

广泛使用的一维条码有：美国统一代码委员会制定的一种商品用条码 UPC 码；国际物品编码协会制定的一种 EAN 条码，如图 6-1、图 6-2 所示；美国 Intermec 公司研制的一种条码 Code 39 码，如图 6-3 所示。

图 6-1　EAN 码符号的标准版（EAN-13）

图 6-2　EAN 码符号的缩短版（EAN-8）

图 6-3　Code 39 码

一维条形码的应用可以提高信息录入的速度，减少差错率，但是一维条形码也存在一些不足之处，如：数据容量较小，30 个字符左右；只能包含字母和数字；条形码尺寸相对较大（空间利用率较低）；条形码遭到损坏后便不能阅读。

（2）二维条码

在水平和垂直方向的二维空间存储信息的条形码，称为二维条形码，可以直接显示英文、中文、数字、符号、图形；储存数据容量大。可以用扫描仪直接读取内容，无需另接数据库；数据还可以加密，保密性高；安全级别最高时，损污 50%仍可以读取完整信息。目前常用的二维条码有 PDF417、Maxicode 码和 QR Code 码等，如图 6-4 所示。

PDF417 码　　QR Code 码

Maxicode 码（1992 年）　　Maxicode 码（1996 年）

图 6-4　常见的二维码

二维条码跟以往的一维条码一样，在商业活动中应用广泛，特别是在高科技行业、储存运输业、批发零售业等需要对物品进行廉价快捷地标示信息的行业用途广泛。在日本等一些国家地区，像 QR 码一样容易生成及读取的条形码已经成为生活中快捷便利的信息交流方式。在一些国家，已经采用 PDF417 码作为身份识别的标签，并直接印制在身份识别的证件上，以便快速读取。

二维条码技术是在一维条码无法满足实际应用需求的前提下产生的。由于受信息容量的限制，一维条码通常是对物品的标识，而二维条码是对物品的描述。

所谓对物品的标识，就是给某物品分配一个代码，代码以条码的形式标识在物品上，用来标识该物品以便自动扫描设备的识读，代码或一维条码本身不表示该产品的描述性信息。

我国已制定了两个二维条码的国家标准：GB/T 17172—1997《四一七条码》，GB/T 18284—2000《快速响应矩阵码》。

二维条码的主要特点有：信息量容量大、安全性高、读取率高、错误纠正能力强等特性。

5. 条码在物流中的应用

（1）仓库货物管理

条码技术应用于库存管理，避免了手工书写票据和送到机房输入的步骤，大大提高了工作效率。同时解决了库房信息滞后的问题，提高了交货日期的准确性。另外，解决了票据信息不准确的问题，提高了客户服务质量、消除事物处理中的人工操作、减少无效劳动。

（2）生产线人员管理

每个班次开工时，工作小组每个成员都要用条形码数据采集器扫描他们员工卡上的条码，把考勤数据和小组成员纪录到数据采集器，然后输入到计算机系统。小组成员根据纪录的情况，决定相应的奖惩。

（3）流水线生产管理

在条码技术没有应用的时期，每个产品在生产线前，必须手工记载生成这个产品所需的工序和零件，领料号按记载分配好物料后，才能开始生产。在每条生产线上每个产品都有纪录表单，每个工序完成后，填上元件号和自己的工号。手工记载工作量大，很复杂，而且不能及时反映商品在生产线上的流动情况。采用条码技术后，订单号、零件种类、产品编号都可条码化，在产品零件和装配的生产线上及时打印并粘贴标签。产品下线时，由生产线质检人员检验合格后扫入产品的条码、生产线条码号并按工序扫入工人的条码，对于不合格的产品送维修，由维修确定故障的原因，整个过程不需要手工纪录。

（4）仓储管理

条码出现以前，仓库管理作业存在着很多问题，如物料出入库、物品存放地点等信息手记过程烦琐，信息传递滞后，导致库存量上升，发货日期无法保证，决策依据不准，降低了系统可靠性。为了避免失误，一些企业增设验单人员，这就降低了劳动生产率，影响指令处理速度。如果在已安装了计算机网络系统的工厂，只需在数据输入前加一些条码数据采集设备，就可以解决。

（5）进货管理

进货时需要核对产品品种和数量，这部分工作由数据采集器完成的。首先将所有本次进货的单据、产品信息下载到数据采集器中，数据采集器将提示材料管理员输入收货单的号码，由数据采集器在应用系统中判断这个条码是否正确。如果不正确，系统会立刻向材料管理员做出警示；如果正确，材料管理员再扫描所购材料单上的项目号，系统随后检查购货单上的项目是否与实际相符。接着，材料管理员扫描物料规格信息和标识号的条码。每个物料都有唯一的标识。

（6）入库管理

搬运工（或叉车司机）只需扫描准备入库的物料箱上的标签即可。入库可分间接和直接两种：间接入库指物料堆放在任意空位上后，通过条码扫描记录其地址；直接入库指将某一类货物存放在指定货架，并为其存放位置建立一个记录。

（7）库存货物的管理

对于标签破损，参照同类物或依据其所在位置，通过计算机制作标签，进行补贴。在货物移位时，用识别器进行识读，自动收集数据，把采集数据自动传送至计算机货物管理系统中进行管理。按照规定的标准，通过条码识读器对仓库分类货物或零散货物进行定期的盘存。在货物发放过程中，出现某些物品的货物零散领取的情况，可采用两种方式：一是重新打包，系统生成新的二维码标签，作为一个包箱处理；另一种是系统设置零散物品库专门存储零散货物信息，纪录货物的品名、数量、位置等信息，统一管理。

（8）货物信息控制、跟踪

库存自动预警：对于各种货物库存量高于或低于限量进行自动预警。结合各种货物近期平均用量，自动生成需要在一定时间内需要采购或取消订货，有效地控制库存量。

空间监控：监控货物的实际位置、存放时间、空间余地等参数，自动对不合理位置、超长存放时间、余地不足等规定的限量自动预警。

货物信息跟踪：对整个供应链进行跟踪。

报损处理：自动对将要报损货物进行跟踪，管理人员可对报损货物进行登记，填写报损申请表，若报损申请批准后，系统对报损货物进行报损处理，建立报损明细。

（9）出库管理

采用条码识读器对出库货物包装上的条码标签进行识读，并将货物信息传递给计算机，计算机根据货物的编号、品名、规格等自动生成出库明细。发现标签破损或丢失按照上述程序人工补贴。出库货物经过核对，确认无误后，再进行出库登账处理，更新货物库存明细。

条形码技术有机地联系了各行各业的信息系统，为实现物流和信息流的同步提供了技术手段，有效地提高了供应链管理的效率，是电子商务、物流管理现代化等的必要前提。在物流中有如此重要的作用，就应发现条形码技术的缺点，并将其改进，使其更好地在物流中发挥作用。

6.3.3 地理信息系统

1. 地理信息系统概念

GIS（Geographic Information System 或 Geo－Information System）有时又称为“地学信息系统”。它是一种特定的十分重要的空间信息系统。它是在计算机硬、软件系统支持下，对整个或部分地球表层（包括大气层）空间中的有关地理分布数据进行采集、储存、管理、运算、分析、显示和描述的技术系统。

2. 地理信息系统的作用

GIS 应用于物流分析，主要是指利用强大的地理数据功能来完善物流分析技术。国外公司已经开发出利用 GIS 为物流分析提供专门分析的工具软件。完整的 GIS 物流分析软件集成了车辆路线模型、网络物流模型、分配集合模型和设施定位模型等。

（1）车辆路线模型

车辆路线模型用于解决一个起始点、多个终点的货物运输中，如何降低物流作业费用，并保证服务质量的问题。

（2）网络物流模型

网络物流模型用于解决寻求最有效的分配货物路径问题，也就是物流网点布局问题。

（3）分配集合模型

分配集合模型可以根据各个要素的相似性把同一层上的所有或部分要素分为几个组，用以解决服务范围和销售市场范围的问题。

（4）设施定位模型

设施定位模型用于研究一个或多个设施的位置，即在既定区域内设立多少个仓库、每个仓库的位置、每个仓库的规模，以及仓库之间的物流关系等问题。

我国将 GIS 应用于物流分析和物流研究，迄今为止还处于起步阶段。

6.3.4 GPS 技术

1. GPS 概念

GPS（Global Positioning System）又称为全球定位系统，是具有海、陆、空全方位实时三维导航与定位能力的新一代卫星导航与定位系统。GPS 能对静态、动态对象进行动态空间信息的获取，快速、准确，不受天气和时间限制地反馈空间信息。

GPS 系统具有以下主要特点：高精度、全天候、高效率、多功能、操作简便、应用广泛等。

2. GPS 技术在物流中的应用

（1）导航功能

汽车导航系统是在 GPS 的基础上发展起来的一门新技术。它由 QS 导航、自律导航、微处理器、车速传感器、陀螺传感器、CD-ROM 驱动器、LCD 显示器组成。由 GPS 卫星导航和自律导航所测到的汽车位置坐标、前进的方向都与实际行驶的路线轨迹存在一定误差，为修正这两者间的误差，使之与地图上的路线统一，需采用地图匹配技术，加一个地图匹配电路，对汽车行驶的路线与电子地图上道路的误差进行实时相关匹配，并做自动修正，此时，地图匹配电路通过微处理单元的整理程序进行快速处理，得到汽车在电子地图上的正确位置，以指示出正确行驶路线。CD-ROM 用于存储道路数据等信息，LCD 显示器用于显示导航的相关信息。

（2）车辆跟踪功能

GPS 导航系统与 GIS 技术、无线移动通信系统（GSM）及计算机车辆管理信息系统相结合，可以实现车辆跟踪功能。利用 GPS 和 GIS 技术可以实时显示出车辆的实际位置，并任意放大、缩小、还原、换图；可以随目标移动，使目标始终显示在屏幕上，还可实现多窗口、多车辆、多屏幕同时跟踪，利用该功能可对重要车辆和货物进行跟踪运输。目前，已开发出把 GPS / GIS 技术结合起来对车辆进行实时定位、跟踪、报警、通讯等的技术，能够满足掌握车辆基本信息、对车辆进行远程管理的需要，有效避免车辆的空载现象，同时客户也能通过互联网技术，了解自己货物在运输过程中的细节情况。

（3）货物配送路线规划功能

货物配送路线规划是 GPS 导航系统的一项重要辅助功能，包括：自动线路规划。由驾驶员确定起点和终点，由计算机软件按照要求自动设计最佳行驶路线，包括最快的路线、最简单的路线、通过高速公路路段次数最少的路线等。人工线路设计：由驾驶员根据自己的目的地设计起点、终点和途经点等，自动建立线路库。线路规划完毕后，显示器能够在电子地图上显示设计线路，并同时显示汽车运行路径和运行情况。

（4）信息查询

为客户提供主要物标，如旅游景点、宾馆、医院等有数效据库，用户能够在电子地图上根据需要进行查询。查询资料可以文字、语言及图像的形式显示，并在电子地图上显示其位置。同时，监测中心可以利用监测控制台对区域内任意目标的所在位置进行查询，车辆信息将以数字形式在控制中心的电子地图上显示出来。

（5）话务指挥

指挥中心可以监测区域内车辆的运行状况，对被监控车辆进行合理调度。指挥中心也可随时与被跟踪目标通话，实行管理。

（6）紧急援助

通过 GPS 定位和监控管理系统可以对遇有险情或发生事故的车辆进行紧急援助。监控台的电子地图可显示求助信息和报警目标，规划出最优援助方案，并以报警声、光提醒值班人员进行应急处理。

6.4 电子商务与物流的关系

电子商务与现代物流是相互影响、相互促进的，电子商务需要现代物流，而现代物流的发展又促进了电子商务的发展。

6.4.1 电子商务环境下物流的特点

电子商务与传统销售有较大区别，对物流有较高的要求。电子商务环境下的物流应具有以下特点：

1. 信息化

随着数据库技术、条形码技术、电子数据交换等技术的普及、推广以及 ERP 在我国企业的推广普及，我国物流信息化的进程日趋加快。主要体现在物流信息采集的数据库化和代码化、物流信息处理的智能化、物流信息传递的标准化、物流信息存储的数字化等。信息技术和计算机技术在我国物流中的应用已经使得当今物流业界的面貌焕然一新。

2. 自动化

主要表现在语音/射频自动识别系统、自动导向车、自动存取系统、自动分拣系统、自动搬运系统、货物自动跟踪系统以及库存量自动预警机制等。物流自动化除了可以将搬运工人从繁重的体力劳动中解放出来外，还具有可以减少物流作业的差错等优势。

3. 虚拟化

虚拟化是指现代企业物流系统能依托电子商务环境将不同地区、不同行业的社会资源迅速集合成为一种超越空间约束，由企业为盟主实施统一指挥的物流经营联合体。它具体表现为功能的虚拟化、组织的虚拟化和地域的虚拟化。

4. 网络化

物流的网络化包括：

（1）物流配送体系利用计算机通信网络与供应商、制造商和客户之间实现无障碍的信息传递。

（2）选择适当的物流配送中心和运输路径，建立一个高效的物流网络。

6.4.2 电子商务对物流的影响

1. 电子商务改变物流的运作方式

传统的物流活动在其运作过程中，不管是以生产为中心，还是以成本或利润为中心，其实质都是以商流为中心，物流是紧紧伴随着商流运作的。而在电子商务下，物流的运作是以信息为中心，信息不仅决定了物流的运动方向，而且也决定着物流的运作方式。在实际运作过程中，通过网络上的信息传递，可以有效地实施对物流的实时控制，实现物流的合理化。使商品实体在实际的运动过程中，达到效率最高、费用最省、距离最短、时间最少的功效。

2. 电子商务将促进物流基础设施的改善

电子商务高效率和全球化的特点，要求物流也必须达到这一目标。而物流要达到这一目标，良好的交通运输网络、通信网络等基础设施则是最基本的保证。

3. 电子商务促进物流技术的进步

物流技术包括物流硬技术和软技术。物流硬技术是指在组织物流过程中所需的各种材料、机械和设备等。物流软技术是指组织高效率的物流所需的计划、管理、评价等方面的技术和管理方法。从物流环节来考察，物流技术包括现代运输技术、保管技术、装卸技术、包装技术等。

电子商务的飞速发展，促使传统的物流技术向现代物流技术转变。现代物流硬技术是以计算机技术和自动化技术为基础的，如地理信息系统（GIS）、全球卫星定位系统（GPS）、电子数据交换技术（EDI）、条码技术、自动识别技术、自动分拣技术、自动跟踪技术、自动导向技术等。现代物流软技术是以信息技术为基础的物流管理技术，如快速反应（QR）、有效客户反映（ECR）、电子订货系统（EOS），以及企业资源计划（ERP）等物流管理方法。建立一个适应电子商务运作的高效率物流系统，对加快提高物流的技术水平有着重要的作用。

4. 电子商务促进物流管理水平的提高

物流管理水平的高低直接决定和影响着物流效率的高低，也影响着电子商务高效率优势的发挥。只有提高物流的管理水平，建立科学合理的管理制度，将科学管理手段和方法应用于物流管理当中，才能确保物流的畅通进行，实现物流的合理化和高效化，适应电子商务的发展。

5. 电子商务促进物流信息化

电子商务必须以信息化为基础，信息化贯穿电子商务的全过程，电子商务是现代物流信息处理的平台。现代物流所含的运输、仓储、装卸、搬运、包装等活动，对商品的流动来说，是在不同场所进行的，要缩短物品的在途时间，实现或接近零库存，及时供货和保持供应链的连续和稳定，要求在物品的流通过程中保持信息的畅通。信息作为物流的重要组成要素，为物流的正常运转、管理、决策以及制定战略提供了不可缺少的依据。

物流信息化表现为物流信息的商品化、物流信息收集的数据化和代码化、物流信息处理的电子化和计算机化、物流信息传递的标准化和实时化、物流信息存储的数字化等。随着电子商务的发展，物流信息化将得到普遍的应用。

6. 电子商务推动物流社会化

在传统的物流中，物流往往是基于某一企业来进行组织和管理的，而电子商务则要求物流以社会的角度来实行系统的组织和管理，以打破传统物流分散的状态。这就要求企业在组织物流的过程中，不仅要考虑本企业的物流组织和管理，而且更重要的是要考虑全社会的整体系统。

在电子商务条件下，实现网上订购、在线支付后，关键是物流配送。中小企业完全依靠自身能力完成配送工作存在很大困难，所以物流社会化是适应电子商务发展的必然要求。电子商务的发展将推动传统物流向社会化物流发展。

6.4.3 物流对电子商务的影响

1. 物流是电子商务的重要组成部分

电子商务的任何一笔交易都是信息流、资金流、物流和商流的流动过程。在电子商务下，其中的信息流、资金流、商流的处理都可以通过计算机和网络通信设备实现，但是物流是商品本身的流动过程，除了少数无形商品，如：电子出版物、信息咨询服务、在线娱乐等可以直接通过网络传输进行配送以外，大多数商品和服务仍要通过物理方式传输。只有物流环节得到完整解决，电子商务所有环节才能完全实现。因此，物流是电子商务的重要组成部分。

2. 物流是电子商务的基础

“成也物流，败也物流”。电子商务通过快捷、高效的信息处理手段可以比较容易地解决信息流、资金流、商流的问题，而将商品及时地送到用户手中才标志着电子商务过程的结束。因此物流系统效率的高低是电子商务成功与否的关键，物流效率的高低取决于物流现代化的水平。没有一个高效、合理、畅通的现代化物流系统，电子商务的优势就难以得到有效的发挥；没有一个与电子商务相适应的现代物流体系，电子商务就难以得到有效的发展。

3. 物流是实施电子商务的保证

（1）物流保障生产

无论是传统的贸易方式，还是电子商务，生产都是商品流通之本，而生产的顺利进行需要各种物流活动的支持。生产的全过程从原材料的采购开始，便要求有相应的供应物流活动，使所采购的材料到位，否则生产就难以进行；在生产的各工艺流程之间，也需要原材料、半成品的物流过程，即所谓的生产物流，以实现生产的流动性；部分余料、可重复利用物资的回收，就需要所谓的回收物流。可见，整个生产过程实际上就是系列化的物流活动。

（2）物流服务于商流

在商流活动中，商品所有权在购销合同签订时起，便由卖方转移到买方，而商品实体并没有移动。在传统交易中，除了非实物交割的期货交易，一般的商流都必须伴随相应的物流活动，即按照买方的要求将商品由卖方以适当的方式、途径向买方转移。而在电子商务下，用户通过上网点击购物完成了商品所有权的交割过程，即商流过程，只有商品和服务真正转移到买方手中，商务活动才告终结。在整个电子商务的交易过程中，物流实际上是以商流后续者和服务者的姿态出现的。没有现代化的物流，电子商务的优势无法发挥。

（3）物流是电子商务中实现以“客户为中心”理念的最终保证

电子商务的出现，在最大程度上方便了最终用户。他们足不出户，在互联网上搜索、查勘、挑选，就可以完成购物过程。但如果商品不能及时准确地送到用户手中，电子商务的购物便捷就失去了效用，消费者就不会再选择网上购物了。因此，物流是电子商务中实现以“客户为中心”理念的最终保证。

6.5 电子商务物流模式

6.5.1 电子商务物流模式

电子商务企业采取的物流模式一般有企业自营物流模式、物流联盟及第三方物流等运作模式。

1. 企业自营物流模式

自营模式主要指企业拥有自备仓库、自备车队等物流运输配套实施，独立承担物流配送业务。

企业通过自营物流直接支配物流资产，控制物流职能，保证货物畅通与顾客服务质量，从而有利于保持企业与顾客的长期关系，且利于企业掌握对顾客的控制权。此外，企业通过自办物流，可以有效地防止企业商业秘密的外泄与扩散。然而，对于自营物流，企业仍需慎重考虑，因为构建自营物流需要大量的资金购买物流设备、建设物流仓库与构建物流网络，这不仅会分散企业的资金，影响核心能力的构建，而且资金的占用率高，投资回收期长，大大加重企业的财务负担。

在我国，采取自营模式的电子商务企业主要有两类：一类是资金实力雄厚且业务规模较大的电子商务公司，电子商务在我国兴起的时候，国内第三方物流的服务水平远不能满足电子商务公司的要求。第二类是传统的大型制造企业或批发企业经营的电子商务网站，由于其自身在长期的传统商务中已经建立起初具规模的营销网络和物流配送体系，在开展电子商务时只需将其加以改进、完善，即可满足电子商务条件下对物流配送的要求。选用自营物流，可以使企业对物流环节有较强的控制能力，易于与其他环节密切配合，全力专门地服务于本企业的运营管理，使企业的供应链更好地保持协调、简洁与稳定。此外，自营物流能够保证供货的准确和及时，保证顾客服务的质量，维护了企业和顾客间的长期关系。但自营物流所需的投入非常大，建成后对规模的要求很高，大规模才能降低成本，否则将会长期处于不盈利的境地。而且投资成本较大、时间较长，对于企业柔性有不利影响。另外，自建庞大的物流体系，需要占用大量的流动资金。更重要的是，自营物流需要较强的物流管理能力，建成之后需要工作人员具有专业化的物流管理能力

2. 第三方物流模式

第三方物流的概念源自于管理学中的外包（Out-souring）概念，意指企业动态地配置自身和其他企业的功能和服务，利用外部的资源为企业内部的生产经营服务。将（Out-souring）引入物流管理领域，就产生了第三方物流的概念。

所谓第三方物流是指生产经营企业为集中精力搞好主业，把原来属于自己处理的物流活动，以合同方式委托给专业物流服务企业，同时通过信息系统与物流服务企业保持密切联系，以达到对物流全程的管理和控制的一种物流运作与管理方式。因此第三方物流又叫合同制物流（Contract Logistics）或外协物流（Out-sourcing Logistics）。更为抽象地理解，第三方物流实际上就是指由物流劳务的供方、需方之外的第三方去完成物流服务的物流运作方式。中华人民共和国国家标准《物流术语》（GB/T18354—2006）把第三方物流定义为：“由供方与需方以外的物流企业提供物流服务的业务模式”。第三方是指提供物流交易双方的部分或全部物流功能的外部服务提供者，其前身一般是运输业、仓储业等从事物流活动及相关的行业。从事第三方物流的企业在委托方物流需求的推动下，从简单的存储、运输等单项活动转为提供全面的物流服务，其中包括物流活动的组织、协调和管理、设计建议最优物流方案、物流全程的信息搜集、管理等。

第三方物流的优势在于运输、储存、包装、装卸、配送、流通加工等实际的物流业务操作能力，在综合技能、集成技术、战略规划、区域及全球拓展能力等方面存在明显的局限性，特别是缺乏对整个供应链及物流系统进行整合规划的能力。

3. 物流联盟

物流联盟是以物流为合作基础的企业战略联盟，它是指两个或多个企业之间，为了实现自己的物流战略目标，通过各种协议、契约而结成的优势互补、风险共担、利益共享的松散型网络组织。

利益是产生物流联盟最根本的原因。通过形成企业间的物流联盟能提高企业的物流效率，节约物流成本。此外，通过横向或纵向的联盟，企业可以专注于其核心业务以增强核心竞争力。对于中小型企业而言，由于自身的规模资金限制，通过联盟方式能有效地弥补自身能力的不足。但是，物流联盟也存在不少问题。第一，担心被置于物流管理之外，失去对物流渠道的控制能力；第二，担心企业核心技术和商业秘密的外泄，从而可能影响并削弱企业未来的市场地位；第三，物流联盟的利益分配难以达成一致的共识。

4. 第四方物流模式

4PL（即第四方物流）的概念是由埃森哲咨询公司首先提出并注册的，它将第四方物流定义为："所谓第四方物流是一个供应链的整合者以及协调者，调配与管理组织本身与其他互补性服务所有的资源、能力和技术来提供综合的供应链解决方案。"

第四方物流的关键在于为顾客提供最佳的增值服务，即迅速、高效、低成本和个性化服务等。第四方物流有众多的优势。

第一，它对整个供应链及物流系统进行整合规划。第四方物流的核心竞争力就在于对整个供应链及物流系统进行整合规划的能力，也是降低客户企业物流成本的根本所在。

第二，它具有对供应链服务商进行资源整合的优势。第四方物流作为有领导力量的物流服务提供商，可以通过其影响整个供应链的能力，整合最优秀的第三方物流服务商、管理咨询服务商、信息技术服务商和电子商务服务商等，为客户企业提供个性化、多样化的供应链解决方案，为其创造超额价值。

第三，它具有信息及服务网络优势。第四方物流公司的运作主要依靠信息与网络，其强大的信息技术支持能力和广泛的服务网络覆盖支持能力是客户企业开拓国内外市场、降低物流成本所极为看重的，也是取得客户的信赖，获得大额长期订单的优势所在。

6.5.2 电子商务环境下我国物流模式的选择

电子商务环境下影响物流模式选择的因素有：

1. 物流对企业的战略重要性

在进行物流模式决策时，首先要考虑物流对企业的战略重要性，主要是看其是不是构成企业的核心能力以及对企业成功是否有关键性影响。在我国，核心能力是指在竞争中起支配作用的力量，是能够为企业带来市场竞争优势的能力与资源的结合。若物流对企业具有战略重要性，则可以进一步考虑自营物流的条件，否则，需直接考虑第三方物流模式。

2. 企业对物流的管理能力

企业对物流的管理能力是影响其选择物流模式的一个重要因素。一般而言，在其他条件相同的情况下，如果企业在物流管理方面具有很强的能力，自营物流就比较可取。企业物流管理能力越强，自营物流的可行性就越大。而在企业对物流的管理能力较差的情况下，如物流子系统在战略上处于重要地位，则应该寻找适合的物流伙伴建立物流联盟，反之采用第三方物流较为合适。应当注意的是，具备了物流管理能力，并不意味着企业一定要自营物流，还要进一步考察企业的规模和资金实力、物流成本和服务水平。

3. 企业的规模和资金实力

一般来说，大中型企业由于实力较雄厚，通常有能力建立自己的物流系统，制定合适的物流需求计划，保证物流服务的质量。另外，还可以利用过剩的物流网络资源拓展外部业务（为别的企业提供物流服务）。例如，实力雄厚的麦当劳公司每天必须把汉堡等保鲜食品运往中国各地，为保证供货的准确及时，就组建了自己的货运公司。而中小型企业则受人员、资金和管理资源的限制，物流管理效率难以提高。此时，企业把资源用于主要的核心业务上，就应该把网络管理交给第三方专业物流公司负责。

4. 物流系统的成本高低

在选择物流模式和设计物流系统时，要对模式和系统的总成本加以检验，最后选择成本最小的物流系统。通常来说，企业的物流系统总成本包括三大板块，分别是采购成本、库存成本和配送成本，而这些成本之间存在着效益背反现象：即减少库存数量，可以降低库存费用及仓储费用，但却会带来缺货率上升进而导致订货费用与运输费用的增加。如果订货费用与运输费用的增加部分超过了库存费用和仓储费用的减少部分，就会造成总物流成本的增大。因此，电子商务企业在选择与设计物流系统时，应当对物流系统的总成本加以论证，最终选择总成本最小的物流系统。

5. 第三方物流商的服务能力

在选择物流模式时，考虑物流成本尽管很重要，但外包（为本企业及企业客户提供服务的能力）同样是选择物流服务至关重要的因素。也就是说，外包货运在满足企业对原材料及时需求的能力和可靠性，外包物流提供商对企业的零售商和最终客户不断变化的需求的反应能力等方面应该作为重要的因素来考虑。

如果对于一家企业来说，物流对于企业成功不是很关键，物流并不是其核心战略，企业内部物流管理水平也不高，那么将物流业务外包给第三方物流企业就有利于降低物流成本，提高客户服务质量。

6.6　案例分析

京东推出的极速达服务，而位于北京南六环外的京东华北区仓储中心承担了向北京发货的重任。从用户下订单到收货，极速达的配送时间只有 3 小时，比之前的“211 限时达”的速度提高了两倍，这意味着整个后台运营都需要提速。

仓储部分所关注“库存准确率”和商品流动率，这是提升仓储效率的两个重要指标。库存准确率依赖的是仓储管理系统，而商品流动率则取决于订单量以及配送能力。而保证京东提供极速达服务的是其庞大的物流网络。

2013 年 5 月 14 日消息，京东今日在北京举办物流开放日活动，向外界展开京东物流不为人知的一面。我们走进京东商城幕后的物流基地，试图揭开一个订单背后的旅程。

入库：商品进入京东的第一道关卡。

入库是进入京东商城仓储的第一个环节，供货商按照采购协议，将商品运送到京东的商品仓储库，入货员会根据采货单收货验货，严格核对商品的品种、数量、规格、型号等信息。这一步表面看起来无关紧要，但事实上却与用户体验直接相关。

京东商城南五环北京仓库的入货员透露，“京东入库组员工需要有火眼金睛的慧眼，把好第一道关，不放过任何一件瑕疵品，并最终上架、理货，根据商品分类区、热销区摆放。”

拣货：商品海洋里准确捞“针“。

当用户按下确认订单付款按钮后，订单的信息会直接反馈到京东的物流仓储后台，由拣货员从浩如烟海的商品货架上，将订单上的商品准确无误地放到扫描台上。京东商城每个拣货员都配备 RF 扫描枪和 PDA 设备，他们在扫描完集合单的批次号后，会逐一核对订单及货架上的商品信息。

复合扫描：确保商品出货准确。

作为商品出库前的关键一步，复合扫描环节任务艰巨，需要扫描员拥有耐心、责任感，复核每一个订单对应的商品型号、颜色，以确保出库商品的准确性，并进行批量的集合单和发票打印。高峰期日均处理订单 8 万以上。

打包：把好商品出库前最后一关。

打包工作是商品出库前的最后一个环节。打包员的操作过程令人眼花缭乱，可谓"粗中有细"，在完成包装并贴好外包装标签，商品就被依次放到传送带上，等待出库的旅程。

分拣发货：与时间赛跑。

对已打包好的商品进行分拣，是物流体系中很重要的环节。京东商城拥有全自动的分拣平台，可对商品送达站点的不同进行自动归类，从传送带滑轨上下来的商品，分拣员会按照站点装进橙黄色的周转箱内，为了保证商品不受挤压，商品摆放很有讲究，要做到大不压小，重不压轻，不仅考验分拣员的眼力还考验他们的判断力。分拣完成后，发货员将商品运送到指定的配送站。

配送员：最后一公里体验保障。

在商品到达配送站点后，京东商城配送员先用 PDA 对商品进行扫描认领，然后将商品按照大小件和配送地址的远近，整装进送货箱，保证每件商品到站时有条不紊地取放，提升配送效率。（来源：腾讯科技 编选：中国电子商务研究中心）

本章小结

物流的定义为"物品从供应地向接收地的实体流动过程。根据实际需要，将运输、储存、装卸搬运、包装、流通加工、配送、信息处理等基本功能实施有机的结合。"

物流活动的一般要素有：运输、储存、包装、搬运与装卸、流通加工、信息。

物流的分类有多种：物流按照作用可以分为供应物流、销售物流、生产物流、回收和废弃物流等；按照物流活动的空间范围划分：地区物流、国内物流、国际物流；按照物流系统性质分：社会物流、行业物流、企业物流；按照从物流作业执行者的角度进行分类：企业自建物流、物流联盟、第三方物流。

配送是指在经济合理区域范围内，根据用户要求，对物品进行拣选、加工、包装、分割、组配等作业，并按时送达指定地点的物流活动。配送的类型有多种。

按照国家标准《物流术语》（GB/T18354—2006）的规定，配送中心（Distribution center）即从事配送业务且具有完善信息网络的场所或组织，应基本符合下列要求。

物流技术：射频识别系统、条码技术、地理信息系统、GPS 技术等。

电子商务环境下物流的特点：信息化、自动化、虚拟化、网络化。电子商务改变物流的运作方式；电子商务将促进物流基础设施的改善；电子商务促进物流技术的进步；电子商务促进物流管理水平的提高；电子商务促进物流信息化，电子商务推动物流社会化。

物流不仅是电子商务的重要组成部分，也是电子商务的基础，物流是实施电子商务的保证。

电子商务环境下影响物流模式选择的因素有：物流对企业的战略重要性、企业对物流的管理能力、企业的规模和资金实力、物流系统的成本高低、第三方物流商的服务能力。

思考与练习

一、判断题

1. 采取自营模式的电子商务企业一定资金雄厚。（　）
2. 任何一个电子商务企业都可以采用第三方物流，其物流成本比自营物流模式都可以降低。（　）
3. 物流概念最初出现于美国，而后转入日本，再由日本传入中国。（　）
4. 商品标识代码中的每一位数字不表示任何与商品有关的特定信息。（　）
5. 射频识别技术适用于工具识别、人员监控、包裹和行李分类、车辆监控等方面。（　）
6. 第三方物流是建立在现代电子信息技术基础上的物流服务。（　）

二、单项选择题

1. 对象物所有权转移的活动称为（　）。

A．商流　　B．信息流
C．物流　　D．资金流

2. 下列不属于包装的作用的是（　）。

A．保护产品　　B．价值增值
C．便于储运　　D．促进销售

3. 在下列运输方式中，运输速度相对较快的是（　）。

A．陆路运输　　B．水路运输
C 航空运输　　D．管道运输

4. 物流是实现电子商务的（　）。

A．手段　　B．目的
C．方法　　D．有力保障

5. 物流每一项活动开始及结束时必然发生的活动是（　）。

A．装卸搬运　　B．配送
C．分拣　　D．配装

6. 第三方物流是（　）。

A．是供方提供的物流服务
B．是需方提供的物流服务
C．是供方和需方一起提供的物流服务
D．是供方和需方之外的企业提供的物流服务

7. RFID 系统是指（　）。

A．对象名解析服务系统　　B．射频识别系统
C．网络数据库管理系统　　D．企业信息系统

8．厂商应选择适宜的商品标识代码结构，遵循三项基本的编码原则，但不包括（　）。

A．唯一性原则　　B．无含义性原则

C．变更性原则　　D．稳定性原则

三、简单题

1．沃尔玛采用了哪些先进的信息技术？这些技术分别起到了什么作用？

2．简述配送中心的定义及要求。

3．简述电子商务环境下影响物流模式选择的因素有哪些？

四、实训题

登录中国物品编码中心（http://www.ancc.org.cn/2014/tiaoma/index.html）网站，学习商品条码大课堂，完成以下任务：

1．了解商品条码办理程序；

2．掌握商品条码知识问答；

3．学习天猫商城向入驻商户发布“开放商品条码管理功能通知”。

第 7 章　移动电子商务

学习要点及目标

1. 掌握移动电子商务的概念
2. 了解移动电子商务国内外发展概况
3. 熟悉移动电子商务主要支撑技术
4. 熟悉移动电子商务的价值链构成及主要商务模式
5. 熟悉移动电子商务的主要服务
6. 熟悉移动电子商务主要安全风险及安全机制

核心概念

移动电子商务　无线应用协议（WAP）　通用分组无线业务（GPRS）　移动 IP 技术　“蓝牙”（Bluetooth）技术　移动定位系统技术　3G 移动通信系统

引导案例

电商交易：阿里巴巴的无线战略

无线优先，手淘定位由购物转为无边界生活圈

阿里巴巴成立于 1999 年，集团下设网络零售、在线支付、B2B 网上交易及云计算等多条业务线。2014 年 9 月 19 日，阿里巴巴成功上市，成为中国最大互联网上市公司。在无线端，阿里巴巴一方面将淘宝、天猫、支付宝等自有业务从 PC 端往无线端平移，另一方面靠并购或入股新浪微博、友盟、UC、陌陌、丁丁、高德等移动入口型企业完善生态链。

2014 年 11 月 4 日，阿里巴巴公布上市以来首份财报，2014Q3 阿里巴巴移动端活跃用户达到 2.17 亿，移动端交易额 1990.54 亿元，占整体交易额的 35.8%，该比例在天猫“双 11”购物狂欢节刷新至 42.6%。阿里巴巴在移动端采取 “云+端” 战略，通过集团旗下各条业务线，协同建立 DT（Data Technology）数据时代中国商业发展的基础设施，并在 2014 年 10 月宣布无线“百川计划”，向 APP 开发者免费提供基础服务。

此外，阿里巴巴将手机淘宝的定位由移动购物类应用向提供生活消费服务 O2O 入口调整，同时推出“码上淘”服务，力图打造“淘宝+天猫”的全新 O2O 开放平台，联合线下广大商家为用户提供各类生活消费服务，实现人和人、人和信息、人和实物的无缝互联。

在营销推广方面，阿里巴巴相继推出淘江湖、爱逛街、哇哦等系列社会化营销产品。以哇哦为例，用户参与答题等互动任务，即可获得集分宝等奖励，而开发者则可获得分成收入，这种 CPA 激励式互动营销广告，比传统硬广更符合移动端体验。艾瑞分析认为，目前阿里巴巴旗下的淘宝、天猫应用在中国移动购物市场中占据 85%以上的市场份额，绝对领先优势明显，但阿里无线在一定程度上沿袭了 PC 端“大而全”的特性，未来移动精简化、用户体验优化成为发展重心。

（资料来自艾瑞咨询集团：2014 年中国移动购物行业研究报）

案例导学

当今移动互联网的发展速度有目共睹，并且智能手机同样保持高增速。Mary Meeker 的《2014 互联网趋势报告》中提到，2013 年智能手机用户全球已经达到 16 亿，而平板用户也达到 4.39 亿。在如此大的市场诱惑下，“得移动端者得天下”的呼声也越来越大。

从现今行业内的产品来看，切入移动端的途径主要分为两种：APP 应用或者移动网站。而这两者又有各自适合的领域和使用场景，如果选择不适，反而事倍功半。

如果说到谁才是占领移动端的王者，APP 可能是很多人心中的最佳答案。Flurry Analytics 在报告中提到，美国消费者每人每天将近花费 3 小时在移动设备上，而其中 86%的时间是被 APP 占领。

虽然中国的人口红利让几十万甚至百千万的 APP 下载成为可能（对于独立 APP 来说，这在其他国家的市场是相当惊人的数字），但是在同范围竞争下，新上线的 APP 依旧面临了很大压力。高投入下，更像是一场破斧沉舟的赌博。

微信的成功不仅仅是它产品本身的优势，也是由于腾讯和 QQ 已经积累了大量用户群，使得微信在推广的时候能够较容易地获得 APP 用户。

7.1 移动电子商务的发展

7.1.1 移动电子商务的兴起

移动电子商务因其快捷方便和无所不在的特性，已逐步成为电子商务发展的新方向。移动通信技术和其他技术的组合创造了移动电子商务，移动电子商务的兴起离不开服务市场的发展。

1. 电子商务的发展

电子商务起源于美国，20 世纪 60 年代美国商业领域就广泛使用计算机，70～80 年代又推行了企业间的电子商务数据交换，以及与其相联系的增值网，进入 90 年代后，互联网的商业应用，掀起了电子商务热潮。我国电子商务从 1995 年起步，政府非常重视电子商务的发展，给予了大力的支持。

2. 移动设备的普及和移动技术的发展

移动互联网极速成长，移动电话的普及，移动通信技术特别是 3G、4G 的迅速发展等，这些都为移动电子商务的发展打下了基础。第三代网络（3G）的发展实现了带宽的增加，蓝牙技术使个性化的带宽分配极为高效，多媒体的融合使各种通信十分便利。移动技术的发展成为移动电子商务有力的推动因素。

3. 人们消费需求和意识的提高

现在社会的生活节奏越来越快，人们的生存压力越来越大，对消费者有了更高的要求。由于互联网络和计算机设备并不是随时随地都可以使用和访问，而移动电话基于它的低成本性、高拥有率和便利性使它成为计算机的一种有效补充。移动电子商务的应用使人们这种更高的消费需求得以实现。

4. 我国地理条件优势

我国地域辽阔，地质条件复杂，三分之一的面积为山地、丘陵和高原，复杂的自然地理环境和多发的自然灾害使我国发展移动电子商务比发展有线的电子商务更有意义。

7.1.2 全球移动电子商务的发展概况

随着移动通信技术和计算机的发展，用户认识的逐渐提高，移动电子商务的商机开始逐步显现。尤其伴随着 3G、4G 时代的到来，互联网和移动通信服务的发展趋于交融，移动通信技术的不断更新也将推动全球移动商务应用市场的快速发展。欧洲、日本的移动商务处于世界领先的地位，面对用户的需求，移动商务服务内容也越来越呈现多样化，全球移动商务市场运营商的竞争也愈来愈烈。

管理咨询公司 Arthur D.Little 的报告指出：全球移动支付市场正处于蓬勃发展的阶段，欧洲的奥地利、挪威；亚洲的日本、韩国、新加坡在移动支付应用方面领先于全球其他地区。

欧洲掌握着移动商务和移动互联网的最新技术。欧洲移动商务企业在将服务推向市场时，在技术研发和标准制定上花费了巨大的精力。欧洲用户对服务内容更为关注的是气候和交通信息。由于欧洲的许多国家中，有大量公司职员的工作地点和住址之间的路程比较远，他们对于上下班的交通和一天的天气情况很关注。

以芬兰为例，20 世纪 90 年代后期，芬兰的网上购物、办理银行业务和支付账单等电子商务服务就已十分普及，跨入 21 世纪，芬兰由于手机普及率高，移动通信和电子商务相结合的研发与应用领先，成为世界移动电子商务的开拓者。目前，人们还可以通过手机了解交通工具的班次，查阅影院的放映内容和售票情况，并可以根据手机屏幕上显示的影院座位图来选择座位。股民也随时随地可以通过手机了解故事行情，进行股票交易。外出旅游的人可以通过发短信方式预定手机服务内容，有关信息被自动输入专用监控系统后，用户就能在预定日期内收到指定日期目的地的天气预报，精确度可达 1 公里范围之内和降雨前 1 小时。

美国特利菲亚公司的总裁约翰狄菲尔说："移动商务市场从长远看具有超越传统电子商务规模的潜力。"美国德州仪器无线射频识别系统为商家提供了新的 RFID 付费解决方案。客户在购买汽油、食品和其他商品时，无需花现金或使用信用卡，只需在特定的付款机前晃动含 RFID 感应器的移动电话或钥匙圈就可以购买商品。

日本在移动商务方面处于领先地位，仅 1998 年一年，日本就销售了大约 1000 万台可通过无线上网的移动电话。日本 NTT DOCOMO 公司的 i-mode 的用户已突破 1300 万，用户可通过它的服务连接到世界上 7000 个互联网站，日本的移动电子商务是建立在宽带基础上的第三代移动通信基础上，具有可视电话、数码照相、数码摄像及高速上网等多媒体功能，构筑成移动商务的高速信息传输平台。

日本注重移动商务的业务种类及服务内容的开发。业务种类覆盖娱乐、生活信息、交易信息以及数据库等几个方面。从图中可以看到，娱乐内容是日本移动电子商务业务中的主要形式，占整体业务内容的一半以上，其次，信息类占20%，交易占15%，数据库占10%，日本移动电子商务应用业务主要定位于青年人群。其市场基础主要集中在20～40岁之间，30岁左右的用户是最大的潜在客户群。

2011年，尽管日本的电子商务仅是美国的20%，但是日本的移动电子商务正在以指数形式增长，其移动电子商务销售量居世界第一。超过6000万日本人在乘火车甚至是买火车票时通过手机进行购物。这种购物方式在单亲父母、经理人员和青少年中相当流行（80%的电子购物是通过手机完成的）。通过手机可以与顾客进行直接交流，他们是最基本的一对一渠道。

韩国的SK公司推出了名为MONETA的移动支付业务品牌。通过与ISA等信用卡机构合作，持有MONETA多功能卡的用户均可轻松使用信用卡、公共汽车及地铁卡等实现电子化支付。近年来，越来越多的移动用户通过手机实现POS支付，购买地铁车票，移动支付在韩国正日渐风行。

7.1.3 中国移动电子商务的发展

我国无线网络发展很快，有着最广泛的用户基础。我国移动电子商务在世界范围内虽然处于起步阶段，但我国具有全球最大的市场。中国电信拥有世界上最大的GSM网络。手机已经成为城市居民最主要的信息交流工具，个人的移动电子商务业务有了空前发展。

1994年，中国正式全功能联入了国际互联网，中国互联网时代开启。

2000～2003年，中国进入移动梦网时期。

2006年，中国首家独立移动电商买卖宝成立；2006年手机当当网开通，独立移动电商网站买卖宝开通。

2007年，iPhone 1在中国上市，Android问世，中国智能手机用户迅速增加。

2008年，中国最大的C2C平台淘宝网开通手机端网站。

2009年，工业化信息化部为中国移动、中国联通和中国电信发放3张第三代移动通信3G牌照，中国正式进入了3G时代，中国移动互联网进入了快速发展时期。

2010年，中国开始进入全面智能手机时代；手机京东网、手机乐淘网上线，部分电商开始布局移动电商。

2011年，各大电商发力移动端，如移动凡客、掌上一号店，乐蜂网，2011年全年实物类移动电商交易额突破100亿。

2012年，“千元智能机”普及。

2012年下半年，智能手机价格下降明显，同时3G网络资费下降，网速上升，加上各传统电商积极推动移动端的建设，培育用户移动端的消费习惯，消费者开始更加主动地尝试移动电子商务。

中国移动电子商务市场交易规模突破100亿，达到116亿元，中国移动电子商务进入了市场爆发期，中国移动互联网用户达到4.3亿。

2013年4G投入商用，核心电商平台加大移动端布局，中国移动购物行业进入快速发展期。

2014年11月30日，互联网消费调研究中心发布报告，2014年10月，中国4G手机市场在售机型数量达到 319 款，较 9 月大幅增长近 40 款，4G 手机市场热度也随之水涨船高，大有成为用户关注主流的趋势。从厂商数量来看，4G 手机市场厂商数量达到 51 家，市场竞争的激烈程度迅速提升。

2014 年移动购物领域百家争鸣，持续火热。

阿里巴巴、京东、唯品会、苏宁易购、聚美优品、国美、当当、亚马逊、1 号店、蘑菇街、美丽说、明星衣橱、买卖宝等各家企业（排名不分先后）激烈竞争，电商交易、电商导购、电商服务产业链各环节日趋完善。

根据中国互联网络信息中心（CNNIC）发布的《第 35 次中国互联网络发展状况统计报告》显示，截至 2014 年 12 月，我国手机网民规模达 5.57 亿，较 2013 年增加 5672 万人。网民中使用手机上网的人群占比由 2013 年的 81.0%提升至 85.8%。2014 年上半年手机网民增速为 5.4%，下半年为 5.6%，增速未出现明显增长，手机网民即将进入平稳增长阶段。一方面，移动电话的普及率已基本达到饱和，根据工信部发布的《通信业主要指标完成情况》显示，2014 年全年移动电话普及率由 90.8%升至年底的 94.5%，上升空间逐渐缩窄；另一方面，从 6 月 1 日起运营商被纳入营业税改征增值税试点范围，曾对推动手机网民起到重要作用的“购话费送手机”的终端补贴政策随之出现重大调整，同时国资委要求运营商在三年内连续削减 20%的营销费用，以上政策变动对智能手机的推广渠道造成显著冲击，手机网民增长的重要推动力受到部分削弱。我国智能手机市场趋于饱和，手机网民规模增长放缓，但移动互联网应用丰富程度加大，对社会生活服务渗透增加，成为手机网民常态的生活方式和各行业的重要发展模式。

7.2　移动电子商务概述

7.2.1　移动电子商务的定义

移动电子商务（M-Commerce），它由电子商务（E-Commerce）的概念衍生出来，电子商务以 PC 机为主要界面，是“有线的电子商务”；而移动电子商务，则是通过手机、PDA（个人数字助理）这些可以装在口袋里的终端与我们谋面，无论何时、何地都可以开始。有人预言，移动商务将决定 21 世纪新企业的风貌，也将改变生活与旧商业的地形地貌。

百度百科定义移动商务是指通过移动通信网络进行数据传输，同时利用移动增值业务移动终端参与各种商务经营活动的一种新型电子商务模式。企业移动商务服务不仅包括移动银行、手机支付、移动营销、移动新型查询等服务，还包括那些为企业量身定做、能大幅提高企业运作效率和营销能力的移动应用解决方案。

百度百科定义移动电子商务就是利用手机、PDA 及掌上电脑等无线终端进行的 B2B、B2C 或 C2C 的电子商务。它将因特网、移动通信技术、短距离通信技术及其他信息处理技术完美地结合任何地点进行各种商贸活动，实现随时随地、线上线下的购物等交易，在线电子支付，以及各种交易活动、商务活动、金融活动和相关的综合服务活动等。

与传统通过电脑（台式 PC 机、笔记本电脑）平台开展的基于互联网的电子商务相比，移动电子商务增加了移动性和终端的多样性。无线系统允许用户访问移动网络覆盖范围内任何地方的服务，通过语音、视频、文本等方式直接沟通。由于移动电话的广泛使用，小的手持设备将比个人计算机具有更广泛的用户基础，因此具有更为广阔的市场前景。

7.2.2 移动电子商务的优势

与传统电子商务相比，移动电子商务具有如下优势。

1. 不受时空限制的移动性

同传统的电子商务相比，移动电子商务一个最大优势是移动用户随时随地获取所需的服务信息和娱乐。用户可以在自己方便的时候，使用智能电话或PDA查找、选择及购买商品和服务。虽然当前移动通信网的接入率还比较低，费用也比固定网高，但随着下一代移动通信系统的推出和移动通信市场竞争日趋激烈的影响，以上因素的影响将逐渐淡化。

2. 提供更好的私密性和个性化服务

首先，移动终端一般都属于个人使用，不会是公用的，移动商务使用的安全技术也比电子商务更先进，因此可以更好地保护用户的私人信息。其次，移动商务能更好地实现移动用户的个性化服务，移动计算环境能提供更多移动用户的动态信息（如各类位置信息、手机信息），这为个性化服务的提供创造了更好的条件。移动用户能更加灵活地根据自己的需求和喜好来制定服务与信息的提供（例如用户可以将自己所处的城市结合进去，调整商品递送的时间，实现自己的个性化服务需求）。发展与私人身份认证相结合的业务是移动商务一个很有前途的方向。

3. 信息的获取将更为及时

移动电子商务中移动用户可实现信息的随时随地访问，这本身就意味着信息获取的及时性。但需要强调的是，同传统的电子商务系统相比，用户终端更加具有专用性。从运营商的角度来看，用户端本身就可以作为用户身份的代表。因此，商务信息可以直接发送给用户终端，这进一步增强了移动用户获取信息的及时性。

4. 提供基于位置的服务

移动通信网能获取和提供移动终端的位置信息，与位置相关的商务应用成为移动电子商务领域中的一个重要组成部分，如GPS卫星定位服务。

5. 支付更加方便快捷

在移动电子商务中，用户可以通过移动终端访问网站、从事商务活动，服务付费可通过多种方式进行，可直接转入银行、用户电话账单或者实时在专用预付账户上借记等，以满足不同需求。

7.2.3 移动电子商务的应用状况分析

随着物联网研究的兴起，3G、4G牌照在中国的颁发，移动电子商务的应用已进入社会生活的诸多方面。通过移动电子商务，用户可随时随地获取所需信息，进行商务活动。人们可以在自己方便的时候，使用智能电话或PDA以短信、WAP、RFID等方式实现交易。另外，利用移动电子商务，用户可以根据自己个性化的需求和喜好预先定制。

2014年7月21日，中国互联网络信息中心（CNNIC）在京发布第34次《中国互联网络发展状况统计报告》（以下简称《报告》）。《报告》显示，截至2014年6月，中国网民规模达6.32亿，其中，手机网民规模5.27亿，互联网普及率达到46.9%。网民上网设备中，手机使用率达83.4%，首次超越传统PC整体80.9%的使用率，手机作为第一大上网终端的地位更加巩固。2014上半年，网民对各项网络应用的使用程度更为深入。移动商务类应用在移动支付的拉动下，正历经跨越式发展，在各项网络应用中地位愈发重要。

第35次《中国互联网络发展状况统计报告》显示，截至2014年12月全国开展在线销售的企业比例为24.7%。部分行业中，制造业、信息传输、计算机服务和软件业，批发零售业的开展比例较高，分别达到38.4%、36.5%和34.9%，而建筑业、交通运输、仓储和邮政业、房地产业、租赁和商务服务业以及居民服务和其他服务业的比例较低。2014年，互联网O2O商业模式实现高速发展，这一商业模式将实体企业尤其是本地生活服务业和商业服务业与互联网紧密结合，线下企业已经成为互联网消费经济中重要的一环。在这一趋势下，未来将有越来越多的传统企业开展在线销售。

1. 手机网民手机应用行为状况

CNNIC第34次《中国互联网络发展状况统计报告》显示，2013年至2014年，各类手机应用的用户规模和使用率均保持一定增长，发展稳定。其中，电子商务类应用和娱乐类应用表现突出，手机应用逐渐从碎片化的沟通、信息类应用向时长长的娱乐、商务类应用发展，并通过手机打车、手机地图等应用加大对社会生活服务的渗透力度。

电子商务类应用整体行业发展态势良好，手机支付是发展亮点。随着线上与线下渠道的打通及多类移动应用的服务带动，手机支付呈现爆发式增长，用户规模增长和使用率增长在所有手机应用中均最高。商务类应用在手机支付的拉动下，正历经跨越式发展，在网络应用中地位愈发重要，手机网上支付、手机网络购物、手机网上银行和手机网上预订应用的网民规模年增长速度均超过100%。

手机地图用户规模保持快速增长。根据调查，截至2014年6月，我国手机地图用户在手机网民中的渗透率达46.9%，相比2013年增长了11.5个百分点。

截至2014年6月，我国手机打车软件的用户规模为4908万，在手机网民中占比为9.3%。

二维码作为移动互联网的入口地位增加，用户使用率不断提升。截至2014年6月，我国手机网民中使用二维码的用户比例为42.1%。

手机应用商店已成为我国手机软件下载的主要途径，发展迅速。最近半年，下载过手机软件的用户中，74.6%通过手机应用商店进行下载。

我国云存储应用目前处于起步阶段，用户规模尚待进一步提升。截至2014年6月，我国手机网民中有38.3%对个人云存储服务有所了解，仅15.8%的手机网民使用过个人云存储服务。

2. 手机网民手机商业行为状况

CNNIC第34次《中国互联网络发展状况统计报告》显示，我国手机网民对移动互联网产品的付费意愿依旧较低，但相比2013年有所提升。根据调查，25.2%的用户过去半年为手机应用付过费，相比2013年15.4%增加了近10个百分点。其中，手机游戏类应用是手机网民付费最多的手机网络应用，占比高达62.0%。

我国手机网民对广告的接触或点击有所增加，只有31.9%的手机网民没有注意过手机上的广告，相比2013年降低了近20个百分点。相比应用付费而言，近7成手机网民更倾向于通过手机广告来避免付费。

我国手机网民对手机应用的信息开放程度相对较高。开启信息推送、位置共享和实名注册的用户占比分别为27.7%、24.7%和41.6%。

3. 手机网民手机终端使用状况

CNNIC第34次《中国互联网络发展状况统计报告》显示，我国手机网民中有54.1%的比例拥有两个以上的手机。我国手机网民常用手机中，以苹果、三星占比最高，分别为21.2%和18.4%。

我国智能手机已形成较大用户规模，市场占有率趋于饱和。截至2014年6月底，我国智能手机网民规模达4.8亿，相比2013年2月增长了1.5亿，在手机网民中占比达91.1%。35.3%的手机网民未来一年计划购买智能手机，购买智能手机时考虑的主要因素为操作和功能方面，占比分别为42.0%和35.8%。

4. 手机网民手机网络使用状况

CNNIC第34次《中国互联网络发展状况统计报告》显示，目前我国手机网民中90%以上采用包月流量形式。其中，每月30M～100M的用户占比最大，在整体手机网民的比例为21.0%。近 60%的手机网民每月消耗的手机流量超出了标准套餐流量。对手机网民的手机上网首选接入方式进行调查发现，Wi-Fi相比传统手机上网方式更受手机网民偏爱，占比达55.3%。且发现5成以上用户在Wi-Fi网络中的手机上网时长占总体手机上网时长的一半以上。

7.2.4 移动电子商务模式和价值链的关系

1. 移动电子商务的价值链分析

移动商务作为一种新的商业模式，涉及价值链的多个环节。包括内容及应用提供商、产品及服务提供商、移动网络运营商、基础设备提供商、金融服务机构、物流系统以及最终用户。在移动电子商务行业中，正逐步形成新型的产业价值链。价值链参与者通过业务合作，促进了移动电子商务行业的总体发展。移动电子商务的价值链构成模型如图7-1所示。

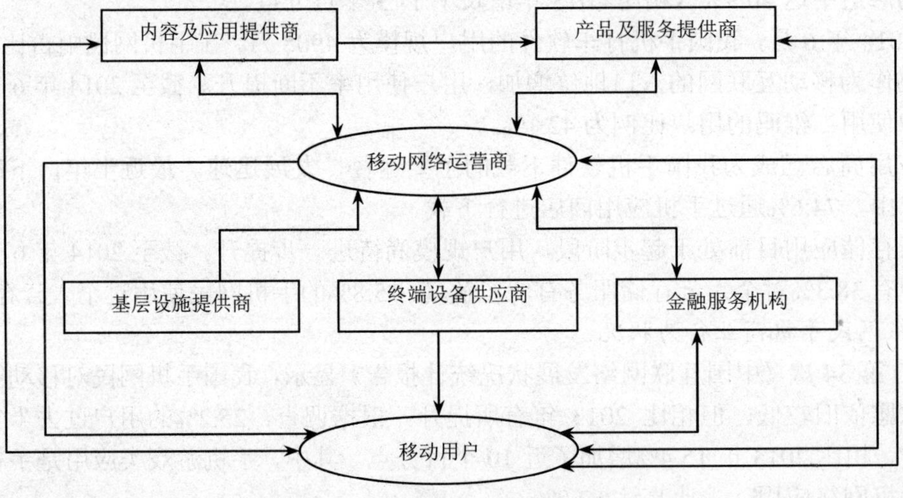

图7-1 移动电子商务的价值链构成模型

具体包括以下几个环节。

（1）内容及应用提供商：对移动用户提供移动应用和相关平台。

（2）产品及服务提供商：拥有内容的版权，是信息创造的源头。提供相关的数据和信息产品并通过移动网络进行实施分发，对服务的后台数据进行管理。例如新浪、网易等门户网站。在我国移动通信市场，内容提供商和服务提供商两者之间的界限较为模糊，后者兼有了前者的部分职能。

（3）移动网络运营商：整个价值链的关键一环，向移动用户提供个性化和本地化的服务，如中国移动、中国联通、中国电信等运营商。

（4）移动用户：用户接收的商品或服务可能因为时间、地点以及其使用移动终端情况的差异而不同。

（5）基础设备提供商：提供核心网基础设施，如包括无线接口、基站、路由器、交换机等；网络运营维护设施，如包括网络管理系统、计费系统、应用和业务平台等；提供网络演进、规划、优化、集成等服务，如爱立信、诺基亚、西门子等。

（6）终端设备供应商：提供移动终端设备。

（7）金融服务机构：金融机构作为与用户手机关联的银行账户的管理者，银行需要为移动支付平台建立一套完整、灵活的安全体系，从而保证用户支付过程的安全通畅。与其他环节比起来，金融机构有自己特有的优势，银行拥有以现金、信用卡及支票为基础的支付系统，还拥有个人用户、商家资源。

在传统电子商务模式下，传统电子商务价值链中占主导地位的是应用服务提供商。电信运营商的作用仅仅是提供网络接入手段，为用户、应用服务提供商、商业机构、银行之间的通信提供桥梁。电子商务不受运营商控制，服务费用全部被应用服务提供商获取，运营商仅获取完成整个业务流程的网络通信费用。

在移动电子商务产业价值链中，移动网络运营商提供信息交易平台，与交易各方都有着密切的联系，凭借其客户资源、品牌优势、网络实力成为该价值链的核心。因此，移动运营商必须有效地管理价值上各个合作伙伴之间的关系，使各合作方都能够在整个价值链获益的基础上实现自身的发展。

2. 基于价值链的移动电子商务商业模式

移动电子商务模式是有移动商务价值链中的某几个部分相互合作而成的。在传统电子商务的价值链中，占主导地位的往往是应用服务提供商，移动网络运营商的作用仅仅是提供网络的接入手段。在移动电子商务中，因移动网络运营商、平台提供商、内容提供商、服务提供商等价值链参与者均有可能主导价值链，从而形成不同的商务模式。

目前，移动电子商务的商业模式按价值链主导方主要由以下几类：

（1）互联网企业模式

这种方式是传统电子商务的接入移动化。如用户使用手机上网形式登陆淘宝、阿里巴巴等网站并进行订单处理等，移动运营商收取无线接入费用。

（2）移动网络运营商核心模式

移动运营商同众多商业服务商发生联系，并通过平台集成商的系统开发。一方面使用用户的终端内置特制卡，一方面搭建移动支付运营平台。在此模式下，移动运营商直接与用户联系，不需要银行参与，如 NTT DOCOMO 的 i-mode 手机电子钱包服务；中国移动的“移动梦网”都是网络运营商通过控制业务平台而主导整条价值链的典型模式。

网络运营商提供了一个范围广、使用方便的业务平台和快捷简便的网络接入服务，还可以提供内容集成和支付服务，吸引更多的移动用户，扩大其用户群。移动网络运营商核心模式是目前中国移动电子商务市场的主要模式，中国移动、中国联通等移动网络运营商以其广大的用户群为依托，成为市场的核心，其流程如图 7-2 所示。

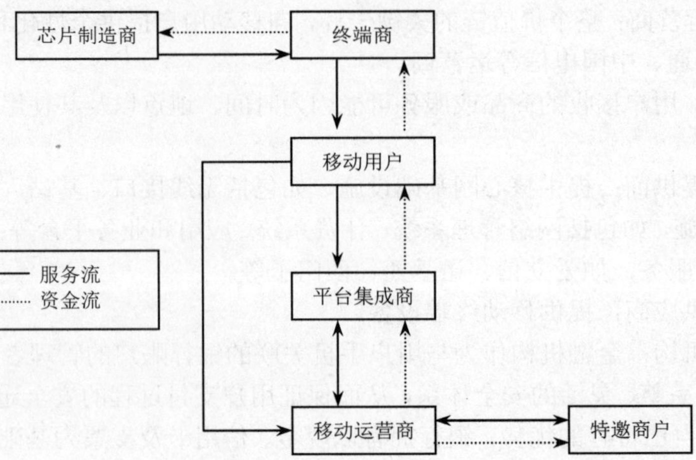

图 7-2 移动运营商核心模式流程图

该模式下运营商与终端客户联系紧密，具有其他环节不可比拟的用户数据信息，可为客户提供个性化服务；运营商和用户本身就具备计费结算系统，可与银行等金融企业合作，为手机支付提供有力支持；有利于运营商开放性系统的开发，使一机兼容多种应用工具。

（3）平台集成商核心模式

有平台集成商自主发展商业服务商，建设与维护移动电子商务业务平台，同时向多个运营商提供业务接入服务，如美国高通公司推出的 BREW 业务平台就是一个典型的例子。

（4）内容提供商核心模式

在该模式中，企业向客户提供相关的数据和信息产品，并通过移动网络向客户进行内容的传递。其有用的信息和方便的信息获取方式吸引了大批移动用户，其他价值链参与者可通过付费给内容提供商而获得其客户群，共同实现利润最大化。如新闻、音乐、位置信息、股票信息等。

（5）服务提供商核心模式

在移动电子商务价值链中，服务提供商主要是向客户提供移动应用服务。主要方式有以下四种：直接提供、通过移动 portal、通过其他企业的 WAP 网关、通过移动运营商。

（6）银行核心模式

银行开发业务平台，用户通过短信等模式与银行直接发生联系，该模式主要适用于手机银行业务，如中国工商银行的手机银行业务。

（7）运营商银行联盟核心模式

移动运营商发展商业服务商并通过平台集成商进行系统开发，银行提供移动支付安全和信用管理服务，银行和移动运营商发挥各自的优势形成战略联盟。

7.3 移动电子商务的运营模式

7.3.1 国外成功的运营模式

1. 日本 NTT DOCOMO 运营模式

2001 年，NTT DOCOMO 在全球最早开展 3G-FOMA 业务。当年所有的用户都转换为 3G

用户，在日本移动通信市场占据 50%以上份额。它在 1999 年 2 月推出的 i-mode 颠覆了手机的 WAP 上网模式，采用 C-HTML 编程语言，以流量为单位收费吸引了大量的手机用户。现在 i-mode 服务得到进一步的发展和完善。

2004 年 8 月，NTT DOCOMO 建立了 Felica Networks 支付平台，用户申请手机钱包账号预存金额即可使用。随后两年，NTT DOCOMO 先后获得三井住友信用卡公司 34%的股份，瑞穗金融集团关联企业 UCCard 18%的股权，形成移动支付平台。

NTT DOCOMO 的成功不仅在于它是一个成功的电信运营商，而是它将整个虚拟和实态市场整合起来实现利益创造和分配，并在其中起主导作用。

2. 美国 iPhone 应用商店运营模式

2006 年 6 月，美国苹果公司携 iPhone 进军移动通信市场，由于 iPhone 完全是自行开发，所用软件和硬件均为苹果公司专利，在消费者心目中极具品牌号召力。较早的 2G 版 iPhone 是采用在一个国家或地区选择独家运营商合作，收入分成的模式；3G 版则采用用户通信服务费归运营商的传统合作模式。这样有苹果专卖店直接销售手机，摆脱了电信运营商的控制，并推出了专门的软件开发包 SDK 让第三方来开发 iPhone 应用软件嵌入 App Store 供用户下载。

App Store 运营模式实现了用户、苹果公司和 SDK 开发三方共赢。用户在应用商店可以下载到实用程序，通过信用卡付费，苹果公司设定此为唯一下载渠道；维护发布平台，建立开发者社区，与开发者分成；开发者的软件发布在 App Store，每次下载，苹果公司自动与之分成。

App Store 的成功之处在于苹果公司强大的控制能力。它控制手机终端仅可通过 iPhone 下载而不可复制，控制开发程序 SDK 的唯一性；控制应用程序的安全性、可用性及测试应用；控制开发者资质和信用的审核管理。苹果在此也担任着内容和服务提供商的角色，弱化电信运营商的地位使之仅提供通信渠道，提高第三方软件参与移动电子商务的积极性和主动性。

App Store 模式为苹果公司带来了巨额利润，在全球带来剧烈反响，不少的手机或移动系统厂商以至于运营商都推出自己的应用商店。如 Google、微软、诺基亚、三星、中国移动、中国电信以及中国联通等推出的相关产品。

7.3.2 中国的运营模式

1. 移动电子商务运营模式

中国移动、中国联通和中国电信三家公司在我国移动电子商务的产业链中处于垄断地位。目前，国内采用的模式以借鉴 NTT DOCOMO 为主，同时加入终端应用。由平台、服务、应用等环节分享整个移动通信产业价值。平台包括电信网络平台、业务支持平台、客户管理平台和手机系统平台等。运营商涉足手机的定制和操作系统的研发，使终端更加贴合用户需求。

NTT DOCOMO 提出运营商的服务范围，除丰富的语音服务外还要提供数据通信服务，把手机角色转换为用户生活行为的助手。现阶段三大运营商都在发展各自的应用商店，此方面需要把握用户全方位需要，提供基于通信网络和手机平台的一体化服务。

目前，我国移动电子商务产业多种商业模式并存，大致可分为五类。

模式一：传统电子商务企业主导模式。

传统电子商务提供商主导的是一种“品牌+ 运营”的商业模式，其积累的良好的运营经验，以及成熟的商品渠道和物流配送体系，使得其很容易将这些优势直接过渡于移动电子商务平台。加之，凭借其在广大用户中树立的品牌形象，传统电子商务提供商原有的服务体系基本不需要做任何变化，仅需将手机等移动设备作为用户接入通道，即可为自身带来源源不断的客户和订单。但是传统电子商务仅把手机做为一个接入渠道，并未充分挖掘及发挥其巨大的潜力。同时，移动电子商务的用户需求相对传统电子商务有较大的差别，这些变化会对其原有的服务理念和运营模式提出新的挑战。因此，传统电子商务提供商需要针对用户的个性化需求及电子商务发展的新趋势，利用自身的优势，开辟全新的发展理念和服务模式，这种方式是传统电子商务的接入移动化，例如用户使用手机上网的形式登录淘宝等网站进行订单处理等。这种方式的优势在于传统电子商务企业已经具有电子商务的运营和管理经验以及成熟的品牌形象，手机仅作为一个全新的用户接入渠道，可以迅速将互联网业务向手机移植。

模式二：软件提供商主导模式。

软件提供商主导的移动电子商务主要是一种“软件+服务”的模式，软件提供商着眼于对移动电子商务商户运营多样性需求的满足。但是，现阶段移动网民对于移动电子商务的应用还主要停留在商品查询及上网购物等基本需求上。而作为软件提供商主导的移动电子商务平台想要真正实现快速发展，仍然需要等待移动电子商务整体市场的进一步成熟。

模式三：平台集成商主导模式。

由平台集成商自主发展商业客户，建设与维护业务平台，同时向多个运营商提供业务接入服务，如拓维公司的一卡通平台、用友公司的移动商街等。平台集成商开展移动电子商务主要集中于他们熟悉的某个行业。

模式四：金融机构主导模式。

金融机构布放POS机、开放平台、发展用户，用户与金融机构直接发生联系。例如各大银行开展的手机银行业务、银联开展的“手付通”业务。金融机构在大额移动支付中占据主导地位，具有得天独厚的政策优势。

模式五：电信运营商主导模式。

电信运营商主导的是一种“通道+平台”的商业模式。电信运营商在整个产业链中处于信息传递的核心位置，绝大多数的服务都必须经过电信运营商的网络接入才能进行。另外，电信运营商所拥有的规模庞大的用户资源必然成为其开展移动电子商务的潜在用户群。但是，从另一个方面看，移动电子商务平台建成后，在管理和运营方面都需要高度专业化的团队和丰富的电子商务运营经验。而电信运营商在专业化程度和电子商务的运营经验上都存在不足之处，这些劣势单凭运营商自身很难在短期内解决。对于移动电子商务的挑战，电信运营商应该充分利用自己的技术及用户优势，与产业链中的应用提供商及商户合作，借助商户丰富的营销经验，并利用应用提供商的运营经验，实现共同发展，互惠共赢。

电信运营商与用户和商业客户直接建立联系，在移动终端中采用特制的SIM卡，在商店端布放支持非接触交易的POS机，并搭建统一的移动支付运营平台。此模式不需要银行参与，如目前开展的“手机钱包”业务。电信运营商凭借在移动产业链中的核心地位，以及庞大的用户群，在开展移动电子商务方面具有先天优势。

模式六：电信运营商与金融机构合作模式。

这种模式在日本和韩国取得了成功。银行和电信运营商发挥各自的优势，电信运营商具有用户优势和增值业务运营经验，银行提供移动支付安全和信用管理服务。金融机构的参与将极大增加金融风险的承受能力，大大减小支付额度的限制，提高信用安全等级。

模式七：新兴电子商务提供商主导模式。

新兴电子商务提供商主导的移动电子商务模式以“专注+ 创新”为主要特色。此类模式本身具有区别于传统电子商务的特点，能够摆脱传统电子商务发展的即定思路，专注于对移动电子商务专有服务模式的创新。但作为新兴电子商务提供商，其自身的力量还不够强大，很多应用创新并不能够凭借一己之力完成。因此，新兴电子商务提供商若想在未来的移动电子商务中有所作为，除了不断地进行创新之外，更需要与运营商、设备商等合作伙伴合作，才能推动更多的移动电子商务创新应用发展，达到利益最大化。

2. 移动增值业务

移动增值业务是移动运营商在移动基本业务（话音业务）的基础上，针对不同的用户群和市场需求开通的可供用户选择使用的业务。移动增值业务是市场细分的结果，它充分挖掘了移动网络的潜力，满足了用户的多种需求，因此在市场上取得了巨大的成功。如预付费业务（神州行、如意通），短消息增值业务（移动梦网、联通在信）都有着众多的用户，已成为运营商的主要品牌。移动增值业务已成为移动运营商价值链最重要的组成部分，市场前景广阔，需求极大。据预测，中国移动增值业务市场将以每年超过 30%的速度增长。

（1）移动增值业务的特点

移动增值业务的核心特点是移动性、即时性、个人性。

即时性：移动增值业务的即时性表现为用户业务交互请求的即时响应，如快速简单的短信业务、所见即所得的 WAP 浏览等。

个人性：移动增值业务个人化特性生动地表现为对市场的细分、业务品牌的层出不穷。如中国联通的增值业务总品牌是“联通无限”，其下属众多增值业务子品牌涵盖了个人和企业的各个应用层次，向用户提供了针对性很强的增值业务服务。中国移动的增值业务品牌是“移动梦网”。

（2）移动增值业务的分类

按向用户提供的服务功能划分，可以分为语音增值业务、移动消息类业务、移动资讯类业务、移动音乐类业务、移动视频类业务等十大类，具体分类参见表 7-1。

表 7-1 增值业务按用户使用功能分类

业务类别	业务举例
语音增值业务	PoC（PTT over Cellular）
	IVR
	多方通话（电话会议）
	Wi-Fi/蜂窝双模通话
移动消息类业务	点对点短信
	点对点彩信
	移动 IM
移动资讯类业务	手机刊物
	手机漫画
	移动广告

续表

业务类别	业务举例
移动音乐类业务	铃声下载
	回铃音（个性化回铃音）
	数字音乐下载
移动视频类业务	移动 Flash
	视频点播
	视频监控
	手机电视
	视频短片
	视频通话
移动游戏类业务	在线游戏
	单机游戏
	3D 游戏
移动定位	手机导航
	儿童/老人定位业务
移动办公类业务	移动 E-mail
	短信平台
	移动视频会议
移动行业应用	移动证券
	移动支付
	移动银行
	移动医疗
	移动政务
	移动远程教育
移动互联网应用	移动博客
	移动搜索
	移动微信
	移动 QQ

7.3.3 移动电子商务的主要服务

互联网、移动通信技术和其他技术的组合创造了移动电子商务，但真正推动市场发展的却是多样化的服务。我国移动电子商务的业务发展经历了两个阶段。第一阶段，主要为用户提供信息服务，如天气和路况的预测、股市行情、新闻等。这些服务的特点是用户在消费前必须和商家签订合同，属于预付费服务，支付以非在线方式进行，资金的流行形式比较简单。第二阶段，开始为用户提供具有在线支付的移动商务服务，移动电子银行、移动贸易、移动购物、移动证券、移动缴费等。

1．移动购物和移动订票

（1）移动购物

移动购物是指利用手机、PDA 等移动便携终端上网实现购物的过程，其中手机是最常用的终端，所以通常也将移动购物称为手机购物。进入智能机和 3G 时代以来，以 iOS 平台和 Android 平台上的手机购物应用为主流模式。国外手机购物发展最好的是日本、韩国等国家，而目前中国手机购物也占到了整个电子商务业务的 20%左右，并且正以极快的速度发展。目前比较有代表性的智能手机应用中，传统电商 APP 有淘宝和京东，综合性导购应用有口袋购物、蘑菇街等。

目前 90%的日本、韩国手机用户都已经习惯在手机上消费。日本用户可以利用装有智能卡的手机在自动售货机购物，甚至是在便利店购买大米、洗衣粉这样的日常生活用品。日本移动电子商务交易额已经占电子商务总体交易额的 40%左右。移动电子商务的发展，为日本众多商业企业提供了新的销售渠道，几乎所有的网上经营者都同时拥有自己的移动商铺。相比传统的互联网购物，消费者用手机购物更加便捷、私密、互动，手机购物已经成为日本、韩国等国“快时尚”标志，深受城市年轻人喜爱。

中国手机购物正式兴起于 2008 年。2008 年，中国 3G 政策已经明朗，相关政府部门和移动运营商明确从 2009 年开始大力发展 3G 服务。此后，随着手机用户数量的快速增长和手机支付安全性的不断提高，手机购物的流行速度飙升。时至今日，手机购物已成为最热门的手机应用之一。

2010～2013 年，中国移动购物市场进入蓬勃发展阶段，年度交易规模呈现成倍增长态势。艾瑞分析认为，移动互联网的普及、网民购物习惯的变化、移动购物场景的完善、移动支付应用的推广、核心网购企业移动端布局力度的加大，是中国移动购物市场快速发展的重要因素，预计 2014 年移动购物市场交易规模将超 8000 亿元，移动端渗透率将达到 30%左右。

这表明移动电子商务在我国拥有十分广阔的前景。针对这种情况，京东、当当、凡客、淘宝、1 号店等大型电子商务网站纷纷推出或完善了自身的手机购物门户，同时研发或升级自己的手机购物终端，努力改善用户体验。同时，很多第三方手机购物应用软件也应运而生。这些软件通过对多家电商网站信息的整合，帮助用户实现及时的比价、查看评价等功能，比如“我看看”比价软件。另外，这些软件具有特色的扫描条形码、二维码搜索商品的功能也是吸引用户的重要因素之一。除此之外，还有一些公司则另辟蹊径，通过具有特色的垂直类手机购物功能迅速占据了半壁江山。这类软件的特点就是更加专业，能提供更好的用户购买体验，比如专门针对图书行业的图书买手软件，在提供多家电商的比价之后可以直接下单，无须跳转登录，用户购买流程得到完美简化。

2014 年，阿里巴巴、京东、苏宁、唯品会、聚美优品、当当、亚马逊等核心企业移动端布局力度进一步加大，买卖宝等独立移动购物企业在三到六线城市继续发力，移动购物在网络购物整体中的渗透率提升明显。艾瑞分析认为，未来几年中国移动购物市场仍将保持强势增长态势，预计 2016 年移动端交易规模占比将突破 50%，移动端成为用户购物的重要选择。

（2）移动订票

手机购票方便灵活，随时随地，并且节约低资源，节省人力，目前，在欧、美、日、韩已经被广泛应用于停车场、公交车、电影院和剧院等场所。德国铁路公司推出的手机购火车票服务，省去了顾客到车站排队购票的麻烦，还避免了逃票或倒票的可能性，德国还计划将这一系统引入城市轻轨和公交车的服务。

目前在国内，影剧演出单位提供了手机购票业务。例如，北京的星美国际影城，上海的永华影城、东方艺术中心、郑州大上海、万达广场等，应用领域还十分广泛。这主要是由于大多用户使用智能手机，已形成手机购票的习惯。2006 年上海联通与上海影城、沪上知名订票网站“一票通”合作，推出了手机购票业务。上海联通此次推出手机订票业务后，用户不需要将手机与银行卡绑定，就可通过互联网或手机网站直接订票和支付，凭手机上的二维码电子票到影院换票。用户在登陆手机网站后，只要选择上海影城的电影场次、张数并确定座位后，票款就会直接从话费中扣除。在完成订票程序后，电子票将会以二维码的形式直接通过网络发送到用户的手机。观众只要凭手中的电子票，就可到电影院票房换票入场。

下面是手机购买电影票的流程。

中国移动
10:31
98%
立即登录
我的电影票
我的代金券
消息中心
我的电影 (0)
我的社区
我的帖子
我收藏的帖子
我购买的商品
设置
电影
影院
发现
我的
进入 APP 后有很多选择，登入账号来购买电影票

登入账号前

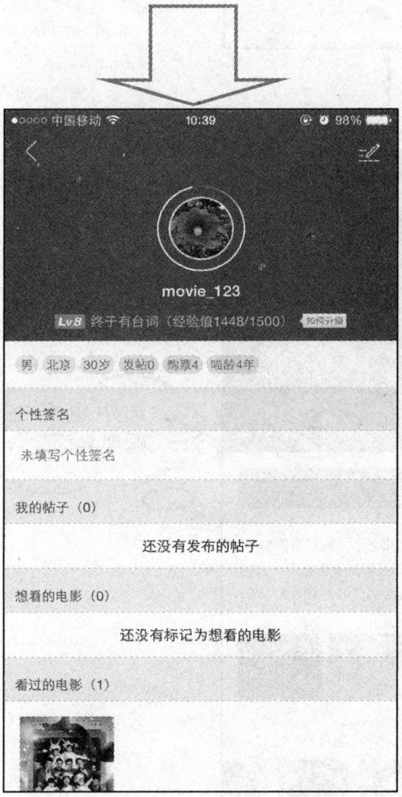
中国移动
10:39
98%
movie_123
Lv8 终于有台词（经验值1448/1500）
如何升级
男
北京
30岁
发帖0
购票4
喵龄4年
个性签名
未填写个性签名
我的帖子（0）
还没有发布的帖子
想看的电影（0）
还没有标记为想看的电影
看过的电影（1）

登入账号后

选择地域
上海
热映
待映
榜单
不惧票房压力，坚持拍最感动的故事
吴宇森为《太平轮》写影评
谜城
8.2分
三大男神凶残打造犯罪新经典
今天143家影院放映1136场
购票
资讯 《谜城》上映 真刀真枪港产"硬"片
专访 余文乐：为了林岭东，第一次当痞子
选择电影
王朝的女人·杨贵妃
7.2分
范冰冰黎明情到深处马背羞羞
今天148家影院放映1214场
捉妖记
9.0分
史瑞克之父打造小妖王胡巴
今天148家影院放映1049场
太平轮·彼岸
8.8分
登船之后一切才刚刚开始
今天130家影院放映288场
巴黎假期
44980人想看
电影
影院
发现
我的
王朝的女人·杨贵妃
Lady Of The Dynasty
6.2
(32237人评分)
爱情,古装
大陆/123分钟
2015-07-30大陆上映
想看
评分
选中电影进入购票界面
立即购票
盛世大唐，万国来朝。祭奠大礼之上，婀娜善舞的少女杨玉环（范冰冰 饰）吸引了当朝天子唐玄宗（黎明饰）的目光。在担心自己地位受到威胁的武惠妃（陈
192张
导演
演员

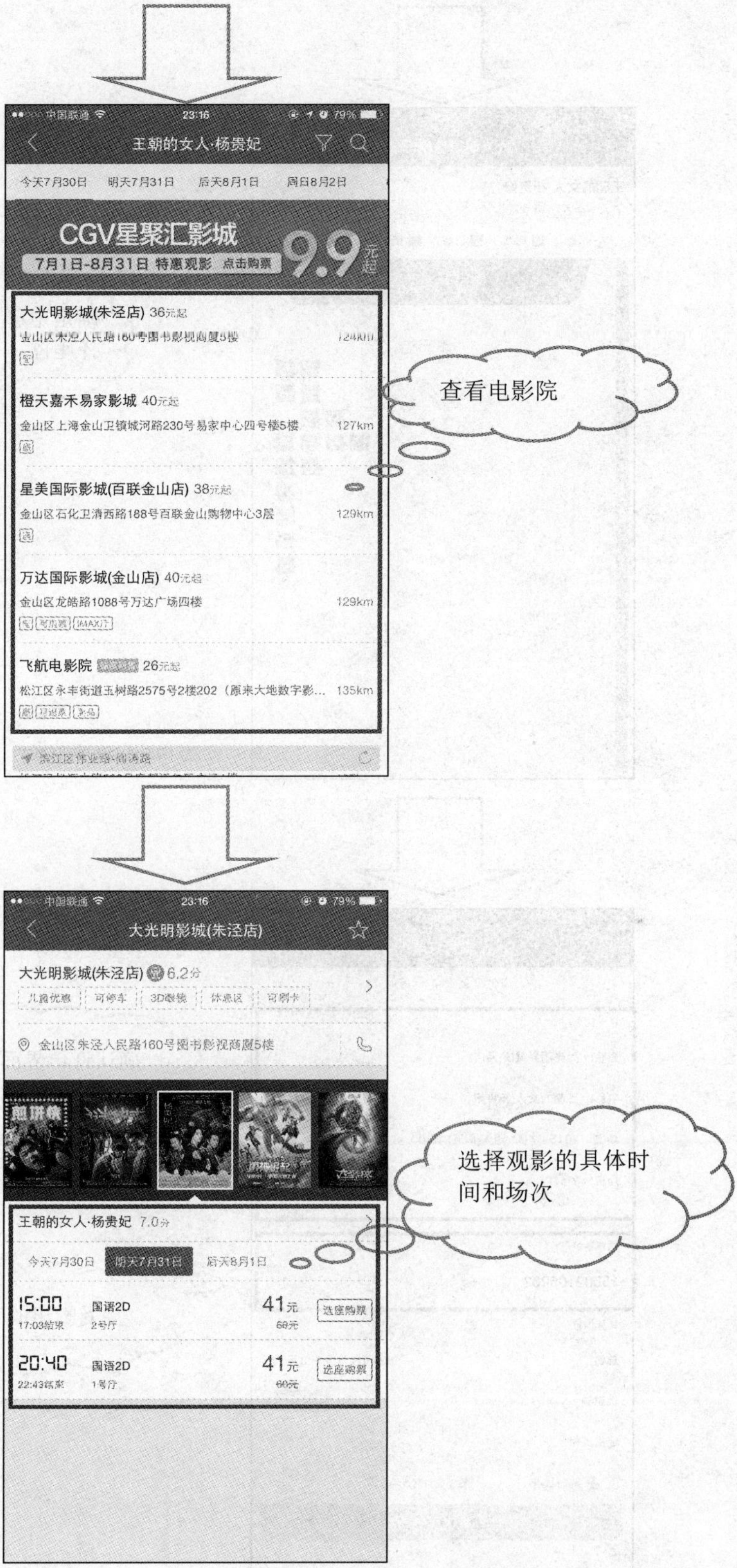
王朝的女人·杨贵妃
今天7月30日　明天7月31日　后天8月1日　周日8月2日
CGV星聚汇影城
7月1日-8月31日 特惠观影 点击购票
9.9元起
大光明影城(朱泾店) 36元起
橙天嘉禾易家影城 40元起
金山区上海金山卫镇城河路230号易家中心四号楼5楼　127km
星美国际影城(百联金山店) 38元起
金山区石化卫清西路188号百联金山购物中心3层　129km
万达国际影城(金山店) 40元起
金山区龙皓路1088号万达广场四楼　129km
飞航电影院 26元起
松江区永丰街道玉树路2575号2楼202（原来大地数字影…　135km
查看电影院
大光明影城(朱泾店)
大光明影城(朱泾店) 6.2分
儿童优惠　可停车　3D眼镜　休息区　可刷卡
金山区朱泾人民路160号图书影视商厦5楼
王朝的女人·杨贵妃 7.0分
今天7月30日　明天7月31日　后天8月1日
15:00　17:03结束　国语2D　2号厅　41元　60元　选座购票
20:40　22:43结束　国语2D　1号厅　41元　60元　选座购票
选择观影的具体时间和场次

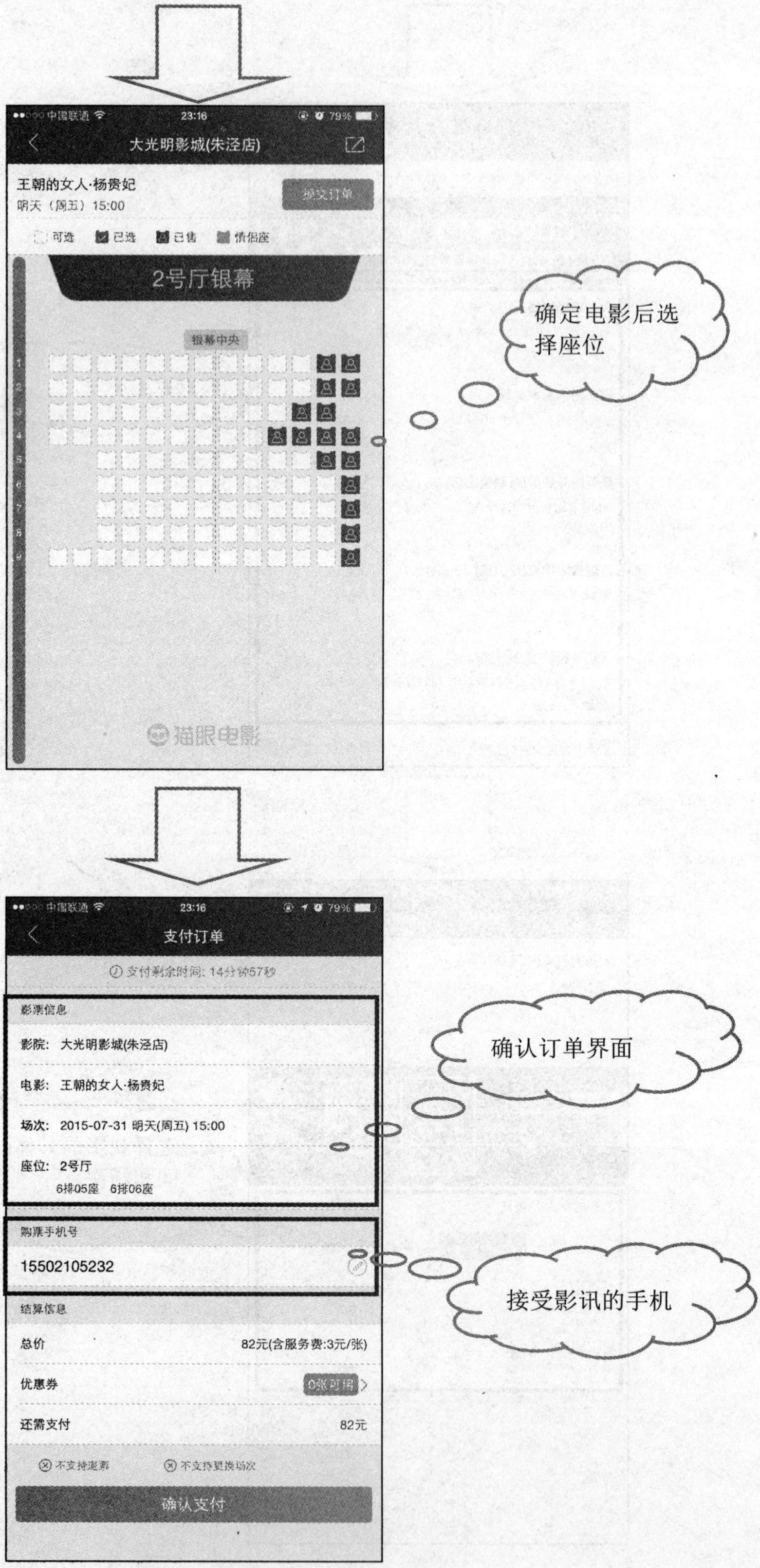
23:16
大光明影城(朱泾店)
王朝的女人·杨贵妃
明天（周五）15:00
提交订单
可选
已选
已售
情侣座
2号厅银幕
银幕中央
猫眼电影
确定电影后选择座位
23:16
支付订单
支付剩余时间：14分钟57秒
影票信息
影院：大光明影城(朱泾店)
电影：王朝的女人·杨贵妃
场次：2015-07-31 明天(周五) 15:00
座位：2号厅
6排05座 6排06座
购票手机号
15502105232
结算信息
总价
82元(含服务费:3元/张)
优惠券
0张可用
还需支付
82元
不支持退票
不支持更换场次
确认支付
确认订单界面
接受影讯的手机

随着我国 3G 业务的持续开展，手机上网将成为我国未来互联网用户新的增长点。从数据上可以明显发现，除了传统的预订之外，手机预订购物市场还有巨大的发展空间和用户潜力亟待开发。随着移动技术应用的逐步普及，传统互联网的业务正在迅速向手机平台上转移。手机订票也将成为旅游电子商务的又一推动因素，为旅行者提供更多丰富而便捷的消费场所。

下面是手机铁友订票流程。

下载“铁友网预订火车票”手机应用，软件订票系统→注册、登录→预订车票→订票成功后，将显示订单号、车次、总票价、取票截止时间等→在铁路局管辖内任一个火车票售票点取票即可。

下载软件→注册登录

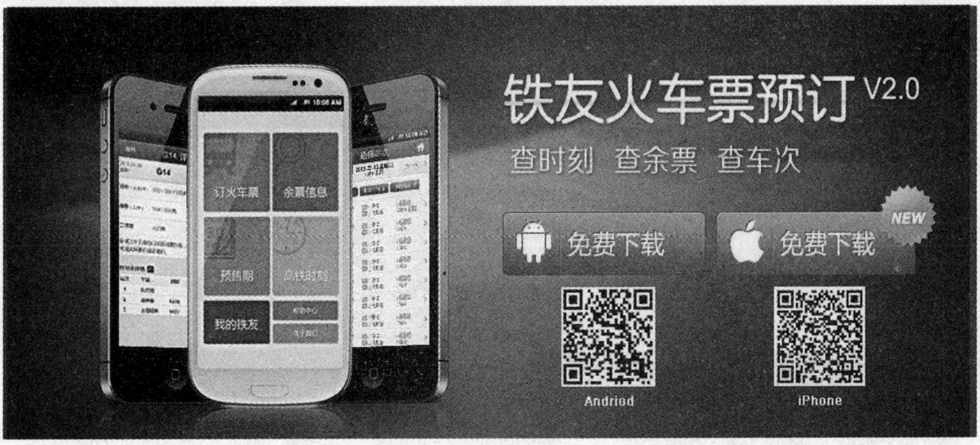

13:38
66%
游戏
快递100
铁路12306
壁纸
高德导航
打开 APP
我的12306
登录
注册
车次查询
票价查询
代售点查询
车站车次查询
起售时间查询
旅行休闲
New
设置
车票预订
订单查询
我的12306
打开 APP 后进入“我的 12306”，登录自己的账号

13:38
登录12306
用户名　12306.cn用户名
密　码　12306.cn密码
记住密码
自动登录
忘记密码 >
注 册
登 录
车票预订
订单查询
我的12306
输入你注册的 12306 账号和密码

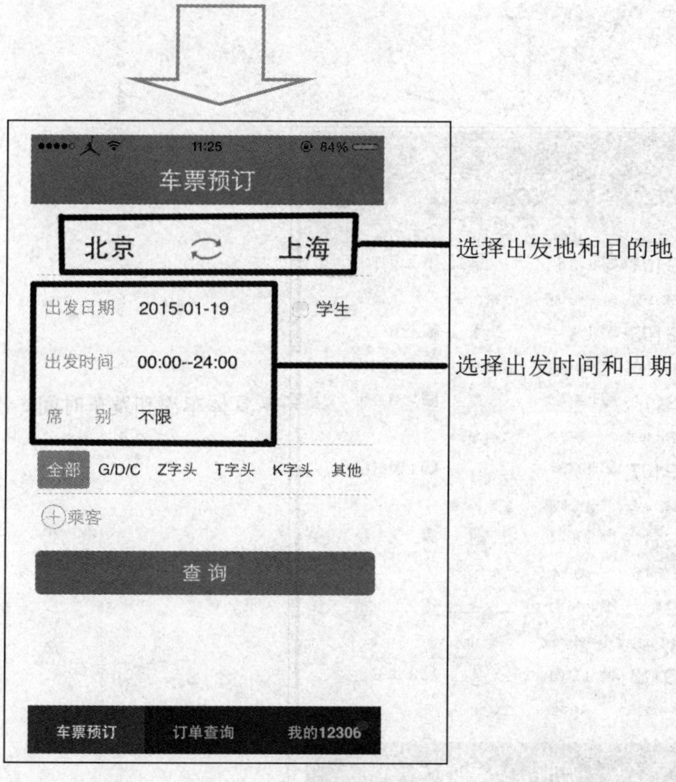
11:25
车票预订
北京
上海
出发日期　2015-01-19
学生
出发时间　00:00--24:00
席　别　不限
全部　G/D/C　Z字头　T字头　K字头　其他
乘客
查 询
车票预订
订单查询
我的12306
选择出发地和目的地
选择出发时间和日期

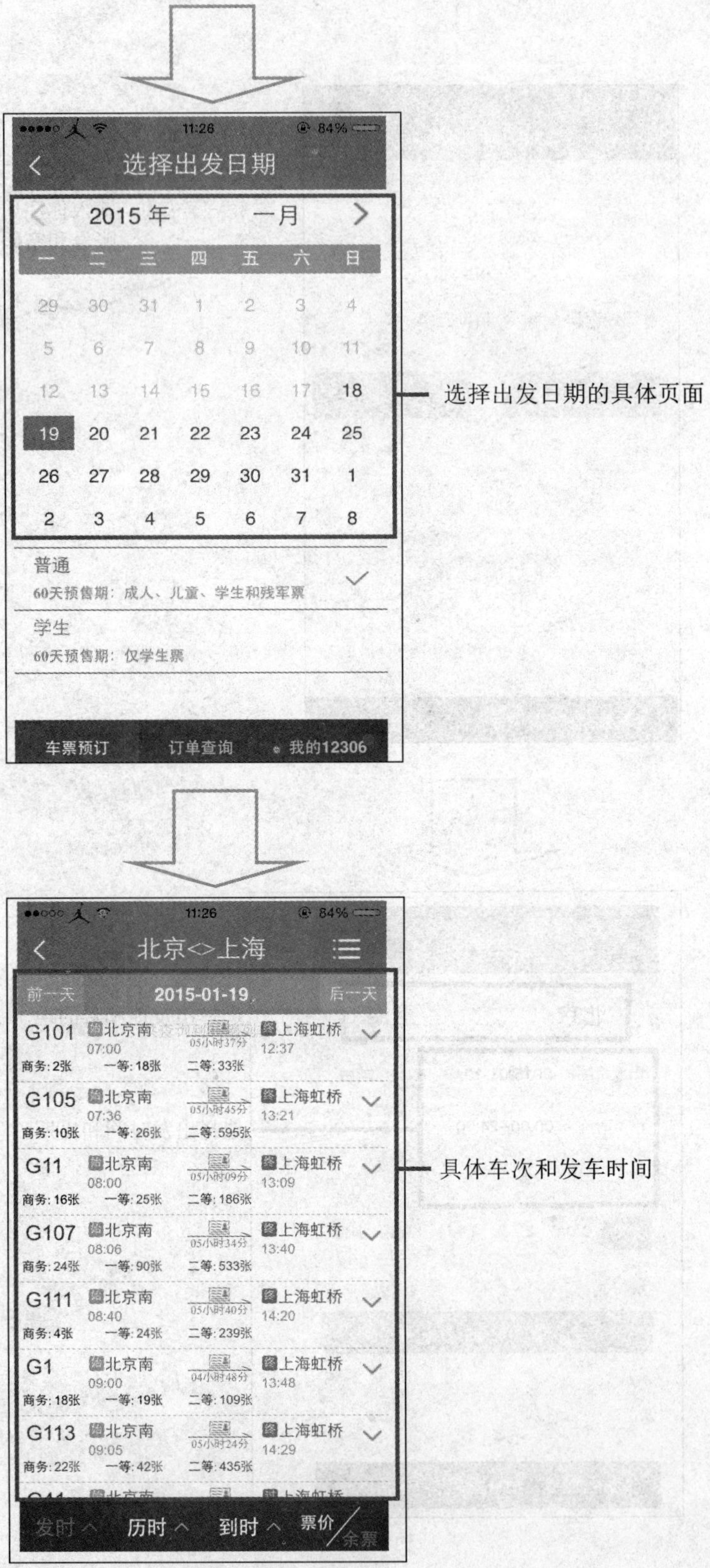
选择出发日期
2015 年 一月
一 二 三 四 五 六 日
普通
60天预售期：成人、儿童、学生和残军票
学生
60天预售期：仅学生票
车票预订 订单查询 我的12306
选择出发日期的具体页面
北京<>上海
前一天 2015-01-19 后一天
G101 北京南 07:00 上海虹桥 12:37 商务：2张 一等：18张 二等：33张
G105 北京南 07:36 上海虹桥 13:21 商务：10张 一等：26张 二等：595张
G11 北京南 08:00 上海虹桥 13:09 商务：16张 一等：25张 二等：186张
G107 北京南 08:06 上海虹桥 13:40 商务：24张 一等：90张 二等：533张
G111 北京南 08:40 上海虹桥 14:20 商务：4张 一等：24张 二等：239张
G1 北京南 09:00 上海虹桥 13:48 商务：18张 一等：19张 二等：109张
G113 北京南 09:05 上海虹桥 14:29 商务：22张 一等：42张 二等：435张
发时 历时 到时 票价/余票
具体车次和发车时间

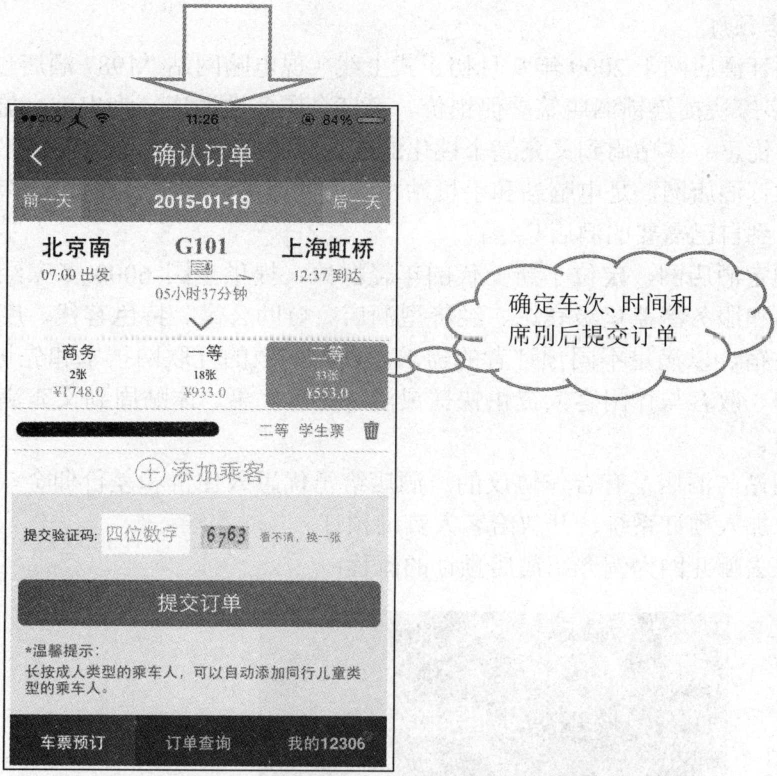
11:26
84%
确认订单
前一天
2015-01-19
后一天
北京南
07:00 出发
G101
05小时37分钟
上海虹桥
12:37 到达
商务
2张
¥1748.0
一等
18张
¥933.0
二等
33张
¥553.0
[redacted]
二等 学生票
添加乘客
提交验证码：四位数字
6763
看不清，换一张
提交订单
*温馨提示：
长按成人类型的乘车人，可以自动添加同行儿童类型的乘车人。
车票预订
订单查询
我的12306
确定车次、时间和席别后提交订单

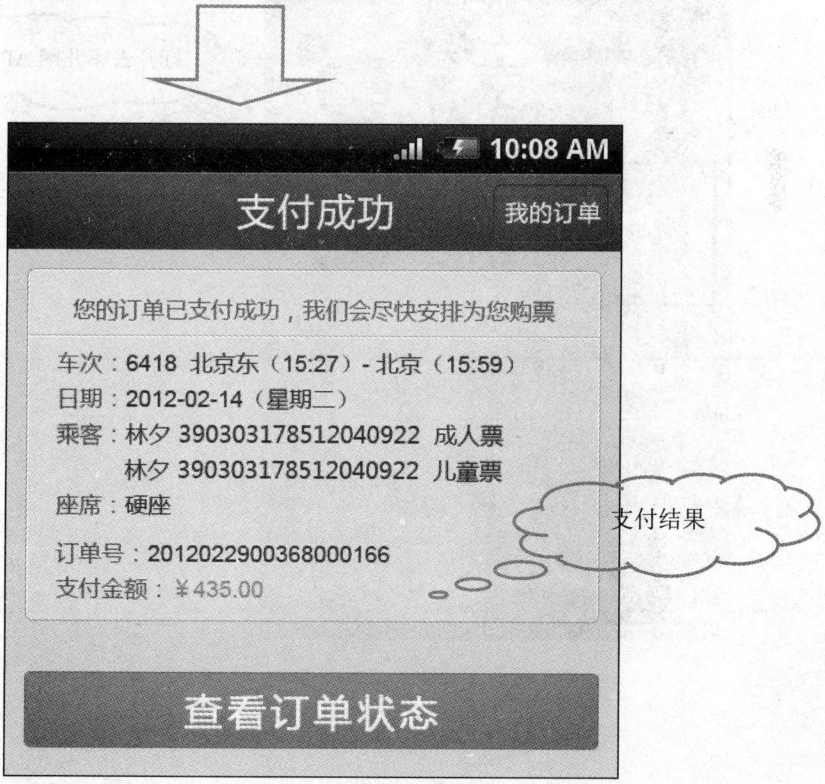
10:08 AM
支付成功
我的订单
您的订单已支付成功，我们会尽快安排为您购票
车次：6418 北京东（15:27）- 北京（15:59）
日期：2012-02-14（星期二）
乘客：林夕 390303178512040922 成人票
林夕 390303178512040922 儿童票
座席：硬座
订单号：2012022900368000166
支付金额：¥435.00
查看订单状态
支付结果

2. 酒店预订

手机预订酒店网于 2009 年 9 月初正式上线（现电脑网站“1987 酒店预订网”），目前公司已与 6000 多家快捷连锁酒店签署促销价。可订全国各地酒店，为出差、旅行人士提供了快捷灵活、优质优惠、体贴周到又充满个性化的旅行服务。

手机预订酒店网，是电脑站和手机站相结合的网站，用户只要使用移动设备就能够方便、快捷地预订到自己需要的酒店！

手机预定酒店网，定位于新一代的年轻群体，提供全国 6000 多家经济型酒店的预订服务。其产品和服务涵盖星级宾馆、经济型酒店、自助公寓、特色客栈、度假村等多种形式的休闲经济住宿，以满足不同预订者的需求。利用高效的互联网技术和先进的电子资讯手段，为商务客户、散客与休闲客人提供快捷灵活、优质优惠、体贴周到又充满个性化的一站式酒店预定服务。

订房网站与酒店是有合作协议的。酒店给予优惠入住价和差价佣金。订房公司把各酒店的详细信息加入预订系统，开放给客人查询预订。

下面以去哪儿网为例介绍酒店预订的流程：

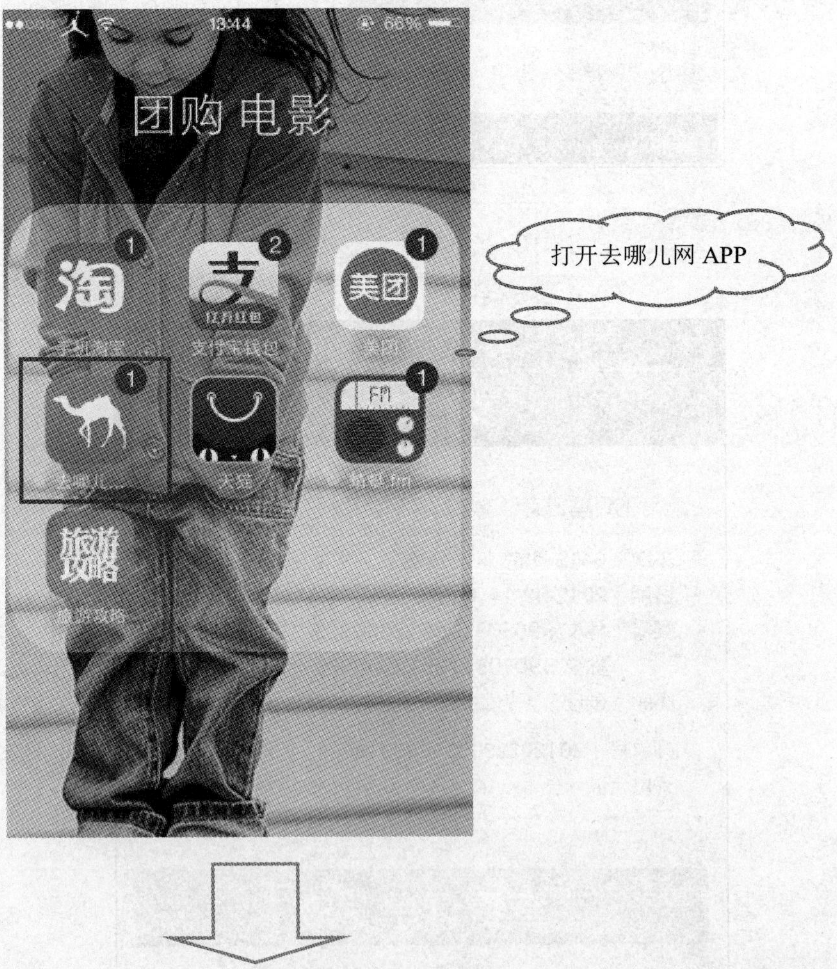

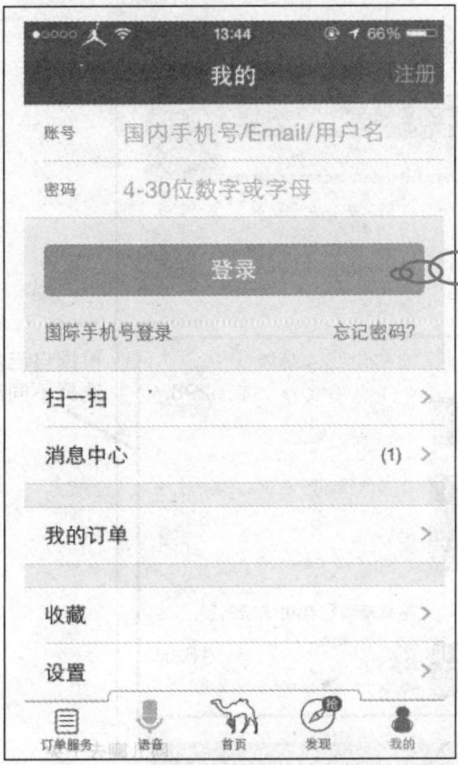

进入 APP 后点击“我的”选项，输入你的去哪儿网账号和密码

选择酒店

11:34
88%
住 01-18
离 01-19
酒店名/地名
全部
商圈
折扣高
可用星券
优选客栈
首都机场
王府井
天安门
西单
北京西站
南锣鼓巷
国贸
北京福地凰城酒店
4.4分/467条评论
高档型
¥298起
王府井商圈，靠近东城区政府
北京博雅国际酒店
4.0分/177条评论
高档型
¥323起
望京商圈，与爱慕大厦相邻
格林豪泰首都机场新国展...
4.6分/375条评论
经济型
¥132起
首都机场，在国展地铁站B口附近
根据自己的需要
选择不同酒店
北京福地凰城酒店[高档型]
94张
4.4
好评:423条 差评:20条
评论
北京市东城区东四北大街钱粮胡同1...
王府井商圈
地图
2011年开业 010-57642999
详情
1月18日入住 1月19日离店 共1晚
标准间
28㎡ 大床1.8m/双床1.2m
¥298起
红包
商务标准间
33㎡ 双床1.2m
¥469起
豪华标准间
暂无房型信息
¥529起
商务大床间
33㎡ 大床1.8m
¥608起
豪华大床间
38㎡
¥708起
确定酒店后选择你
需要的房间类型

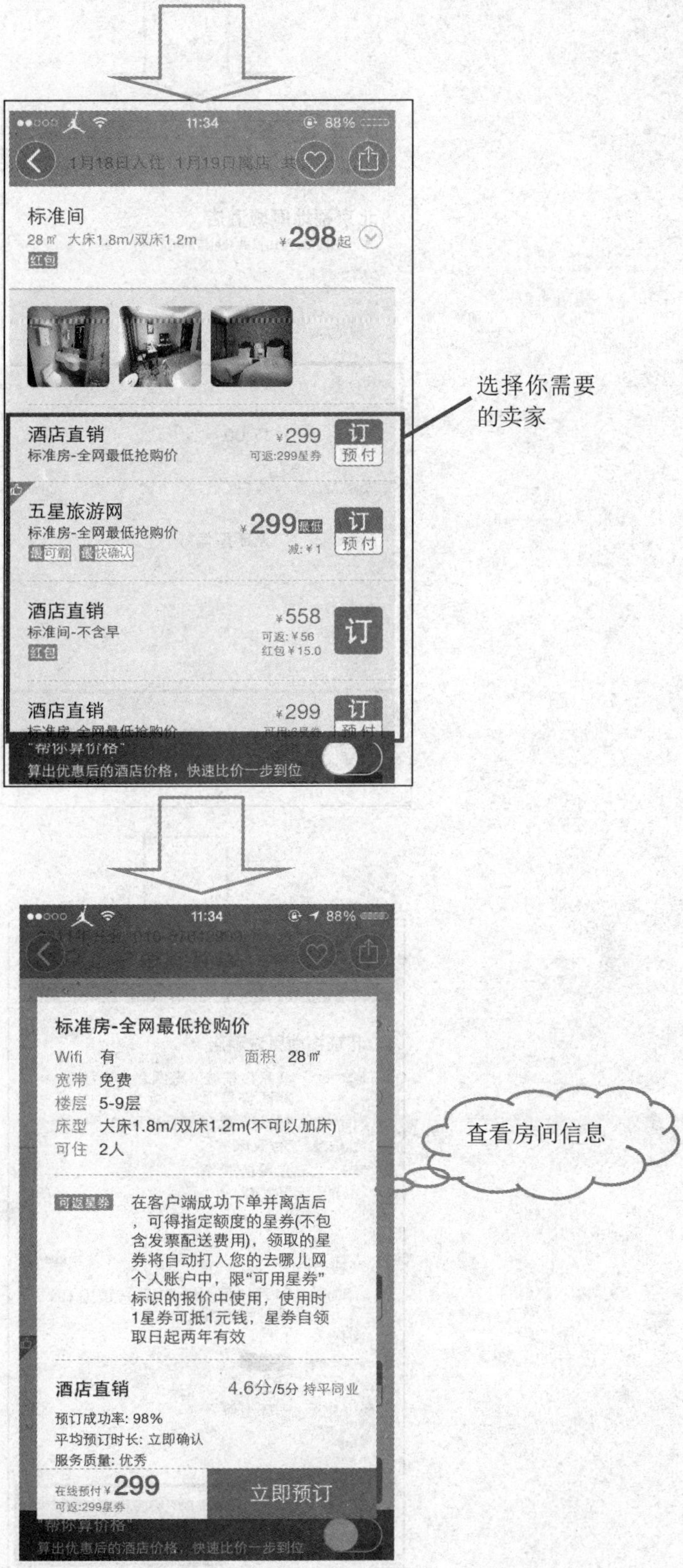
11:34
88%
1月18日入住 1月19日离店
标准间
28㎡ 大床1.8m/双床1.2m
¥298起
红包
酒店直销
标准房-全网最低抢购价
¥299
可返:299星券
订
预付
五星旅游网
标准房-全网最低抢购价
¥299
减:¥1
订
预付
酒店直销
标准间-不含早
红包
¥558
可返:¥56
红包¥15.0
订
酒店直销
¥299
订
"帮你算价格"
算出优惠后的酒店价格，快速比价一步到位
选择你需要的卖家
11:34
88%
标准房-全网最低抢购价
Wifi 有
面积 28㎡
宽带 免费
楼层 5-9层
床型 大床1.8m/双床1.2m(不可以加床)
可住 2人
可返星券
在客户端成功下单并离店后，可得指定额度的星券(不包含发票配送费用)，领取的星券将自动打入您的去哪儿网个人账户中，限"可用星券"标识的报价中使用，使用时1星券可抵1元钱，星券自领取日起两年有效
酒店直销
4.6分/5分 持平同业
预订成功率: 98%
平均预订时长: 立即确认
服务质量: 优秀
在线预付¥299
可返:299星券
立即预订
帮你算价格
算出优惠后的酒店价格，快速比价一步到位
查看房间信息

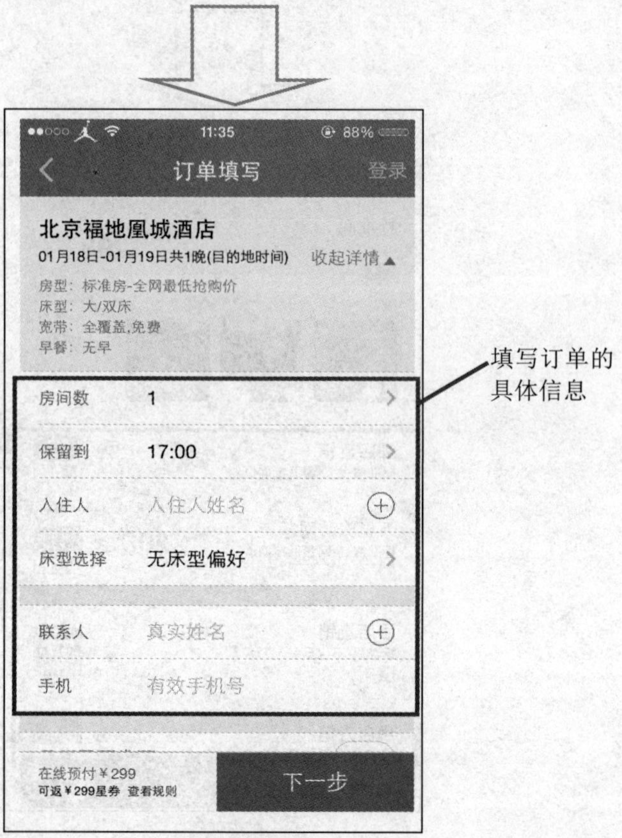
11:35
88%
订单填写
登录
北京福地凰城酒店
01月18日-01月19日共1晚(目的地时间)
收起详情
房型：标准房-全网最低抢购价
床型：大/双床
宽带：全覆盖,免费
早餐：无早
房间数 1
保留到 17:00
入住人 入住人姓名
床型选择 无床型偏好
联系人 真实姓名
手机 有效手机号
在线预付￥299
可返￥299星券 查看规则
下一步
填写订单的
具体信息

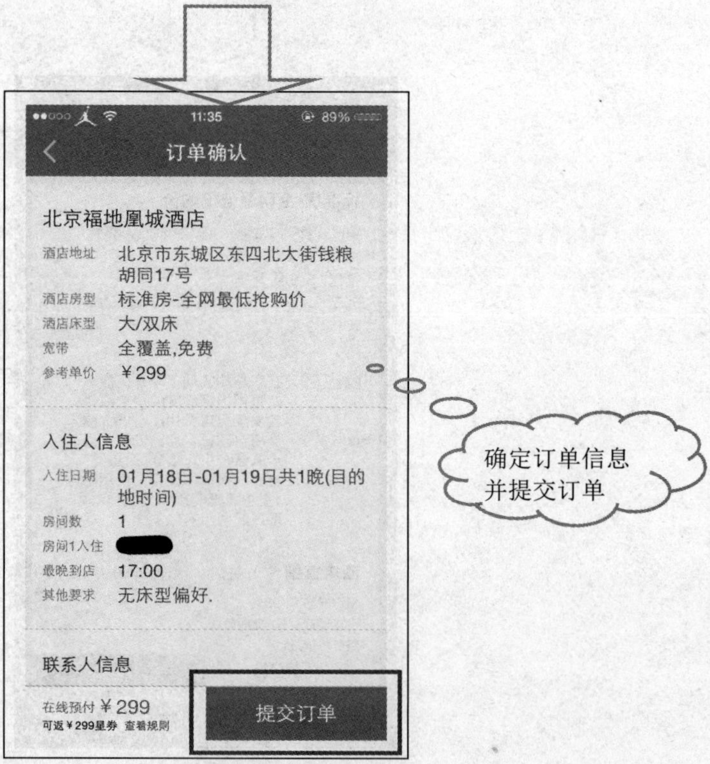
11:35
89%
订单确认
北京福地凰城酒店
酒店地址 北京市东城区东四北大街钱粮胡同17号
酒店房型 标准房-全网最低抢购价
酒店床型 大/双床
宽带 全覆盖,免费
参考单价 ￥299
入住人信息
入住日期 01月18日-01月19日共1晚(目的地时间)
房间数 1
房间1入住 [redacted]
最晚到店 17:00
其他要求 无床型偏好.
联系人信息
在线预付￥299
可返￥299星券 查看规则
提交订单
确定订单信息
并提交订单

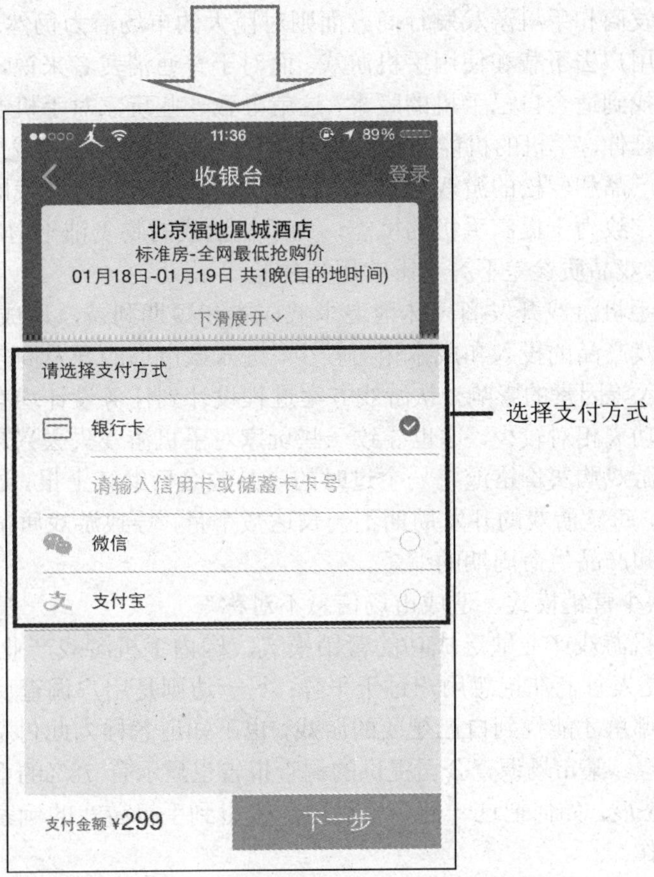

3. 娱乐服务

2010 年，随着 3G 网络的不断完善、信息终端的性能不断提升，手机应用更加丰富，商业模式也逐渐清晰，全球移动互联网市场仍保持快速发展。据摩根士丹利报告研究，全球 3G 用户 2010 年将达到 10.55 亿，3G 普及率全球达到 21%。全球移动互联网的快速发展推动了手机游戏市场的繁荣。据美国市场研究公司 Gartner 估算，2010 年，全球手机游戏市场营收将同比增长 19%，至 56 亿美元，目前在所有的手机消费类应用下载中，有 70%～80%为手机游戏。Gartner 估计全球手机游戏市场规模将于 2014 年进一步增长至 114 亿美元。

移动通信网络技术的提升，手机终端尤其是智能手机终端的快速发展，运营商资费的大幅下降等手机游戏软硬件环境的改善，为中国手机游戏的发展提供了良好的基础。

3G 时代网络运营环境大大改善，用户体验提升，网速是影响网络游戏用户体验感知的关键因素，尤其是互动式的手机游戏对网络的要求非常高。

手机上网资费逐渐降低，用户体验意愿增强。手机终端的发展提升了手机游戏用户的体验。

目前，国内手机游戏产业发展仍然不尽如人意，包括移动通信运营商、手机游戏开发商、手机游戏发行商和手机制造商在内的各个环节还存在许多不利于整个产业发展的因素。主要包括以下几个方面。

（1）手机终端差异化严重，技能有待提高

现在手机的品牌众多，款式不一，过分的差异化使得手机游戏在移植过程中的成本很高。

手机游戏开发商和手机游戏发行商方面则对巨大的市场潜力仍然苦无良策，不能找到较为有效的途径引导用户去下载和使用手机游戏。而对于普通消费者来说，在玩游戏之前必须要从众多游戏版本中找到适合自己手机的版本，这就导致一些玩家对手机游戏敬而远之。手机游戏只是手机功能的延伸，手机的机能在很大程度上制约着手机游戏的发展。只有高品质、多元化、易操作的游戏产品和轻松的游戏气氛，才能吸引大量从未玩过游戏的人加入到游戏中来。所以手机制造商应该致力于提高手机的机能，为手机游戏的腾飞铺平道路。

（2）游戏品质参差不齐，影响用户体验

有许多手机游戏开发商一味地追求低成本和短期利益，造成游戏产品的质量粗糙。目前开发手机游戏产品的投入和成本相对较少，进入该市场的开发商较多。但多数开发商由于受技术、成本投入等因素的影响，从游戏方案过程设计到任务设计均有欠缺，游戏质量粗糙。在产品品质上下功夫相对较少，这也导致一些玩家对手机游戏失去兴趣，造成用户的流失。手机游戏发行商的游戏购买价格或将一个过时的产品改名后继续上报。这样一来，开发商的利润空间逐渐被压低，每款游戏的开发周期不会长达数个月，导致游戏质量越来越差，继而导致用户满意度的降低和产品生命周期的缩短。

（3）缺少营销模式，造成市场信息不对称

国内手机游戏产业缺乏成功的营销模式。国内手机游戏产业正遭遇供需矛盾无法弥合的尴尬：一边是发行商在抱怨用户过于平静；另一边则是用户调查反映出来的强烈需求。很多玩家不知道在哪里才能找到自己想要的游戏，也不知道怎样为此付费，这一情况极大地削弱了用户的消费欲望。某市场调查公司提供的调查报告也显示有 78%的手机用户对手机游戏持“玩不玩均可”的态度，如何把这一部分手机用户吸引到手机游戏的玩家队伍中来，需要游戏发行商做好营销工作。

虽然手机游戏目前存在以上问题，但这些问题正在逐步地解决。国内手机游戏产业的市场环境趋于完善，产业链各方的合作也日益紧密。通过对游戏内容的普遍重视，已经为这个产业赢得了较好的口碑，消费者的到来只是时间上的问题。业界人士认为，在充分了解用户需求的基础上，产业链各方应构建更加紧密的合作关系，只有这样手机游戏产业才能走向持续繁荣。

7.3.4 企业移动电子商务应用

企业移动电子商务应用，简单地说就是借助以无线通信为主的连接方式，使员工可以使用移动终端随时随地地接入到企业的信息系统之中，移动电子商务为企业提供了一个在任何时间和任何地点进行交易的机会。移动电子商务可以为企业提供用户业务与管理移动化服务。对外部分，可以通过企业供应链管理及客户关系管理的移动化提供在外人员实时信息，提高交易业务的效率与整体服务品质；对内部分，在经营管理与知识管理方面，可利用移动化的实时信息实施管理，不仅增加了管理效益，也使企业的反应与速度更具竞争力。

1. 企业移动电子商务的主要功能

移动电子商务可以为企业提供网上交易和管理等全过程的服务，因此，它具有移动广告宣传、咨询洽谈、网上订购和签约、移动支付、移动物流调配、移动客户服务、业务管理等各项功能。

（1）移动广告宣传

移动电子商务可凭借企业的 WAP 服务器，在互联网上发布各类商业信息，利用 WAP 网站和电子邮件在全球范围内做广告宣传。方便客户找到所需商品信息；同时也可定时或自选时间、内容向客户发送定向广告信息。移动广告成本低廉，广告信息自主性、针对性却很强。

（2）咨询洽谈

移动电子商务可借助电子邮件、新闻组和讨论组来了解市场和商品信息，洽谈交易事务；可以用白板会议来互动交流有关图形信息；还能提供多种方便的异地交谈形式。网上的咨询和洽谈能降低交易成本，突破了人们面对面洽谈的局限性。

（3）网上订购和签约

企业可以在产品介绍的页面上提供友好的订购提示信息和订购交互格式框，移动电子商务用户可用手机或带 WAP 功能的笔记本电脑等借助 WAP 中的邮件或表单互传送实现网上订购。

（4）移动支付

网上支付必须要有电子金融中介的支持，如网上银行、信用卡公司等提供网上操作的金融服务。客户和商家之间可采用多种支付方式，保证交易的可靠性，节省费用，加快资金周转。

（5）移动物流调配

利用电子邮件和其他电子工具可以在网络中进行物流的调配，将货物尽快传递到已付款客户的手中。而适合在网上直接传递的信息产品，如软件、电子读物、信息服务等，则可以直接从电子仓库发到用户端。

（6）移动客户服务

移动电子商务能方便地采用定制的格式文件来收集用户对产品或服务的反馈意见，使企业的市场运营能形成一个快速有效的信息回路。客户的反馈意见不仅能提高售后服务的水平，更能使企业获得改进产品的宝贵信息，发现新的商机。

（7）业务管理

企业的业务管理包括人、财、物等多个方面，涉及与相关部门和单位、个人的复杂关系，如企业和企业、企业和消费者及企业内部等各方面的协调和管理。移动电子商务技术为提高各项业务管理的效率创造了重要的基础条件。

2. 企业移动电子商务解决方案

企业员工可以通过无线访问安全便捷地接入企业数据库，进行数据采集和查询，如汇总销量、价格信息，处理订单，查询当前库存，快速、低成本地实现高效移动商务管理；员工在外出时也能处理事务，如回复电子邮件、安排会议以及改善客户关系等。企业移动电子商务解决方案方便了企业数据库资料管理、订单输入、电子邮件管理、日程更新以及营销工具运用等。

3. 企业移动的工作过程

（1）数据采集

企业员工在现场对产品信息进行收集整理，使用移动设备登录企业服务器，将收集到的产品信息发送到企业服务器上。

（2）数据处理

企业服务器接收通过无线网络传送过来的数据，将产品信息转换为数字信息存储到企业数据库中，在此基础上，企业可以结合企业其他业务数据分析和处理，并以此作为管理和决策的依据。

（3）信息反馈

企业员工无论在何地，可随时获取分析、处理而获得的管理决策，依据管理信息进行相应调整实现最优配置组合。也可以通过企业服务器提供信息，使分布在不同地点的业务人员对整体情况有全局了解。

可见，企业移动电子商务不仅仅是技术的创新，也是一种企业管理模式的创新。移动通信设备与企业后台连接，通过无线通信技术进行网上商务活动，使移动通信网和互联网有机结合，突破了互联网的局限，更加高效、直接地进行信息互动，节省人力成本，使企业及时把握市场动态和动向。

7.4 移动电子商务的技术

移动电子商务超越时间和空间的限制，只用一个手机或其他无线终端，使人们通过移动通信设备获得数据服务，通信内容包括语音、数字、文字、图片和图像等，在移动中进行电子商务。移动电子商务的发展主要取决于移动通讯技术的空前发展，伴随着信息技术的发展，特别是互联网技术的应用发展起来的电子商务（E-Commerce）是一种完全崭新的商务手段，它从根本上改变了人们传统商务活动中的交易方式和流通技术，对社会经济发展和商务活动产生了深远的影响。

移动互联网应用和无线数据通信技术的发展，为移动电子商务的发展奠定了坚实的基础。目前，推动移动电子商务发展的技术主要包括以下几种。

7.4.1 无线通信协议标准 WAP

WAP（Wireless Application Protocol）是开展移动电子商务的核心技术之一。就像 TCP/IP 是 Internet 网上信息互联和通讯的协议标准，WAP 技术是移动终端访问无线信息服务的全球主要标准，也是实现移动数据以及增值业务的技术基础。WAP 协议定义了一种移动通信终端联接因特网的标准方式，提供了一套统一、开放的技术平台，使移动设备可以方便地访问以统一的内容格式表示的因特网及因特网的信息。它是目前大多数移动通信终端和设备制造商及部分无线通信服务商、基础设施提供商普遍采用的统一标准。

通过 WAP，手机可以随时随地、方便快捷地接入互联网，真正实现不受时间和地域约束的移动电子商务。WAP 是一种通信协议，它的提出和发展是为了满足在移动中接入互联网的需要。WAP 充分借鉴了互联网的思想，其应用程序和网络内容用标准的数据格式表示，使用与 PC 的浏览器软件相类似的微浏览器，按标准的通信模式进行网上浏览。它提供了一套开放、统一的技术平台，用户使用移动设备很容易访问和获取以统一的内容格式表示的互联网或内联网上的信息和各种服务。它定义了一套软硬件的接口，具备这些接口的移动设备和网站服务器使人们可以利用移动电子商务收发电子邮件甚至上网浏览。同时，WAP 提供了一种应用开发和运行环境，支持当前最流行的嵌入式操作系统，如 Palm OS、Windows CE、FLEXO、JavaOS 等。WAP 可以支持第三代移动通信系统。目前，许多电信公司已经推出了多种 WAP 产品，包括 WAP 网关、应用开发工具和 WAP 手机，向用户提供网上资讯、机票订购、流动银行、游戏、购物等服务。

7.4.2 移动 IP

移动 IP 通过在网络层改变 IP 协议，从而实现移动计算机在 Internet 中的无缝漫游。移动

IP 技术使得节点从一条链路切换到另一条链路上时无需改变它的 IP 地址，也不必中断正在进行的通信。移动 IP 技术在一定程度上能够很好地支持移动电子商务的应用。

移动 IP 主要通过截获归属代理和外地代理广播的消息来确定自己所处的位置。当它连在归属链路上时，移动主机就可像固定主机一样工作。如果移动主机移动到外地链路上，它可以向归属代理注册它得到的转交地址，通过隧道技术将数据报传递到移动主机注册的转交地址，通过隧道无须改变它的 IP 地址，也不必终止正在进行的通信。移动 IP 技术在一定程度上能够很好地支持移动电子商务的应用，但是目前它也面临着移动 IP 运行时的三角形路径问题、移动主机频繁移动外地代理间的平滑切换问题、移动主机的安全性和功耗问题。

7.4.3 蓝牙技术

蓝牙（Bluetooth）是由爱立信、IBM、诺基亚、英特尔和东芝共同推出的一项短程无线联接标准，旨在取代有线连接，实现数字设备间的无线互联，以便确保大多数常见的计算机和通信设备之间可方便地进行通信。“蓝牙”作为一种低成本、低功率、小范围的无线通信技术，可以使移动电话、个人电脑、个人数字助理（PDA）、便携式电脑、打印机及其他计算机设备在短距离内无需线缆即可进行通信。

例如，使用移动电话在自动售货机处进行支付，这是实现无线电子钱包的一项关键技术。蓝牙技术使用 2.4GHz 的工业、科学、医疗（ISM）频段，并采用频率调制和调频技术、前向纠错编码及自动请求重发、时分双工技术，基带协议为电路交换与分组交换相结合。蓝牙支持 64Kbps 实时话音传输和数据传输，传输距离为 10～100m，采用主从网络方式。

7.4.4 移动通信网络技术

1. 分组无线业务技术

近几年来，中国 GSM 移动通信网高速发展，它面临的第一个问题是频率资源问题。中国人口众多，大城市人口密集，因此频率资源是制约我国移动通讯高速发展的重要因素之一，GSM 网高速发展面临的另一个问题是数据业务传输速率的问题。随着互联网的高速发展，手机上网也越来越成为一种时尚需求。因此，在 GSM 网上发展 WAP 业务，实现手机上网已成为趋势。而现在 GSM 网的用户数据传输只有 9.6Kbps，这种速率只能用于传输文本和静态图像，如 Fax、E-mail、FTP 等，但无法满足传送多媒体业务的需求。这成为手机上网业务发展的瓶颈，拓宽 GSM 网的数据业务传输速率的迫切性已成为亟待解决的现实问题。而在 GSM 网上实现 GPRS 的功能是当前提升 GSM 数据速率的一种有效方法。分组无线（GPRS）在普通 GSM 网络的传统电路交换中增加了分组交换数据功能，数据被分割成数据块而不断以稳定的数据流进行传输，移动设备用户保持与服务器的“虚拟”连接。GPRS 可以高效地利用无线频谱，运营商可将移动网络的速度提高 10～100 倍。用户可以接入更多带宽，实现数据与话音的同步处理，获得不中断的稳定连接，享受高速电子邮件传递、网上冲浪、访问企业网络等快捷而简单的接入服务。同时，GPRS 允许通用分组无线业务用户在所有时间内都在线，它根据传送数据的分组数据付费，而不是根据连接距离和连接时间付费。GPRS 能帮助解决 GSM 网络用户及电信运营商从现有系统平稳过渡到新一代数据与语音传输的通信系统，增加了进入移动互联网的路径。

GPRS 的具体特点如下：①充分利用频谱资源。蜂窝小区内所有数据用户共享相同频谱资源，多个用户的数据可以分享一个信道，信道利用率高。②传输带宽高。GPRS 采用多时隙技术，为一次数据通信分配多个时隙，并丢掉一些信道纠错编码，传输速率可提高到 115Kbps，甚至更高。③适用于突发性业务。GPRS 技术呼叫建立时间短，支持点到点、点到多点、上下行链路非对称传送，从有效地利用网络资源和降低用户费用方面考虑。④采用 GPRS 技术，通信费用取决于用户的数据流量而不是连接时间，因此用户可以随时与网络保持连接而不需支付网络资源费用。通过 GPRS，人们可以在移动通信网络上实现对 IP 和 X.25 网络的访问。GPRS 作为 WAP 新的技术基础，将为 WAP 应用实现"永远连接、永远在线"的目标提供"高速"支持，基于 GPRS 的 WAP 手机可以在移动状态下即时完成网页浏览、电子邮件收发、移动电子商务等应用。

2. 码分多址技术

码分多址（CDMA）是现代通信技术中用来实现信道共享的一种技术，信道共享可以提高信道资源的利用率。CDMA 是一种数字技术，它是通过编码来分割通信流程，系统可以混合更多的通话到一个信道之中，当处理器收到信息之后，通过识别编码将每个通话信号完整地集合在一起，完成信号传送过程。在相同的信道条件下，CDMA 比 GSM 具有更高的信道资源利用率，因此，成为第三代移动通信信道共享的基本方式。

3. 第三代移动通信技术（3G）

3G（3rd-generation）是第三代移动通信技术的简称，是指支持高速数据传输的蜂窝移动通信技术。3G 服务能够同时传送声音（通话）及数据信息（电子邮件、即时通信等）。代表特征是提供高速数据业务。3G 与 2G 的主要区别是在传输声音和数据的速度上的提升，它能够在全球范围内更好地实现无线漫游，并处理图像、音乐、视频流等多种媒体形式，提供包括网页浏览、电话会议、电子商务等多种信息服务。

相对第一代模拟制式手机（1G：1995 年问世的第一代模拟制式手机只能进行语音通话）和第二代 GSM、CDMA 等数字手机（2G：1996 年到 1997 年出现的第二代 GSM、CDMA 等数字制式手机增加了接收数据的功能，如接收电子邮件或网页），第三代手机（3G：2007 年国外产生 3G，中国于 2008 年成功开发出中国 3G）是将无线通信与国际互联网等多媒体通信结合的新一代移动通信系统，其下行速度峰值理论可达 3.6Mbps（一般为 2.8 Mbps），上行速度峰值可达 384Kbps。第一代移动通信系统采用频分多址（FDMA）的模拟调制方式，这种系统的主要缺点是频谱利用率低，信令干扰话音业务。第二代移动通信系统主要采用时分多址（TDMA）的数字调制方式，提高了系统容量，并采用独立信道传送信令，使系统性能大大改善，但 TDMA 的系统容量仍然有限，越区切换性能仍不完善。CDMA 系统以其频率规划简单、系统容量大、频率复用系数高、抗多径能力强、通信质量好、软容量、软切换等特点显示出巨大的发展潜力。

国际电信联盟（ITU）在 2000 年 5 月确定 3G 标准：WCDMA（欧洲版）、CDMA2000（美国版）、TD-SCDMA（中国版）。其中 CDMA 是 Code Division Multiple Access（码分多址）的缩写，是第三代移动通信系统的技术基础。WCDMA 全称为 Wideband CDMA，也称为 CDMA Direct Spread，意为宽频分码多重存取，这是基于 GSM 网发展出来的 3G 技术规范，是欧洲提出的宽带 CDMA 技术，它与日本提出的宽带 CDMA 技术基本相同，WCDMA 的支持者主要是以 GSM 系统为主的欧洲厂商，日本公司也或多或少参与其中，包括欧美的爱立信、阿尔卡特、诺基亚、朗讯、北电以及日本的 NTT、富士通、夏普等厂商。CDMA2000 是由窄带 CDMA

（CDMA IS95）技术发展而来的宽带 CDMA 技术，也称为 CDMA Multi-Carrier，它是由美国高通北美公司提出，参与者有摩托罗拉、Lucent 和三星。TD-SCDMA 全称为 Time Division-Synchronous CDMA（时分同步 CDMA），该标准是由中国大陆独自制定的 3G 标准，1999 年 6 月 29 日，中国原邮电部电信科学技术研究院（大唐电信）向 ITU 提出，但技术发明始祖于西门子公司，TD-CDMA 具有辐射低的特点，被誉为绿色 3G。该标准将智能无线、同步 CDMA 和软件无线电等当时的国际领先技术融于其中。军用通信网也是 TD-CDMA 的核心任务。

通过对 3G 的分析，可以知道 3G 网络的主要特征是拥有更大的系统容量、更快的传输速度和更好的通信质量，且能在全球范围内实现无缝漫游和与 2G 系统的良好兼容性。

4. 第四代移动通信技术（4G）

4G 即第四代移动通信技术。4G 是集3G与WLAN于一体，并能够传输高质量视频图像，它的图像传输质量与高清晰度电视不相上下。4G 系统能够以 10Mbps的速度下载，上传的速度也能达到 5Mbps。4G 可以在 DSL 和有线电视调制解调器没有覆盖的地方部署，然后再扩展到整个地区。

4G 通信技术并没有脱离以前的通信技术，采用了一些新的通信技术，来提高无线通信的网络效率和功能。ITU（国际电联）已经将 WiMax、HSPA+、LTE 正式纳入到 4G 标准里，加上之前就已经确定的 LTE-Advanced 和 Wireless MAN-Advanced 这两种标准，4G 标准已经达到了 5 种。截至 2013 年 12 月份，LTE 已然成为 4G 全球标准，包括 FDD-LTE 和 TD-LTE 两种制式。2013 年 3 月，全球 67 个国家已部署 163 张 LTE 商用网络，其中 154 张 FDD-LTE 商用网络，15 张 TD-LTE 商用网络，6 家运营商部署双模网络。2013 年 12 月 4 日下午，工业和信息化部（以下简称“工信部”）向中国联通、中国电信、中国移动正式发放了第四代移动通信业务牌照（即 4G 牌照），中国移动、中国电信、中国联通三家均获得 TD-LTE 牌照，此举标志着中国电信产业正式进入了 4G 时代。

7.4.5 移动定位技术

移动定位技术是基于目前较为普及的 GSM/GPRS 无线网络覆盖对手机终端进行实时位置捕捉的新型技术，只要手机开机又能收到网络信号，那么它所处的位置便能随时被掌握。其应用领域包括：可开展周边信息查找的信息服务。例如，就近的银行、餐馆、加油站等；本地黄页服务；小范围内的天气预报；就近的交通信息发布；定向广告和基于位置的电子赠券；与动态位置相关的会员俱乐部服务；位置格斗游戏；就近交友聊天业务；感官信息服务；紧急呼叫。例如，110、119、120、122 等。与 GPS 卫星定位相比，移动定位系统具有成本低、覆盖好、响应时间快和定位业务可执行等优点，并将为旅游业、零售业、娱乐业和餐饮业的发展带来巨大商机。

7.4.6 二维码

“二维码”为移动电子商务的发展提供了接口和路径。二维码的出现之所以能够成为线上线下融合的一个关键入口点，一是因为智能手机已经普及，二是因为 3G、4G、Wi-Fi 等无线宽带已经让人们永远在线。

国外对二维码技术的研究始于 20 世纪 80 年代末，在二维码符号表示技术研究方面已研制出多种码制，常见的有 PDF417、QR Code、Code 49、Code 16K、Code One 等。这些二维码的信息密度都比传统的一维码有了较大提高，如 PDF417 的信息密度是一维码 Code39 的 20 多倍。在二维码标准化研究方面，国际自动识别制造商协会（AIM）、美国标准化协会（ANSI）已完成了 PDF417、QR Code、Code 49、Code 16K、Code One 等码制的符号标准。国际标准技术委员会和国际电工委员会还成立了条码自动识别技术委员会（ISO/IEC/JTC1/SC31），已制定了 QR Code 的国际标准（ISO/IEC 18004：2000《自动识别与数据采集技术—条码符号技术规范—QR 码》），起草了 PDF417、Code 16K、Data Matrix、Maxi Code 等二维码的 ISO/IEC 标准草案。在二维码设备开发研制、生产方面，美国、日本等国的设备制造商生产的识读设备、符号生成设备，已广泛应用于各类二维码应用系统。二维码作为一种全新的信息存储、传递和识别技术，自诞生之日起就得到了世界上许多国家的关注。美国、德国、日本等国家，不仅已将二维码技术应用于公安、外交、军事等部门对各类证件的管理，而且也将二维码应用于海关、税务等部门对各类报表和票据的管理，商业、交通运输等部门对商品及货物运输的管理、邮政部门对邮政包裹的管理、工业生产领域对工业生产线的自动化管理。

我国对二维码技术的研究开始于 1993 年。中国物品编码中心对几种常用的二维码 PDF417、QR Code、Data Matrix、Maxi Code、Code 49、Code 16K、Code One 的技术规范进行了翻译和跟踪研究。随着我国市场经济的不断完善和信息技术的迅速发展，国内对二维码这一新技术的需求与日俱增。中国物品编码中心在原国家质量技术监督局和国家有关部门的大力支持下，对二维码技术的研究不断深入。在消化国外相关技术资料的基础上，制定了两个二维码的国家标准：二维码网格矩阵码（SJ/T 11349-2006）和二维码紧密矩阵码（SJ/T 11350-2006），从而大大促进了我国具有自主知识产权技术的二维码的研发。

二维码将成为移动互联网和 O2O 的关键入口。随着电子商务企业越来越多地进行线上线下并行的互动，二维码已经成为电子商务企业落地的重要营销载体。二维码在电商领域的广泛应用，结合 O2O 的概念，带给消费者更便捷和快速的消费体验，成为电商平台连接线上与线下的一个新通路，对于产品信息的延展，横向的价格对比，都有帮助。

7.4.7 APP 应用程序

APP（Application）是应用软件的意思，通常是指 iOS、安卓等系统的手机应用，现在的 APP 多指智能手机的第三方应用程序。

苹果的iOS系统，苹果公司在 2013 年WWDC上发布了 iOS 7 系统。App 格式有ipa、pxl、deb；Android 格式有：apk；诺基亚的S60系统格式有 sis、sisx、jar；微软的 Windows Phone 7、Windows Phone 8 系统，App 格式为 xap；黑莓平台为 zip。

开始应用只是作为一种第三方应用的合作形式参与到互联网商业活动中去，随着互联网越来越开放化，应用作为一种萌生于iPhone的盈利模式开始被更多的互联网商业大亨看重，一方面可以积聚各种不同类型的网络受众，另一方面借助APP平台获取流量，其中包括大众流量和定向流量。

随着智能手机和 iPad 等移动终端设备的普及，人们逐渐习惯了使用应用客户端上网的方式，而目前国内各大电商，均拥有了自己的应用客户端，这标志着应用客户端的商业使用已经开始初露锋芒。

应用已经不仅仅只是移动设备上的一个客户端那么简单，如今，在很多设备上已经可以下载厂商官方的应用软件对不同的产品进行无线控制。

不仅如此，随着移动互联网的兴起，越来越多的互联网企业、电商平台将应用作为销售的主战场之一。据泽思网络的数据表明，应用给手机电商带来的流量远远超过了传统互联网（PC 端）的流量，通过应用进行盈利也是各大电商平台的发展方向。事实表明，各大电商平台向移动应用的倾斜也是十分明显的，原因不仅仅是每天增加的流量，更重要的是由于手机移动终端的便捷，为企业积累了更多的用户，更有一些用户体验不错的应用使得用户的忠诚度、活跃度都得到了很大程度的提升，从而为企业的创收和未来的发展起到了关键性的作用。

当然游戏、阅读等热门应用更是层出不穷。以阅读为例，在移动互联网领域的手机杂志“悦无线”悄然上线，更是丰富了应用市场。iOS 用户的下载渠道相对比较明确，直接在 APP Store 或者 iTunes 下载就可以，安卓用户只能在各大下载市场去淘了。

本章小结

移动电子商务是由电子商务的概念衍生出来的。它的出现是移动通信技术和计算机技术发展的产物。与传统的电子商务相比，移动电子商务更为简单、灵活方便。

移动电子商务的特点体现在可以使用户随时随地地响应工作，不受时间和地点的限制；提供更好的个性化服务；位置定位和跟踪；支付更加快捷方便；移动电子商务更具安全性。

全球移动支付市场正处于蓬勃发展阶段，欧洲的奥地利、挪威；亚洲的日本、韩国、新加坡在移动支付应用方面领先于全球其他地区。我国无线网络发展很快，有着最广泛的用户基础。移动电子商务是重要的战略性新兴产业。中国银联联合中国电信、中国联通、各商业银行和众多社会第三方机构设立了移动支付产业联盟。

我国移动电子商务的服务形式有银行业务、交易、订票、购物、娱乐、无线医疗、移动应用服务提供商。

近年来，推进移动电子商务发展的新技术不断出现。这些技术主要包括 WAP、移动 IP、蓝牙技术、无线局域网、通用分组无线业务和 3G 等。

移动电子商务的应用模式在国外成功的模式有日本的 NTT DOCOMO 运营模式、美国 iPhone 应用商店运营模式。国内的运营模式中，移动电子商务运营模式大致可分为以下几类：传统电子商务企业主导模式、电信运营商主导模式、平台集成商主导模式、金融机构主导模式、电信运营商与金融机构合作模式。移动运营增值业务大致分为移动社交平台、手机娱乐、手机移动广告、移动搜索。

移动电子商务的价值链涉及多个环节。包括内容及应用提供商、产品及服务提供商、移动网络运营商、基础设备提供商、金融服务机构、物流系统以及最终用户。

基于价值链的移动电子商务商业模式按价值链主导方主要有互联网企业核心模式、移动网络运营商核心模式、平台集成商核心模式、内容提供商核心模式、服务提供商核心模式、银行核心模式、运营商银行联盟核心模式。

思考与练习

一、判断题

1．移动商务的动态性，为成功交易增加了难度。（ ）

2．当对方电话拨入时，屏幕上显示别的字样，就有可能遭到了病毒攻击。（ ）

3．RFID 的中文含义是射频识别，俗称电子标签。（ ）

4．移动商务环境下内容提供商无需担心支付手段问题。（ ）

5．移动商务模式的最大特点就是商家与用户之间的一对一的链式结构。（ ）

6．我国拥有世界上最广泛的、最庞大的主体资源。（ ）

二、单项选择题

1．第三代无线通信系统简称 3G，是指将（ ）与互联网等多媒体通信结合的无线通信系统。

A．无线通信网络 B．网 C．固话网 D．移动梦网

2．（ ）可以解决很多人身边带着好几部手机，需要同时使用多款充电器的问题。

A．互用充电器 B．标准化充电器

C．一次性充电器 D．多功能充电器

3．从出现的先后顺序来划分，出现了第五媒体的说法，指的是（ ）。

A．电视 B．报纸 C．互联网 D．移动网络

4．无线局域网使用的技术主要是（ ）。

A．Wi-Fi B．WCDMA C．GPRS D．GPS

5．目前 3G 存在四种标准，中国提出的标准是（ ）。

A．TD-SCDMA B．WCDMA C．WiMAX D．CDMA2000

三、案例分析

京东的无线战略

以自有 App 为主，同时借力微信、手 Q 等布局无线

京东电子商务业务始于 2004 年，是国内最大的自营 B2C 网购企业之一，销售商品包括家电、手机、电脑、母婴、个护、服装、图书、食品、旅游等 13 大品类。2014 年 5 月 22 日，京东在纳斯达克挂牌上市，成为仅次于阿里、腾讯、百度的中国第四大互联网上市公司。京东在 2014 年全年的发展重心落在移动、技术、金融、渠道下沉和国际化五大战略。

京东移动端布局包括手机客户端、微信购物、手机 QQ 购物、微店等。2014 年 3 月，京东与腾讯达成战略合作，京东与 QQ 网购、拍拍、易迅进行业务整合。2014 年 5 月，京东上线在微信平台的“购物”一级入口，同年 8 月，接入手机 QQ 的一级入口。最新财报显示，受益于腾讯系移动入口的相继接入，2014Q3 京东移动端订单量占比达 29.6%，同比大增 534%。

京东在移动端优化搜索、列表页等设置，着力推广秒杀、抢购、首发等频道，并将闪购业务从 POP 平台里面拆分出来，落实“开放式货架”理念，跟上游供货商签订采购协议，通过闪购模式呈现品牌故事、品牌调性以及品牌新近动态。从品类分布来看，京东的虚拟业务（充值、彩票、出行航旅票等）、服装、百货、母婴等品类在移动端销量情况优于 PC。

在移动推广策略上，京东主要通过 PC 引导、应用市场、CPA 装机合作、会员维护、腾讯系流量导入等方式实现，由于京东 3C 家电品类占比高，智能手机售卖量占据绝对优势，硬件推广成为京东移动端下载的一个重要方式。

艾瑞分析认为，京东移动端的发展，以京东自有 APP 为主，微信、手机 QQ 的流量转化目前仍处于初级发展阶段。对京东来说，腾讯系用户基数大，同时触及了京东难以覆盖的三至六线城市人群，和腾讯的合作在移动流量入口和用户群体扩充都有一定的帮助。

（资料来自艾瑞咨询集团：2014 年中国移动购物行业研究报）

1．分析京东在移动端优化搜索的流程；

2．比较京东、阿里、腾讯、百度四大高手各自的电商模式，分析各自优劣势。

第8章　客户关系管理与数据挖掘

学习要点及目标

1. 了解客户关系管理的概念
2. 了解客户关系管理系统的功能
3. 熟悉客户关系管理的内容
4. 了解数据挖掘技术在电子商务客户关系管理中的应用

核心概念

客户关系管理（CRM）　数据挖掘　数据仓库　数据挖掘技术

引导案例

客户关系管理的魅力

泰国的东方饭店堪称亚洲饭店之最，几乎天天客满，不提前一个月预定是很难有入住机会的，而且客人大都来自西方发达国家。泰国在亚洲算不上特别发达，但为什么会有如此诱人的饭店呢？大家往往会以为泰国是一个旅游国家，而且又有世界上独有的人妖表演，是不是他们在这方面下了功夫。错了，他们靠的是真功夫，是非同寻常的客户服务，也就是现在经常提到的客户关系管理。

他们的客户服务到底好到什么程度呢？我们不妨通过一个实例来看一下。一位朋友因公务经常出差泰国，有一次下榻在东方饭店，第一次入住时良好的饭店环境和服务就给他留下了深刻的印象，当他第二次入住时几个细节更使他对饭店的好感迅速升级。那天早上，在他走出房门准备去餐厅的时候，楼层服务生恭敬地问道："于先生是要用早餐吗？"于先生很奇怪，反问"你怎么知道我姓于？"服务生说："我们饭店规定，晚上要背熟所有客人的姓名。"这令于先生大吃一惊，因为他频繁往返于世界各地，入住过无数高级酒店，但这种情况还是第一次碰到。

于先生高兴地乘电梯下到餐厅所在的楼层，刚刚走出电梯门，餐厅的服务生就说："于先生，里面请"，于先生更加疑惑，因为服务生并没有看到他的房卡，就问："你知道我姓于？"服务生答："上面的电话刚刚下来，说您已经下楼了。"如此高的效率让于先生再次大吃一惊。

于先生刚走进餐厅，服务小姐微笑着问："于先生还要老位子吗？"于先生的惊讶再次升级，心想"尽管我不是第一次在这里吃饭，但最近的一次也有一年多了，难道这里的服务小姐记忆力那么好？”看到于先生惊讶的目光，服务小姐主动解释说：“我刚刚查过电脑记录，您在去年的 6 月 8 日在靠近第二个窗口的位子上用过早餐。”于先生听后兴奋地说：“老位子！老位子！”小姐接着问：“老菜单？一个三明治，一杯咖啡，一个鸡蛋？”现在于先生已经不再惊讶了，“老菜单，就要老菜单！”，于先生已经兴奋到了极点。

上餐时餐厅赠送了于先生一碟小菜，由于这种小菜于先生是第一次看到，就问：“这是什么？”服务生后退两步说：“这是我们特有的某某小菜。”服务生为什么要先后退两步呢？他是怕自己说话时口水不小心落在客人的食品上，这种细致的服务不要说在一般的酒店，就是美国最好的饭店里于先生都没有见过。这一次早餐给于先生留下了终生难忘的印象。

后来，由于业务调整的原因，于先生有三年的时间没有再到泰国去，在于先生生日那天突然收到一封东方饭店寄来的生日贺卡，里面还附了一封短信，内容是：亲爱的于先生，您已经有三年没有来过我们这里了，我们全体人员都非常想念您，希望能再次见到您。今天是您的生日，祝您生日愉快。于先生当时激动得热泪盈眶，发誓如果再去泰国，绝对不会到任何其他的饭店，一定要住在“东方”。而且还要说服所有的朋友也像他一样选择“东方饭店”。于先生看了一下信封，上面贴着一枚六元的邮票。六块钱就这样买到了一颗心，这就是客户关系管理的魔力。（资料来源：畅想网）

案例导学

什么是客户关系管理？客户关系管理的功能和特点有哪些？客户关系管理给企业带来的优势有哪些？

8.1　客户关系管理基础

8.1.1　客户关系管理的概念

客户关系管理简称 CRM（Customer Relationship Management）。

客户关系管理是指通过对客户行为长期地、有意识地施加某种影响，以强化公司与客户之间的合作关系。客户关系管理旨在通过培养公司的客户（包括内部客户和外部客户）对该公司的产品或服务更积极的偏爱或偏好，留住他们并以此作为提升公司营销业绩的一种策略与手段。作为一种真正意义上的“One to One”的营销方法，客户关系管理的目的已从传统的以一定的成本争取新客户转向想方设法地留住老客户，从获取市场份额转向获取客户份额，从追求短期利润转向追求客户的终身价值。

客户关系管理概念是在 20 世纪 90 年代被提出来的。关于客户关系管理的定义，目前普遍被接受的是 Gartner Group 和 IBM 所给出的。

Gartner Group 最先提出了客户关系管理的概念：“客户关系管理是一种以客户为中心的经营战略，企业通过对客户的细分来组织实施企业资源，以客户为出发点设置经营模式、业务流程，并通过这种手段来提高企业的利润，提升客户满意度”。

IBM 认为客户管理有两个层面，首先，通过各种技术手段了解客户及潜在客户的需求，然后，通过对客户信息的整合，预测客户想要获得的产品或服务，再通过各个相关部门进行一对一的个性化服务。

综上所述，客户关系管理是一种以客户为核心的商业策略，它借助了信息技术和互联网，以客户为导向实施营销、销售、服务等一系列工作，力求与客户之间建立持续性的关系，从而达到吸引新客户、留住老客户、提高客户忠诚度和客户利润贡献度的目的。

8.1.2 客户关系管理的产生与发展

1. 客户关系管理的历史

客户关系管理最早产生于美国，在 1980 年初便出现了所谓的“接触管理”（Contact Management），用于专门收集客户与公司联系的所有信息。到了 1990 年，“接触管理”演变成电话服务中心支持资料分析的“客户关怀”（Customer Care）。

从 20 世纪 80 年代中期开始，为了更好地面对客户、降低成本、提高效率、增强企业竞争力，许多公司进行了业务流程再造。为了对业务流程的重组提供技术支持，很多企业采用了企业资源计划 ERP（Enterprise Resource Planning），这一方面提高了企业内部业务流程的自动化程度，使员工从日常事务中解放出来；另一方面也对原有的流程进行了优化。由此，企业完成了提高内部运作效率和质量的任务，可以有更多的精力关注企业与外部相关利益者的互动，以便抓住更多商业机会。在企业的诸多相关利益者中，顾客的重要性日益突出，他们在服务及时性和质量等方面都提出了更高的要求。企业在处理与外部客户的关系时，越来越感觉没有信息技术支持的客户关系管理力不从心，客户关系管理系统也就应运而生。

最初的客户关系管理在 20 世纪 90 年代初投入使用，主要是基于部门的解决方案，如销售队伍自动化和客户服务支持，虽然增强了特定的商务功能，但却未能为公司提供完整的加强与个体客户间关系的手段。于是，20 世纪 90 年代中期推出了整合交叉功能的客户关系管理解决方案，把内部数据处理、销售跟踪、国外市场和客户服务请求融合一体，不仅包括软件，还包括硬件、专业服务和培训，为公司雇员提供全面的、及时的数据，让他们清晰了解每位客户的需求和购买历史，从而提供相应的服务。客户关系管理这一概念直到 20 世纪 90 年代末才开始深入到一些公司。

20 世纪 90 年代后期，Internet 技术的迅猛发展促进了客户关系管理的应用和发展。Web 站点、在线客户自助服务和基于销售自动化的电子邮件让每一个客户关系管理解决方案的采纳者进一步拓展了服务能力，客户关系管理真正进入了推广时期。

2. 客户关系管理系统

CRM 是一种目的在于改善企业和客户之间关系的管理机制。CRM 成功的关键在于理念，同时也是 CRM 实施应用的基础；信息系统、技术是 CRM 成功实施的手段和方法；管理是决定 CRM 成功与否、效果如何的直接因素。

借助现代的信息技术为手段，运用先进的管理思想，通过业务流程与组织上的深度变革，帮助企业最终实现以客户作为中心的管理模式。利用对客户的深入理解分析、接触和高度自动化的交互方式，这就是新型客户关系管理系统的主要目标。

（1）CRM 系统的核心

1）以客户为中心，整合所有的对外业务

以客户为中心，是客户关系管理的灵魂，是进行所有对外业务的出发点与落脚点。CRM

系统整合了营销、销售、客户服务以及电子计算机技术支持等多个牵涉客户切身利益的相关业务，而众多相关业务遵循的最高指导原则就是以客户为中心，满足顾客多种需求，从而避免交叉服务带来的偏差以及各个部门因为个别员工自身的原因带来的偏差，从而建立起本企业与客户之间通畅、高效的沟通与反馈。

2）培养和维护客户的忠诚度

培养客户的忠诚度是 CRM 的最根本目的。客户永远是企业生存乃至发展的最根本源泉，当今社会竞争激烈，争夺客户更是关系到企业的切身利益。对顾客的维护，重点就在于建立顾客的忠诚度。

3）利用个性化服务关注重点客户群体

长期的市场实践研究表明：企业的利润与客户的结构之间遵循“80/20”原则，即企业的 80%的利润来自 20%的企业客户。这就意味着不同的客户对于企业的价值是不同的，针对贡献度大的客户，企业应该重点关注，为其提供个性化的服务，这样才能确保企业利润的持久与稳定。根据以上特点，要求我们从客户满意度、客户忠诚度以及客户生命周期这三个维度出发，综合应用相关的技术对客户关系管理体系做支持。

（2）客户关系管理系统的功能

按照 CRM 系统的具体操作来分类，CRM 系统的功能大致有：

1）客户往来

对客户信息进行全面的管理。如：查询客户的相关详细信息、客户购买产品的信息、客户反馈信息等。

2）客户管理

客户管理包括客户资料管理、客户交互管理、客户跟进管理、客户提醒管理、客户回款管理、流失客户管理、合同文档管理等。

3）市场管理

现有客户数据的分析。识别每一个具体客户，按照共同属性对客户进行分类，并对已分类的客户群体进行分析；提供个性化的市场信息。在对现有客户数据分析的基础上，发掘最有潜力的客户并对不同客户群体制定有针对性的市场宣传与促销手段，提供个性化的、在价格方面具有吸引力的产品介绍；提供销售预测功能。在对市场、客户群体和历史数据进行分析的基础上，预测产品和服务的需求状况。

4）销售管理

提供有效、快速而安全的交易方式；并在每一种销售形式中考虑实时的订单价格、确认数量和交易安全等方面的问题；提供订单与合同的管理。记录多种交易形式，包括订单和合同的建立、更改、查询等功能。可以根据客户、产品等多种形式进行搜索。

5）销售支持与服务

呼叫中心服务（Call Center Service）；订单与合同的处理状态及执行情况跟踪；实时的发票处理；提供产品的保修与维修处理；记录客户的维修或保修请求，执行维修和保修过程，记录该过程中所发生的服务费用和备品备件服务，并在维修服务完成后，开出服务发票；记录产品的索赔及退货。

6）竞争者分析

记录主要竞争对手及产品。包括竞争者的公司背景、目前发展状况、主要的竞争领域和竞争策略等内容；记录其他企业所提供的同类产品、近似产品和其他可替代产品，包括其主要用途、性能及价格等内容。

7）统计分析

统计分析包括客户分析、产品销售分析、利润贡献分析、业务员业绩分析。反映出客户、产品销售、利润与业务员之间的关系。

8）系统设置

可以对数据库备份、恢复，系统初始化，操作员修改密码，基础资料设置，商品信息设置等。

3. CRM应用的特点

CRM未来在各行各业中的应用将越来越广泛。未来，CRM应用会呈现出以下特点：

- 客户密集型的企业将首先广泛应用CRM，如金融、房地产等，且应用范围会不断拓宽。
- 实施“差异化战略”的企业将会更容易应用好CRM。
- 中端企业将会成为CRM应用的“主流”。
- 企业将广泛应用“分析型CRM”来支撑“运营型CRM”。

总而言之，无论是从发展方向、技术角度，还是从文化层面而言，CRM都将呈现出新的特点，CRM也将会具有更广阔的发展前景。可以预见，CRM在不久的将来会得到更多行业、更多企业、更多层次的接受与应用，在塑造、提升企业核心竞争力方面发挥其独特作用。

8.1.3 客户关系管理的内容

1. 客户关系管理的基本认识

概括而言，客户关系管理的主要内容可谓相当庞杂。从客户资料（包括名称、地址、联系方法、联系人、联系人喜好等）、业务类别、交易价值、交易时间、交易地点、采购特点、特殊要求到对客户价值的评估、客户类别的划分与维护等方方面面。对于一个销售人员而言，要做好客户关系管理，不仅仅要掌握基本的客户资料，还需要了解客户多方面的问题，虽然可能顾不到其他那么多内容，但是以下几个方面的内容还是需要特别关注的：

（1）判断客户是一次性客户、间或客户还是经常性客户？

（2）了解客户购买产品或服务的最终目的何在？客户之所以购买是因为看重产品或服务的哪些方面？

（3）了解客户对于购买产品或服务使用后的真实感受。

（4）评估客户对于公司的现实价值与潜在价值。

（5）掌握与客户有效沟通的方式、方法（包括客户常用的非语言沟通习惯等）。

（6）确保对客户关系管理中的重要内容进行及时更新。

2. 客户关系管理的内容

（1）客户概况分析（Profiling）：包括客户的层次、风险、爱好、习惯等。

（2）客户忠诚度分析（Persistency）：指客户对某个产品或商业机构的忠实程度、持久性、变动情况等。

（3）客户利润分析（Profitability）：指不同客户所消费的产品的边缘利润、总利润额、净利润等。

（4）客户性能分析（Performance）：指不同客户所消费的产品按种类、渠道、销售地点等指标划分的销售额。

（5）客户未来分析（Prospecting）：包括客户数量、类别等情况的未来发展趋势、争取客户的手段等。

（6）客户产品分析（Product）：包括产品设计、关联性、供应链等。

（7）客户促销分析（Promotion）：包括广告、宣传等促销活动的管理。

8.2　数据挖掘技术基础

【例 8-1】贝尔大西洋公司的数据挖掘应用

贝尔大西洋公司是美国最大的电话公司之一，它的电话业务覆盖美国 14 个州，拥有商业、住家电话账户近亿个。

在电话公司，追缴拖欠话费是一件很头疼的事情，不及时追缴会给公司带来很大损失，但如果每个人都进行追缴又带来很大的成本。

为此，贝尔大西洋公司建立了数据挖掘系统，帮助他们进行话费追缴决策。

第一步，将所有客户分为不同的类型，并建立不同的追缴欠费模型。系统根据数据分析，将公司客户分为 8 种类型，并一共建立了 40 个追缴话费模型。

第二步，计算各种客户拖欠话费的概率，包括从一个月未缴话费到两个月未缴的可能性，从三个月未缴话费到变成坏债客户的可能性，从坏债客户到变成死债客户的可能性。

第三步，提出追缴策略线索，哪些客户应进行追缴，哪些客户可以暂时不追缴；在追缴的客户中，哪些应该采取高强度追缴，哪些客户只需要采取低强度追缴等。

在美国的电话公司中，追缴花费可采用信件和电话两种形式，电话追缴的强度大，效果好，但成本要比信件高得多。一般情况下，通过信件追缴话费的成本约 1 美元，而电话追缴的成本约在 30 美元左右。

过去，电话公司在决定追缴策略时带有很大的盲目性，支付了大量的追缴成本，但追缴的效果并不好，甚至还得罪了一些有价值的客户，造成客户资源的流失。

采用了数据挖掘技术后，这一问题得到了较好的解决。数据挖掘帮助公司了解客户的行为模式，以此来决定所应采取的话费追缴模式。同时根据一个好客户能给公司带来的利润，和他拖欠话费给公司带来的损失进行比较，决定是否要进行话费的追缴、何时进行话费追缴以及以何种方式进行话费追缴。

数据挖掘系统帮助贝尔大西洋公司减少了大量的话费追缴成本，同时也留住大量有价值的老客户。

随着计算机技术的发展，各行各业都开始采用计算机及相应的信息技术进行管理和运营，这使得企业生成、收集、存储和处理数据的能力大大提高，数据量与日俱增。企业数据实际上是企业的经验积累，当其积累到一定程度时，必然会反映出规律性的东西；对企业来讲，堆积如山的数据无异于一个巨大的宝库。在这样的背景下，人们迫切需要新一代的计算技术和工具来开采数据库中蕴藏的宝藏，使其成为有用的知识，指导企业的技术决策和经营决策，使企业在竞争中立于不败之地。另一方面，近十余年来，计算机和信息技术也有了长足的进展，产生了许多新概念和新技术，如更高性能的计算机和操作系统、因特网、数据仓库（Data Warehouse）、神经网络等。在市场需求和技术基础这两个因素都具备的环境下，数据挖掘技术或称 KDD（Knowledge Discovery in Databases，数据库知识发现）的概念和技术就应运而生了。

数据挖掘（Data Mining）旨在从大量的、不完全的、有噪声的、模糊的、随机的数据中，提取隐含在其中的、人们事先不知道的、但又是潜在有用的信息和知识。还有很多和这一术语相近似的术语，如从数据库中发现知识（KDD）、数据分析、数据融合（Data Fusion）以及决策支持等。

8.2.1 数据仓库

1. 数据仓库的定义

数据仓库，英文名称为 Data Warehouse，可简写为DW或 DWH。数据仓库是为企业所有级别的决策制定过程提供支持的所有类型数据的战略集合。它是单个数据存储，出于分析性报告和决策支持的目的而创建。为企业提供需要业务智能来指导业务流程改进和监视时间、成本、质量和控制。

（1）数据仓库是面向主题的

操作型数据库的数据组织面向事务处理任务，而数据仓库中的数据是按照一定的主题域进行组织。主题是指用户使用数据仓库进行决策时所关心的重点方面，一个主题通常与多个操作型信息系统相关。

（2）数据仓库是集成的

数据仓库的数据有来自于分散的操作型数据，将所需数据从原来的数据中抽取出数据仓库的核心工具来，进行加工与集成，统一与综合之后才能进入数据仓库。

数据仓库中的数据是在对原有分散的数据库数据抽取、清理的基础上经过系统加工、汇总和整理得到的，必须消除源数据中的不一致性，以保证数据仓库内的信息是关于整个企业的一致的全局信息。

数据仓库的数据主要供企业决策分析之用，所涉及的数据操作主要是数据查询，一旦某个数据进入数据仓库以后，一般情况下将被长期保留，也就是数据仓库中一般有大量的查询操作，但修改和删除操作很少，通常只需要定期的加载、刷新。

数据仓库中的数据通常包含历史信息，系统记录了企业从过去某一时点（如开始应用数据仓库的时点）到目前的各个阶段的信息，通过这些信息，可以对企业的发展历程和未来趋势做出定量分析和预测。

（3）数据仓库是不可更新的，数据仓库主要是为决策分析提供数据，所涉及的操作主要是数据的查询。

（4）数据仓库是随时间而变化的，传统的关系数据库系统比较适合处理格式化的数据，能够较好地满足商业商务处理的需求。稳定的数据以只读格式保存，且不随时间改变。

（5）汇总的。操作性数据映射成决策可用的格式。

（6）大容量。时间序列数据集合通常都非常大。

（7）非规范化的。DW 数据可以是而且经常是冗余的。

（8）元数据。将描述数据的数据保存起来。

（9）数据源。数据来自内部的和外部的非集成操作系统。

2. 数据仓库的特点

数据仓库，是在数据库已经大量存在的情况下，为了进一步挖掘数据资源、为了决策需要而产生的，它并不是所谓的“大型数据库”。数据仓库的方案建设的目的，是为前端查询和分析作为基础，由于有较大的冗余，所以需要的存储也较大。为了更好地为前端应用服务，数据仓库往往有如下几个特点：

（1）效率足够高

数据仓库的分析数据一般分为日、周、月、季、年等，可以看出，日为周期的数据要求的效率最高，要求 24 小时甚至 12 小时内，客户能看到昨天的数据分析。由于有的企业每日的数据量很大，设计不好的数据仓库经常会出问题，延迟 1～3 日才能给出数据，显然不行的。

（2）数据质量要求高

数据仓库所提供的各种信息，肯定要准确的数据，但由于数据仓库流程通常分为多个步骤，包括数据清洗、装载、查询、展现等，复杂的架构会更多层次，那么由于数据源有脏数据或者代码不严谨，都可以导致数据失真，客户看到错误的信息就可能导致分析出错误的决策，造成损失，而不是效益。

（3）扩展性

之所以有的大型数据仓库系统架构设计复杂，是因为考虑到了未来 3～5 年的扩展性，这样的话，未来不用太快花钱去重建数据仓库系统，就能很稳定运行。主要体现在数据建模的合理性，数据仓库方案中多出一些中间层，使海量数据流有足够的缓冲，不至于数据量大很多，就运行不起来了。

从上面的介绍中可以看出，数据仓库技术可以将企业多年积累的数据唤醒，不仅为企业管理好这些海量数据，而且挖掘数据潜在的价值，从而成为通信企业运营维护系统的亮点之一。正因为如此，广义地说，基于数据仓库的决策支持系统由三个部件组成：数据仓库技术、联机分析处理技术和数据挖掘技术，其中数据仓库技术是系统的核心，在这个系列后面的文章里，将围绕数据仓库技术，介绍现代数据仓库的主要技术和数据处理的主要步骤，讨论在通信运营维护系统中如何使用这些技术为运营维护带来帮助。

（4）面向主题

操作型数据库的数据组织面向事务处理任务，各个业务系统之间各自分离，而数据仓库中的数据是按照一定的主题域进行组织的。主题是与传统数据库的面向应用相对应的，是一个抽象概念，是在较高层次上将企业信息系统中的数据综合、归类并进行分析利用的抽象。每一个主题对应一个宏观的分析领域。数据仓库排除对于决策无用的数据，提供特定主题的简明视图。

8.2.2 数据挖掘

1. 数据挖掘的产生背景

随着数据库技术的成熟和数据应用的普及，人类积累的数据量正在以指数速度迅速增长。进入九十年代，伴随着因特网（Internet）的出现和发展，以及随之而来的企业内部网（Intranet）和企业外部网（Extranet）以及虚拟私有网的产生和应用，将整个世界联成一个小小的地球村，人们可以跨越时空地在网上交换数据信息和协同工作。这样，展现在人们面前的已不是局限于本部门、本单位和本行业的庞大数据库，而是浩瀚无垠的信息海洋，数据洪水正向人们滚滚涌来。当数据量极度增长时，如果没有有效的方法，由计算机及信息技术来提取有用信息和知识，人们也会感到面对信息海洋像大海捞针一样束手无策。据估计，一个大型企业数据库中的数据，只有百分之七得到很好的应用。这样，相对于"“数据过剩”和“信息爆炸”，人们又感到“信息贫乏”（Information poor）和“数据关在牢笼中”，奈斯伯特惊呼“人类正被数据淹没，却饥渴于知识”。

由于计算机数据采集工具以及关系数据库技术的发展，目前各行业存储了大量的数据，航空航天、气象、医疗、农业等行业尤为突出。传统的数据分析手段难以应付，导致越来越严重的数据灾难，迫使决策者出现穷于应付或是置之不理的事实。关系数据库提供的简单查询及报表生成功能，只能获得数据的表层信息，而不能获得数据属性的内在关系和隐含的信息，即淹没了包含的知识，造成了资源的浪费。为了使消耗大量财力与物力所收集与整理的宝贵数据资源得以利用，有效解决数据丰富性及知识贫乏性的矛盾，需要新技术智能、自动地分析处理原始数据，促使了数据库中的知识发现（KDD，Knowledge Discovery in Database），也有人称为数据挖掘（Data Mining）技术的出现。

2. 数据挖掘概念

数据挖掘（Data Mining）是指从大量的资料中自动搜索隐藏于其中的有着特殊关联性的信息的过程。在全世界的计算机存储中，存在未使用的海量数据并且它们还在快速增长，这些数据就像待挖掘的金矿，而进行数据分析的科学家、工程师、分析员的数量变化一直相对较小，这种差距称为数据挖掘产生的主要原因。数据挖掘是一个多学科交叉领域，涉及神经网络、遗传算法、回归、统计分析、机器学习、聚类分析、特异群分析等，开发挖掘大型海量和多维数据集的算法和系统，开发合适的隐私和安全模式，提高数据系统的使用简便性。

数据挖掘与传统意义上的统计学不同。统计学推断是假设驱动的，即形成假设并在数据基础上验证他；数据挖掘是数据驱动的，即自动地从数据中提取模式和假设。数据挖掘的目标是提取可以容易转换成逻辑规则或可视化表示的定性模型，与传统的统计学相比，更加以人为本。

3. 数据挖掘的数据来源

数据挖掘所依赖的数据来源是多种多样的，可以是关系型数据库、事务数据库、文本数据库、多媒体数据库等，主要取决于用户及所处的领域。目前，数据挖掘的数据主要取自关系数据库与数据仓库。

（1）关系型数据库。关系型数据库是表的集合。关系型数据库是数据挖掘最流行、最丰富的数据源，也是数据挖掘研究的主要数据源。

（2）数据仓库。

（3）高级数据库及高级数据库的应用。

4. 数据挖掘的功能

数据挖掘通过预测未来趋势及行为，做出前摄的、基于知识的决策。数据挖掘的目标是从数据库中发现隐含的、有意义的知识，主要有以下五类。

（1）自动预测趋势和行为

数据挖掘自动在大型数据库中寻找预测性信息，以往需要进行大量手工分析的问题如今可以迅速直接由数据本身得出结论。一个典型的例子是市场预测问题，数据挖掘使用过去有关促销的数据来寻找未来投资中回报最大的用户，其他可预测的问题包括预报破产以及认定对指定事件最可能作出反应的群体。

（2）关联分析

数据关联是数据库中存在的一类重要的可被发现的知识。若两个或多个变量的取值之间存在某种规律性，就称为关联。关联可分为简单关联、时序关联、因果关联。关联分析的目的是找出数据库中隐藏的关联网。有时并不知道数据库中数据的关联函数，即使知道也是不确定的，因此关联分析生成的规则具有可信度。

（3）聚类

数据库中的记录可被化分为一系列有意义的子集，即聚类。聚类增强了人们对客观现实的认识，是概念描述和偏差分析的先决条件。聚类技术主要包括传统的模式识别方法和数学分类学。80 年代初，Mchalski 提出了概念聚类技术，其要点是，在划分对象时不仅考虑对象之间的距离，还要求划分出的类具有某种内涵描述，从而避免了传统技术的某些片面性。

（4）概念描述

概念描述就是对某类对象的内涵进行描述，并概括这类对象的有关特征。概念描述分为特征性描述和区别性描述，前者描述某类对象的共同特征，后者描述不同类对象之间的区别。生成一个类的特征性描述只涉及该类对象中所有对象的共性。生成区别性描述的方法很多，如决策树方法、遗传算法等。

（5）偏差检测

数据库中的数据常有一些异常记录，从数据库中检测这些偏差很有意义。偏差包括很多潜在的知识，如分类中的反常实例、不满足规则的特例、观测结果与模型预测值的偏差、量值随时间的变化等。偏差检测的基本方法是，寻找观测结果与参照值之间有意义的差别。

8.2.3　数据挖掘技术

数据挖掘是从存放在数据库、数据仓库或其他信息库中的大量数据中挖掘有用知识的过程。典型的数据挖掘系统具有以下部分：数据库、数据仓库或其他信息库，可以在数据上进行清理和集成。数据库或数据仓库服务器，根据用户的数据挖掘请求，在服务器负责提取相关数据。知识库，领域知识用于搜索或评估结果模式的兴趣度。数据挖掘引擎，用于特征化、关联、分类、聚类分析、离群数据分析、演变和偏差分析，即特征化是指目标数据的一般特征或特性的汇总。

1. 数据挖掘的环境

数据挖掘是指一个完整的过程，该过程从大型数据库中挖掘先前未知的、有效的、可实用的信息，并使用这些信息做出决策或丰富知识。

2. 数据挖掘的流程

图 8-1 描述了数据挖掘的基本过程和主要步骤：

（1）确定业务对象

清晰地定义出业务问题，认清数据挖掘的目的是数据挖掘的重要一步。挖掘的最后结构是不可预测的，但要探索的问题应是有预见的，为了数据挖掘而数据挖掘则带有盲目性，是不会成功的。

（2）数据准备

1）数据的选择，搜索所有与业务对象有关的内部和外部数据信息，并从中选择出适用于数据挖掘应用的数据。

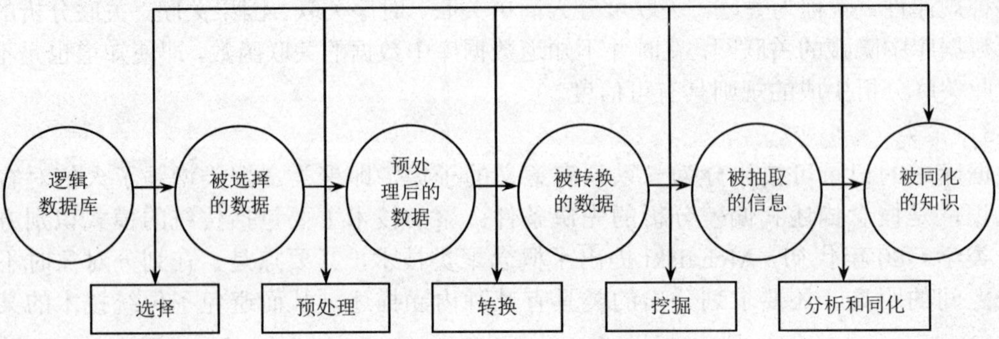

图 8-1 数据挖掘流程图

2）数据的预处理，研究数据的质量，为进一步的分析做准备，并确定将要进行的挖掘操作的类型。

3）数据的转换，将数据转换成一个分析模型，这个分析模型是针对挖掘算法建立的。建立一个真正适合挖掘算法的分析模型是数据挖掘成功的关键。

（3）数据挖掘

对所得到的经过转换的数据进行挖掘，除了完善合适的挖掘算法外，其余一切工作都能自动地完成。

（4）结果分析

解释并评估结果，其使用的分析方法一般应视数据挖掘操作而定，通常会用到可视化技术。

（5）知识的同化

将分析所得到的知识集成到业务信息系统的组织结构中去。

数据挖掘过程的分步实现需要是有不同专长的人员，他们大体可以分为三类。业务分析人员：要求精通业务，能够解释业务对象，并根据各业务对象确定出用于数据定义和挖掘算法的业务需求；数据分析人员：精通数据分析技术，并对统计学有较熟练的掌握，有能力把业务需求转化为数据挖掘的各步操作，并为每步操作选择合适的技术；数据管理人员：精通数据管理技术，并从数据库或数据仓库中收集数据。由此可见，数据挖掘是一个多种专家合作的过程，也是一个在资金上和技术上高投入的过程。

3. 数据挖掘过程工作量

在数据挖掘中被研究的业务对象是整个过程的基础，它驱动了整个数据挖掘过程，也是检验最后结果和指引分析人员完成数据挖掘的依据和顾问。数据挖掘的过程并不是自动的，绝大多数的工作需要人工完成，其中，60%的时间用在数据准备上，这说明了数据挖掘对数据的严格要求，而后挖掘工作仅占总工作量的 10%。

4. 数据挖掘需要的人员

数据挖掘过程的分步实现，不同的步骤会需要具有不同专长的人员，他们大体可以分为三类：

业务分析人员：要求精通业务，能够解释业务对象，并根据各业务对象确定出用于数据定义和挖掘算法的业务需求。

数据分析人员：精通数据分析技术，并对统计学有较熟练的掌握，有能力把业务需求转化为数据挖掘的各步操作，并为每步操作选择合适的技术。

数据管理人员：精通数据管理技术，并从数据库或数据仓库中收集数据。

从上可见，数据挖掘是一个多种专家合作的过程，也是一个在资金上和技术上高投入的过程。这一过程要反复进行，在反复过程中，不断地趋近事物的本质，不断地优化问题的解决方案。数据重组和细分、添加和拆分记录、选取数据样本、可视化数据探索、聚类分析、神经网络、决策树数理统计、时间序列、结论综合解释、评价数据知识、数据取样、数据探索、数据调整、模型化评价。

8.3　数据挖掘技术在电子商务客户关系管理中的应用

CRM 中的数据挖掘就是利用数据挖掘理论和技术创建描述和预测客户行为的模型，优化 CRM 流程，实现企业有效的客户关系管理。

8.3.1　电子商务 CRM 中的数据挖掘流程

电子商务 CRM 中的数据挖掘的主要流程是定义问题、数据预处理、算法应用、结果分析、知识的运用。定义问题就是要清晰地定义出业务问题，确定数据挖掘的目的。数据预处理主要是选择在大型数据库和数据仓库目标中提取数据挖掘的目标数据集，这主要涵盖了客户登陆该电子商务网站时的背景信息以及过去的购买以及点击流信息，然后进行数据再加工，包括检查数据的完整性及数据的一致性、去噪声，填补丢失的域，删除无效数据等。算法应用是根据数据功能的类型和数据的特点选择相应的算法，在净化和转换过的数据集上进行数据挖掘。结果分析是对数据挖掘的结果进行解释和评价，转换成为能够最终被用户理解的知识。知识的运用是将分析所得到的知识集成到业务信息系统的组织结构中去。

8.3.2　电子商务 CRM 中的数据挖掘应用领域

1. 客户细分

利用数据挖掘技术可对大量的客户进行分类，提供针对性的产品和服务。这种一对一的关系从客户的角度来看是个性化的，甚至让他觉得是独一无二针对他本人的。事实上，对于电子商务企业来说，一对一营销是互联网使得大规模定制成为可能之后的一种针对同类客户的网络营销方式。

2. 客户流失和保持分析

在客户流失和保持分析系统中，数据挖掘技术根据以前拥有的客户流失数据建立客户属性、服务属性和客户消费数据与客户流失可能性关联的数学模型，找出客户属性、服务属性和客户消费数据与客户流失的最终状态的关系。

3. 价值客户判断

在管理客户组合时，理想状况是拥有多层面的、具有不同利润贡献的客户群组。也就是说，第一层面的客户群组处于成熟期，在目前能够贡献丰富的利润；而第二层面的客户群组尚处于成长期，在目前的利润贡献很低，甚至没有，但该层面的客户组群是企业未来的盈利引擎；第三层面的客户群组尚处于开拓期，在目前没有利润贡献，但该层面的客户群组是企业永续经营的增长引擎。

4. 客户满意度分析

客户满意度与客户忠诚度密切相关，随着客户满意度的增加，客户忠诚度也随之增加。所以，企业与客户交往的目标就是尽可能地增加客户满意度。

本章小结

客户关系管理是指通过对客户行为长期地、有意识地施加某种影响，以强化公司与客户之间的合作关系。客户关系管理旨在通过培养公司的客户（包括内部客户和外部客户）对该公司的产品或服务更积极的偏爱或偏好，留住他们并以此作为提升公司营销业绩的一种策略与手段。

客户关系管理最早产生于美国，最初的客户关系管理在 20 世纪 90 年代初投入使用，主要是基于部门的解决方案，20 世纪 90 年代后期，Internet 技术的迅猛发展促进了客户关系管理的应用和发展。

客户关系管理系统：以客户为中心，整合所有的对外业务；培养和维护客户的忠诚度；利用个性化服务关注重点客户群体。

数据仓库，英文名称为 Data Warehouse，可简写为DW或 DWH。数据仓库是为企业所有级别的决策制定过程提供支持的所有类型数据的战略集合。它是单个数据存储，出于分析性报告和决策支持的目的而创建。为企业提供需要业务智能来指导业务流程改进和监视时间、成本、质量和控制。

数据挖掘（Data Mining）旨在从大量的、不完全的、有噪声的、模糊的、随机的数据中，提取隐含在其中的、人们事先不知道的、但又是潜在有用的信息和知识。还有很多和这一术语相近似的术语，如从数据库中发现知识（KDD）、数据分析、数据融合（Data Fusion）以及决策支持等。

CRM 中的数据挖掘就是利用数据挖掘理论和技术创建描述和预测客户行为的模型，优化 CRM 流程，实现企业有效的客户关系管理。

思考与练习

一、单选题

1. 客户关系管理中的“客户”不包括（　　）。

   A. 企业股东　　B. 最终客户　　C. 分销商　　D. 合作伙伴

2. 关于 CRM 内涵说法最为准确的是（　　）。

   A. CRM 是信息技术在企业管理上的应用

   B. 企业各部门应有不同的客户策略

C．将客户作为企业最重要的资源

D．对企业原有管理的改变不大

3．电子商务与 CRM 的关系是（　　）。

A．两种独立的企业管理理论

B．电子商务是 CRM 的具体实施手段

C．可将电子商务视为 CRM 整体战略的一部分

D．以上都不对

4．在数据挖掘中，发现每天购买啤酒的人也有可能购买香烟，这里使用了（　　）。

A．分类　　B．聚类　　C．关联规则　　D．预测

5．在数据挖掘中，从以往的数据中得到规则，然后对新数据进行区分，这里使用的是（　　）。

A．分类　　B．聚类　　C．关联规则　　D．预测

二、多选题

1．建立并维持与顾客良好关系的手段有（　　）。

A．提高顾客满意度和购物方便性　　B．加强与顾客联系，密切双方感情

C．数据库营销　　D．顾客组织化

2．CRM 的内容包括（　　）。

A．有效管理客户信息资源　　B．以客户满意作为产品和服务的标准

C．与客户建立长期稳定关系　　D．客户为中心的思想

3．关于 CRM 内涵说法正确的是（　　）。

A．将客户作为企业的核心资源　　B．建立和维护与客户的“一对一”关系

C．以统一企业形象面对客户　　D．与客户交互的各个环节实现自动化管理

4．电子商务与 CRM 的关系体现在（　　）。

A．CRM 成为企业全员的根本任务

B．互联网有效地支持了客户便捷了解企业的信息

C．构建了企业与客户间交互的沟通方式

D．降低了 CRM 运作成本

5．关于 CRM 实施说法正确的是（　　）。

A．正确的实施顺序是 CRM 成功的关键

B．以合理的战略流程作为根本指导

C．首先购买相关软件

D．必要的人员招募和培训

6．数据挖掘的功能有（　　）。

A．分类　　B．聚类　　C．预测　　D．偏差检验

三、判断题

1．以客户为中心的主要前提是社会生产力的不断提高。（　　）

2．CRM 既包涵管理思想又包涵了管理技术。（　　）

3．电子商务的应用为CRM提供了便捷的实现手段，但是增加了CRM的成本。（　　）

4．CRM的实施要以软件为中心。（　　）

5．在数据挖掘中，对分析对象的少数极端现象内在原因的解释，属于序列模式的发现。（　　）

6．在数据挖掘中，数据清洗的任务是将不完全或有噪声的数据预先去掉。（　　）

四、简答题

1．数据挖掘在电子商务CRM中的应用主要体现在几方面？

2．数据仓库的特点有哪些？

3．数据挖掘的流程是什么？

第 9 章　电子商务法律法规

学习要点及目标

1. 了解电子商务发展对法律的的基本要求以及电子商务法产生的必然性
2. 掌握电子商务法的概念和特征、立法概况
3. 掌握电子合同、电子签名、电子认证面临的法律问题和解决途径
4. 掌握电子支付、网络知识产权、电子商务税收的法律障碍和解决模式
5. 了解电子商务法的立法原则和体系构想

核心概念

电子商务法　电子合同　电子签名　电子认证　电子支付　网络知识产权　电子商务税收

引导案例

微信陷隐私权纠纷　康芝药业首诉网络运营商腾讯

这场诉讼是缘于一则传言。康芝药业大约在去年 7 月发现了一则针对公司旗下“瑞芝清”尼美舒利颗粒产品致死 5 名小孩病例的消息，“这个产品在市场上已经有多年的影响力，美誉度比较高。而且这个品牌下面涵盖了好几个产品，是一个品类。”

发现这个消息后，康芝药业在 8 月向公安机关进行报案，后来调查发现，这个消息内容不真实。这次谣言的首发者是一位医生，他已经出具了《道歉书》对传播谣言进行了说明，同时公司也在传统媒体、公司公告对谣言做出了说明，“但这则谣言就是止不住。”

康芝药业很无奈，“我们原本预设通过辟谣就能遏制谣言的传播，但事实却没有想象中的简单，特别通过微信朋友圈，从 10月开始，这则谣言是一波未平、一波又起，我们的辟谣工作收效甚微，而且不断有新的版本，我们自己统计已经有数百个公众号发布过这则谣言，而且有些公众号还是拥有上百万粉丝的大号，我们不知道这些背后有无推手。”

之所以这么紧张，与本次谣言的主体“瑞芝清”为康芝药业旗下一个重要品牌有关，该品牌的产品涵盖了儿童退热、感冒、腹泻、抗感染等 5 大系列药物，本次谣言涉及的尼美舒利颗粒在 2011 年前，是康芝药业收入和利润的大部分贡献产品，根据国信证券最近的研报，在 2012～2014 年该产品的销售额维持在 1 亿元左右，康芝药业则是中国最大的尼美舒利厂家。2013 年康芝药业的总收入为 3.09 亿元。

“这次事件已经影响到公司的业绩。”康芝药业李幽泉向记者坦言，但目前未最终统计到

影响的情况，要对终端进行深入调查才知道影响有多大，“而最直接的影响是，不少终端已经就事件向公司求证，不断地有人来求证，让我们觉得谣言并没有得到遏制。”

首诉网络服务商

“这次谣言蔓延让我们觉得进行网络维权是很困难的。”李幽泉表示，对于海量的转发，无法确定哪些存在恶意，仅靠自身统计，也无法全面了解谣言的整体情况。

“因此，我们希望腾讯能提供确定侵权的部分微信号用户的姓名、联系方式等内容，以便进一步维权。”刘海阳表示，此前曾到腾讯公司就此事沟通，目前微信已经将上述谣言删除了，但对于提供用户信息的要求，腾讯以保护隐私权为由拒绝了。

事实上，根据 2014 年 10 月最高院发布的《关于审理侵害信息网络传播权民事纠纷案件适用法律若干问题的规定》(下称“规定”) 似乎对一直被谣言缠绕的企业提供了一个维权的方式，因为该规定的第四条规定，“原告起诉网络服务提供者，网络服务提供者以涉嫌侵权的信息系网络用户发布为由抗辩的，人民法院可以根据原告的请求及案件的具体情况，责令网络服务提供者向人民法院提供能够确定涉嫌侵权的网络用户的姓名（名称）、联系方式、网络地址等信息。”

“此前，针对网络侵权事件，只可以控告个体，比如说一个公众号，相关网络提供商只需要删除谣言就可以了，但此条则要求了网络服务提供者在一定情况下需要提供相关信息。”

北京第三方律师赵占领向本报记者表示，就此案而言，根据最高院的要求，原告只需要提供相关公众号“涉嫌侵权”的初步证据就可以了。“不过此案其实也有另一个处理方式，就是原告直接起诉公众号，法院要求网络服务商提供相关资料。”

对于案件的预判，刘海阳表示，新的司法解释出台后，规定了网络服务平台的义务。此案涉及了法院对于新的司法解释的理解和执行，这是法院的裁量权，所以对之后的谣言案件有借鉴作用。

腾讯方面回复《第一财经日报》表示，“目前还没有收到相关事件的法律诉求。”

记者从微信了解到，目前微信每天会收集到关于谣言的投诉达 1～2 万单，从用户举报类型来看，目前微信上存在的谣言中医疗健康类、科学常识类以及社会新闻类较多。

隐私权保护平衡点何在?

这件案件的焦点其实在于，腾讯所主张的隐私权与其他第三方被侵权的矛盾之争。

“根据我们与腾讯沟通的结果，对方认为披露公众号的信息侵害了隐私权。”刘海阳称，在沟通过程中，腾讯方面透露，此前包括奔驰、宝马、LV 等都有就谣言问题到公司沟通，“但连这些公司都很难达到目的。”因为一旦开闸披露公众号信息，未来微信部分公众号信息可能难以保障隐私。

“在我们看来，保护隐私权与不能侵害其他第三人是不矛盾的，不能利用隐私保护的权利来规避义务。”刘海阳认为，在侵权的情况下，侵权者就不应该躲在隐私权后面，“现在个人的言论自由提高了，维权的方式和成本也提高了，这次辟谣从去年的 7 月持续到现在，尽管拿到了相关的证据，但仍然达不到目的，“要知道，不是所有维权者都有这样的精力和财力去做这件事。”

事实上，最高院也曾就这个问题答记者问，最高人民法院民一庭负责人接受记者采访时坦言，在网络侵权案件中，网络服务提供者往往处于左右为难的境地。

该负责人称，司法解释对此问题的处理思路是：已经对网络服务提供者提起诉讼的原告，可请求人民法院依据案件情况，责令网络服务提供者提供涉嫌侵权的网络用户的有关个人信息。这种处理方式，整体上看，是对要求网络服务提供者提供涉嫌侵权的网络用户个人信息的请求作出的一种司法上的审查，应该说，它符合人民法院依职权调查取证的规则，也防止了个别人滥用权利，同时有利于网络服务提供者履行法定保密义务。

一则谣言，缠绕了近半年，终于让康芝药业（300086.SZ）将腾讯告上法庭。

康芝药业副总裁李幽泉向《第一财经日报》记者表示："我们是迫于无奈才起诉腾讯的，谣言在微信朋友圈上是一波未平一波又起，不断发酵，对品牌的声誉造成了严重的损害。"康芝药业 1 月 6 日晚间公告，相关诉讼已经在近日由海口市秀英区人民法院受理。

这是去年 10 月最高人民法院（下称"最高院"）对网络侵权纠纷进行司法解释之后，首次有上市公司以谣言维权的名义，将网络服务提供者告上法庭。负责本案的广大律师事务所、康芝药业代理律师刘海阳向《第一财经日报》记者表示，新的司法解释出台后，法院如何理解和执行便是法院的裁量权，未来对网络侵权行为能否突破现状，此案有借鉴作用。

（资料来源：第一财经日报）

案例导学

近年来，随着信息技术的进步和互联网的普及，电子商务在世界上得到了快速发展与广泛应用。我国电子商务在繁荣国内市场、扩大居民消费、降低物流成本、提高流通效率等方面发挥着日益重要的作用，电子商务已经成为当今世界经济新的增长点，电子商务的迅猛发展使电子信息化逐步成为商务交易手段的主导，从而客观上要求建立起促进电子商务健康有序的民商事法律体系，以弥补现有民商事法的缺失。其中电子商务法就成为这个法律体系所不可或缺的一个重要组成部分。

9.1　电子商务法概述

9.1.1　电子商务法的概念

法律是社会经济秩序的保障，电子商务对于立法提出了新的要求，也为法律注入了新的内容。

法律是调整特定社会关系或社会行为的行为规范。电子商务的发展和自身的规范要求导致电子商务法的产生。由此可知，电子商务法是调整电子商务活动或行为的法律规范的总和。电子商务法，可在侠义与广义上予以解释。

目前，对于电子商务法的概念理论界还没能取得一致的意见，可谓"仁者见仁，智者见智"，有不同的理解。就国内外的法律文件或论著来看。还没有对此作出明确的权威性界定。

电子商务法是指调整平等主体之间通过电子行为设立、变更和消灭财产关系和人身关系的法律规范的总称；是政府调整企业和个人以数据电文为交易手段，通过信息网络所产生的，因交易形式所引起的各种商事交易关系，以及与这种商事交易关系密切相关的社会关系、政府管理关系的法律规范的总称。

狭义的电子商务法，是商法在计算机通信环境下的发展，是商事法新的表现形式，是指调整以数据电讯（Data Messege）为交易手段而形成的因交易形式所引起的商事关系的规范体系。这种观点以1996年《联合国电子商务示范法》为代表。

广义的电子商务法更加强调电子商务中交易行为本身及其由此引出的其他问题，既注重形式方面的规范，又注重电子交易内容规范，将电子商务法视为调整电子商务形式和内容两个方面行为的规范总和。商事活动的范围被民商事活动所覆盖。商事活动是以盈利为目的、具有营业性的民事行为，而民商事行为的外延显然大于商事行为，它不仅包括商事行为，也包括非商事主体之间的民事活动。事实也是如此，电子商务中的“商务”并非名副其实，他不仅包括“商事行为”，也包括非商事行为，例如自然人之间的电子商务。诸如联合国贸法会的《电子资金传输法》、美国的《统一计算机信息交易法》等，均属此类。

9.1.2 电子商务法的特征

电子商务法作为商事法律的一个新兴的领域，与其他的商事法律制度相比较，还存在一些具体的特点，主要表现为程式性、技术性、虚拟性、开放性、安全性和复合性等。

1. 程式性

电子商务法作为交易形式法，它是实体法中的程式性规范，主要解决交易的形式问题，一般不直接涉及交易的具体内容。

电子交易的形式，是指当事人所使用的具体的电子通讯手段；而交易的内容，则是交易当事人所享有的利益，表现为一定的权利义务。在电子商务中以数据讯息作为交易内容（即标的）的法律问题复杂多样，需要由许多不同的专门的法律规范予以调整，而不是电子商务法所能胜任的。比如数据讯息在电子商务交易中，既可能表示货币，又可代表享有著作权的作品，还可能是所提供的咨询信息。一条电子讯息是否构成要约或承诺，应以合同法的标准去判断；能否构成电子货币，应依照金融法衡量；是否构成对名誉的损害，要以侵权法来界定。而电子商务法对交易中的电子讯息代表的是何种标的。

所以说，电子商务法是商事交易上的程式法，它所调整的是当事人之间因交易形式的使用，而引起的权利义务关系，即有关数据电讯是否有效、是否归属于某人；电子签名是否有效，是否与交易的性质相适应；认证机构的资格如何，它在证书的颁发与管理中应承担何等责任等问题。这些规范的主要作用，都是给电子商务的开展提供一个交易形式上的“平台”，将传统纸面环境下形成的法律价值，移植于电子商务中。

从民商法角度看，这些电子商务法规范所解决的都是商事意思表达程式方面的问题，并没有直接涉及交易的实体权利义务。至于其交易内容如何，狭义的电子商务法不可能对之进行全面规范，而应由相应的法律予以调整。以美国的《统一电子交易法》为例，全文只有21条之多，主要规定了电子记录、电子签名及电子合同的效力、归属、保存等电子商务交易环境下的特殊性问题。而与此同时，美国州法统一委员会还颁布了一部以电子信息交易的实体内容为主的《统一计算机信息交易法》，该法分为九个部分，共有106条，对以计算机信息为标的的交易问题，作了较全面的规定，简直是一部“电子版”的合同法。二者相较，《统一电子交易法》的程式性，就愈显突出。此外，从联合国贸法会的《示范法》和新加坡的《电子交易法》来看，也都是以规定电子商务条件下的交易形式为主的。

2. 技术性

在电子商务法中，许多法律规范都是直接或间接地由技术规范演变而成的。比如一些国家将运用公开密钥体系生成的数字签名，规定为安全的电子签名，这样就将有关公开密钥的技术规范，转化成了法律要求，对当事人之间的交易形式和权利义务的行使，都有极其重要的影响。另外，关于网络协议的技术标准，当事人若不遵守，就不可能在开放环境下进行电子商务交易。所以，技术性特点是电子商务法的重要特点之一。倘若从时代背景上看，这正是21世纪知识经济在法律上的反映。技术规范的强制力，导源于其客观规律性，它是当代自然法的主要渊源，理想的实证法只能对之接受，而不能违抗。

新技术的发展是促进新的法律产生的重要因素，面对每一个新技术的产生，与之相适应的法律的研究对象到底是什么？对此人们必须加以研究。而电子商务是现代信息技术应用与发展的产物，它是在互联网这个电子网络平台上进行的。规范这种行为的电子商务法，必然要适应其技术的特点。电子商务涉及到众多信息技术，如电子商务的签字技术、确认技术、数据信息的加密技术、电子支付技术等，传统民商法从来不具有如此高的技术含量。可以说，电子商务法是信息技术规范与法律规范融合的产物，离开了信息技术规范与创新，也就不存在电子商务法，也就不可能产生电子商务法律体系。正因如此，电子商务法受信息技术的发展周期影响与冲击是其他法律所不能比拟的。但是，在这里还是要明确一个问题，那就是电子商务立法在多大程度上要反映技术的发展，在多大的范围内为技术发展留下空间。这里所指的技术主要是指那些与电子商务活动紧密相关的信息技术对电子商务的影响，以及电子商务交易形式的发展等给电子商务法及其法律的建立提出现实的问题，这一切还有待于人们进一步的研究。对此，建立电子商务法时必须考虑其技术性特征，为了保证电子商务的安全性，可以通过立法对电子商务使用的技术进行适当的规定，但不可能直接规定哪一种技术最好，而必须采用该技术。特别是在我国信息技术还不是很发达、市场经济还不是很完善的情况下，不可能把非常细的技术标准与术语直接纳入电子商务法律体系中。电子商务立法应随着电子商务的发展，不断完善电子商务法及其法律体系。

3. 虚拟性

如前所述，电子商务法所调整的对象有别于现实实体社会中的各种关系，而是交叉于网络虚拟社会和现实实体社会之间。电子商务不同于传统的商务行为，而是在互联网的平台上进行，网络平台成为当事人的活动平台。而互联网平台由数字化技术支持，包括硬件和软件，构成电子商务主体活动的虚拟的电子空间。在这个虚拟的电子空间里，电子商务的交易主体、交易行为及部分交易商品的物理形态以数字形态存在，通过数字和虚拟技术表示的多媒体数据信息展现在人们面前，例如，电子商务双方的谈判记录、使用的资金甚至标的本身等都是数字化的。电子商务活动中当事人之间通过电子数字形式的信息交换完成电子商务的交易，这就是电子商务的法律要素的虚拟化。因此，电子商务法具有虚拟性，其法律关系及主体、权利和义务、标的被虚拟化或数字化。我们知道，在电子商务活动中，电子商务主体在电子商务平台上是以虚拟的形式出现的，如果不能确定这个主体是否是一个合格行为主体，电子商务就很难展开。因此，需要法律与身份认证等方法确认电子商务主体身份。需要法律制度确认CA中心有权利将其确认结果送至交易主体，是电子商务主体以真实的或一个确定的身份进入电子商务交易平台。如果当事人没有有效确定的身份，即使电子商务的当事人在现实世界中拥有真实的合格条件，其网上交易行为也是一种无效的行为，不受法律保护。因此，电子商务立法过程中要充分考虑电子身份认证的法律问题。

4. 开放性

从民商法原理上讲，电子商务法是关于以数据电讯进行意思表示的法律制度，而数据电讯在形式上是多样化的，并且还在不断发展之中。因此，必须以开放的态度对待任何技术手段与信息媒介，设立开放性的规范，让所有有利于电子商务发展的设想和技巧，都能容纳进来。目前，国际组织及各国在电子商务立法中，大量使用开放性条款和功能等价性条款，其目的就是为了开拓社会各方面的资源，以促进科学技术及其社会应用的广泛发展。它具体表现在：电子商务法基本定义的开放、基本制度的开放，以及电子商务法律结构的开放这三个方面。

5. 安全性

企业为了增强竞争力，扩大自己的发展空间选择了电子商务，电子商务给企业带来了极大的便利与勃勃生机的同时也给企业带来了电子商务的安全问题，如何保证商业秘密不被泄露或盗用、数据库的保密性、防止商业欺诈、电子商务交易系统的安全运行，以及如何判断当事人的身份及用户信用、电子签名的识别与方位、电子支付的安全等都是电子商务活动中不可忽视的重要问题。如果对电子商务安全不从法律的角度给予保障，仅仅靠技术是不行的。在电子商务活动中，除了在物流系统中完成的交换，最重要的是付款与收据、坚定的不可否认的合同的交换、证实邮件信息与收据的交换等。以电子信息传递的交易凭证越来越多，需要一套完善的安全保密的法规来从非技术层面保证电子商务发展的具体情况，一方面加大和强化现行法律的管理范围，另一方面加强电子商务立法与信息安全立法，约束和打击电子商务交易过程中的违法与犯罪行为。电子商务立法与信息安全立法应考虑以下几个方面的内容：通信技术的安全性法规，信息保密与加密技术法规，国家机密、商业机密的界定和保护，电子商务交易发生事故后的处理规则，信息犯罪的界定、认定、惩罚等。

基于电子商务法的国际属性以及我国加入 WTO 的形势，电子商务立法必须与国际接轨，但同时必须注意到，电子商务的有关法律规定直接影响着国家的安全和利益。电子商务中的交易安全不仅属于电子商务交易当事人的权益，同时也属于国家安全的组成部分。因此，在强调开发有自主知识产权的电子商务核心软件及数据库的同时，必须从民族利益与国家安全的高度来考虑和确定我国电子商务的立法。无论是对电子商务活动中的当事人还是国家，电子商务立法必须以解决电子商务的安全为己任，通过对电子商务安全性问题进行规定，有效地预防和打击各种网络与电子商务犯罪，确实保证电子商务的有效开展。所以安全性成为电子商务法的重要特征之一。

6. 复合性

这一特点是与口头及传统的书面形式相比较而存在的。电子商务交易关系的复合性，导致了其技术手段上的复杂性和依赖性。它表现在通常当事人必须在第三方的协助下，完成交易活动。比如在合同订立中，需要有网络服务商提供接入服务，需要有认证机构提供数字证书等。即便在非网络化的、点到点的电讯商务环境下，交易人也需要通过电话、电报等传输服务来完成交易。或许有企业可撇开第三方的传输服务，自备通讯设施进行交易，但这样很可能徒增成本，有背于商业规律。此外，在线合同的履行，可能需要第三方加入协助履行。比如在线支付，往往需要银行的网络化服务。这就使得电子交易形式具有复杂化的特点。实际上，每一笔电子商务交易的进行，都必须以多重法律关系的存在为前提，这是传统口头或纸面条件下所没有的。它要求多方位的法律调整，以及多学科知识的应用。

7. 国际性

电子商务是指交易当事人或参与者在现有的计算机技术、网络技术等先进信息技术所构成的电子网络环境下所进行的各类商务活动。可以说，互联网是电子商务得以有效开展的技术平台。而互联网具有国际互联的性质，几乎世界上的每一个国家都与之连接，电子商务是世界范围内的商务活动，进行电子商务的当事人可以来自世界不同国家与地区，电子商务的数据信息在互联网上的交流打破了时间与空间的限制，使当事人之间可以通过电子数据的即时交换完成交易行为，每个参与交易的实体也因此扩张了自己的版图。网络平台的国际性、参与电子商务当事人的全球性的电子商务法律框架，使世界范围的电子商务活动受到一个统一标准的法律规范的约束。在世界范围内统一使用电子商务法之际，每个国家制定的电子商务法都要注意将来与国际接轨，以适应全世界的要求。因此国际性是电子商务法最重要的的法律特性之一。

电子商务的实质与特征使电子商务活动必然涉及到跨国的经济管理和交易的法律制度。特别是我国已经加入 WTO，一些不符合 WTO 规则的法规需要清理，同时，也需要把 WTO 的规则纳入我国的法律体系。所以，我国制定电子商务法必须认真考虑电子商务法的国际性。

8. 政府参与管理

我们知道，Internet 是一组全球信息资源的名称，是一种覆盖全球的、以相互通信为目的，基于一些共同的协议，并通过许多路由器和公共线路互联而成的计算机网络，它是一个信息资源服务共享的集合。对于 Internet 这种公众资源，没有政府的参与、协调和管理是无法形成的。无论是对 ISP、ICP 工作的开展，还是电子商务企业市场的准入都将受到整个国家产业政策、经济形势等的限制和制约，振幅对互联网及其相关工作的管理，已经成为政府管理的重要内容之一。而基于互联网的电子商务活动的开展，自然需要政府参与、协调与管理。

此外，如果按照通常的商法论著所作的“二元”划分法，即将商事法律规范划分行为法与主体法两大类，那么电子商务法应当属于行为法。不过，它调整的不是直接涉及实体权利义务的行为，而是调整交易形式上的行为，是实体法中具有程式性意义的行为规范。

综上所述，电子商务法是一个复杂的系统工程。电子商务法不仅涉及到技术问题，也涉及到政府立法和社会管理等多个方面。

9.1.3 电子商务的立法概况

1. 国际电子商务立法概况

（1）国际电子商务立法

电子商务对传统的法律制度提出了挑战，需要制定新的“游戏规则”来对电子商务进行规范和调整。一些国际组织积极应对，制定了一些条约、惯例和示范法等，初步建立了国际电子商务法律制度。

国际电子商务立法主要是指有关的国际电子商务条约、国际电子商务惯例及重要国际组织的决议、指南和示范法，内容主要涉及规范国际电子商务的交易性内容的商事法律规范和对国际电子商务进行管理的法律规范。其中规范国际电子商务交易性内容的商事法律规范是其核心组成部分。

（2）国际电子商务立法现状

电子商务的国际立法是随着信息技术的发展而展开的。早期的国际电子商务立法主要围绕着电子数据交换（EDI）规则的制定展开。电子商务发展早期由于受到网络技术发展的限制，国际电子商务立法只能局限于 EDI 标准和规则的制定。

到 20 世纪 90 年代初，由于因特网商业化和社会化的发展，国际组织和一些国家也积极地探索规范这种经济运行的法律体制，以便为新经济运行提供安全有序的法律环境。

1984 年，联合国国际贸易法委员会（以下简称“贸易法委员会”）向联合国秘书长提交了名为《自动数据处理的法律问题》的报告。

1985 年，编写了名为《计算机记录的法律价值》的报告。

这些报告被认为揭开了电子商务国际立法的序幕。

1992 年，贸易法委员会颁布了《国际贷记划拨示范法》，推动国际间电子支付的广泛应用。

1996 年，贸易法委员会大会通过并于 1997 年正式发布了《电子资金划拨示范法》。

1996 年，贸易法委员会经过 5 年时间起草的《电子商务示范法》经联合国大会讨论通过，为各国电子商务立法提供了指导性规范。

1997 年，欧盟制定了《欧洲电子商务行动动议》，为规范欧洲电子商务活动制定了框架。同年，欧盟还颁布了《远程销售指令》。

1997 年 11 月，国际商会发布了《国际数字签署商务通则》，该通则被认为是第一部真正意义上的电子商务的全球性自律性规范。

1999 年，公布了《2000 年国际贸易术语解释通则》，该通则使贸易术语能适应日益广泛使用的电子数据交换（EDI）和不断革新的运输技术变化的需要。

1999 年，欧盟颁布了《欧盟电子签名法律框架指南》。

2000 年 5 月，欧盟通过《电子商务指令》，该指令试图对电子商务做出综合性的规范。

2001 年，贸易法委员会起草的《电子签名示范法》经联合国大会讨论通过。

2002 年 4 月 1 日，国际商会制定的《UCP500 电子交单附则》正式生效。

2005 年 4 月，国际商会发布了经过修订的《营销和广告使用电子媒体指南》。

2005 年 7 月，在贸易法委员会第三十八届会议上审议和通过了《国际合同使用电子通信公约》，第 60 届联合国大会也于 2005 年 11 月通过了该公约，并自 2006 年 1 月 1 日起开放供各国签署。该公约是有关电子商务的第一个专门性公约，目的是消除现行统一法公约和贸易协定对电子商务造成的障碍。

世界各国主要是经济发达国家也纷纷加强了电子商务的国内立法。美国的犹他州于 1995 年颁布的《数字签名法》(Utah Digital Signature Act)，是美国乃至全世界范围的第一部全面确立电子商务运行规范的法律文件。德国于 1997 年制定了《信息与通信服务法》。意大利于 1997 年制定了《意大利数字签名法》。马来西亚早在 20 世纪 90 年代中期就提出了建设“信息走廊”的计划，并于 1997 年制定了《数字签名法》。同年，韩国也制定了内容较全面的《电子商务基本法》。紧接着，新加坡于 1998 年正式制定、颁布了《新加坡电子交易法》。印度于 1998 年颁布了《电子商务支持法》。菲律宾也在 2000 年制定了《电子商务法》。

2. 国内电子商务立法概况

我国电子商务立法伴随着电子商务的开展而逐渐推进并完善，体现出“地方先行、行业先行”的特点，立法首先以地方法规的形式出现，或者在行业中通过对相对成熟的规则进行总结，最后上升为国家层次的立法。

1999 年，第 9 届全国人大第 2 次会议通过的《合同法》在合同形式条款上加进了“数据电文”这一新的电子交易形式。

2000 年 9 月，国务院发布实施的《互联网信息服务管理办法》将互联网信息服务区分为“经营性”和“非经营性”两类，并分别实施“许可”和“备案”制度。

2004 年 8 月 28 日，经第十届全国人民代表大会第十一次会议讨论通过了《中华人民共和国电子签名法》，并已于 2005 年 4 月 1 日实施，为电子商务中信息流、金融流和物流的发展提供了法律依据和法律环境，这对我国电子商务的发展起了极大的推动作用，它标志着我国首部“真正意义的信息化法律”正式诞生。

2004 年 5 月 28 日，国家食品药品监督管理局局务会议审议通过了《互联网药品信息服务管理办法》。

2005 年 2 月 8 日，原信息产业部（现为工业和信息化部）发布了《电子认证服务管理办法》，为了配套《电子签名法》的实施，对电子认证机构的设立、电子认证服务行为的规范、电子认证服务提供者实施监督管理等内容作了明确的规定。

2005 年 10 月 26 日，中国人民银行发布了《电子支付指引（第一号）》；

2005 年 11 月 7 日，原信息产业部发布了《互联网电子邮件服务管理办法》，并于 2006 年 3 月 20 日施行。该办法规范了互联网电子邮件服务。

2005 年 11 月 10 日，中国银行业监督管理委员会通过并予公布《电子银行业务管理办法》，并于 2006 年 3 月 1 日起施行。

2006 年 5 月 18 日，国务院发布实施了《信息网络传播权保护条例》，对包括网络著作权的合作使用、法定许可、避风港原则、版权管理技术等在内的一系列内容作了相应的规定。

2009 年，第 11 届全国人民代表大会第十二次会议通过了《侵权责任法》，对电子商务经营者的侵权责任作了规定，明确了电子商务经营者承担侵权责任的通知规则和指导规则。

2010 年，中国人民银行颁布了《非金融机构支付服务管理办法》。

2010 年，文化部出台《网络游戏管理办法》，商务部发布《关于促进网络购物健康发展的指导意见》。

2011 年，出台了《互联网信息服务市场秩序监督管理办法》（征求意见稿）、《第三方电子商务交易平台服务规范》《电子银行个人结算汇业务管理暂行办法》《非金融机构支付服务业务系统检测认定管理规定》。

2013 年 1 月 30 日，国务院颁布《国务院关于修改〈信息网络传播权保护条例〉的决定》，并于 2013 年 3 月 1 日起施行。

在全国性的法律、法规之外，包括北京、上海、天津、湖北、湖南等我国绝大部分省、自治区、直辖市都相继通过了信息化方面的地方法规，如 2002 年的《广东省电子交易条例》和 2007 年的《北京市信息化促进条例》。此外，一些行业规范也对规范和引导电子商务企业走上健康有序的竞争之路起到了重要补充作用。总的来看，我国目前电子商务的立法滞后于实践，而滞后的立法反过来将阻碍电子商务的进一步发展。

2013 年 12 月 27 日，全国人大财经委在人民大会堂召开电子商务法起草组成立暨第一次全体会议，正式启动电子商务法立法工作。

电子商务法纳入立法规划，充分体现了全国人大常委会对电子商务立法的高度重视，反映了有关部门和社会各界的共同期望。张德江委员长十分关心电子商务立法工作，2014 年初专门就电子商务立法作出批示。近年来，许多全国人大代表提出议案和建议，建议加快电子商务立法。

全国人大常委会副委员长张平出席会议。张平在讲话中指出，电子商务服务业既是战略性新兴产业，又是现代服务业的重要组成部分，同时也是信息经济时代国家基础设施的重要组成部分。通过电子商务立法、推进电子商务发展，对于加快经济发展方式转变、实现经济结构调整和转型升级、加快创新型国家建设等均具有重大意义。

国务院办公厅出台了关于加快电子商务发展的若干意见。国家发改委、国务院信息办发布了电子商务发展“十一五”规划。工信部发布了电子商务“十二五”发展规划。商务部先后发布了关于网上交易的指导意见、关于“十二五”电子商务发展指导意见等。国家工商总局发布了《网络商品交易及有关服务行为管理暂行办法》。

9.2 电子商务涉及的法律问题

电子商务是以网络为运作平台的，其交易场所虚拟化、表现形式多样化、交易范围国际化，由于网络平台、市场准入、法律冲突、发展中国家的电子商务发展状况等因素的制约，需要解决的法律问题十分庞大。

电子商务的法律问题主要涉及在电子商务活动中出现的各方当事人之间的法律关系，即电子商务合同、电子支付、电子交易安全、知识产权、消费者权益特别是隐私权保护等方面所引起的法律问题。

9.2.1 电子商务主体法律制度

1. 电子商务法律主体

（1）电子商务法律主体

电子商务法律主体是指电子商务法律关系的参加者，也即在电子商务法律关系中享有权利和承担义务的个人或组织。

（2）电子商务法律主体的划分

1）电子商务法律主体以主体的法律属性为标准，可以将其分为在线自然人、法人和非法人企业。

在线自然人用户是指借助电子化手段参与电子商务法律关系的成立、变更或者消灭的自然人。在线自然人用户的能力制度主要包括民事权利能力、民事行为能力、民事责任能力。民事权利能力是指民事主体作为法律关系主体的能力，也即作为权利享有者和义务承担者的能力。在线自然人用户的民事责任能力是以意思表示为基础，其民事责任能力状况以行为是否具有识别能力为一般标准，但在例外情况下也适用公平原则。

在线自然人在参与电子商务、订立合同的过程中所享有的权利及承担的义务依据传统的法律规则确定。主要探讨在线自然人的网络隐私权和虚拟财产权

电子商务企业属于参与电子商务法律关系的重要主体，在电子商务过程中直观地表现为网站与在线自然人用户之间发生的关系。

网络设立人及互联网信息服务提供者依法履行下列义务和责任：一是按照经营许可范围提供服务的义务；二是提示身份的义务；三是保证信息内容合法的义务；四是记录所提供信息的义务；五是停止传输非法信息并报告的义务。

2）以是否直接参与电子商务交易为标准，可以将电子商务法律主体分为直接主体和间接

主体。直接主体指直接进行电子商务交易的双方当事人，间接主体是指不直接进行交易，但是交易的进行和完成有赖于其提供服务的参与者。间接主体可分为三类：一是网络服务提供商；二是电子认证服务提供商；三是在线金融服务提供商。

2. 电子商务法的内容

电子商务法的内容是指电子商务法这门法律学科的内容构成。通过考察国内近几年的研究成果，发现不同的教材，在内容安排上有很多差异。电子商务法既然是调整电子商务的法律，就应当将有关电子商务的全部法律制度纳入这门学科之下，不应当依据传统的部门法划分标准，人为地将某些内容排除在外。当然在具体安排各部分内容时，应当突出重点，把握各部分内容的内在联系。

电子商务法的内容主要有以下四部分构成：

（1）电子商务法律基本理论

这一部分主要介绍和论述计算机网络、电子商务的基本知识；电子商务法的调整对象、性质和特征；电子商务法的内容；电子商务法律关系的构成；电子商务立法的状况等。

（2）电子商务行为法

这一部分主要介绍和阐述电子合同制度；电子认证和电子签名法律问题；电子支付法律问题等内容。这部分内容是电子商务法的重点和中心。

（3）电子商务权益保障法

这一部分主要介绍和探讨网络版权保护；域名制度；电子商务中的人格权保护；电子商务中的消费者权益保护等内容。

（4）电子商务管制法

这一部分主要介绍和分析电子商务的税收管制问题；电子商务的安全保护法律制度；电子商务中违法犯罪行为的防范和打击；电子商务纠纷的法律救济等。

3. 电子商务法的调整对象和基本原则

（1）电子商务法的调整对象

电子商务法的调整对象可分为以下两个方面：

1）电子商务交易形式

电子商务法作为商事法新的表现形式，它必然以商事关系为其调整对象，但是这种商事关系又有着以下一些特点：

电子商务是以数据电文为交易手段的商事关系。换言之，凡是以口头或传统的书面形式所进行的商事关系，都不属于电子商务法的调整范围。

这种商事关系是由于交易手段的使用而引起的，一般不直接涉及交易方式的实质条款。因为交易手段只是交易行为构成中的表意方式部分，而并非法律行为中的意思本身，亦不充当交易标的物。

该商事关系并不直接以交易的标的为其权利义务内容，而是以交易的形式为其内容，即因交易形式的应用而引起的权利义务关系。诸如对电子签名的承认、对私用密钥的保管责任等，均属此类。

2）电子商务交易内容

电子商务交易内容规范，涉及当事人在电子商务中的权利义务关系。

电子商务中交易的对象有有形货物，也有无形的信息产品。有形货物的交付仍然可以沿着传统合同法的基本原理。而信息产品的交付则具有不同于有形货物交付的特征，对于其权利移转、退货、交付的完成等需要做详细的探讨。

（2）电子商务法的基本原则

1）中立原则

电子商务法的基本目标，归结起来就是要在电子商务活动中，建立公平的交易规则。这是商法的交易安全原则在电子商务法上的必然反映。

● 技术中立

电子商务法对传统的口令法与非对称性公开密钥加密法，以及生物鉴别法等，都不可厚此薄彼，产生任何歧视性要求。同时，还要给未来技术的发展留下法律空间，而不能安于现状，以至闭塞贤路。

● 媒介中立

媒体中立，是中立原则在各种通信媒体上的具体表现。技术中立侧重于信息的控制和利用手段，而媒介中立则着重于信息依赖的载体。电子商务法，应以中立的原则来对待媒介，允许各种媒介根据技术和市场的发展规律而相互融合，互相促进。

● 实施中立

实施中立是指在电子商务法与其他相关法律的实施上，不可偏废；在本国电子商务活动与跨国际性电子商务活动的法律待遇上，应一视同仁。

● 同等保护

电子商务法对商家与消费者、国内当事人与国外当事人等，都应尽量做到同等保护。因为电子商务市场本身是国际性的，在现代通信技术条件下，割裂的、封闭的电子商务市场是无法生存的。

总之，电子商务法上的中立原则，着重反映了商事交易的公平理念。其具体实施将全面展现在当事人所依托于开放性、兼容性、国际性的网络与协议，而进行的商事交易之中。

2）自治原则

在电子商务的立法与司法过程中，都要以自治原则为指导，为当事人全面表达与实现自己的意愿，预留充分的空间，并提供确实的保障。《电子商务示范法》的任意性条款，从正面确定权利，以鼓励其自治意识，而强制性条款，则从反面摧毁传统法律的羁绊，使法律适应电子商务活动的特征，更好地保障其自治意识的实现。

3）安全原则

电子商务法要把维护电子商务的安全放在重要位置。电子交易安全是电子商务主体决定选择利用网络进行电子商务的最重要的因素，维护网络安全，既需要先进的安全技术，更需要严密的安全法律规范支持。

上述电子商务法中所具有的一般性原则，虽然来自于对国际或国外电子商务立法的总结，但对我国电子商务立法而言具有极其重要的参考价值。

9.2.2 电子商务涉及的法律法规

1. 网络隐私权

（1）隐私权

所谓隐私，一般是指不愿意为别人所知晓的有关自己的私生活和个人事务，譬如个人的资料信息、交友范围、生理状况等。

隐私权是指自然人享有的私人生活安宁与私人信息秘密依法受到保护，不被他人非法侵扰、知悉、收集、利用和公开的一种人格权，而且权利主体对他人在何种程度上可以介入自己的私生活，对自己是否向他人公开隐私以及公开的范围和程度等具有决定权。隐私权是一种基本人格权利。

（2）网络隐私权

网络隐私权是隐私权在网络中的延伸，是指自然人在网上享有私人生活安宁、私人信息、私人空间和私人活动依法受到保护，不被他人非法侵犯、知悉、搜集、复制、利用和公开的一种人格权；也指禁止在网上泄露某些个人相关的敏感信息，包括事实、图像以及诽谤的意见等。

网络隐私权是指自然人在网上享有的与公共利益无关的个人活动领域与个人信息秘密依法受到保护，不被他人非法侵扰、知悉、收集、利用和公开的一种人格权；也包括第三人不得随意转载、下载、传播所知晓他人的隐私，恶意诽谤他人等。

2013 年 11 月 26 日，联合国通过由巴西、德国发起的保护网络隐私权决议。

网络隐私权并非一种完全新型的隐私权，这一概念是伴随着网络的出现而产生的。虽然网络隐私权具有自己的特点，但它与传统隐私仍有重叠的部分，因此可以说它是隐私权在网络环境下的体现。

目前，侵犯网络隐私权主要表现在以下几个方面：一是通过网络宣传、公开或转让他人隐私，及未经授权在网络上宣扬、公开或转让他人或自己和他人之间的隐私；二是未经授权收集、截获、复制、修改他人信息，如黑客攻击，指用技术手段攻击他人计算机系统，窃取和篡改网络用户的私人信息，而被侵权者很少能发现黑客身份，从而引发了个人数据隐私权保护的法律问题。还如网络公司为获取广告和经济效益，通过各种途径得到用户个人信息，然后将用户资料大量泄露给广告商，而后者则通过跟踪程序或发放电子邮件广告的形式“关注”用户行踪。

从目前我国隐私权保护的立法来看，隐私权并未成为我国法律体系中一项独立的人格权。我国法律对隐私权的保护也没有形成一个完整的体系，其依据仅是《宪法》所确立的保护公民人身权的基本原则和《民法通则》中所规定的个别条款。2000 年 10 月 8 日信息产业部第四次部务会议通过的《互联网电子公告服务管理办法》第十二条规定：“电子公告服务提供者应当对上网用户的个人信息保密，未经上网用户同意不得向他人泄露，但法律另有规定的除外。”2001 年，最高人民法院颁布的《关于确定民事侵权精神损害赔偿责任若干问题的解释》中包含了关于隐私权保护的内容，这不失为一种立法的进步，但仍未从法律上明确隐私权作为一项独立民事权力的地位，这又不能不说是一种遗憾。可见，在我国现阶段还没有关于网络隐私权比较成形的法律，仅在一些部门规章中有所涉及。因此，目前我国对网络隐私权的法律保护基本还处于一种无法可依的状态。

2．虚拟财产权

虚拟财产是随着互联网尤其是网络游戏的发展而出现的一个新词，随着网络游戏虚拟财产纠纷的增多，这个词也频繁出现在各大媒体上，但现行法律对虚拟财产这个概念尚无定义。

百度百科中定义“虚拟财产”是指在网络环境下，模拟现实环境中的财产形态，以数字化形式存在的、具有独立价值和可独占性的财产利益。虚拟财产的典型类型有：虚拟物、虚拟无形财产、虚拟“集合物”。

虚拟财产与现实财产存在天然的联系，且虚拟财产具备表征财产权利客体的共性特征——稀缺性、价值性、排他性，因此，尽管虚拟财产也有其特殊的表征，其仍应被纳入现实法律体系，以得到现实法律的调整。

现代意义上的“物”可以分为两类：自然属性之物和价值形态之物。自然属性之物依传统的对物的分类方式可以分为有体物和无体物。“虚拟物”是存在于网络空间，且只能通过计算机和网络技术加以识别和控制的具备特定性和独立性的物，它是新类型的无体之物。采“物权、债权二元体系”为财产权基本构造仍然是大陆法系国家民法的主流，在“二元体系”内界定虚拟财产权的性质有其科学性、合理性。虚拟财产产生和运行的技术原理为判断虚拟财产权的性质提供了技术支持，但技术规则不能等同于法律规则。“支配权”或权利的“支配性”的现代意义给予虚拟财产权性质研究的理论进路。虚拟财产权具备了支配权（对财产拥有决策力并最终控制财产的前途和命运）的核心特征，因此，虚拟财产权是物权。虚拟财产权的主体是现实主体，“虚拟主体”不具有法律人格，“虚拟主体”是现实主体在网络环境下的身份。创设网络环境并投入运营是对虚拟财产的原始取得，网络环境中各种虚拟物的交易属于虚拟财产权的继受取得。用户向运营商购买虚拟物的买卖行为，其性质属于附条件的交易行为，网络用户能否取得虚拟物所有权，就取决于交易行为能否生效。在虚拟财产侵权责任中，采用行为违法说更为合理与公平；侵害虚拟财产的损害事实一般指财产损害，对具有人格象征意义的虚拟财产的损害还包括精神损害；不同网络活动主体违反主体义务应适用不同的标准；针对侵害虚拟财产的侵权责任的两种不同情形，应分别适用不同的因果关系规则确认和追究侵害虚拟财产权的民事责任，应当区分不同类型的侵权责任分别适用过错责任原则和过错推定原则；补充责任对虚拟财产侵权责任的分担具有重要意义。用户协议通常涉及买卖、服务、授权、管理等多种权利义务，是明确当事人权利义务的重要依据。对用户协议的成立、变更、协议内容、形式、协议履行与违约责任承担，应建立统一的法律规则。

我国《宪法》明确规定：“公民的合法的私有财产不受侵权。”《民法通则》第四十五条规定：“公民的个人财产，包括公民的合法收入、房屋、储蓄、生活用品、文物、图书资料、林木、牲畜和法律允许公民所有的生产资料及其他合法财产。”这里所说的合法财产包括有形财产，也包括无形财产。《物权法》第二条规定：“因物的归属和利用而产生的民事法律关系，适用本法。本法所称的物，包括不动产和动产。法律规定权利作为物权客体的，依照其规定。”因此，虚拟财产可以成为民法和物权法保护的标的。虚拟财产存在于网络空间，始终处于运营商的保管之下，网络玩家虚拟财产所有权被侵害的形式有两种：一是使虚拟财产的所有权人丧失对虚拟财产的所有权，如窃取网络游戏装备、游戏玩家的游戏装备被游戏运营商无故删除等；二是妨碍所有权人对虚拟财产的占有使用，如向所有权人的电子信箱发送垃圾邮件等。对于这两种情况的侵权，网络玩家都可以要求侵权者返还虚拟财产，恢复权利状态。如果因第三人的原因导致网络玩家对虚拟财产所有权形式的妨害，虚拟财产所有权人除了可以直接要求该第三人排除妨害、停止侵害外，还可以直接向网络运营商请求排除妨害并防止再受侵害。

3. 网络服务提供商的侵权责任

网络服务提供商分为网络内容提供商（ICP，Internet Content Provider）和网络中介服务提供商（ISP，Internet Servvice Provider）。ICP是指通过自身组织信息，定期或不定期上载信息至互联网向公众传播的网络服务从业者。ICP主要为公众提供各种信息服务，其通常对上载的信息进行选择、修改和编辑，供公众在域名（IP 地址）范围内进行浏览、阅读或下载。ICP

以网络内容建设为基础，其对所传播的内容有决定权，通常有能力实施技术上的监督、控制。ISP 是指根据网络用户指令，通过互联网提供自动完成信息的上载、存储、传输、搜索等功能的网络服务从业者。ISP 主要提供接入服务、主机服务、电子邮箱、搜索引擎、数据库检索、电子公告或论坛系统等多种服务，其对网络用户上载、存储、传输、搜索的内容不进行选择、修改、编辑，对信息的作品内容不知情，对用户的行为不进行直接控制。网络作为一种新型的信息传播媒体，在其上可能发生多种侵权或者违法行为，具体包括：侵犯他人知识产权行为，如未经著作权人许可将其作品上传到网络；发布侵害他人人格权的信息，如在网络上散布不实信息，侮辱、诽谤他人，侵害他人名誉权，或将他人的个人资料、隐私上传，侵害他人网络侵害权；发布虚假广告、误导消费者的信息导致的侵权，如发布不实商品信息，侵害消费者权益；发布信息侵权他人商业秘密，如擅自在网上披露他人的商业机密。对于网络侵权行为而言，每一个行为均涉及直接实施侵权行为的网络内容服务提供商，也同时涉及为侵权信息的传播提供媒介服务的网络中介服务提供商。ICP 作为网络信息服务的提供者，其主要义务是保证所提供信息的真实、合法，不侵犯他人的合法权益。我国《民法通则》针对一般侵权行为规定了过错责任原则，在法律对 ICP 的侵权责任归责原则未作特殊规定的情形下，应适用《民法通则》的法院《关于审理涉及计算机网络著作权纠纷案件适用法律若干问题的解释》中第四条、第五条关于网络内容服务提供商的责任问题有如下规定：提供内容服务的网络服务提供者，明知网络用户通过网络实施侵犯他人著作权的行为，或者经著作权人提出确有证据的警告，但仍不采取移除侵权内容等措施以消除侵权后果的，人民法院应当根据《民法通则》第一百三十条的规定，追究其与该网络用户的共同侵权责任；提供内容服务的网络服务提供者，对著作权人要求其提供侵权行为人在其网络的注册资料以追究行为人的侵权责任，无正当理由拒绝提供的，人民法院应当根据《民法通则》第一百零六条的规定，追究其相应的侵权责任。据此可知，ICP 是否承担侵权责任以“明知”这种主观意识状态为前提，其在“不知”或“应当不知”的情况下造成了侵权也无须承担责任。

网络中介服务提供商承担的责任主要有直接侵权责任和共同侵权责任。直接侵权是指对于网络侵权行为直接认定其承担责任，而不问其主观过错。《侵权责任法》第三十六条第一款规定：“网络用户、网络服务指导者利用网络侵害他人民事权益的，应当承担侵权责任。”对于网络中介服务商自身实施的侵权行为，网络中介服务商应对自己的侵权行为造成的损害承担法律责任。《侵权责任法》第三十六条第二三款规定：“网络用户利用网络服务实施侵权行为的，被侵权人有权通知网络服务提供者采取删除、屏蔽、断开链接等必要措施。网络服务提供者接到通知后未及时采取必要措施的，对损害的扩大部分与该网络用户承担连带责任。网络服务者知道网络用户利用其网络服务侵害他人民事权益，未采取必要措施的，与该网络用户承担连带责任。”

4. 电子合同的法律制度

（1）电子合同的概念

《中华人民共和国合同法》第二条规定：“合同是平等主体的自然人、法人、其他组织之间设立、变更、终止民事权利义务关系的协议。”第十条规定：“当事人订立合同法，有书面形式、口头形式和其他形式。”第十一条规定：“书面形式是指合同书、信件和数据电文（包括电报、电传、传真、电子数据交换和电子邮件）等可以有形地表现所载内容的形式。”我国合同法虽然没有明确地对电子合同做出定义，但从法律条文上分析，《中华人民共和国合同法》已经承认了电子合同的法律效力，并规定电子合同形式为书面形式。依照国际上通行的观念，电子合同可以理解为以互联网为载体，当事人为实现一定目的，通过电子数据交换或电子邮件所达成的设立、变更、终止民事权利和民事义务的协议或者契约。

（2）电子合同的订立

电子合同是合同的一种特殊形式，因此，电子合同的订立依然要遵循合同订立的基本程序——要约和承诺。

1）电子要约与要约的生效

我国《合同法》第十四条规定，“要约是希望和他人订立合同的意思表示，该意思表示应当符合两个要件：一是内容要明确；二是要标明经受要约人承诺，要约人即受该意思表示的约束。”电子要约是以电子形式出现的要约，作为要约的一种形式，上述要约的特征也适用于电子要约。

我国《合同法》第十六条第一款规定：“要约到达受要约人时生效。”同时根据电子交易的特殊性，第十六条第二款规定：“采用数据电文形式订立合同，收件人指定特定系统接收数据电文的，该数据电文进入该待定系统的时间，视为到达时间。”

要约一经生效，对要约人和受约人均具有约束力。要约生效之前可以撤回。我国《合同法》第十七条规定：“要约可以撤回。撤回要约的通知应当在邀约到达受要约人之前或者与要约同时到达受要约人。”要约生效后还可以撤销。《合同法》第十八条规定：“要约可以撤销。撤回要约的通知应当在受要约人发生承诺之前到达受要约人。”第十九条规定，“有下列情形之一的，要约不得撤销：①要约人确定了承诺期限或以其他形式明示要约不可撤销；②受要约人有理由认为要约不可撤销，并已经为履行合同做了准备工作。”在电子交易中，由于意思表示往往以电子数据的形式通过网络进行传输，速度极快，因此意思表示的撤回和撤销变成一个十分复杂的问题，目前已有的立法，如联合国《电子商务示范法》等似乎都对这一问题采取了回避态度。在学术界，有学者主张撤回要约在电子商务环境中是不可能的。但另一观点认为，电子要约的撤回虽然困难，但并非绝无可能，在网络拥挤或者服务器故障的情况下，数据电文都可能延迟到达，那么撤回的通知就可能更早地到达受要约人。因此从尊重契约的原则和维护法律的一致性上出发，法律应给予要约人撤回要约的权利。在电子交易中，要约能否撤销则取决于交易的具体形式。如果是通过电子邮件方式订立合同，在一般情形下，受要约人并不一定立即承诺，因此在发出要约人与最终作出承诺之间会有一定的间隔，在此间隔期间内，要约人可以撤销要约。但如果受约人采用的是电子自动回应系统，则撤销要约的可能性就不大了。

2）电子承诺与承诺的生效

《合同法》第二十一条规定：“承诺是要约人同意要约的意思表示。”承诺应具备以下条件：①承诺应由受约人做出。②承诺必须在合理期限内做出。《合同法》第二十八条规定：“受要约人超过承诺期限发出承诺的，除要约人及时通知受要约人该承诺有效的以外，为新要约。”第二十九条规定：“受要约人在承诺期限内发出承诺，按照通常情形能够及时到达要约人，但因其他原因承诺到达要约人时超过承诺期限的，除要约人及时通知受要约人因承诺超过期限不接收承诺的以外，该承诺有效。”③承诺的内容应当与要约的内容一致。《合同法》第三十条规定：“受要约人对要约的内容作出实质性变更的，为新要约。有关合同标的、数量、质量、价款或者报酬、履行期限、履行地点和方式、违约责任和解决争议的方法等的变更，是对要约内容实质性的变更。”电子承诺是以电子形式作出的承诺，基本要义与《合同法》界定的承诺是一致的。

关于承诺的撤回，我国《合同法》第二十七条规定：“承诺可以撤回。撤回承诺的通知应当在承诺通知到达要约人之前或者与承诺通知同时到达要约人。”但电子承诺的撤回与上文所述的电子要约的撤回一样，存在着一定的困难，但理论上并非绝无可能。承诺没有撤回的问题，因为承诺根本不存在要求对方答复的问题。

我国《合同法》第二十六条规定：“承诺通知到达要约人时生效。”对于承诺生效的方式，《合同法》规定有三种，分别是收到承诺通知、做出行为和签订确认书。

3）电子合同的成立与生效

我国《合同法》第二十五条规定：“承诺生效时合同成立。”可见承诺生效的时间直接决定着合同成立的时间。我国《电子签名法》第十条规定：“法律、行政法规规定或者当事人约定数据电文需要确认收讫的，应当确认收讫。发件人收到收件人的确认收讫确认时，数据电文视为已经收到。”一般而言，合同承诺生效的地点就是合同成立确认的地点。但是在电子合同的成立地点方面，传统合同的这些规定却不能完全适用。因为，电子合同的订立是在不同的计算机系统间完成，而计算机是可随时移动的，这就造成收件人收到承诺的地点存在很大的不确定性。我国的《电子签名法》在充分借鉴联合国《电子商务示范法》的基础上规定：“当事人可以对数据电文的发送地点、收件人的主营业地为数据电文的接收地点。没有主营业地的，其经常居住地为发送和接收地点。”我国的《合同法》第三十四条也明确规定：“承诺生效的地点为合同成立的地点。采用数据电文形式订立合同的，收件人的主要营业地为合同成立的地点；没有主营业地的，其经常居住地为合同成立的地点。当事人另有约定的，按照其约定。”

合同的成立是合同生效的前提，但成立后的合同并不必然产生当事人所追求的法律效果，只有符合规定生效要件的合同才会产生法律约束力。根据《民事通则》和《合同法》的有关规定，合同的一般生效要件包括：①订立合同的当事人具有相应的民事行为能力；②意思表示真实；③合同不违反法律或者社会公共利益。电子合同的生效也应当符合上述的生效要件。但由于电子合同订立过程中运用了现代通信手段，产生了一些新的问题，其法律效果需要专门进行说明和明确。如运用电子代理人、出现电子错误或者电子格式合同时，电子合同的成立和生效问题都值得进一步探索。

4）电子格式合同

电子格式合同就是以电子形式订立的格式合同。在电子合同的订立过程中，当事人就具体的交易条件原则上并不进行协商，往往借助于标准化合同条款，以降低交易的协商成本，简化交易程序和交易成本，提高交易安全及效率。电子商务的格式合同，其特点是经营者拟定好所有条款，消费者只需点击“接受”或者“拒绝”按钮，就决定了该购买合同是否成立。

我国《合同法》在第三十九条、第四十条、第四十一条分别对格式条款的定义、不予采用的情形以及解释原则做出了规定。这些规定一般也适用于电子合同。从我国《合同法》第三十九条“采用格式条款订立合同的，提供格式条款的一方应当遵循公平原则确定当事人之间的权利和义务，并采取合理的方式提请对方注意免费或者限制其责任的条款，按照对方的要求，对该条款“予以说明”的规定中可以看出，经营者可以自由地以格式条款订立合同，并且不需要经过任何特别程序，也不用和消费者商量，这就很难防止经营者利用其优势地位做出对消费者不公平的规定。这种情况在电子合同中更容易发生。因为数据电文消息传输极快，消费者可能会因一时疏忽而没有注意某些对其极为不利的规定，仓促之中根本无法对该条款进行审查而进行了确认，致使自己受到那些不合理条款的约束。我国《合同法》第三十九条和第四十条“格式条款的具有本法第五十二条和第五十三条规定情形的，或者提供格式条款一方免除其责任、加重其责任、排除对方主要权利的，该条款无效”中主要规定了免责的效力，而对一般性格式条款的效力未作出具体规定。在格式条款中，除了免责条款，某些“显失公平”和“不合理”的条款也会侵权消费者的权利。我国《消费者权益保护法》第二十四条“经营者不得以格式合同、通知、声明、店堂告示等方式作出对消费者不公平、不合理的规定，或者减轻、免除其损害消费者合法权益应当承担的民事责任。格式合同、通知、声明、店堂告示等含有目前款所列内容的，其内容无效”的规定，也是主要规定格式条款的效力问题。

5. 电子签名的法律制度

（1）电子签名的定义

电子签名是一个将交易者身份与其电子记录联系起来的技术性问题，同时又是一个全新的法律问题。我国《电子签名法》第二条界定的电子签名的概念为：“本法所称电子签名，是指数据电文中以电子形式所含、所附用于识别签名人认可其中内容的数据。”我国的这一立法定义使用了“功能等同”的立法技术，从签名的形式和功能的角度进行规定，对实现技术不作任何规定。

（2）电子签名的效力范围

电子签名的法律功能可概括为三个方面：

- 鉴定签名者的身份；
- 表明签名者对电子数据内容的认可；
- 确保原始文件的完整性和真实性。

由于某些交易的特殊性和复杂性以及技术的原因，各国的立法体制对电子签名的承认或接受的程度和范围都做了一定的限定。我国《电子签名法》以概括式的授权与列举式的排除相结合的方式对适用范围作了明确规定。

首先，根据《电子签名法》第三条第三款的规定，电子签名、数据电文不适用于下列文书：①涉及婚姻、收养、继承等人身关系的；②涉及土地、房屋等不动产权益转让的；③涉及停止供水、供热、供气、供电等公用事业服务的；④法律、行政法规规定的不适用电子文书的其他情形。这些被排除的情形是法定的，不能由交易者任意更改。不过它并不是一成不变的，有权机关可根据情况的变化予以调整。随着科技和电子贸易方式的发展和普及，这种限制会逐渐减小，但这将是一个循序渐进的过程。

其次，当事人意思自治。《电子签名法》第三条第二款规定：“民事活动中的合同或者其他文件等文书，当事人可以约定使用或者不使用电子签名、数据电文。”第三款接着规定：“当事人约定使用电子签名、数据电文的文书，不得仅因为其采用电子签名、数据电文的形式而否定其法律效力。”由此可见，当事人有选择使用电子签名的权利，也可以选择拒绝使用电子签名；当事人选择使用电子签名的，该选择和电子签名均具有法律效力。同时考虑到在经济、社会等方面的行政管理活动中使用数据电文、电子签名的特殊情况，《电子签名法》第三十五条规定：“国务院或者国务院规定的部门可以依据本法制定政务活动和其他社会活动中使用电子签名、数据电文的具体办法。”这就是说，除了民商事领域外，电子签名完全可以适用于电子政务和电子医务等其他领域，只是有关具体的电子签名法规则，有待国务院或者有关部门进一步制定和明确。这就为今后电子签名的应用留下了广阔空间。

6. 电子认证的法律制度

（1）电子认证（electronic authentication）的概念

电子认证是以核心电子书（又称数字证书）为核心技术的加密技术，它以 PKI 技术为基础，对网络上传输的信息进行加密、解密、数字签名和数字验证。电子认证是电子政务和电子商务中的核心环节，可以确保网上传递信息的保密性、完整性和不可否认性，确保网络应用的安全。

电子认证指的是一个国家承认的第三方的数字签名认证机构通过给从事交易活动的各方主体颁发数字证书、提供证书验证服务等手段来保证交易过程中各方主体电子签名的真实性和可靠性。电子认证是一种信用服务。

（2）电子认证机构的设立与管理

电子认证机构的主要功能是接受注册请求、处理和批准请求以及颁发和管理数字证书；保管公共密钥，应有关当事人的申请进行身份认证。我国的《电子认证服务管理办法》规定“电子认证服务机构应当保证提供下列服务：①制作、签发、管理电子签名认证证书；②确认签发的电子签名认证证书的真实性；③提供电子签名认证证书目录信息查询服务；④提供电子签名认证证书状态信息查询服务。”

关于电子认证机构的设立条件，各国都有关于资金、技术设备、专业人员等的具体要求。我国的《电子签名法》第十七条规定，“提供电子认证服务，应具备下列条件：①具有与提供电子认证服务相适应的专业技术人员和管理人员；②具有与提供电子认证服务相适应的资金和经营场所；③具有符合国家安全标准的技术和设备；④具有国家密码管理机构同意使用密码的证明文件；⑤法律、行政法规规定的其他条件。”由于电子签名法的上述规定过于笼统，实践中缺乏可操作性，于是我国的《电子认证服务管理办法》在电子认证服务机构的设立条件上作了更具体的规定。其第五条规定“电子认证服务机构，应当具备下列条件：①具有独立的企业法人资格；②从事电子认证服务的专业技术人员、运营管理人员、安全管理人员和客户服务人员不少于三十名；③注册资金不低于人民币三千万元；④具有固定的经营场所和满足电子认证服务要求的物理环境；⑤具有符合国家有关安全标准的技术和设备；⑥具有国家密码管理机构同意使用密码的证明文件；⑦法律、行政法规规定的其他条件”。

在电子认证机构的管理方面，各国各有其模式，总体来说，可分为以下几种类别。第一种是行业自律型。第二种是政府监管和市场培育相结合型。第三种是政府集中型管理。我国目前对于认证机构的管理就采用了第三种模式。这在相关的法规上都得到了体现，是符合我国目前的电子商务和信息化发展环境的。

（3）电子认证机构的权利与义务

1）电子认证服务机构的权利

第一，要求证书用户提供真实信息的权利。证书用户在申请以及申请更新、撤销证书时，认证机构都有权利要求用户提供相关的真实信息。

第二，撤销其签发的认证证书的权利。《电子认证服务管理办法》第二十九条规定，“有下列情况之一的，电子认证服务机构可以撤销其签发的电子签名认证证书：①证书持有人申请撤销证书；②证书持有人提供的信息不真实；③证书持有人没有履行双方合同规定的义务；④证书的安全性不能得到保证；⑤法律、行政法规规定的其他情况。”

第三，求偿权。即在由于证书持有人的过失给自己造成损失的情况下，认证机构有权要求其赔偿损失。《中华人民共和国电子签名法》第二十七条规定："电子签名人知悉电子签名制作数据已经失密或者可能已经失密未及时告知有关各方，并终止使用电子签名制作数据，未向电子认证服务提供真实、完整和准备的信息，或者有其他过错，给电子签名依赖方、电子认证服务者造成损失的，承担赔偿责任。"

2）电子认证服务机构的义务

第一，证书管理义务。认证机构的职责就是制作、颁发和管理认证证书，所以它就有相应的义务。《电子签名法》第二十二条规定："电子认证服务提供者应当保证电子签名认证证书内容在有效期内完整、准确，并保证电子签名依赖方能够证实或者了解电子签名认证证书所载内容及其他相关事项。"第二十四条规定："电子认证服务提供者应当妥善保存与认证相关的信息，信息保存期至少为电子签名认证证书失效后五年。"《电子认证服务管理办法》第十八条也规定了电子认证服务机构应当履行下列义务：①保证电子签名认证证书内容在有效期内完整、准确；②保证电子签名依赖方能够证实或者了解电子签名认证证书所载内容及其他相关事项；③妥善保存与电子认证服务相关的信息。

第二，保密义务。除国家检察机关、公安机关以及其他国家机关依照法律规定依法查询、扣押外，认证机构不得将认证业务中获得的认证申请人以及其他人的相关信息泄露给其他任何机关、团体和个人，包括证书申请人向认证机构纰漏的信用信息以及用户委托机构保管的密钥。《电子认证服务管理办法》第二十条规定，"电子认证服务机构应当遵守国家的机密规定，建立完善的保密制度。电子认证服务机构对电子签名人和电子签名依赖方的资料，有保密的义务。"

第三，告知义务。认证机构负有善意告知义务，包括两种情况。一种是对证书申请人的告知义务，指在受理证书申请前，认证机构应向证书申请人告知相关信息。《电子认证服务管理办法》第二十一条规定，"电子认证服务机构在受理电子签名认证证书申请前，应当向申请人告知下列事项：①电子签名认证证书和电子签名的使用条件；②服务收费的项目和标准；③保存和使用证书持有人信息的权限和责任；④电子认证服务机构的责任范围；⑤证书持有人的责任范围；⑥其他要事先告知的事项。"另一种是对证书信赖人的告知义务。认证机构要以适当方式向证书信赖人表明其身份，说明证书的有关信息。

（4）电子认证机构的法律责任

确认认证机构在认证服务关系中的责任，是有关电子商务立法的关键性问题，也是争论的焦点。认证机构的责任限度，实际上是交易风险的具体分配问题。总体来说，电子认证机构承担的法律责任主要表现为以下几种。

1）民事责任

我国《电子签名法》第二十八条规定："电子签名人或者电子签名依赖方因依据电子认证服务提供者提供的电子签名认证服务从事民事活动遭受损失，提供者不能证明自己无过错的，承担赔偿责任。"这里规定了较为严格的过错推定责任认定制度，要求认证人"证明自己无过错"方可解脱责任，如果不能证明自己没过错就必须承担责任。法规规定电子认证机构的"过错推定责任"是因电子认证机构就技术和过程掌控能力而言，在认证关系的三者中处于优势地位，严格责任目的是要求认证服务机构能尽最大的注意义务，这对保护电子签名人和电子签名依赖方的利益有重大意义。

2）行政责任

电子认证机构承担的行政责任主要体现在两方面。一是未经许可提供电子认证服务的责任。《电子签名法》第二十九条规定："未经许可提供电子认证服务的，由国务院信息产业主管部门责令停止违法行为；有违法所得的，没收违法所得；违法所得三十万元以上的，处违法所得一倍以上三倍以下的罚款；没有违法所得或者违法所得不足三十万的，处十万元以上三十万元以下的罚款。"二是电子认证服务提供者未在暂停或者终止服务前向国务院信息产业主管部门报告的责任。《电子签名法》第三十条规定："电子认证服务提供者暂停或者终止电子认证服务，未在暂停或者终止服务六十日前向国务院信息产业主管部门报告的，由国务院信息产业主管部门对其直接负责的主管人员处一万元以上五万元以下的罚款。"

3）刑事责任

《电子签名法》第三十一条规定："电子认证服务提供者不遵守认证业务规则、未妥善保存与认证相关的信息，或者有其他违法行为的，由国务院信息产业主管部门责令限期改正；逾期未改正的，吊销电子认证许可证书，其直接负责的主管人员和其他直接责任人员十年内不得从事电子认证服务。吊销电子认证许可证书的，应当予以公告并通知工商行政管理部门。"第三十二条规定："伪造、冒用、盗用他人的电子签名，构成犯罪的，依法追究刑事责任；给他人造成损失的，依法承担民事责任。"第三十三条规定："依照本法负责电子认证服务业监督管理工作的部门的工作人员，不依法履行行政许可、监督管理职责的，依法给予行政处分；构成犯罪的，依法追究刑事责任。"

7. 电子支付的法律制度

（1）电子支付的法律关系

电子支付的法律关系是电子支付法律所调整的电子支付当事人之间的权利义务关系。

（2）电子支付现存的主要法律问题

伴随着网络经济以及电子支付的发展，电子货币应运而生。电子货币的产生和发展，给各个国家的金融机构和法律执行机构提出了一系列问题和挑战，引起实业界和学术界广泛的研究和讨论。这些问题集中在以下方面。

首先，电子货币的法律性质问题。有观点认为，电子货币具备传统货币应有的基本职能，能够成为电子商务活动的价值尺度、交换媒介和储藏手段，它与传统货币没有本质的区别。但是，从货币目前的全球使用情况来看，电子货币虽然具有交易中介功能，但是其作用还不充分。电子货币与传统货币之间还不能进行完全自由的交换。而且电子货币本身不构成独立的记账单位，没有独立的信用，不是最终的清偿手段。同时电子货币也不是各国法律明确规定的法定货币，如我国《人民币管理条例》第三条规定："中华人民共和国的法定货币是人民币，以人民币支付中华人民共和国境内的一切公共的和私人的债务，任何单位和私人不得拒收。"只有法定货币才是真正的货币，所以电子货币只是以既有货币为基础的电子化衍生物，不是一种完全独立的通货。

其次，电子货币的发行问题。在发行主体上，各国尚无统一的解决方案。欧盟将电子货币的发行权赋予了信用机构，同时对电子货币机构进行审慎监管，限定电子货币机构的业务范围只能涉及电子货币发行业务与发行以外的其他业务两大类。在美国和英国，对电子货币的发行主体是否应加以严格监管和限制，会损伤民间机构的技术开发和创新精神。因此目前他们也没有将电子货币的发行主体限定于金融机构。而在我国，《中国人民银行法》第十九条规定："任何单位和个人不得印刷、发售代币票券，以代替人民币在市场上流通。"这说明只有中国人民银行或者经人民银行批准的金融机构才有权发行电子货币。但是从技术上讲，具备一定技术条件的商家都可以发行电子货币。在发行管理上，由于电子商务是无国界的，所以电子货币还会存在税收、法律、外汇汇率、货币供应、金融危机等方面大量的潜在问题，因此严格发行管理是必须的。第一，要向所有电子货币发行人提出储备要求和充足资本要求。第二，要建立电子货币系统统计和信息披露制度、现场和非现场检查制度及信息安全审核制度等。第三，要建立安全保证体系。

最后，电子货币的监管问题。目前欧美国家主要采用两种方式解决电子货币系统的监管问题。一种是在中央政府有关部门，如央行或者财政部货币总署建立一个有关电子货币的专门小组。另一种是利用现有的监管机构，根据电子货币的发展状况，修改不适用于网络经济时代的旧规则，制定一些信德规则和标准。总的来看，第二种的监管模式是主流。监管当局以原有的监管机构为主，适时地将监管重点转移到对电子货币发行主体资格的认定、电子货币流通过程中安全支付标准的审查和监督、电子货币流通规则的制定、电子货币系统风险的控制和消费者保护等方面上来，同时还要注意对利用电子货币进行洗钱的防范。

8. 网上银行的法律问题

网上银行是在互联网时代金融电子化与信息化建设的最新内容，是一个新生的事物，所以它也面临一系列新的法律问题。

首先是网上银行的市场准入问题。各国基本上都建立了网上银行的市场准入制度，一般是从现有银行从事网上银行业务和设立网上银行机构来对网上银行进行市场准入管理的。我国《中国人民银行法》规定，银行和非银行金融机构的设立、变更、终止以及业务范围都必须经过中国人民银行的审批。2006 年 3 月 1 日，中国银行业监管管理委员会颁布的《电子银行业务管理办法》正式实施，它对我国网上银行的市场准入作了明确规定。该法第九条规定，“金融机构开办电子银行业务，应当具备下列条件：①金融机构的经营活动正常，建立了较为完整的风险管理体系和内部控制制度，在申请开办电子银行业务的前一年内，金融机构的主要信息管理系统和业务处理系统没有发生过重大事故；②制定了电子银行业务的总体发展战略、发展规划的电子银行安全策略，建立了电子银行业务风险管理的组织体系和制度体系；③按照电子银行业务发展规划和安全策略，建立了电子银行业务运营的基础设施和系统，并对相关设施和系统进行了必要的安全监测和业务测试；④对电子银行业务风险管理情况和业务运营设施与系统等，进行了符合监管要求的安全评估；⑤建立了明确的电子银行业务管理部门，配备了合格的管理人员和技术人员；⑥中国银监会要求的其他条件。”第十条规定，“金融机构开办以互联网为媒介的网上银行业务、手机银行业务等电子银行业务，除具备第九条所列条件以外，还应具备以下条件：①电子银行基础实施、设备能够保障电子银行的正常运行；②电子银行具备必要的业务处理能力，能够满足客户实施业务处理的需要；③建立了有效的外部攻击侦测机制；④中资银行业金融机构的电子银行业务经营系统和业务处理服务器设置在中华人民共和国境内；⑤外资金融机构的电子银行业务运营系统和业务处理服务器可以设置在中华人民共和国境内或境外。设置在境外时，应在中华人民共和国境内设置可以记录和保存业务交易数据的设施设备，能够满足今日安管部门现场检查的要求，在出现法律纠纷时，能够满足中国司法机构调查取证的要求。”第十一条规定：“外资金融机构开办电子银行业务，应具备第九条、第十条所列条件外，还应当按照法律、行政法规的有关规定，在中华人民共和国境内设有营业性机构，其所在国家（地区）监管当局具备对电子银行业务进行监管的法律框架和监管能力。”

其次，网上银行的风险防范问题。网上银行的发展导致货币电子化、用户机构虚拟化、银行业务全球化、金融产品个性化，这决定了网上银行将面临着更大的风险。我国的《电子银行业务管理办法》第三十一条规定："金融机构应当将电子银行业务风险管理纳入本机构风险管理的总体框架之中，并根据电子银行业务的经营特点，建立健全电子银行风险管理体系和电子银行安全、稳健运营的内部控制体系。"第三十二条规定："金融机构的电子银行风险管理体系和内部控制体系应当具有清晰的管理架构、完善的规章制度和严格的内部授权控制机制，能够对电子银行业务面临的战略风险、运营风险、法律风险、声誉风险、信用风险、市场风险等实施有效的识别、评估、监测和控制。"同时，依照该法，金融机构应定期对网上银行业务发展和管理情况进行自我评估，并每年编制《网上银行年度评估报告》。该法第三十四条规定："金融机构的董事会和高级管理层应根据本机构的总体发展战略和实际经营情况，制定电子银行发展战略和可行的经营投资战略，对电子银行的经营进行持续性的综合效益分析，科学机构应当针对电子银行不同系统、风险设施、信息和其他资源的重要性及其对电子银行安全的影响进行评估分类，制定适当的安全策略，建立健全风险控制程序和安全操作规程，采取相应的安全管理措施。对各类安全控制措施应定期检查、测试，并根据实际情况适时调整，保证安全措施的持续有效和及时更新。"我国《电子银行业务管理办法》的第三章就专门针对系统和非系统的风险作了明确细致的防范措施和监管方面的规定，这对网上银行健康有序地发展起到了一定的推动作用。

9. 网络知识产权的法律制度

电子商务是一种以网络科技为依托的商务形式，这种新型的商务形式在给人们带来各种便利的同时，也给原有的知识产权体系提出了严峻的挑战。在网络环境下知识产权主要包括网络商业机密、网络著作权和网络域名等方面。此处主要介绍网络商业秘密。

（1）商业秘密的定义

根据我国《反不正当竞争法》第十条规定："商业机密是指不为公众所知悉，能为权利人带来经济利益，具有实用性并经权利人采取措施的技术信息和经营信息。"商业秘密涉及范围十分广泛，就学理而言，商业秘密可以分为四种：技术秘密、交易秘密、经营秘密和管理秘密。当然其他方面信息符合商业秘密本质特征的，也应当受到法律保护。在网络环境下，商业秘密主要包括：配方、客户名单、数据库、计算机文本文件、产品的设计图纸、生产流程、经营计划、核算方法等。

（2）网络商业秘密法律保护现状

我国于1994年颁布了《计算机信息系统安全保护条例》，1997年颁布了《计算机信息网络国际联网安全保护管理办法》，1998年发布了《金融机构计算机信息系统安全保护工作暂行规定》，我国在网络信息安全保护方面的力度越来越强，但整体还不够完善，互相衔接也不够紧密。主要表现在以下几个方面：①在民事法律保护方面，《民法通则》是针对民事侵权的普遍性、概括性的规定，缺乏侵犯商业秘密的行为标准，难以界定行为性质、侵权程度，可操作性差；②在刑事法律保护方面，我国在1997年颁布的新的《中华人民共和国刑法》中，增加了侵犯商业秘密罪，但是其对犯罪构成特征的规定只是加大了对经营者的分歧进而造成量刑的差异；③在反不正当竞争法保护方面，我国颁布的《反不正当竞争法》第十条规定，"经营者不得采用下列手段侵犯商业秘密：以盗窃、利诱、胁迫或者其他不正当手段获取权利人的商业秘密；披露、使用或者允许他人使用前项手段获取权利人的商业秘密；违反约定或者违反权利人有关保守商业秘密的要求，披露、使用或者允许他人使用其所掌握的商业秘密。”第三人明知或者应知前款所列违法行为，获取、使用或者披露他人的商业秘密，视为侵权商业秘密。这说明我国颁布了《反不正当竞争法》及配套法规，对于各种环境下侵权商业秘密的行为的表现形式可以归入法律规定范围之内的网络不正当竞争行为，可以扩展使用，但它并未对民事赔偿责任的认定进行详细规定，也未对应以何种方式承担民事责任作出规定。同时《反不正当竞争法》主要是针对其他经营者行为，对企业内部员工的泄露、窃密行为则未加规定。

3）网络商业秘密保护策略

由于商业秘密的形式要件在网络环境下发生了巨大的改变，虽然就实体法而言，《中华人民共和国反不正当竞争法》以及《关于禁止侵犯商业秘密行为的若干规定》甚至《刑法》都对侵犯商业秘密的行为所负法律责任有较为详尽的规定，但客观地讲，我国对网络商业秘密的重视程度尚处于萌发与发展阶段，企业对极为重要的该类情报也没有从战略的角度予以衡量，所以在技术投入和制度保障上都有点距离。但是如果采取的保密措施不力，就有可能造成信息的失窃，给权利人造成不可估量的损失，所以对网络商业秘密的保护就显得相当重要。对商业秘密的保护主要从法律、技术、行政管理等方面予以落实。我国对商业秘密的保护与《贸易有关的知识产权协议》的要求和国际趋势还是有差距的。因此，为了更好地保护商业秘密权利人的合法权益，维护社会市场经济秩序，对现行法律进行适当的调整和制定《商业秘密保护法》势在必行。在技术方面，对商业秘密信息的存储、传送等需要采取一些相应的隐藏手段和接触秘密的权限控制的安全技术处理。行政管理策略主要指采用内部规章、员工培训、签订保密协议等方式进行。

10. 网络著作权的保护

（1）网络著作权的基本概念

《著作权法》第十条规定，“著作权主要包括下列人身权和财产权：①发表权，即决定作品是否公之于众的权利；②署名权，即表明作者身份，在作品上署名的权利；③修改权，即修改或者授权他人修改作品的权利；④保护作品完整权，即保护作品不受歪曲、篡改的权利；⑤复制权，即以印刷、复印、拓印、录音、录像、翻录、翻拍等方式将作品制作一份或者多份的权利；⑥发行权，即以出售或者赠予方式向公众提供作品的原件或者复制件的权利；⑦出租权，即有偿许可他人临时使用电影作品和以类似摄制电影的方法创作的作品、计算机软件的权利，计算机软件不是出租的主要标的的除外；⑧展览权，即公开陈列美术作品、摄影作品的原件或者复制件的权利；⑨表演权，即公开表演作品，以及用各种手段公开播送作品表演的权利；⑩放映权，即通过放映机、幻灯机等技术设备公开在线美术、摄影、电影和以类似摄制电影的方法创作作品等的权利；⑪广播权，即以无线方式公开广播或者传播作品，以有线传播或者转播的方式向公众传播作品的权利；⑫信息网络传播权，即以有线或者无线方式向公众提供作品，使公众可以在其个人选定的时间和地点获得作品的权利；⑬摄制权，即以摄制电影或者类似摄制电影的方法将作品固定在载体上的权利；⑭改编权，即改变作品，创作出具有独创性的新作品的权利；⑮翻译权，即将作品从一种语言文字转换成另一种语言文字的权利；⑯汇编权，即将作品或者作品的片段通过选择或者编排，汇集成新作品的权利；⑰应当由著作权人享有的其他权利。”

总之，著作权是基于特定作品的人格权以及全面支配该作品并享有其利益的财产权的合称。网络著作权是指著作权人受著作权法保护的作品在网络环境下所享有的著作权的权利。

（2）网络著作权的侵权行为类型

按照著作权法的规定，凡未经著作权人许可，又不符合法律规定的条件，擅自利用受著作权法保护的作品的行为，即为侵犯著作权的行为。一般来说，司法实践遇到的网络著作权的侵权行为主要有三种类型：一是传统媒体与网络站点间相互抄袭、未经许可使用、拒付报酬等行为；二是网络站点间相互发生抄袭、未经许可使用、拒付报酬等行为；三是网络使用者与著作权之间发生抄袭、未经许可使用、拒付报酬等行为。

（3）网络著作权侵权行为的认定

侵权行为的认定标准即通常所说的构成要件，指构成具体侵权行为的各种作为必要条件的因素。行为人的某一行为只有具备了法律规定的相关要件，才构成侵权行为。反之，缺乏任何一个构成要件则不构成侵权行为。

网络著作权侵权的构成要件包括以下四个方面。

第一，须有侵犯网络著作权的不法行为。

第二，损害事实是侵权责任的必备构成条件。

第三，行为人须有主观上的过错。

第四，行为人的行为与损害事实之间有因果关系。

11. 网络域名权的保护

（1）域名的概念及法律特征

域名（Domain Name）是互联网识别和定位计算机的层次结构式的字符标识，如 www.abcde.com.cn等，与该计算机的互联网协议（IP）地址相对应。从法律角度来讲，域名是指域名所有人拥有的用于计算机定位和身份识别的网络地址。

域名主要具有以下法律特征：①唯一性。域名的唯一性是绝对的、全球性的，这是由网络全球性和网络 IP 地址分配的技术性特征所决定的。根据世界上达成的 TCP/IP 的规定，互联网上的每台计算机都有一个全球性唯一的统一格式的地址，即 IP 地址，每个 IP 地址对应的域名也是全球唯一的。②排他性。域名的排他性是唯一性的延伸，一个域名只能注册一次。“先申请先注册”的域名注册原则保证了域名全球范围内的排他性。③标识性。域名系统是为了标记和区分互联网上不同的用户计算机而建立的，具有明显的标识性特征。域名的标识性是由它的唯一性所保障的，是全球性的。

（2）域名权的法律保护

迄今为止，我国针对域名问题先后出台了《中国互联网网络域名注册暂行管理办法》《中国互联网络域名注册实施细则》《关于审理因域名注册、使用而引起的知识产权民事纠纷案件的若干指导意见》（北京市高院）、《中国互联网络域名争议解决办法》《最高人民法院关于审理涉及计算机网络域名民事纠纷案件适用法律若干问题的解释》《中国互联网络信息中心域名争议解决办法》等规范性文件。其中 2001 年 6 月 26 日，最高人民法院颁布的《关于审理涉及计算机网络域名民事纠纷案件适用法律若干问题的解释》，对域名纠纷案件的案由、受理条件和管辖，域名注册、使用等行为构成侵权的条件，对行为人恶意以及对案件中商标驰名事实的认定等，都做出了规定。

在网络上，域名是商业竞争和网络营销中重要的策略性资源，也是一种有限的资源，域名是企业无形资产的一部分。对域名的法律保护便是对域名所有人的法律保护，即企业无形资产的保护。我国对域名的法律保护通过以下方式来实现。

一是民法保护。我国《民法通则》第五条规定："公民、法人的合法的民事权利受法律保护，任何组织和个人不得侵权。"即域名作为无形财产或智力成果，只要是合法取得且未侵犯他人的在先权利即受法律保护。具体地说，域名所有权人对其拥有的域名可依法进行持有、建立并经营相关网站或网页、获取经济利益、放弃、闲置、捐赠、转让、许可、合作等活动。任何非法干预都应承担相应的民事责任，权利人有权获得行政、司法救济。

二是知识产权法的保护。首先，域名作为一类新兴的知识产权具有知识产权性，适用知识产权法的一般原则。域名是一种专有权，权利人垄断这种权利并受法律保护；权利以外的第三人不得侵犯这种权利，未经权利人同意，不得享有或使用该项权利；权利人对这种权利可以自己行使，也可转让他人行使，并从中收取报酬；域名权在法定期限内发生效力，它以注册而产生，以续展（按期办理继续注册的手续，并缴纳相关费用）而延续，以不续展而消灭（任何其他个人或组织均可依"先到先有"原则享有之）。

三是在先权利人的法律保护。在先权利人是指在某一个域名注册生效日期前已对该域名之间的识别部分享有法定权利的自然人、法人或其他组织。其中，域名与商标因其共同的识别性而引发了大量的法律冲突，覆盖范围涉及众多著名厂商及驰名商标。在司法实践中，法官往往依据《民法》《商标法》《不正当竞争法》及相关专门法而将天平倾向在先权利人。并且规定了以相同或近似的他人注册商标名称做网域名称，并在网站促销与他人同一类或类似商品的，构成商标侵权；以相同或近似的他人注册商标做网域名称，并在网络促销，但商品与他人商标商品并非为同类的，不构成商标侵权；以相同或近似的他人注册商标做网域名称，就网域名称的独创性、知名度、商品的关联程度等考虑，商标有误导公众之虞，网站所有人得以申请商标注册无效。同时，在先权利人往往具有强大的政经优势，对有关域名政策与法律的制定具有巨大的游说力量。从目前的司法与仲裁案例分析，驰名商标基本获得了有效的保护。域名交易主要受《合同法》的调整，尽管《合同法》分则部分未具体规定域名交易，但其总则部分的内容仍适用。同时，还可参照《商标法》中有关商标转让和使用许可的内容。

（3）域名权的法律保护设想

首先，在立法上，目前我国还没有法律机制解决域名纠纷，虽然有规范性文件，但远远不能适应网络的飞速发展。我国制定了《域名注册暂行管理办法》《域名注册实施细则》《域名争议解决办法》和《中文域名争议解决办法》作为我国域名管理制度。但是，这些规定都不能作为法院宣判的依据，我国并没有一部像美国《反域名抢注消费者保护法》一样专门针对域名的法律，而且在《反不正当竞争法》《商标法》等相关法律中也没有对域名产生的问题作出明确规定。在目前我国还不具备充分的条件制定《域名法》，但可以通过完善、扩大解释、修改《商标法》《反不正当竞争法》，考虑适用《民法通则》等来弥补现有法律的不足。在现阶段，有些域名相关行为违反了《商标法》的规定可适用《商标法》，有些行为违反了《反不正当竞争法》的规定就可以适用《反不正当竞争法》，如果相关法律均无相关规定可以考虑适用《民事通则》中的基本原则。扩大《商标法》第三十八条第四款的司法解释，在《商标法实施细则》第四十一条中新增一款"先将他人注册的驰名商标在国际互联网上申请为域名的"明确列入侵犯注册商标专用权的禁止性规定中，这样便有法可依。如果利用互联网从事有损于厂商名称、持有人商业声誉的不当行为便违反了《反不正当竞争法》。将《反不正当竞争法》第十四条"经营者不得捏造、散布虚伪事实，损害竞争对手的商业信誉、商品声誉，"修改为"经营者不得通过各种手段和渠道捏造、散布虚伪事实，损害竞争对手的商业信誉、商品声誉"。这样就包括了通过网络手段进行的不正当竞争，如果实践中出现这类问题就不再无法可依。再例如，《民法通则》第五十八条规定了七种民事行为无效，如（七）“以合法形式掩盖非法目的”，适用《中国互联网络注册暂行管理办法》第二十四条规定的域名不得转让或者买卖，故以转让为主要动机注册域名是非法的。无效的民事行为，从行为开始就没有法律约束力。在现实中如果出现行为人为了获取暴利注册域名，而不是以正当使用为注册动机，就有了法律依据。这样扩大解释和修改这些法律后，实践中遇到类似的问题便可以依照相关法律解决，不再无法可依，可以弥补我国现行法律的不足和空白，在目前来说有意义。

其次，理论上，域名问题已经引起了国际国内的普遍关注，我国理论界也进行了许多探索。综合各种声音，笔者认为应该注意以下两点。

一是应该保护善意域名所有权人的权利。《中国互联网络信息中心域名争议解决办法》第九条规定，“被投诉的域名持有人具有下列情形之一的，其行为构成恶意注册或者使用域名：①注册或者受让域名是为了出售、出租或者以其他方式转让该域名，以获取不正当利益；②多次将他人享有合法权益的名称或者标志注册为自己的域名，以阻止他人以域名的形式在互联网上使用其享有合法权益的名称或者标志；③注册或者受让域名是为了损害投诉人的声誉，破坏投诉人的正常业务活动，或者混淆与投诉人之间的区别，误导公众；④其他恶意的情形。但若行为人主观上并没有恶意商标权，而是偶尔出现与他人商标、商号或企业名称巧合，这种行为不能认为是侵权。”在这里，善意是指行为人不知情，只适用于普通商标，不适用于驰名商标。只要是产生对驰名商标的混淆就是侵权，这体现了对驰名商标的特殊保护。如果域名所有人应知或知道驰名商标而注册为域名的构成侵权而非善意。目前我们往往侧重于保护商标权人而忽视了保护善意域名所有人。所以在保护商标权的基础上也要注重防止商标权人“挟商标以令域名”造成“反向域名侵夺”。反向域名侵夺（Reverse Domain Name Hijacking），是 ICANN 于 1999 年制定的《统一域名争议解决办法实施规则》中首次正式使用的概念，指的是“恶意利用”ICANN 的域名争议解决办法，意在剥夺域名持有人所持有的注册域名的做法。CNNIC 于 2000 年 11 月 1 日颁布的《中文域名争议解决办法（试行）条例》也有相同规定，第十条规定，“商标权人恶意利用中文域名争议解决程序，意在剥夺正当的域名持有人所持有的域名的情形属于“反向域名侵夺”，包括但不限于以下几种：①被争议域名的注册及使用没有恶意，也没有给商标或其权利人带来不利影响，或者这种影响属于正常商业竞争的；②投诉人在被投诉的域名注册之前已经注册了完全不同的其他域名，又未提供足以使争议解决机构确信的证据，证明其当初未注册该域名有适当理由的；③被争议域名注册时，请求保护的商标尚未在中国注册，也没有被有关机关机构认定为驰名商标的。”《中国互联网络信息中心域名争议解决办法》于 2002 年 9 月 30 日起施行，原《中文域名争议解决办法（试行）》同时废止，相关的反向域名侵夺的规定也做了调整。

二是要特别注重保护驰名域名。驰名域名就是指在一国范围内享有很高声誉，并为广大网民所熟知。毫无疑问，这些域名具有很高的声誉和极大知名度，包含了极大的商业价值。因此，驰名域名持有人除享有普通域名持有人享有的民事权益外，还享有防止非经授权擅自使用与域名相同、相似的标识作为商业标识的禁止权，即对假冒、混淆行为的禁止权。我们应该平衡域名权利人和商标权人之间的权利，顾此失彼不符合法律的公平原则。既然对驰名商标给予了特别保护，那么也应该特别保护驰名域名。

12. 电子商务市场规制

（1）电子商务税收法律问题

电子商务的发展使得大量的商品和服务的贸易活动在网络上进行，对国家的税收制度、政策和跨国税收等都产生了深刻的影响。电子商务技术的发展，既给各国税收体制和管理模式带来新的机遇，同时又提出新的挑战。

（2）电子商务对税收实体法的影响

1）纳税主体

传统的商务活动一般以实际的物理存在为基础（如自然人住所地或居住地、法人注册成立地或管理控制中心所在地等），因此纳税人的身份比较容易确定。而在互联网上进行交易，双方可以隐匿自己的身份、地址，涉及商品交易的手续包括合同单证等，都是以虚拟的方式出现。这就造成税务机关无从判定纳税主体，传统的税源控制方法难以奏效。

2）征收客体

征收客体，是指对什么征税。征收客体是征税的依据，也是一种税区别于另一种税的主要标志。由于电子商务的数字化、无形化改变了产品的原有存在形式，使得课税对象的性质变得模糊不清，原来一些以有形货物方式提供的商品变成以数字方式提供，从而使得有形商品、服务和特许使用权的界限变得模糊，以致征收对象的性质难以确定。

3）纳税地点

纳税地点是纳税人依据税法规定向征税机关申报纳税的具体地点，明确纳税地点对于纳税人正确有效地履行纳税义务，确保国家有效地取得财政收入，实现宏观调控的经济政策及保障社会公平，都很重要。现行税法对纳税地点是以领土原则和有形原则为本，每个税种都有规定的纳税地点。而电子商务的虚拟化和无形化，无法确定货物或服务的提供地，也无法确定货物和服务的消费地，常设机构的概念变得模糊，从而无法正确实施税收管辖权，使得传统的纳税地点变得难以确定，势必导致偷漏税及重复征税行为的发生。

（3）电子商务对税收程序的影响

1）税务登记管理环节

依据我国《税收管理法》的规定，从事生产、经营的纳税人必须在法定期限内依法办理税务登记。税务登记是税收管理的首要环节，是征纳双方法律关系成立的依据和证明。由于网上交易的无纸化和虚拟性，交易双方的身份难以确定，因此税务部门对电子商务的监控等于一张白纸，为了追求利润最大化，纳税主体只从事经营而不进行税务登记的事情极易发生。由于无法了解纳税人的生产经营状况，税务机关极易造成漏管漏征，造成税源失控，税收收入大量流失。

2）账簿凭证管理环节

传统的税收征管是建立在各种票证和账簿基础之上的，税务机关通过对其有效性、真实性、合法性等的审核，达到管理和稽查目的。而电子商务交易只能用电子货币或电子票据来支付和结算，货币、票证与账簿的电子化、无形化，加大了税务机关对交易内容和形式的难辨程度使得对电子商务的贸易征税因为税基难以确认而无法实现；另外，电子商务中的账簿和凭证是以数字信息存在的，具有随时被修改而不留痕迹的可能，再加上信息资料的多重密码保护，税务机关对其很难监控。

3）申报征收管理环节

电子商务的快捷性、直接性、隐匿性、保密性等使税务机关对税源扣缴的监管管理手段失灵，因此也造成纳税义务人不遵从税法产生随意性。在电子商务下，广大网民都是潜在的纳税人或扣缴义务人，因此纳税人和扣缴义务人的准确认定变得非常困难，纳税申报无疑会受到影响。

4）税收稽查管理环节

首先，电子商务的各种报表和凭证都是以电子凭证的形式出现和传递的，而且可以轻易修改、删除且不留痕迹和线索，无原始凭证可言，这使得传统的税收管理和稽查失去了直接的凭证和信息，变得很被动。随着计算机加密技术的发展，纳税人可以用超级密码和用户名双重保护来隐藏有关信息，使税务机关收集资料更加困难。其次，互联网贸易的发展刺激了电子支付系统的完善，联机银行与数字现金的出现，使跨国贸易的成本降至与国内成本相当的水平，一些资深银行纷纷在网上开通“联机银行”业务，将其开设在国际避税地。税务机关不仅难以掌握交易双方的具体情况，而且无法通过对国内银行实施经常性检查来监控货币流量，从而丧失了货币监控能力和对逃税者的威慑力，国际避税问题更加复杂化。

（4）国际上关于电子商务税收研究的状况

鉴于电子商务的新特点，各国政府围绕电子商务要不要征税、如何征税、要不要设立新的税种等问题产生了较大的争议，并由此形成了两种主流观点，即免税制和扩大税制。

美国是电子商务的发源地，也是世界范围内电子商务发展速度最快、影响最大的国家。由于其在全球电子商务中占绝对领先地位，因而对电子商务交易征税十分重视。从 1996 年 11 月美国财政部发表的《全球电子商务选择性的税收政策》（Selected Tax Implication of Global Electronic Commerce），到 1997 年 7 月美国政府公布的《全球电子商务纲要》（A Framework for Global Electronic Commerce ），从克林顿时期美国国会通过的《Internet Tax Freedom》，到布什总统签署的将互联网禁税期延长的法案，美国政府始终对电子商务积极扶持，先后颁布了一系列促进电子商务发展的税收优惠政策。克林顿政府曾大力呼吁把电子商务领域建成免税区。免税的主张遭到了许多国家的反对，比如欧盟主张不能免征增值税。后来美国在 1997 年发表的《全球商业架构》（Framework for Global Electronic Commerce）报告中，对电子商务的征税提出以下原则：①不扭曲或阻碍电子商务的发展；②简易、透明，不增加网络交易的成本或保存记录的负担；③符合美国与国际社会的现行税收制度，不开征新税；④跨国交易的货物和劳务免征关税。上述主张的实质是对电子商务放宽征管。

在对待电子商务税收政策的问题上，欧盟认为不应该把征收增值税和发展电子商务对立起来。1998 年，欧盟提出关于征收“比特税”的提案，即按互联网上网络传输的字节数征税。但这一提案遭到了美国的强烈反对。美国认为，对电子商务征税会挫伤从事电子商务活动的企业和个人的积极性，从而遏制电子商务的飞速发展。欧盟其后对电子商务税收的基本态度是，为了保持税收中性，可以不开征新税，但也不能为电子商务免除现有的税赋，否则将导致不公平竞争。基于这一原则，欧盟逐步推出了过渡性的税收政策、电子商务增值税方案，并自 2002 年起，欧盟各国开始积极推动网络业缴纳营业税。2003 年 7 月起，欧盟又实施了被称为加值税的新规定。

国际经济合作与发展组织（Organization for Economic Cooperation and Development，OECD）包括欧美发达国家和日本等 29 个成员国，早在 1996 年 6 月就着手研究电子商务税收问题。1997 年，OECD 提出了“电子商务税收政策框架条件”的报告，该报告制定了适用于电子商务的税务原则：中立、高效、明确、简便、有效、公平和灵活。1998 年 OECD 在加拿大的渥太华召开部长级会议，讨论电子商务的税收问题。以“电子商务对税收征纳双方的挑战”为题展开研究，并达成共识，主要包括：①任何征税主张，都应坚持中性原则，保证税负公平，不重复征税避免增加成本；②目前尽量使用现行税制，不开征新税，包括“比特税”；③国际合作至关重要；④税收不应妨碍电子商务的发展，但后者也不能因此侵蚀税基和妨碍税收行政。关于电子商务税收，OECD 的基本观点是对电子商务征税，既要防止偷漏税，又要保护电子商务的健康发展，各国在分配税收管辖权时要采取合作、协调的方针，而不是采取针锋相对的态度。

目前多数发展中国家，大多仍采取传统的商业形式，电子商务发展水平不高，处于刚刚起步的阶段，面对电子商务税收问题的挑战，几乎没有提出相应的方针政策，发达国家如 OECD 成员国又很少考虑发展中国家。因此，广大的发展中国家在该领域处于相对被动的地位。但针对电子商务可能带来的，如税款流失、民族工业被挤垮等问题，发展中国家的观点基本一致。

中国相关部门早已在关注电子商务的税务问题，但因为电子商务纳税是个系统工程，所以相关部门当前仍在进行政策和立法上的研究。

2005 年我国出台了《国务院办公厅关于加快我国电子商务发展的若干意见》，其中明确提出要“加快研究制定电子商务税费优惠政策，加强电子商务税费管理”。为贯彻落实该项意见，2006 年，国务院信息化办公室出台了《关于加快电子商务发展工作任务分工的通知》，指出“制定电子商务税费优惠政策，加强电子商务税费管理由财政部、税务总局负责，抓紧有关的研究工作和政策制定工作”“电子商务法律法规建设由法制办组织，国务院信息办、商务部等部门分别负责，根据部门职能，结合电子商务的特点，研究提出对修订和制定相关法律的建议，推动电子商务的立法工作”；另外，一些地方和部门也进行了管理探索。2007 年 3 月 6 日，商务部发布的《关于网上交易的指导意见（暂行）》指出，交易双方应保存网上交易记录，网上交易者应经工商部门和其他有关部门的注册批准等。2007 年 5 月 30 日，北京市十二届人大常委会通过的《北京市信息促进条例》草案中也规定，利用互联网从事经营活动的单位和个人应当依法取得营业执照，并在网站主页面上公开经营主体信息、已取得的相应许可或者备案的证明、服务规则和服务流程等相应信息。

（5）我国电子商务税收问题的立法思路

在电子商务全球性的背景下，电子商务税收立法的方向必将是全球趋同性和构建全球电子商务税收法律框架。但是从目前的经济格局来看，构建全球电子商务框架会导致信息产业发达国家对滞后国家的“经济侵略”。因此，作为发展中国家的我们，抓紧对电子商务税收问题的国内立法：一方面可以从税收的角度来刺激和鼓励电子商务的发展，缩小和信息产业发达国家的差距；另一方面，可以在未来制定全球电子商务税收框架时获得更大的主动权，这对于维护国家的主权和经济利益都具有十分重要的意义。

首先，确立我国电子商务税收立法的基本原则时，应当根据我国的实际情况并参照世界各国的共同做法来进行。具体而言，主要包括以下原则。一是税法公平原则。电子商务作为一种新兴的贸易方式，虽然是一种数字化的商品或服务的贸易，但它并没有改变商品交易的本质，仍然具有商品交易的基本特征。因此，按照税法公平原则的要求，它和传统贸易应该适用相同的税法，担负相同的税收负担。确立税法公平原则的目的在于支持和鼓励商品经营者采取电子商务的方式开展贸易，但并不强制推行这种交易的媒介。同时，确立税法公平原则也就意味着没有必要对电子商务立法开征新的税种。它只是要求对现行的税法进行修改，扩大税法的适用范围和解释，将以数字交易的电子商务纳入到现行税法的内容中去，使之包括对数字交易的征税。二是税法中性原则。与发达国家相比，我国的电子商务起步较晚，发展的速度和规模也有待于进一步提高。因此，保护和鼓励电子商务发展就成为我国目前的一项重要工作。在这种情况下，对电子商务进行税收立法就必须坚持税法的中性原则。按照这一原则的要求，税法的制定或实施不应对电子商务的发展起到延缓或阻碍作用。在制定电子商务税收法律时，应当以交易的本质内容为基础而不考虑交易的具体形式或媒介，以避免税收对经济的扭曲，使纳税人的经营决策取决于市场而不是取决于对税收因素的考虑。同时，按照这一原则的要求，对电子商务的税收立法要贯彻简洁、明确、可预见性、易于操作的原则，以降低税收管理机关的征税成本和从事电子商务的纳税人的纳税成本。三是维护国家税收权利原则。税收是国家主权的重要组成部分，它不但包括国家的税收立法权、执法权和司法权，而且还包含由此权力的确定及行使所带来的税收利益和税收收入的分配权与使用权。我们在制定我国的电子商务税收法律时，要从维护我国税收主权和税收利益的立场出发，确定对电子商务征税实行“属地原则”和“属人原则”并重的做法，认真研究有关“常设机构”概念的内容和实质，明确认定和规范服务对象的身份及其作用，修订无形资产的范围，明确对无形资产使用权转让的税收制度。

其次，要消除现行税法适用上的不确定性，保护合理的商业预期，保障交易安全。一是重新明确增值税、营业税、所得税的征管范围。对于在线交易即数字化产品（如软件、图书、音像制品、图像、无形资产、远程服务）的提供不按货物处理，视同提供劳务和特许权转让征收营业税。所得税的征税对象应视提供软件的纳税人的身份而定。若提供者属于居民纳税人，征税对象为营业所得；提供者属非居民纳税人，则要征收预提税；对于离线交易仍然依照现行税制征收增值税。完善中国印花税法规，明确企业进行电子商务活动必须保留的电子交易记录，规定电子合同或虽未签订任何形式的合同但发生实质上的合同行为均应按相应税率缴纳印花税。二是在营业税、所得税条例中，补充关于电子记录、保存和加密的相应条款，要求每一从事电子商务的纳税人应以可阅读的电子方式保存记录，并保存一定期限。当电子记录从一种格式转化为另一种格式时，纳税人有义务保证所转化的记录准确并可阅读。当不能转化或没有其他电子方式替代时，必须以书面形式保存记录。对于电子记录，征税的基本原则是：除非提供有效的证明，否则不能扣除相关的成本和费用，赋予网络征税以法律效力。三是修订无形资产的范围，明确转让其使用权也应征收营业税。随着科学技术的不断进步，无形资产的范围和内容都在不断扩大和更新，现行税法只将土地使用权、商标权、专利权、非专利技术、著作权、商誉纳入了无形资产的范围。目前对于无形资产转让使用权而非所有权、增值税和营业税存在着相互交叉重复征税的现象，应将无形资产转让使用权重新明确纳入营业税的征税范围。四是应对现行税收要素进行适当的补充和调整：扩大纳税义务人的适用范围，把因电子商务而增加的境外纳税人包括在内；明确对电子商务课税对象性质的认定，区分商品、劳务和特许权；对电子商务纳税环节的确定应与支付体系联系起来。五是对偷税的概念进行重新界定。对隐匿电子商务的交易情况，不向税务机关提供交易合同备份，不通过电子商务结算中心进行核算，修改电子数据，不缴或少缴税款的，都应当认定为偷税。对利用计算机网络偷税的行为，要规定更为严厉的处罚，严重的可以取消其经营资格。

由上述可见，电子商务的法规问题表现在不同层面、不同领域，需要由不同层面的立法加以解决和规范。

本章小结

电子商务法是调整电子商务活动中产生的社会关系的法律规范的总称，是一个新兴的综合法律领域。电子商务活动所发生的各种社会关系，主要表现在一般商业活动所普遍存在的共有的社会关系和电子商务所特有的社会关系这两个方面。

电子商务法作为商事法律的一个新兴的领域，除了具有上述特质之外，与其他的实施法律制度相比较，还存在着一些具体的特点，大致有以下几个方面：复合性、技术性、开放性、国际性、安全性等。

电子商务法的内容是指电子商务法这门法律学科的内容构成，主要由以下四部分组成：电子商务法律基本理论、电子商务行为法、电子商务权益保障法、电子商务管制法。电子商务法的调整对象可分为电子商务交易形式、电子商务交易内容两个方面。

电子商务法的基本原则应该包括：中立原则、自治原则、安全原则。

国际组织的电子商务立法状况主要从四个方面介绍了联合国的电子商务立法、世界经合组织的电子商务立法、世界贸易组织的电子商务立法、欧盟的电子商务立法。此外还介绍了世界上主要国家的电子商务立法状况和我国的电子商务立法状况。

我国电子商务立法中存在的问题主要有：尚未形成完善的法律体系、不具开放性和兼容性、难以操作。从国际立法的特点来看，可以得出以下几方面的启示：商事法律是当代经济发展的至关重要的社会资源、电子商务立法是参与国际经济竞争的必然要求。为规范我国电子商务立法，提出了以下建议：立法形式的思考，建议我国应采用“先分别立法，后综合立法”的思路；尽快制定形式意义上的电子商务法；全面清理阻碍电子商务发展的综合法规；影响电子商务立法中的重要问题主要有：电子签名问题、电子商务认证问题、消费者权益保护。

思考与练习

一、单项选择题

1. 1996 年 12月联合国国际贸易法委员会制定通过了（　　），为各国电子商务立法提供了一个范本。

A.《信息技术协议》　　B.《电子商务法》

C.《电子商务示范法》　　D.《全球基础电信协议》

2. 当你在互联网上申请成为某一网站会员时，你所看到的会员须知属于（　　）。

A. 要约　　B. 承约　　C. 合同　　D. 要约请求

3. 在我国《著作权法》中，对于职务作品，“未经单位同意，作者不得许可第三人以与单位使用的相同方式使用该作品”的时间范围是（　　）。

A. 一年内　　B. 两年内　　C. 三年内　　D. 四年内

4. 在有关网上合同的国际立法中，最重要的国际文件是联合国国际贸易法委员会在 1996 年制定完成的（　　）。

A.《信息技术协议》　　B.《电子商务法》

C.《电子商务示范法》　　　　D.《全球基础电信协议》

5. 为了保护出版商的利益，最早通过世界上第一部版权法的国家是（　　）。

A. 美国　　　　B. 英国　　　　C. 法国　　　　D. 德国

二、简答题

1. 试述电子商务法的特征包括哪些。
2. 简述电子商务法的内容有哪些。
3. 域名的概念及其法律特征有哪些？
4. 电子商务立法的基本原则是什么？
5. 思考我国电子商务立法存在的问题及如何解决。

三、案例分析

新浪科技讯 2015 年 1 月 7 日消息，酷狗因涉嫌侵权播放音乐作品，被网易云音乐状告至广州市天河区人民法院。“酷狗音乐”被要求立即停止侵权行为。

公开信息显示，此次酷狗涉嫌侵害网易云音乐 300 首歌曲的播放及下载权益。网易向酷狗索赔金额超过 300 万人民币。目前，广州天河区人民法院已正式立案。

网易云音乐此次状告酷狗音乐侵权共 37 个案件，涉及 37 张专辑，共 300 首歌曲。这是网易云音乐首次发起法律诉讼来维护自身的合法权益，却不是酷狗音乐首次卷入侵权风波。

去年 7 月，北京市版权局召开网络版权监管工作会议，部署打击网络侵权盗版“剑网 2014”专项行动上，酷狗就因涉嫌盗版包括中国好声音（第三季）在内的音乐作品被点名批评。

值得一提的是，在 2014 年 12 月底，“网易云音乐”平台传播的 200 首音乐作品因涉嫌侵权，被酷狗音乐一纸诉状告至广州市天河区人民法院，要求立即停止相关音乐的播放及下载，索赔金额高达百万。

1. 分析此案例涉及的相关法律。
2. 分析关于版权方面我国目前存在的法律问题。

第 10 章　电子政务

学习要点及目标

1. 理解电子政务的相关概念
2. 掌握电子政务的定义，理解电子政务的实质
3. 理解电子政务与传统政务以及相关概念的区别与联系
4. 掌握电子政务的基本模式、应用及功能
5. 理解电子政务的体系结构
6. 了解电子政务的发展状况

核心概念

电子政务　G to E　G toG　G to B　G to C

引导案例

广州“警民通”APP 四期上线　新增 8 项功能模块

2014 年 9 月 29 日，广州警方打造的“警民通”APP 四期上线，正式推出“案（事）件状态查询、新车上牌预约、交通违法图片查询、省内驾驶人违法确认、外国人个人普通签注签证申请、户政业务到期提醒”等 8 项功能模块。“广州公安”官方微信则同步推出除“户政业务到期提醒”外的 7 项功能，目前已实现 23 项公安业务查询、21 项业务办理、7 项业务预约。

据悉，自去年推出以来，截至 2014 年 9 月 20 日，广州“警民通”APP 累计下载量超过 97 万次，注册用户数为 113 万（含网上车管所用户），总访问量超过 8000 万次，日均访问量超过 13 万次；“广州公安”微信用户近 20 万，日均访问量达 5000 余次。

广州警方介绍，在运营“广州公安”微博和微信的时候，很多市民经常向警方询问自己案件的跟进情况，由于涉及警种和部门较多，有时候未能及时答复。为了能保障案件当事人依法享有的知情权，广州“警民通”和“广州公安”微信推出“案（事）件状态查询”功能模块。此外，广州“警民通”四期和“广州公安”微信，在交管业务方面还增加了交通违法图片查询、省内驾驶人违法确认等功能。

广州警方介绍，第四期的“警民通”软件，还推出了身份证到期提醒、身份证领证提醒、

户口审批结果提醒等 3 项个性定制业务，用户在绑定了个人证件信息并开启提醒后，当用户证件状态或办理进度发生变化时，APP“个人主页”页面会进行提醒，方便群众管理户政证件，掌握办理进度。

在出入境业务方面，广州“警民通”和“广州公安”微信新推出的“外国个人普通签注签证申请”功能，可让外国人申请“旅游、短期团聚、短期私人事务”等 3 类签证，这为在广州市的外国人新增了一个签证申请渠道。软件界面如图 10-1 所示。

（资料来源：http://news.ifeng.com/a/20140930/42124565_0.shtml）

图 10-1　“警民通”软件界面

案例导学

全球性的信息化、网络化进程正在改变着人们的生活方式。政府，作为人类社会治理体系基本组成部分的公共组织，既是社会信息资源的最大生产者和拥有者，也是社会信息产品的领先使用者和主要传播者，在面临现代通信技术革命严峻挑战的同时，也迎来了一个全新的发展时期——电子政务时代。电子政务的出现既是现代化信息通信技术进步的产物，也是政府自身革命与发展的必然结果，而且是一场划时代的革命，具有深远的历史意义。电子政务在改进和优化政府组织、重组公共管理、提升政府的效率、提高政府服务的能力和水平等方面，正焕发着越来越强的生命力。

10.1　电子政务概述

10.1.1　相关概念

电子政务是借助电子信息技术而进行的政务活动，电子政务是“电子”与“政务”的有机结合，实施电子政务的主体是政府。为了更好地理解电子政务的概念，有必要先了解一下相关的概念。

1．政府

政府（Government）是指国家权力机关的执行机关及国家行政机关。按一般的理解，政府是一种机构或组织，是为社会中的各种组织和个人提供管理事务的客观存在。按照管辖权里的不同，政府可分为中央政府和地方各级政府，不同的政府机构各自承担不同的职能。政府是社会的上层建筑，需要协调社会各个部门的工作，调整社会资源的再分配。

2．政府职能

政府职能（Government Function）是国家意志在管理方面职能的体现，它和国家立法、司法等方面的职能相对应。按照现代行政学原理，政府最基本的职能是对社会、公众行使公共行政管理职能，政府职能是一种公共性的职能，体现于对国家事务和公共事务的管理中。政府职能是政府行政管理职责与功能作用的统一。政府职能体现在以下三个方面。

一是服务职能。政府是为公众利益服务的，政府的各个部门就是为公众和企业办事的。服务职能的体现首先是要让人们知道这个部门是干什么的，也就是政务必须公开；并且要知道是怎么干的（依据是什么），干得怎么样，也就是说必须发布政务信息。这是对公众和纳税人负责的表现，也是让公众依赖的表现。

二是管理职能。政府在经济事务上只能当裁判员，而不能当运动员。在经济市场中，政府的职能就是创造公平竞争的环境，解决各种必要的审批、备案，制定各种标准，征税、海关、检验检疫，维护公平公正的经济和社会秩序。

三是保障职能。保护国家安全，开展外交工作，维护社会治安，保障人们享受教育、环保、医疗卫生、文化体育等权利，以及保护弱势群体，应付重大危机和自然灾害。当人民的这些基本需要出现问题的时候，政府将无处不在。

3．政务

政务（Government Affair）是关于政治方面的事务，泛指国家的管理工作。即政府日常管理事务、政府行政事务，以及政府在处理各种各样事物的过程中所不得不涉及的有关政府内部工作流程、体质形式、权力关系以及官员间所形成的公务性和私人性的关系模式。

政务有广义和狭义之分。其中，广义的政务泛指各类行政管理活动，包括政党、政府、人大、政协、军队等系统所从事的行政管理活动；狭义的政务则专指政府部门的行政管理和社会服务活动。我国电子政务的实际实施是在广义的政务范围内进行的。

4．信息技术

信息技术（Information Technology）是关于信息产生、发送、传输、接收、交换、识别、控制等应用技术的总称，以实现信息获得、传递、存储、处理、显示和分配等功能。信息技术能够延长或扩展人的信息功能。信息技术可能是机械的，也可能是激光的；可能是电子的，也可能是生物的。

传感技术、通信技术、计算机技术和控制技术是信息技术的四大基本技术，其中现代计算机技术和通信技术是信息技术的两大支柱。传感技术的任务是延长人的感觉器官收集信息的功能，实现信息快速、可靠、安全的转移；计算机技术则是延长人的思维器官处理信息和决策的功能，主要包括对信息的编码、压缩、加密和再生技术；控制技术是信息的使用技术，包括调控技术、显示技术等。

10.1.2　电子政务的定义

电子政务（E-Government）是近年来伴随着互联网、电子商务等新生事物出现的概念，国际上有很多比较正式的定义。

联合国组织对电子政务的定义是：电子政务是指政府部门应用信息通讯技术来改变政府内部和外部之间的关系。通过信息通信技术在政府事务中的应用，政府部门并没有改变它在保持其有用性、合法性、透明度和责任心方面的功能和义务，改变的是，因为信息通信技术的应用，提高了社会对政府执行能力的期望值。

世界银行对电子政务的定义是：电子政务是指拥有和运行着信息通信技术系统的政府部门，利用这一系统以改变政府与公民、私营部门以及其他政府部门的关系，目的是为了促进公民的自我实现，提高政府服务的传递能力，加强政府的责任感，增强政务处理的透明度或提高政府的效率。

美国政府认为，电子政务是一种卓有成效的战略，提供了更多机会以提升对公众信息传递的质量，可以实现联邦政府管理的巨大变化：如简化公共服务的传递，减少行政管理的层次，使居民、企业和其他级别的政府及其政府官员更为容易获得联邦政府的信息与服务，通过整合集成、消除系统冗余降低运作成本，简化事务处理流程，使政府运作体系流程化，提升对公民的回应力等。

欧洲联盟组织在“电子欧洲”宣言中指出，不断革新的信息与通信技术是实现政府有效管理的强有力的工具，传统政府向电子政府转变，必须提升开放性、参与性、责任感、有效性和一致性五大核心因素。宣言认为：信息与通信技术有助于加强民主治理，并开发建立电子社区；有助于提升欧洲民主进程的注意力、兴趣力与参与性。欧盟将电子民主列为电子政务发展的一个重要因素与发展趋势，显然是对电子民主前景寄予了厚望。

美国 IBM/Lotus 公司技术白皮书中的描述为：“电子政务（E-Government，即电子政府）是电子商务（E-Commerce/E-Business）应用体系中，基于网络的、符合 Internet 技术标准的面向政府机关内部、其他政府机关、企业以及社会公众的信息服务和信息处理系统。电子政务是政府办公自动化系统在深度和广度的延伸，即从内部办公延伸到对外服务，从内部网（Intranet）延伸到政府机关间交换网（Extranet）乃至互联网（Internet）”。

综上所述，我们可以对电子政务的定义做如下阐述：

所谓电子政务，就是政府机构应用现代信息技术，将管理和服务通过网络技术进行集成，在互联网上实现政府组织机构和工作流程的优化重组，超越时间和空间及部门之间的分割限制，向社会提供优质和全方位的、规范而透明的、高水准的管理和服务。

10.1.3　电子政务的实质

电子政务的实质应从以下两方面理解：

1. *电子政务是政府管理方式的变革*

实施电子政务的实质是政府利用信息技术，促进政府改革，更好地履行政府职能，提高政府办公效率，提高政府决策的透明度，加强廉政建设和监督，更有效地实现政府管理。电子政务不是传统政务和电子技术的简单叠加，而是借助电子信息技术对传统政务进行一场深刻的革命，以更好地实现政府为公众服务的宗旨。

2. 电子政务的重点是“政务”

电子政务的实现离不开信息技术的支持，但信息技术只是手段，电子政务的重点是政务，是管理，是服务，是政务流程的优化再造与创新。另外，电子政务不是一个结果，而是一个动态的过程，是一个持续不断地运用信息技术手段改革政府管理模式和政府管理手段的实践。电子政务需要用系统工程的方法对政府管理流程不断进行改进和完善。

10.2 电子政务的相关概念

10.2.1 电子政务与传统政务

传统政务的处理方式是以政府机构和职能为中心，企业、社会组织和公众通过政府部门办理相关事务。业务流程复杂、审批环节众多、议事程序漫长、效率低下，严重影响政府形象，也为腐败行为留下了空间。电子政务的处理方式是以公众为中心，政府以向“社会提供高效、优质的政府管理与服务”作为出发点，帮助企业、社会组织和公众办理各种经济与社会事务。电子政务与传统政务的比较如表 10-1 所示。

表 10-1 电子政务与传统政务比较

对比项目	传统政务	电子政务
政务机构存在形式	物理存在	网络虚拟存在
政务办理方式	面对面	不受地域限制
政务办事时间	受时间限制	一般不受时间限制
政府组织结构	金字塔式垂直结构	网络扁平化结构
政府管理方式	集中管理	分权管理
政务生效标志	公章等	数字签名
政务处理程序	串行作业	协同并行
政务工作重心	管理、审批为主	服务、指导为主
政府主要议事方式	会议等	视频会议、网络讨论
政府决策参与范围	政府内部	政府内外部相统一
办事透明度	较低	较高
交互性	差	好
政府管理成本	边际成本递增	边际成本递减

10.2.2 电子政务与办公自动化

办公自动化（OA）是指利用现代化的办公设备、计算机技术和通信技术来代替办公人员的手工作业。它是建立在计算机、数据库、局域网等技术基础上，主要是利用这些信息技术辅助行文、汇总数据与报表及进行机关内部管理业务的协调，旨在利用计算机的信息存储和加工处理能力，以及局域网的通讯能力，提高政府机关内部的工作效率。电子政务是在办公自动化的基础上，利用互联网的广域、快速、便捷的通信能力，实现跨部门、跨层级、跨地区的信息共享和业务集成，并与社会广泛地互动，以求提高政府服务的质量和对社会需求响应的速度。

从电子政务发展历程上看，世界各国无一例外都经历了从办公自动化到电子政务的发展历程。两者之间既存在着密切的关系，也存在着明显的差异。具体来说，电子政务和办公自动化系统主要在以下几个方面存在明显的差异，如表 10-2 所示。

表 10-2　电子政务与办公自动化的比较

对比项	办公自动化	电子政务
业务范围	政府内部	政府与社会互动
使用者	政府公务人员	政府公务人员、公民、企业
行政目标	提高效率	改进服务、提高绩效
信息技术基础	计算机、数据库、局域网	计算机、数据库、互联网

尽管电子政务和办公自动化存在较大的差异，但是他们之间仍然有着十分密切的联系：由于电子政务实现了打破部门界限的联网办公和互动式作业，因此可以把电子政务看作是办公自动化系统在范围和功能上的对外延伸，是面向全社会的政府办公自动化。但是，电子政务更深刻的意义在于：在社会信息化、生活网络化和经济全球化的背景下，各级政府必须以自身的信息化发展来适应社会的信息化发展。电子政务就是将政府信息发布、管理、服务、沟通功能向 Internet 上迁移，同时也结合政府行政管理流程的改变，构建和优化政府的内部管理系统、决策支持系统，并为政府信息管理、服务水平的提高提供强大的技术支持。互联网带来的电子政务应用所具有的革命性，将会极大地影响政务工作的模式，创造前所未有的政府工作形态。从这一点上来说，不论是 OA 还是 MIS（管理信息系统），都是局部性的，他们处于政府机构内部，并不涉及政府与社会的交往关系。而互联网创造了政府与居民、政府与企业全新的联系方式，造成了政府对社会服务职能重组的新机会，这是电子政务的技术起因。此外，电子政务之不同于办公自动化，本质在于电子政务对政府管理、政府事务的电子化转移是对原有状态的改造和超越。

10.2.3　电子政务与电子政府

电子政府是指利用现代信息技术构建的一个“虚拟政府”，从而使民众能够随时随地享受各类政府服务。1993 年，美国副总统阿尔·格尔发起了“国家绩效评价行动”，用以检查美国政府在管理和提供服务方面所存在的弊端，并提出相应的改革建议。在此次行动中，构建“电子政府”作为一项改革举措被提出。

所谓电子政府，是指政府有效利用现代信息技术，通过不同的信息基础设施，在适当的时间和地点，以适当的方式，对政府、企业、社会团体和公众提供信息服务。也就是说，电子政府实际上是一个跨时间、地点、部门边界的全天候的政府服务体系。电子政府的目标是将现代信息技术整合到政府管理中去，保证政府信息的公开性和可获取性，建立政府与公众、企业之间的互动交流机制。通过信息技术在行政业务流程中的全面渗入，电子政府改变了传统的政府组织形式，使行政程序简单化和规范化。电子政府包括政府行政管理信息化和服务信息化两个方面的内容。

然而，“电子政府”和“电子政务”并不是同一个概念。“电子政府”构想集中于政府与公众、企业之间的电子政务，电子政务包含了政府部门内部、政府部门之间以及政府与公众、企业之间的电子政务，涉及范围比较广，而且内容也比“电子政府”丰富很多。

建立电子政府是电子政务发展的目标之一。电子政府的提法对于社会理解政府信息化、政府机构改革是有现实意义的。政府在开展电子政务的过程中，进行组织结构和工作流程的优化和重组，克服过去部分分割和时空限制，最终实现网上办公，这就是电子政府的本义。它对于提高政府办事效率和透明度，改善决策质量，乃至最终能够调整政府职能，更好地为社会服务等众多方面都有深刻的带动作用。

10.2.4 电子政务与政府上网

“政府上网”这个词主要来源于 1999 年中国启动的“政府上网工程”，其原意在于通过开通政府网站来推动政府部门与民众之间的电子政务活动。政府上网工程进展到现在，基本上还停留在政府部门在网上发布信息这一层次，真正实现交互的、动态的、取代传统政务处理方式的电子政务活动还十分少见，也就是说，真正实现政府职能上网的部门至今还很有限。所以说，“政府上网”与电子政务不是同一概念。“政府上网”的任务是建设政府网站，推动政府部门与公众之间的信息交流；而电子政务则是一个更为广泛的概念，它还包括政府部门内部以及政府部门之间所有的政务往来，因此，政府上网只是电子政务建设的一个组成部分。

10.2.5 电子政务与政府信息化

“政府信息化”与“电子政务”是两个不同范畴的概念，办公自动化和政府上网都是政府信息化行为，电子政务是在政府信息化达到一定程度后政府部门开展工作的方式。政府信息化是相对于企业信息化、家庭信息化来说的，而电子政务是相对于电子商务、智能家居来说的。一般地，政府信息化是指政府部门内部的信息化建设。可以说，政府信息化与电子政务是相互作用、同步推进的。

10.2.6 电子政务与电子商务

从 20 世纪 90 年代中期以来，电子商务在全球范围得到了迅猛的发展，对人类社会的经济发展和社会进步起到了重要的推动作用。一般来说，电子商务是企业通过信息技术在企业生产经营活动中的广泛应用，达到有效降低生产经营成本、显著提高经营管理效率、成功开拓国内外市场、大幅度增进客户满意度等多方面的目的，进而提高企业适应市场、满足市场和开创市场的能力。

电子政务与电子商务的支撑体系是同构的，二者的联系是：

（1）电子商务与电子政务都必须依靠信息技术来实现。

（2）电子商务与电子政务的根本目的是一致的，都是为了推动经济与社会的快速发展。

（3）企业与政府之间的业务往来，对企业而言是电子商务，对政府而言则是电子政务，如政府向企业采购。

开展电子政务的前提是政府实现信息化，开展电子商务的前提是企业实现信息化，二者的主要区别是：

（1）主体不同：电子商务的主体是企业，而电子政务的主体是政府。

（2）目的不同：电子商务的主要目的是企业为了更好地追求经济效益，而发展电子政务的主要目的则是政府为了更好地实现自身的职能。

10.3　电子政务的基本模式及应用

10.3.1　电子政务的基本模式

根据用户的不同，电子政务可以分为以下几种类别：政府对公务员的电子政务（G to E）、政府间的电子政务（G to G）、政府对企业的电子政务（G to B）、政府对公众的电子政务（G to C）。

1. 政府对公务员的电子政务

政府对公务员的电子政务就是通过所说的政府部门办公自动化，其形式包括公务员在政府内网的办公与公务员通过互联网进行的办公（移动办公）。主要包括以下内容：

（1）电子政策法规

电子政策法规系统对政府部门内部和工作人员提供相关的现行有效的各项法律、法规、规章、行政命令和政策规范，使所有政府机关和工作人员真正做到有法可依、有法必依。

（2）电子公文流转

在保证信息安全的前提下在政府上下级、部门之间传送有关的政府公文，使政务信息十分快捷地在政府间和政府内流转。

（3）电子财务

向各级国家权力机关、审计部门和相关机构提供分级、分部门的财政预算及其执行情况，便于有关领导和部门及时掌握和监控财政状况。

（4）电子办公

通过电子网络完成机关工作人员的许多事务性的工作，节约时间和费用，提高工作效率。

（5）电子培训

电子培训是指为政府内部工作人员提供各种综合性和专业性的网络教育课程，尤其是加强对员工进行信息技术的专业培训。政府内部工作人员可以通过网络随时随地地选择课程、接受培训、参加考试等。

（6）公务员业绩评价

公务员业绩评价是指按照一定的标准，采用科学的方法，检查评审公务员对岗位职责的履行程度，确定其工作成绩的管理方法。其目的在于通过对公务员的评估，判断他们是否称职，来发现管理中的不足，并以此作为人力资源管理的依据，同时可以检查公共部门的政策是否得当。

2. 政府间的电子政务

政府间的电子政务是指上下级政府、不同地方政府、不同地方部门之间的电子政务，是电子政务应用的主要模式，应用于四种不同工作关系的政府机关之间。第一，隶属关系，是指同一组织系统中的上下级机关之间，如国务院与各省级政府；第二，业务指导关系，是指同一专业系统中的上下级主管业务部门之间，如公安部与省公安厅；第三，平行关系，是指同一组织中的同级机关之间，如省政府下属的人事厅和财政厅；第四，不相隶属关系，是指非同一系统中的任何机关和部门之间，如厦门市人事局与福州市教育局。政府之间的电子政务主要包含以下内容：

（1）电子公文系统

电子公文系统是指在隶属关系的上下级政府、属业务指导关系的政府部门以及平行关系部门之间的有关公文的收发、传达等。

（2）协同办公

协同办公是指在各种关系的政府之间通过网络进行会签、联合行文、联合审批、远程会议等，实现政府部门之间的交互协作。

（3）政务信息共享

政务信息共享是指不同政府部门之间无偿或有偿共享政府信息，以提高政府的办事效率和准确率。

3. 政府对企业的电子政务

政府对企业的电子政务是指政府通过计算机网络系统为企事业单位提供各种公共服务和对其进行监管。主要包括以下内容：

（1）综合信息服务

政府将拥有的各种数据库信息对企业开放，方便企业利用，如法律法规规章政策数据库、政府经济白皮书、国际贸易统计资料等信息。

（2）电子采购与招标

通过网络公布政府采购与招标信息，为企业特别是中小企业以及政府采购提供必要的帮助，向他们提供政府采购的有关政策和程序，减少政府采购中的徇私舞弊和暗箱操作，降低交易成本，节约政府采购成本。

（3）电子税收

在企业办公室或其他地方，通过政府税务网系统，企业可完成税务登记、税务申报、税款划拨、查询税收公报、了解税收政策等业务，既方便了企业，也提高了政府的办事效率。

（4）网上工商及证照办理

企业通过互联网申请办理各种证件和执照，缩短办证周期，减轻企业负担，如企业营业执照的申请、受理、审核、发放、年检、登记项目变更、核销；统计证、土地和房产证、建筑许可证、环境评估报告等证件、执照和审批事项的办理。

（5）中小企业信息化服务

政府利用宏观管理优势和集合优势，为提高中小企业国际竞争力和知名度提供各种帮助。包括为中小企业提供统一政府网站入口，帮助中小企业向电子商务供应商争取有利的电子商务应用解决方案等。

4. 政府对公众的电子政务

政府对公众的电子政务是指政府通过计算机网络系统向公民提供的各种公共服务。主要包括以下内容：

（1）教育培训服务

建立全国性的教育服务平台，并资助所有的学校和图书馆接入互联网和政府教育平台；政府出资购买教育资源，然后对学校和学生提供相应的资源；重点加强对信息技术能力的教育和培训，以适应信息时代的挑战。

（2）公众就业服务

政府通过互联网或其他媒体向公众提供岗位培训、职业资格鉴定、就业培训、工作机会，以促进就业。例如，在劳动和社会保障的网站上开设相应的栏目，提供各种招聘信息，为求职者提供网上就业培训、就业形势分析以及指导就业等。

（3）电子医疗服务

政府通过网站提供医疗保险政策信息、医药信息、医疗机构信息、执业医生信息，为公民提供全面的医疗服务。公民可以查询自己的医疗保险个人账户余额和当地医疗账户的情况；在某地区的多家医院之间建立统一的电子病历及化验影像资料，实现在一家医院检查可在多家医院治疗，大大方便了患者，降低了患者的就诊费用。

（4）社会保险网络服务

政府通过电子网络建立覆盖地区甚至国家的社会保险网络，使公众通过网络及时全面地了解自己的养老、工伤、失业、医疗等社会保险账户的明细情况；通过网络公布低保补助，增加透明度；还可以通过网络直接办理有关的社会保险理赔手续。

（5）公共信息服务

使公众方便、费用低廉地接入政府法律规章数据库；通过网络提供被选举人的资料，促进公众对被选举人的了解；通过在线评论和意见反馈了解公众对政府工作的意见，改进政府工作。

（6）交通管理服务

通过建立电子网站提供交通工具和对司机的管理与服务。

（7）电子证件服务

允许居民通过网站办理结婚证、离婚证、出生证、死亡证明等有关证件。

（8）公众电子税收

允许公民个人通过电子报税系统申报个人所得税、财产税等个人税务。

10.3.2　电子政务的应用

1. 电子政务的应用类型

所有的政务都是在网上处理，横向的和纵向的政府网络被统一在一个国家电子政务平台上，政府各部门资源共享，协同工作。各个政府机构的电子政务将不是孤立的子系统，各系统协调配合，共同为总系统服务，实现资源和功能共享。

从电子政务应用的基本内容看，按照功能和复杂程度可以划分为以下几类：

（1）以单纯的信息发布为主，单向信息流向

这一类的电子政务停留在 Web 阶段，其基本形式是内容发布，即政府站点和网页的建设和管理，满足公众查看静态公开信息的需求。这一类型的电子政务是联系外界用户的一种有效有段，也是“政府上网工程”所定义的第一期目标。主要表现为政府向社会提供应用服务及信息发布，包括通过政府网站发布信息；面向社会的各类信访、建议、反馈以及数据收集和统计系统；面向社会的各类项目申报、申请；相关文件、法规的发布、查询；各类公共服务性信息的发布和实施；政府发布网上招商信息等。

（2）实现交互式的数据和信息交流

该类型的电子政务特点是政府机构某些数据经过授权允许有条件的访问，是从单纯的信

息发布发展到交互式电子政务。这一类型电子政务实现网上办公系统、信息安全系统、数据共享系统、网上审批等功能，是 Web 化和资源化相结合的阶段，可以满足公众较高的需求，进行部分网上联合办公，检索政府综合数据库。这一类的电子政务有工商、税务机关对授权用户提供相关信息的查询和申报处理；各级政府间的公文信息审核、传递系统；各级政府间的多媒体应用平台，如视频会议、多媒体数据交换等；同级政府间的公文传递、信息交换；政府部门电子化采购等。进行网上申报审批可以实现与政府行政审批中心和审批主管单位建立协同办理机制，保障审批事项通过网络在审批中心和办理单位可以得到满意的答复。

（3）应用和业务流程的高度集成

这种类型的应用与第二种类型应用的区别是业务流程的集成，从第二种类型应用发展到第三种类型应用，需要妥善解决技术和业务流程。这种协同办公的电子政务实现了“一网式”系统，网上审批、决策支持系统已经进入电子政务平台化发展阶段，可以满足公众更高的要求、便捷的大部门，办公程序统一入口、统一出口。这一类电子政务包括政府部门内部的各类应用系统，例如公文流转、审核、处理系统；政府内部的各类专项业务管理系统，如日程安排、会议管理、机关事务管理等；政府内部面向不同管理层的统计、分析系统等，还包括政府部门的各类核心数据分析的应用系统，如机要、秘密文件及相关管理系统；重大事件的决策分析，国家重大事务的数据分析系统等。

随着电子政务的不断发展与完善，电子政务的内涵和外延还在不断地变化，它的应用形式也将发生不断的变化，但不管怎么变，都将围绕政府内部、政府部门之间和政府部门与民众之间产生和展开。

2. 电子政务的应用形式

从电子政务的应用形式看，目前的电子政务应用包括以下内容：

（1）政府电子商务

电子商务是基于信息技术发展起来的一种新的经营方式，它采取数字化电子方式进行财务处理和开展商务活动。它可以为用户提供快速、准确、廉价、全面的信息，并能大大降低商业活动的成本，提高工作效率。政府电子商务是以 CA 认证技术为基础构建电子政务信息安全环境，推动政府机关之间以及政府与企业、政府与公众之间的电子数据交换技术（Electronic Data Interchange，EDI）进行通信及信息交换处理。它在重大基础设施工程建设和资产处理等方面有着广泛的应用。

（2）政府电子采购及招标

政府采购，也称公共采购，是指各级国家机关和实行预算管理的政党组织、社会团体、事业单位，使用财政性资金，以公开招标为主要形式，从国内市场上购买商品、工程和服务的行为。实践中，电子采购一般采取招标的办法。政府采购部门通过网络公布集中采购的商品或服务的清单、相关采购的标准以及公开招投标的时间等，商家根据自己的情况及相关要求展开竞标。之后，由政府采购部门根据竞标情况做出选择。可以看出，政府电子采购推动政府部门以电子化的方式与供应商在线进行采购、交易及支付处理作业，能够让企业公开、公正、公平地进行竞争，及大地提高了透明度，从而有利于杜绝“人情标”“关系标”的存在，减少腐败发生的可能性，同时，电子招标也大量地节省了工作时间和精力，提高了工作效率，并在网上实现了政府采购的国际化。最早采用电子招标的是美国，1999 年 1 月 1 日美国政府采购已全部实现了电子化。

（3）网上福利支付

社会福利产业的成熟是一个国家建设中最为重要的稳定剂。随着电子政务的迅速发展，福利支付的电子化正成为重要的应用项目。它运用电子资料交换、磁卡、智能卡等技术，处理政府应承担的各种社会福利作业和进行电子福利支付，直接将政府的各种社会福利通过网络直接交付给受益人。在电子福利支付方面，美国走在了前面。美国政府机构已经越来越依赖于使用电子传递方式发放福利资金，并正致力于建立全国性的、整合型的电子福利支付系统，目的在于提高效率，减少发放资金的成本和改进对接收者的服务。过去，这项工作仅限于通过自动化交易所（ACH）系统向接收者在吸收存款机构的账户中直接存入福利付款来完成。由于某些接收者在吸收存款机构没有账户，联邦和州政府正在寻求通过电子福利支付（Electronic Benefit Transfer，EBT）替代原有的支付方式。EBT 系统采用自动取款机（Automated Teller Machine，ATM）网络，使接收者在指定的金融机构从政府开设的账户中获取现金。EBT 系统还可以采用电子收款机系统（Point Of Sale，POS）使有接收者在零售部门（如杂货店）得到非现金的救济品。

（4）电子邮递

电子邮递是指建立政府整体性的电子邮递系统，并提供电子目录服务，以增进政府部门之间以及与社会各部门、公众之间的沟通效率。电子邮递服务（E-mail Processing System，EPS）是一种 24 小时全天候实时电子邮递业务，它通过网络将文件依原文、原貌、原型送交收件人，且具有挂号、存证、资料加密、身份确认等优点。EPS 业务主要有两种类型，一种是以电子对电子（E-mail to E-mail）邮递服务，寄件人只要将电子文件或信件上传至邮政服务主机，服务主机即可自动依照收件地址路由递送。该系统通过数字签证及数码凭证技术，确保资料不被拦截、窃取和修改。另一种是收件人没有电子邮件地址及收件人必须接收实体邮件的电子邮递服务。它首先通过 E-mail to E-mail 方式把信传到收件人的远端邮局，然后在最接近收件地址的投递支局采用安全列印及自动封装机器，自动印刷装封成实体邮件，由当地的邮差完成信件的最后投递。同传统邮政业务相比，电子邮递大幅降低了邮政信件分拣及长途运送的成本，缩短了邮件处理的时间，提高了邮政投递效率。另外电子邮递目录服务系统和电子邮递清单的建立，可供政府或民众查询电子邮递目录及政府机关基本资料，也可大大简化政府机关的发信流程。

（5）电子资料库

电子政务应用的另一个重要领域就是收集政府各方面的数据和信息，建立各种电子信息资料库，使公众可以通过 Internet 等渠道便利地获取各类资料。通过网站提供完成一项交易所需要的信息，是电子政务一个最基础的服务层面。政府部门是社会信息的最大拥有者，掌握着成千上万个资料库（我国政府就有 3000 多个资料库）。电子资料库的建立将大大促进信息录入、信息更新和信息的深加工，信息的网络共享可使政府部门和公众获得法律法规、行业政策、资源信息、企业状况、电子政务等多方面的信息服务。

（6）电子化公文系统

公文是政府机关处理公务和进行行政管理的重要工具，在各级机关、单位中，“办公”一个重要内容就是办理和制发文件，即“办文”。依靠信息技术对公文进行高效有序的电子化处理，是电子政务应用的重要组成部分，也是电子政务建设的基础性工程。电子化公文，就是政府部门利用计算机进行公文制作及管理，并提供电子邮件联络或网页上可打印的表格等与政府及其工作人员交流的方式，以便政府各部门可以随时随地进行公文交换，实现政府业务的网上办理。由于电子公文是通过计算机进行操作、传输、存储等处理的数字化产物，具有存储体积小、检索速度快、远距离快速传递及同时满足多用户共享等优点，可以帮助办公人员及时掌握公文的有关信息，并促进公文制作更加规范化、科学化。公民也可以通过电子公文处理系统，足不出户就能向政府进行业务申办，并在网上直接获得有关批文。

（7）电子税务

电子税务在许多国家被视为电子政务应用的第一优先项目，因为它能大大提高政府税收的效率和效果。它通过在网络上或其他渠道上提供电子化表格，使人们通过网络足不出户进行纳税。目前，电子税务已成为国际上最复杂、最成熟的电子政务应用系统。电子税务包括电子申报和电子结算两个环节。电子申报指纳税人利用各自的计算机或电话机，通过电话网、分组交换网、互联网等通信网络系统，直接将申报资料发送给税务部门，从而实现纳税人不必到税务机关，在网上即可完成申报的一种方式；电子结算是指国库根据纳税人的税票信息，直接从其开户银行划拨税款的过程。第一个环节解决了纳税人与税务部门间的电子信息交换，实现了申报无纸化；第二个环节解决了纳税人、税务、银行及国库间电子信息及资金的交换，实现了税款收付的电子化。同传统税务方式相比，电子税务提高了申报的效率和质量，降低了税收成本。对纳税人来说，申报不受时空约束，方便、省时、省力；对税务机关来说，也可以大大减少人力、物力消耗，并降低出错率。另外由于采用现代网络技术，实现了申报、税票、税款结算等电子信息在纳税人、银行、国库间的传递，加快了票据的传递速度，减少了税款在中途滞留的环节和时间，从而确保国家税收及时入库。

（8）电子身份认证

电子身份认证需要一整套硬件、软件、人、策略和过程来提供服务。它采用的是公钥体系，即利用一对互相匹配的密钥进行加密、解密。每个用户自己设定一把特定的仅为本人所有的私有密钥（私钥），用它来进行加密和签名；同时设定一把公共密钥（私钥）并由本人公开，为一组用户所共享，用于加密和验证签名。当发送一份保密文件时，发送方使用接收方的公钥对数据加密，而接收方则使用自己的私钥解密，这样信息就可以安全无误地到达目的地了。采用这种方式，第一是实现了大规模网络中的公钥分发问题，第二是保证了信息的机密性、完整性和不可抵赖性。

电子身份认证一般由电子认证服务机构（CA）负责。CA 也称为数字证书认证中心，是经国家信息产业部批准成立的国家级权威的第三方安全认证机构，是负责发放、管理数字证书的权威机构，并作为权威、合法、公正、受信任的第三方，承担公钥体系中公钥的合法性检验的责任。

10.3.3 移动电子政务

移动电子政务（Mobile Government，M-Government），又称移动政务，主要是指政府部门利用无线通讯技术，通过移动通信网和互联网的联合应用，诸如手机、PDA、Wi-Fi 终端、蓝牙、无线网络等技术为公众提供服务，实现政府管理及政府服务的电子化和移动化。它是随着移动通信技术的快速普及和电子政务的迅速发展而产生的。

随着移动技术、计算机技术和移动终端技术的发展，移动电子政务技术已经经历了三代。

以短讯为基础的第一代移动电子政务技术存在着许多严重的缺陷，其中最严重的问题是实时性较差，查询请求不会立即得到回答。此外，由于短讯信息长度的限制也使得一些查询无法得到一个完整的答案。这些令用户无法忍受的严重问题也导致了一些早期使用基于短讯的移动电子政务系统的部门纷纷要求升级和改造现有的系统。

第二代移动电子政务系统采用基于 WAP 技术的方式，手机主要通过浏览器的方式来访问 WAP 网页，以实现信息的查询，部分地解决了第一代移动访问技术的问题。第二代移动访问技术的缺陷主要表现在 WAP 网页访问的交互能力极差，因此极大地限制了移动电子政务系统的灵活性和方便性。此外，由于 WAP 使用加密认证的 WTLS 协议建立的安全通道必须在 WAP 网关上终止，形成安全隐患，所以 WAP 网页访问的安全问题对于安全性要求极为严格的政务系统来说也是一个严重的问题。这些问题也使得第二代技术难以满足用户的要求。

新一代的移动电子政务系统，也就是第三代移动电子政务系统融合了 3G 移动技术、智能移动终端、VPN、数据库同步、身份认证及 Webservice 等多种移动通讯、信息处理和计算机网络最新的前沿技术，以专网和无线通讯技术为依托，使得系统的安全性和交互能力有了极大的提高。

10.4　电子政务的功能

电子政务将使政府成为一个更加开放和透明的政府、一个更有效率的政府、一个更为廉洁的政府；它能够使公众通过互联网更为方便快捷地了解政府机构所制定和颁布的与公众相关的政策、法规及重要信息，实现与公众的双向式直接沟通和互动，让公众充分体验和享受电子政务的便利和效率；同时将大大提高政府工作人员的工作效率，加强政府管理职能的控制力度，提高政府部门之间的沟通能力。电子政务的功能具体体现在以下方面。

10.4.1　优化政府职能配置

电子政务的实施将对政府的组织模式、运行机制、管理方式、管理理念等带来革命性的变化；将有利于各级政府职能和运行机制的转变，提高政府的管理绩效。政府必须切实把政府的职能转移到经济调节、市场监管、社会管理和公共事务上来，真正实现提供公共产品，搞好公共服务，营造良好环境的政府职责，从而建立起既适应经济发展需要，又和国际通行规则有机结合的公共行政机制，使行政管理充分体现代表公共利益、制定公共政策、管理公共事务、提供公共产品、搞好公共服务、维护公共秩序的“公共性”。各级政府职能的改革应以通过现有职能，有序“退”与“进”的协调发展来推动职能的转变为主要方式和手段。“退”是指政府管理职能要从微观经济领域和私人物品直接生产领域中有计划、有步骤地退出，真正让市场在配置资源中起到基础性作用。“退”是指要继续巩固和大力推进在政府管理改革过程中适应市场经济发展的政府管理新职能。根据市场经济的发展要求，补足政府职能的或缺部分，进一步健全与市场经济相适应的政府管理体系，不断提高管理水平。

10.4.2　重塑政府业务流程

通过对政府现有工作流程的分析、诊断，消除流程障碍，整合破碎流程，提高业务流程的并行化处理。充分利用现代信息技术，重新优化传统业务流程并实现政府业务流程的电子化、智能化，提高在线政务处理能力。在重塑政府职能的基础上，坚持流程导向，围绕结果而不是围绕职能流程的再设计和重建，以“简捷、高效、顺序、流畅”的政务流程更好地为公众提供公共产品和服务。政府业务流程重塑的基础是业务流程复杂性，其根本原因是政府对信息流程认识不清，不能从复杂的业务中发掘关键的工作节点，在处理某一项业务时，信息流经过许多不相关节点，造成了信息传递的延迟，甚至出现信息失真的情况。在现实政府中表现为办公效率低下，决策缓慢，甚至决策错误，无法为公众提供及时、准确的服务。只有利用先进的信息流程重组的方法，例如，关键路径法、网络图表法等，对政府业务流程进行简化，利用信息设备代替传统的手工劳动，减少信息流通过的非关键节点数量，保证信息传递的质量，提高信息传递速度，才能改善政府服务质量、提高业务处理效率。政府业务的量化是电子政务建设的一个必经的步骤，是对业务流程重组由定性研究转向定量研究的基础，是对信息流程采取科学化整合的必经手段。业务流程的量化就是将政府业务流程中能够或者必须用数字、图形等计量单位表示的业务内容转换成相应的数字、图形等计量单位，同时采用运筹学、计量学、概率与统计学等多学科的理论、方法来描述业务流的结构、运行、处理等过程的方法。只有通过对传统业务流程的量化，将业务流与信息流相结合，才能将其与信息设备结合在一起，用先进的信息设备收集、传递、处理及反馈经过量化的业务流的内容，提高整个业务流流动的速度与速率。所以开展电子政务建设为业务流程重组提供了现实的技术基础。

10.4.3 促进政务公开

电子政务在技术上保证了政府职能部门严格地按照工作程序和职责分工来运作，使政府内部的决策过程变得更加透明，便于群众监督，有利于树立公正、高效、透明、廉洁的政府形象。因此，电子政务可以有效防止政府管理人员利用信息垄断，进行暗箱操作，防范下级政府管理人员违背上级决策精神，从而在更大程度上保证下级政府管理人员更好地执行上级政府或组织的决策，切实地保证政府决策的顺利执行。电子政务的开放性将有效地抑制在传统政务中容易滋生的腐败和徇私现象，减少政府行为过程中的人为干扰因素，能够有效地防止公职人员的越权行为，从根本上消除某些公职人员以权谋私的机会。

10.4.4 改善政府绩效

政府绩效包含经济绩效、社会绩效和政治绩效三个方面，它可以从宏观和微观两个层面来考察。宏观层面的政府绩效包括政治的民主稳定，经济的持续增长，人民的安居乐业，生活质量的提高，社会的公平公正等。微观层面的政府绩效由组织效率、配置效率和个人效率组成。与传统政务相比，电子政务在客观上更有利于政府绩效的量化评估，有利于对政府行为做出全面科学的评价，促进政府重视绩效的持续改进。

10.4.5 高效利用信息资源

电子政务扩大了信息传播的渠道，通过电子政务信息系统充分挖掘、利用和开发隐藏在社会、企业和政府内部丰富的信息资源，利用市场机制实现信息共享，及时发布经济运行信息、社会服务信息、政府决策信息、企业反馈信息，从而有利于公民随时检举各类违法事件，维护自身权利，推进政府的廉政建设。公民获得了大量权威性、原创性的资料，增加了对政府工作的了解，消除了对一些问题的疑惑，更使他们看到了政府为人民所做的实实在在的事情，增强了对政府的信心。

10.4.6　扩大政府的群众基础

电子政务可以大大提高政府的公共服务能力和公共管理能力，提高公众满意度，扩大公众对政府的支持基础，进而促进政府职能的转变。例如，加快电子政务建设，创新行政管理方式，提供网上公共服务，可以密切政府与企业、市民之间的公共关系，解决政府与企业、市民之间信息不对称的矛盾，提高公共服务质量。通过建立政务信息公开和网上互动机制，可以帮助政府掌握网络信息的主导权，提高政府在网络舆论中的影响力和控制力，改善行政管理效果。电子政务为公民提供了网上参政议政的渠道，有助于发挥社会对政府的外部监督作用，促使政府依法行政，提高其施政能力，加强了政府在信息化社会中的群众基础。

10.5　电子政务的框架体系

10.5.1　电子政务的总体结构

电子政务的总体结构应包括构建电子政务的基础平台（包括网络平台、资源平台），以及基于基础平台的信息处理平台和应用平台，此外，还应包括整个系统的维护管理体系、为保证电子政务安全进行的安全体系、电子政务建设依据的标准化体系。

1. 电子政务网络体系

它提供了电子政务运行的网络设施、网络软件等，是电子政务赖以实现的网络环境资源。一般分为政务内网、政务专网和公众服务网。

2. 电子政务资源体系

它指政务的数据资源，主要完成对数据的收集、存储、转换、提取、过滤、综合处理。电子政务的资源体系信息资源是电子政务的内容基础。它包括：政府决策信息；为社会服务的信息；各政府组成部门的工作职能、各种公文、会议情况、总结报告、记录数据、办公文档、机关行政管理信息、经验介绍、驻外办事处工作流信息等政府间交流信息；政府部门的各类资源要素储备和分布状况，行政组织及人力资源调配预案，对自然灾害和意外事故的处理，重大突发事件的应急预案数据库；城市地下网、管、道和线的分布和结构。

3. 电子政务支撑技术平台

该技术平台主要实现对数据资源的充分利用，利用数据协助政府工作决策。该平台技术主要有事务处理系统、管理信息系统、决策支持系统、办公自动化系统等。

4. 电子政务应用体系

该体系包括基于政府专网、政府内网、政府外网基础上开发的各种应用系统。目的是帮助不同部门间的协同办公及为公众提供服务等。可建立工商、税务、公安、社保等政务系统。主要包括：电子政务的办公自动化系统；电子政务的政府门户网站；电子政务的公共服务系统；电子政务的信息资源管理系统；电子政务的智能化分析与辅助决策系统。

5. 电子政务公共服务体系

政府电子化公共服务使政府服务向多种形式、多种渠道转变，真正建立起“以公众需求为中心”的新型政府公共服务理念。政府公共服务系统主要是以政府门户网站的形式出现，在各种各样的政府网站中，最重要也最具代表性的是政府门户网站。政府门户网站是电子政务对外服务的窗口。面向广大的用户，是一站式电子政务的公众接入平台。

6. 电子政务系统维护管理体系

电子政务系统维护管理体系对整个电子政务系统的稳定运行提供保障。

7. 电子政务安全体系

它对整个电子政务系统的实施和运行提供安全保障，包括物理层安全、网络层安全、系统层安全、应用层安全。电子政务安全体系结构的设计应包括：网络域的控制和安全数据交换；信息传递过程中加密；操作系统的安全性；基础安全体系的建立；可信时间源的获取；数据备份与异地容灾。

8. 国家电子政务标准化体系

电子政务系统要以电子政务标准和规范作为指导和依据。

电子政务系统建设是一项复杂的系统工程，其基本框架包括：电子政务的网络架构、电子政务的安全架构、电子政务的信息资源架构、电子政务的业务架构和电子政务的逻辑模式。在我国，以三网（政务内网、政务外网、互联网）、五库（人口库、法人单位库、空间地理和自然资源库、宏观经济数据库）、十二个业务系统（办公业务资源系统、宏观经济管理系统、金关系统、金税系统、金财系统、金卡系统、金审系统、金盾系统、社会保障系统、金农系统、金水系统和金质系统）为核心内容的中国电子政务战略框架已经建立。

10.5.2 我国电子政务的总体框架

2006年，我国国家信息化领导小组正式下发了《国家电子政务总体框架》，并提出了构建国家电子政务总体框架的目标，即到2010年，覆盖全国的统一的电子政务网络基本建成，目录体系与交换体系、信息安全基础设施初步建立，重点应用系统实现互联互通，政务信息资源公开和共享机制初步建立，法律法规体系初步形成，标准化体系基本满足业务发展需求，管理体制进一步完善，政府门户网站成为政府信息公开的重要渠道，50%以上的行政许可项目能够实现在线处理，电子政务公众认知度和公众满意度进一步提高，有效降低行政成本，提高监管能力和公共服务水平。

我国电子政务的总体框架构成包括：服务与应用系统、信息资源、基础设施、法律法规与标准化体系、管理体制。推进国家电子政务建设，服务是宗旨，应用是关键，信息资源开发利用是主线，基础设施是支撑，法律法规、标准化体系、管理体制是保障。电子政务总体框架结构如图10-2所示。

1. 服务与应用系统

服务与应用系统，是指针对具体的政府服务性职能，开发应用的电子政务系统，如：财政、税务、金融、海关、质量监督、检验检疫、防汛指挥、国土资源、人事人才、新闻出版、环境保护、城市管理、国有资产监管、企业信用监管、药品监管等方面的系统。其中服务体系主要包括面向公众、企事业单位和政府的各种服务。通过计算机、电视、电话等多种手段，把服务延伸到街道社区和村镇，惠及全民。如何向城乡公众的婚姻登记、计划生育、户籍管理、教育、文化、卫生等服务。按照建设社会主义新农村的要求，重视为农民提供涉农政策、科技知识、气象、农产品和农资市场信息、劳动力转移等服务。按照提高对外开放水平的要求，为外籍人员提供出入境、商务活动、旅游观光、文化教育、在华就业等服务。如面向企事业单位的纳税、年检年审、质量检查、安全防护、商务活动等服务。应用系统包括办公、宏观经济、财政、税务、金融、海关、公共安全、社会保障、农业、质量监督、检验检疫、防汛指挥、国土资源、人事人才、新闻出版、环境保护、城市管理、国有资产监管、企业信用监管、药品监管等，为党委、人大、政府、政协、法院、检察院等提供在线服务。

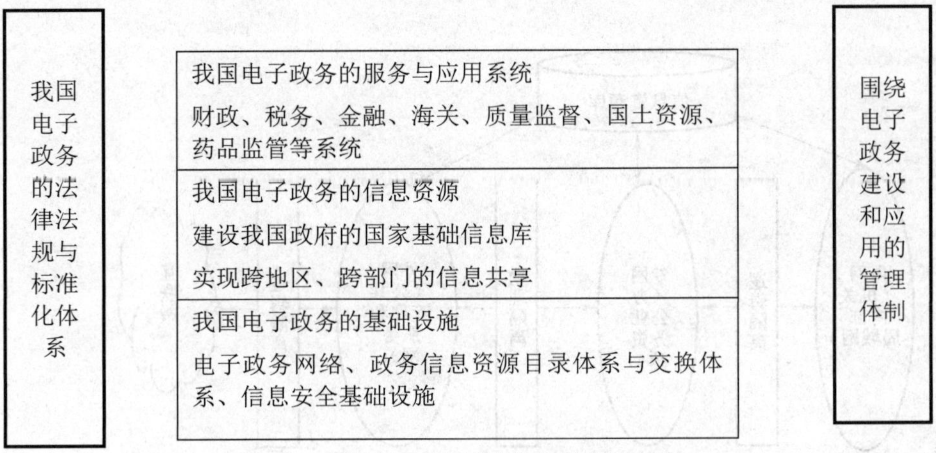

图 10-2　电子政务总体框架结构

2. 我国电子政务的信息资源

信息资源则是指建设我国政府的国家基础信息库，实现跨地区、跨部门的信息共享。它包括信息采集和更新、信息公开和共享。按照“一数一源”的原则，避免重复采集，结合业务活动的开展，保证基础信息的准确、完整、及时更新和共享，实行分别建设、统一管理、共享共用。

3. 我国电子政务的基础设施

它包括国家电子政务网络、政务信息资源目录体系与交换体系、信息安全基础设施。政务内网由党政、人大互联互通形成，主要满足各级政务部门内部办公、管理省级以上政务部门特殊办公需要。政务外网主要满足面向社会服务的需要。围绕深化应用的需要，加强和规范电子政务网络信任体系建设，建立有效的身份认证、授权管理和责任认定机制。

4. 我国电子政务的法律法规与标准化体系

法律法规与标准化体系是指开展电子政务法研究，推动开展修订相关法律法规的研究。同时建设电子政务标准化体系，充分发挥行业标准在应用系统建设中的作用。要重点制定电子公文交换、业务流程设计等标准，逐步建立标准符合性测试环境。

5. 围绕电子政务建设和应用的管理体制

管理体制是围绕电子政务的建设和应用，加强技术研发，提高产业素质，严格执行《政府采购法》和《招标投标法》，形成有利于信息技术创新和信息产业发展的机制。

10.5.3　我国电子政务的网络结构

2001 年，国务院办公厅下发的《国务院办公厅关于印发全国政府系统政务信息化建设 2001—2005 年规划纲要的通知》提出我国电子政府建设“三网一库”的总体目标框架。2002 年 7 月，中共中央办公厅和国务院办公厅联合下发《中共中央办公厅、国务院办公厅关于转发<国务院信息办公室关于电子政务建设指导意见>的通知》，提出电子政务网络由政务内网和政务外网组成。因此我国电子政务结构经历了“三网一库”向政务内外网结构转变的过程。

1. “三网一库”

“三网”指内网、外网和专网，“一库”指政务信息资源库，“三网一库”的架构如图 10-3 所示。

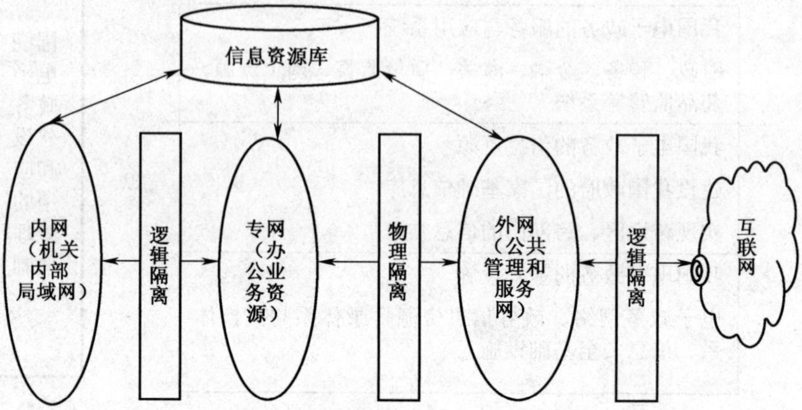

图 10-3 电子政务“三网一库“结构

（1）内网，即机关内部办公网。它以政府各部门的局域网为基础，是各级政府机关内部办理业务的网络系统，建立在保密通信平台上，通过内部网络互联，实现信息共享和信息传递。内网主要用于政府机关内部公文、信息处理和政府系统内部信息传输和共享，服务于政府机构的日常电子化办公，提高政府和部门之间的信息快速反应能力和应急指挥能力，逐步实现政府各类文件、信息处理的无纸化办公。其内容包括文件流转、公文管理、签批管理、会议会务管理、政务信息管理、档案管理、日程安排、车辆管理、公共信息服务系统。将政府文件、公文管理、督察督办及上级政府的有关文件批示和下级政府的请示报告都通过网络运行处理，实现办公网络化、无纸化。同时，通过对多媒体技术的应用，实现视频会议、可视电话等。

（2）专网，即办公业务资源网。连接从中央到地方的各级党政机关、上下级相关业务部门，实现政府内部上下级单位之间的垂直互联和横向互联。按照政府业务可划分各种办公业务资源网，包括各类政府事务处理系统、管理信息系统、决策支持系统以及应急指挥系统。各政府部门之间以及本级政府各部门之间交换电子信息的枢纽。

政府专网具有提升政府办事效率及提供政府内部完全协同的应用环境和信息交互的两方面功能；流程处理高效化和规范化，制造一个完全相互配合、统一管理、协作的政府网络环境，从而达到提升管理职能和政务效率的功能。通过政府网络将政府机关的内部资源，包括政府内各职能部门之间以及政府与下级单位、上级领导等整合在一个统一的平台上进行管理，使行政机关变成一个电子化的内部协同工作的组织。根据机构职能，在业务范围内与内网有条件互联，并以之为基础建立无纸化办公平台以及实现地区及政府涉密信息共享。

（3）外网，即公共管理和服务网。建立在公共通讯平台上，以互联网为依托，进行信息发布、政务公开、对外办公，以及政务信息采集、民众监督政府的数据通信网络平台，是政府面向社会的窗口。政府外网一般是以政府门户网站的形式提供相应的服务，即电子政府基本架构中的"一站"。

（4）信息资源库，包括党政和各行业部门的业务数据和管理信息。资源数据库分布于三网之上，按密级和使用要求为不同用户服务。

2. 从"三网一库"到政务内外网

"三网一库"的电子政务网络体系的形成，是我国电子政务建设进程的结果，为各级政府形成统一的信息基础设施格局奠定了基础，促进了电子政务的发展。但是在进一步实践中发现，专网与外网之间实行物理隔离，影响数据的实时交换，限制了政府面向企业和公众的服务发展。为了解决这一矛盾，提出了改进的电子政务网络新的架构——内外网体系，如图 10-4 所示。

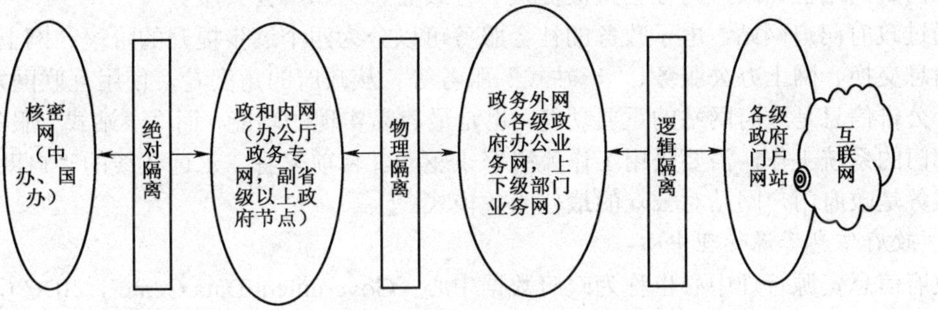

图 10-4　电子政务内外网体系结构

从"三网一库"的结构向政务内外网结构转变，主要变动是：

（1）"三网一库"中的内网并入新的政务内网，主要是连接国务院办公厅内部、各部委、副省级以上政府部门，并与党委、人大、政协等系统建立有条件连接。

（2）"三网一库"中的专网和外网打破物理隔离，专网中副省级以下入政务外网。政务外网主要是运行政务部门面向社会的专业性管理和服务业务，以及不宜在内网上运行的业务。

（3）为了满足政务安全和保密要求，政务内网与政务外网之间采取物理隔离。

3. 政务内网和局域网

（1）根据国家有关规定，政府内网主要是一定级别（副省级市）以上政务部门的办公网，它与此级别以下的政务部门办公网实行物理隔离。内网中包括国家涉密信息、高敏感度信息以及核心办公业务数据等，这与传统意义上的涉密内网相对应，主要解决一定级别的部门内部的办公问题，同时负责政府部门的信息管理，为政府部门提供决策支持等。政府内网通常是在部门原有的局域网基础上，采用互联网网络技术建立起来的部门内部的网络系统。

（2）局域网指的是在较小的区域内连接起来的网络。局域网为政府部门提供了一整套建立部门信息系统的完整的、开放的、易于开发和应用的基础。政府部门内网除了具有一般局域网的功能和特点外，它还针对政府部门办公自动化的需要，提供了一系列办公和信息管理应用模块，肩负着实现政务部门办公自动化、电子化和信息化的任务。

（3）政务内网可包括局域网、园区网、城域网、广域网等，一般采用 TCP/IP 协议，IP 地址要使用互联网的保留地址。不同部门的内网之间进行层间物理隔离或逻辑隔离，通过专用网络互联。在城域网和广域网上，政务内网数据传输要采用普密级以上的加密，一般采用虚拟专用网络（VPN）技术。

4. 政务外网与互联网

政府外网是政府业务专网，主要运行政府部门面向社会的专业性服务和不需要在内网上运行的业务，即“行政监管”和“公共服务”等所需要的不涉及办公业务的服务。政务外网也可包括局域网、园区网、城域网、广域网等，采用 TCP/IP 协议，IP 地址可以使用内部保留地址或合法地址。城域网或广域网上的数据传输也采用 VPN 技术，可采用商密级加密。

政务内网和政务外网之间必须物理隔离。政务外网和互联网之间可以采用防火墙、代理服务器或安全网关进行逻辑隔离。

政府在互联网上建立门户网站，代表部门在互联网上的形象，是公众通过互联网了解政府信息的窗口和获得政府服务的捷径，也是政府部门收集资料和公众反馈信息的一条全新渠道。在门户网站上，政府为社会直接提供“行政监管”和“公共服务”。

通过政府门户网站，电子政务的社会服务可以分为四个逐步提升的阶段：网上信息发布、网上信息交换、网上办公服务、“一站式”服务等。从政府的角度看，使用互联网发布法规和政令等公告信息是政府网站的重要功能，也是最容易实现的功能，而“一站式”服务则体现了政府部门的系统工作，需要采用工作流引擎来驱动。目前来看，永远在线的“自助式”“一站式”服务是政府门户网站对公众的最佳服务模式。

5. 政府信息资源管理中心

政府信息资源管理中心也称为政府数据中心（Government Data Center，GDC），政府信息资源管理中心建有信息资源元数据库，它提供丰富的信息资源供各部门访问。这些资源包括人口、法人单位、自然资源和空间地理以及宏观经济等数据。

（1）GDC 首先是一个数据中心，在数据存储、备份的基础上，利用汇集的海量数据，可以发展为认证中心、导航中心等各种服务中心，为政府部门以及企业和社会公众提供数据共享、数据交换和决策支持服务。

（2）GDC 采用自顶向下的层次结构，可以分为国家级、省市级和地市级 GDC，分别负责本级或本行业的数据服务，因此 GDC 的建设往往可以和网络中心的规划同时进行，统筹建设。

（3）信息资源管理中心所存储的信息主要可分为基础型、公益型和综合型信息。基础型信息是一些自然资源、空间地理等资源生态信息；公益型信息是一些城市建设和市政管理信息；综合型信息则是与经济和社会发展有关的信息。

（4）政府信息资源采用统一的目录服务体系。使用这些信息时要统一通过信息交换中心进行登记，然后再进行数据交换。

10.6 电子政务的发展状况

10.6.1 电子政务的发展历程

按处理方式和对象以及电子政务的发展成熟度，电子政务的发展历程分为三个阶段：

1. 面向数据处理的第一代电子政务

第一代电子政务主要在 1995 年以前，以政府内部的办公自动化和管理信息系统的建设为主要特征，通过基于文件系统和数据库系统的综合运用，以结构化数据为存储和处理的对象，重点强调对数据的计算和处理能力，实现了数据统计和日常文档处理的电子化，完成了办公信息载体从纸介质向电子介质的飞跃，实现了公务员个体工作的自动化。

在这个阶段，局域网和基于网络的管理信息系统也开始得到应用，但主要局限在某一个部门内部。因此，从整体上看，不同部门之间的信息系统很少进行互联、互通。这一阶段电子政务发展的最终结果是在提高办公和管理效率的同时，也形成了一系列的信息孤岛。

2. 面向信息处理的第二代电子政务

随着电子政务理念的普及，一些发达国家开始将建设的重点放到充分运用信息技术，重塑一个具有更高效率、直接面向公众服务的"直接"电子政务。第二代电子政务一直延续到 2001 年左右，主要是以网络技术构建"虚拟政府"，大力推动政府部门之间的协同工作和信息资源的共享，并面向社会公众提供统一的政务服务。

这一阶段的电子政务以网络为中心建立通信基础平台，并以非结构化数据的信息流为主要的存储和处理对象，应用的领域也逐步延伸到政府职能的各个方面，有效地提高了政府的办公效率和管理质量。

3. 面向知识处理的第三代电子政务

目前，电子政务已经进入第三个发展阶段，其主要的目标是在政府信息支撑环境的基础上，利用知识管理技术提高政府决策能力，建立基于网络的分布式政府结构，并通过分布式的"一站式"政府服务中心提供跨部门的政府业务服务。这个阶段的电子政务已经不局限于信息管理或事务处理了，而是希望通过信息技术手段来提高政府部门的知识搜集、分析、传递和利用的能力，将知识管理与政务业务流程紧密结合，从而提高政府整体的管理水平和行政效率。

这一阶段发展的必然结果，是政府结构的扁平化，同时通过对政务业务流程中的无序知识进行系统化的管理，实现对知识的充分利用。当然，知识管理也从客观上要求政府部门改变自身的信息管理，并通过不断的学习来提高政府的决策效率。

10.6.2　国外电子政务的发展

将现代信息技术应用于政府的各项业务，实现政府业务流的计算机化，在发达国家已经有近 50 年的历史。近 50 年来，计算机在政府中的应用，从技术上说，经历了主机、微机加局域网、互联网三个阶段；从处理内容上来说，由数据管理、信息管理、逐步走向知识管理；从覆盖的范围来说，由政府内部的管理职能走向政府外部的服务职能。

1. 美国

美国的政府信息化工作是由联邦政府统一发起和组织的。为了加强对政府信息化工作的领导，美国联邦政府设立了一个专门的组织机构——政府技术推动小组，统一负责政府信息化的组织实施工作。联邦政府的技术推动小组，主要负责全国的信息化管理指导工作，包括技术推进、法规政策建议、管理投资、改善服务、业绩评估等。

在具体实施过程中，美国在推动跨部门的资源共享、实现无纸化办公的同时，把电子化政府的应用主要集中在六个方面：

（1）建立全国性、整合性的电子福利支付系统。

（2）发展全国整合性的网络接入和信息内容服务。

（3）发展全国性的执法以及公共安全咨询网络，保证执法体系的快速反应。

（4）跨各级政府的纳税申报及交税处理系统。

（5）建立国际贸易资料系统。

（6）推动整个政府部门电子邮件系统。

2. 加拿大

进入 20 世纪 90 年代以来，加拿大加快了信息高速公路建设的步伐。加拿大发展信息高速公路的目的是要建立高品质、低成本的信息网络，使每一个加拿大公民皆能公平享有就业、教育、投资、娱乐、医疗保健及社会福利信息的机会，并使加拿大成为全球信息高速公路的主要使用者及服务提供者，以促进加拿大经济、社会及文化建设方面的发展。

政府已经推动的应用项目包括：

（1）电子化的公共招投标系统。

（2）推动单一的商业注册登记号码。

（3）运用电子资料交换与扩大推动电子商务，进行政府采购、支付和税费的征收。

（4）实行以电子布告栏及国际互联网络传送政府的电子文件。

加拿大政府的电子政务建设，极大地提高了政府的效能。政府部门之间的信息共享，避免了文件纸张的传递与浪费；同时为加拿大公民和政府提供更加便捷的沟通途径。加拿大政府还引入一种地方政府共享资源系统，允许一般行政性服务机构和人员共享信息。

3. 新加坡

新加坡从 1981 年开始发展电子政务，目前其电子政务的发达程度已备受世人瞩目。新加坡的电子政务系统完全为国家控制，没有私人的参与，政府每年要在这项工程上花费大量的资金。但电子政务的实施也为政府节省了大量的办公费用。2002 年 7 月，新加坡电子政府可以为其公民提供 200 项以上的电子政务服务，新加坡的公众们可以从一个名为“电子公民中心”的站点轻松获取医疗、商务、法律法规、交通、家庭、住房、就业等各项网上信息和服务。

4. 国外电子政府建设的特点

与 20 世纪 90 年代初相比，电子政务近几年来在概念上有了很大的发展。综观美国、加拿大等西方国家电子政务发展的状况，虽然这些国家在电子政务建设的具体做法方面有许多差异，但有一些共同的特征值得我们注意。

（1）改善对企业和公众服务是普遍目标选择

电子政府的核心价值之一，就是要从根本上改善政府的公共服务。西方国家在确定电子政府的目标时，把电子化服务作为重要的衡量指标。他们认为，在电子化政府战略中，如果没有为公民服务以及运行效率衡量的目标，电子政府的发展将是失败的。为此，西方国家在推动电子政府的发展中，把改善政府传统的公共服务放在了十分重要的地位。

（2）电子政府的发展普遍与政府改革紧密地结合

近 20 年来，西方国家在社会压力、财政压力以及经济全球化压力下，普遍进行了大规模的政府改革。为了巩固这些改革成果，西方发达国家普遍把推动政府信息化放在了十分重要的地位，并把巩固改革成果与推动政府信息化、发展电子政务有机结合起来，从而取得显著效果。

（3）遵循“长远规划、由易到难、分阶段实施”的建设原则

比如美国把电子政府的发展划分为四个阶段实施：第一阶段为初始阶段，主要是提供一般的网上信息服务，简单的事务处理，以及有限的技术复杂程度；第二阶段，要进一步发展门户网站，更复杂的事务处理，实现初步协作，技术复杂程度也逐步提高；第三阶段，要实现政府业务的重组，建立集成系统以及复杂的技术体系；第四阶段，要建立具有适应能力的政务处理系统，实现政府与企业、公民的互动式交流与服务，与此同时，建立高度复杂的技术支持系

统。按照美国的规划，到 2005 年将有 35%的政府处于第二阶段；到 2010 年，绝大多数现有政府部门将按照电子政府的要求被改造。这说明电子政府的建立是一个复杂的过程，即使像西方发达国家也不可能一蹴而就，必须分步实施。

（4）制定统一的规划和技术标准，规划电子政府的发展

美国于 1993 年制定并颁布了《美国国家基础设施行动计划》，1994 年又提出了《政府资讯科技服务远景》，从而确定了美国联邦政府推动电子政府发展目标。欧盟制定了“信息社会行动纲领”，对未来的政府信息化做了周密的安排。英国在 1996 年颁布“直接政府绿皮书”对电子政务的发展做出了系统规划，并提出了近期和无期目标。加拿大工业部长 1994 年提出了一份有关发展信息高速公路的战略框架，其中有关政府信息化的问题被作为主要内容。

（5）利用互联网络实现资源共享和集成

利用互联网络实现政府资源共享和集成，一方面是由于发达国家经过持续近五十年的信息化努力，政府内部的管理信息系统和各种决策支持系统已经基本完成，有可能利用互联网将政府的信息系统在技术上向政府外部延伸；另一方面，也是因为互联网的出现和发展为重新构造政府和建立政府、企业、公众三者之间的新型互动关系提供了一个全新机会和平台。

10.6.3　我国电子政务的发展

我国的信息化建设起步于 20 世纪 80 年代初期，从国家大力推动电子信息技术应用开始，大致经历了四个阶段，目前我国的电子政务建设是中国信息化建设发展的一个新阶段，它以我国前期信息化建设的成果为基础。

1. 办公自动化阶段

中国政府早在 20 世纪 80 年代已意识到信息革命带来的挑战与机遇，各政府部门已开始尝试利用计算机辅助一些最基础的政务劳动，譬如文件电子化处理、数据电子化存储等，这就是所谓的“办公自动化”发展阶段。这一阶段最主要的特点是利用计算机替代一部分手工劳动，提高政府文字、报表处理等工作的效率。

到 80 年代末，全国各地不少政府机构已建立起了各种纵向或横向的内部信息办公网络，很多政府机构成立起了专门的信息中心，为提高政府的信息处理能力和决策水平起到了重要的作用。

2.“金字工程”实施阶段

进入 20 世纪 90 年代，我国的政府信息化建设进一步加快，特别是一系列“金字工程”的启动，标志着中国政府与国民经济信息化的序幕正式拉开。1993 年 12 月，我国政府成立“国际经济信息化联席会议”，确立“实施信息化工程，以信息化带动产业发展”的指导思想，正式启动“金卡”“金桥”“金关”等重大信息化工程，这些工程都是由中央政府直接领导，以加强信息化基础设施建设为重点，以保证国民经济重点领域的数据传输和信息共享为主要目的。

紧随“三金工程”之后的是“金税工程”，它是为了配合中国财税体制的改革，推行以增值税为主体的流转税制度，严格税收征管，杜绝税源流失而实施的一项全国性的信息化工程。

除此以外，近年来，国家有启动了“金审工程”“金盾工程”“金卫工程”等新的“金字工程”。这些工程的相继完工，将会对我国的政府信息化建设和电子政务发展起到直接的推动作用。

3. 政府上网阶段

到了 20 世纪 90 年代的中后期，互联网已经开始在经济社会生活的各个领域进行广泛渗

透。政府作为社会信息资源最大拥有者和使用者，理所当然要与互联网“联姻”。开始于 1999 年初的“政府上网工程”，标志着真正意义的电子政务活动在我国正式启动。

在“政府上网工程”的推动下，我国的政府信息化建设有了实质性进展。绝大部分国家部、委、办、局与地市级以上地方政府都已经在互联网上建立起了自己的网站。与此同时，政府网页的内容也变得较为丰富，网站的功能也变得日益多样化，政府网站所发挥的作用也变得越来越大。

“政府上网工程”的启动，使中国政府真正开始了基于因特网的电子政务活动，无论是普通百姓，还是政府职员，对电子政务发展有了更进一步的认识，为改善电子政务发展环境起到了重要的作用。

4. 电子政务实质性应用阶段

在经历了声势浩大的“政府上网工程”后，我国电子政务的发展进入了理性发展阶段。特别是我国国民经济与社会发展“十五”计划中提出的“以信息化带动工业化”已取代“九五”计划中“以信息产业推动国民经济发展”的提法，这标志着我国的电子政务发展进入实质性应用阶段。

在电子政务发展规划方面，从中央到地方都引起了足够的重视。2001 年 12 月，国家信息化工作领导小组成立，由国务院总理朱镕基担任领导小组组长；同年的 12 月 29 日，由国家科技部会相关单位专家共同组织进行的“中国电子政务应用示范工程”开始在全国范围内进行公开招标。“数字化北京”“数字化上海”“数字化福建”等一个个宏伟计划也进入各地方政府的工作日程。2003 年是我国电子政务从规划转向具体实施阶段的第一年。同年 9 月 15 日，温家宝总理在国家行政学院省部级干部“政府管理创新与电子政务”专题研究班的讲话中指出，要加快政府职能的根本性转变，加快推进政府管理创新。2004 年，我国政府继续推进以“三网一库”为基本架构的政府系统政务信息化枢纽框架及应用体系，以实施电子政务示范工程为先导，加快建设和整合统一的全国政府系统办公业务资源网络平台。

本章小结

电子政务是政府机构应用现代信息技术，将管理和服务通过网络技术进行集成，在互联网上实现政府组织机构和工作流程的优化重组，超越时间和空间及部门之间的分隔限制，向社会提供优质和全方位的、规范而透明的、高水准的管理和服务。

根据用户的不同，电子政务可以分为以下几种类别：政府对公务员的电子政务（G to E）、政府间的电子政务（G to G）、政府对企业的电子政务（G to B）、政府对公众的电子政务（G to C）。

电子政务的应用类型主要有以单纯的信息发布为主，单向信息流向；实现交互式的数据和信息交换；应用和业务流程的高度集成这三种。从电子政务的应用形式来看，目前的电子政务应用包括政府电子商务、政府电子采购及招投、网上福利支付、电子邮递、电子资料库、电子化公文系统、电子税务、电子身份认证。

移动电子政务（Mobile Government，M-Government），又称移动政务，主要是指政府部门利用无线通讯技术，通过移动通信网和互联网的联合应用，诸如手机、PDA、Wi-Fi 终端、蓝牙、无线网络等技术为公众提供服务，实现政府管理及政府服务的电子化和移动化。它是随着移动通信技术的快速普及和电子政务的迅速发展而产生的。

电子政务的功能主要有：优化政府职能配置、重塑政府业务流程、促进政务公开、改善政府绩效、高效利用信息资源、扩大政府的群众基础。

实施电子政务可以降低行政成本，提高政府工作效率；促进政务公开，加强勤政、廉政建设；有利于政府提高公共服务质量；促进政府改革与创新；带动国家信息化建设；推进民主政治发展；有利于培养高素质的国家公务员队伍。

电子政务的总体结构包括：电子政务网络体系、电子政务资源体系、电子政务支撑技术平台、电子政务应用体系、政府门户网站、电子政务系统维护管理体系、电子政务安全体系、国家电子政务标准化体系。

我国电子政务的总体框架由服务与应用系统、电子政务的信息资源、电子政务的基础设施、电子政务的法律法规与标准化体系、管理体制几个方面构成。

我国电子政务的网络结构经历了“三网一库”向政务内外网结构转变的过程。

电子政务的发展历程按处理方式和对象以及电子政务的发展成熟度分为三个阶段：面向数据处理的第一代电子政务、面向信息处理的第二代电子政务、面向知识处理的第三代电子政务。

我国电子政务的发展大致经历了四个阶段：办公自动化阶段、“金字工程”实施阶段、政府上网阶段、电子政务实质性应用阶段。

思考与练习

1．什么是电子政务？
2．简述传统政务与电子政务的比较。
3．简述电子政务与办公自动化的联系与区别。
4．简述电子政务的基本模式及应用。
5．简述从“三网一库”到内外网结构转变的原因和方式。
6．简述我国电子政务的发展阶段。

第 11 章　电子商务安全与风险管理

学习要点及目标

1. 了解电子商务对安全的基本要求
2. 了解电子商务面临的主要安全威胁
3. 熟悉并掌握电子商务常用的加密技术、访问控制和身份认证技术
4. 理解防火墙、VPN、入侵检测系统的基本原理以及 SET 和 SSL 协议

核心概念

电子商务安全要素　社会工程学　PKI　防火墙　VPN　入侵检测系统

引导案例

钓鱼网站骗走消费者 23 万余元

2014 年 1 月 10 日，宇龙计算机通信科技（深圳）有限公司在其“酷派商城”网站上，发布电商品牌“大神”系列手机产品，产品一上线便被抢购一空。但让该公司始料不及的是，此后，陆续接到近 60 名客户的电话投诉，称在其商城上付钱购买了手机却迟迟没收到货。

差错究竟出在哪里？接到客户投诉后，该公司立刻调取后台数据进行核查，结果发现公司从未接到这些投诉客户的购买信息。进一步调查显示，这些客户均是通过一个仿冒其公司官网的钓鱼网站上购买的。2014 年 1 月底，该公司正式向南山公安分局高新派出所报案。

接报后，专案组前往钓鱼网站服务器以及该网站使用的第三方交易平台服务器所在地湖北省鄂州市和北京市开展侦查工作。调查发现，该案犯罪嫌疑人刘某利用网络技术，模仿受害公司电子商务商城，除去网站域名不同之外，界面相似度 100%。同时，犯罪嫌疑人又花了 4000 元通过百度推广将其假冒网站推送到搜索的第一个。而另一位犯罪嫌疑人曾某利用虚假信息购买第三方交易平台账号，以此进行钓鱼诈骗。根据警方统计，通过该钓鱼网站购买手机的网民多达 360 余人。

办案民警强调，刘某能够诈骗成功非常关键的一环还在于，其购买的第三方支付平台存在很大的漏洞，与支付宝需买家确认收货后才能支付不一样，该平台不需这一环节，钱一到账，“卖家”就可以提取，而经查，该支付平台所在公司竟是一家证照齐全的合法公司。

2014 年 2 月 13 日，根据相关线索，专案组分别在武汉和广州将刘某和曾某抓获，二人均为无业游民，骗走的钱已被他们拿去赌博挥霍。

对此，警方提醒，有网上商城的公司应随时在网上监控跟进，及时发现仿冒公司网站的钓鱼网站并予以举报，同时市民还应多些心眼，在支付前，与公司客服联系，做到万无一失。另外，从钓鱼网站活动规律来看，钓鱼网站的活动非常遵循网民的上网习惯，并且紧追热点，每逢节日必然是钓鱼网站的高发期。从钓鱼手段来看，近年来，由于微博影响力的扩大和使用率的增加，以微博抽奖、中奖为名进行网络钓鱼的案例大大增加。

（案例来源：羊城晚报记者石华报道 2014 年 02 月 23 日 星期日）

案例导学

在我国各式各样的钓鱼网站中，涉及淘宝网、工商银行、央视、腾讯公司四家单位的钓鱼网站总量占了绝大多数。通过仿造一个淘宝网店，然后骗取网民的银行账号和密码，或者在购物时将用户的货款转移到自己的账户中，已经成为最为常见的网络钓鱼行为。

交易安全是影响电子商务健康发展的关键因素之一。类似于窃取消费者支付信息等犯罪活动在全球范围内都正在急剧增长。这些安全威胁从技术攻击到冒名诈骗，涉及范围十分广泛。高效的安全措施是保证电子商务的顺利展开，解决交易安全问题的基础。

11.1　电子商务安全概述

11.1.1　电子商务安全的概念

电子商务系统是一个计算机系统，其安全性是一个系统的概念。从狭义上讲，电子商务安全主要指电子商务信息的安全，主要包括信息的存储安全和信息的传输安全。从广义上讲，电子商务安全不仅与计算机系统结构有关，还与电子商务应用的环境、人员素质和社会因素有关。它包括电子商务系统的硬件安全、软件安全、运行安全及电子商务安全立法。

1. 电子商务系统硬件安全

硬件安全是指保护计算机系统硬件（包括外部设备）的安全，保证其自身的可靠性和为系统提供基本安全机制。

2. 电子商务系统软件安全

软件安全是指保护软件和数据不被窜改、破坏和非法复制。系统软件安全的目标是使计算机系统逻辑上安全，主要是使系统中信息的存取、处理和传输满足系统安全策略的要求。根据计算机软件系统的组成，软件安全可分为：操作系统安全、数据库安全、网络软件安全和应用软件安全。

3. 电子商务系统运行安全

运行安全是指保护系统能连续和正常地运行。

4. 电子商务安全立法

电子商务安全立法是指对电子商务犯罪的约束，它是利用国家机器，通过安全立法，体现与犯罪斗争的国家意志。

综上所述，电子商务安全是一个复杂的系统工程。电子商务安全不仅涉及到技术问题，也涉及到立法和社会管理等多个方面。

11.1.2 电子商务安全的主要问题

电子商务安全可分为网络安全和商务交易安全两部分。

计算机网络安全主要包括：网络硬件设备安全（硬件质量、管理松懈、使用不当等）；网络软件安全（应用软件安全、操作系统安全等）；数据资料安全（泄密、误操作、恶意操作等）；网络运行环境安全（黑客攻击、授权不当、加密疏漏等）；网上交易服务器与用户传递信息的安全（用户信息被篡改、破坏等）；客户端计算机及其他连接互联网设备的安全。针对这些IT本身可能存在的安全问题，以保证IT安全为目标，实施IT安全增强方案。商务交易安全是商务活动在网络运行中产生的各种安全问题。

商务交易安全是商务活动在网络运行中产生的各种安全问题。为了保障电子商务活动的有序进行，应当实现电子商务的保密性、可靠性、真实性、完整性、防抵赖性、实名制、认证制和准入制，并加快法律制度建设，提倡违规黑名单制，加大违法追究力度等。

11.1.3 电子商务的安全需求

电子商务所面临的安全威胁来自网络和商务交易两方面，为了实现真正安全的电子商务，保证交易安全可靠地进行，要求电子商务具有认证性、机密性、完整性、有效性和不可抵赖性等内容。

1. 信息的保密性/机密性

信息的保密性是指信息在传输过程或存储中不被他人窃取。电子商务作为贸易的一种手段，其信息直接代表着个人、企业或国家的商业机密。传统的纸面贸易都是通过邮寄封装的信件或通过可靠的通信渠道发送商业报文来达到保守机密的目的。电子商务是建立在一个较为开放的网络环境上的（尤其 Internet 是更为开放的网络），维护商业机密是电子商务全面推广应用的重要保障。因此，要预防非法的信息存取和信息在传输过程中被非法窃取，信息需要加密以及在必要的节点上设置防火墙。例如信用卡号在网上传输时，如果非持卡人从网上拦截并知道了这个号码，他也可以用这个号码在网上购物。因此，必须对要保密的信息进行加密，然后再放到网上传输。

2. 信息的完整性

电子商务简化了贸易过程，减少了人为的干预，同时也带来维护贸易各方商业信息的完整、统一的问题。由于数据输入时的意外差错或欺诈行为，可能导致贸易各方信息的差异。此外，数据传输过程中信息的丢失、信息重复或信息传送的次序差异也会导致贸易各方信息的不同。贸易各方信息的完整性将影响到贸易各方的交易和经营策略，保持贸易各方信息的完整性是电子商务应用的基础。因此，要预防对信息的随意生成、修改和删除，同时要防止数据传送过程中信息的丢失和重复并保证信息传送次序的统一。

3. 信息的有效性

电子商务以电子形式取代了纸张，那么如何保证这种电子形式的贸易信息的有效性则是开展电子商务的前提。电子商务作为贸易的一种形式，其信息的有效性将直接关系到个人、企业或国家的经济利益和声誉。因此，要对网络故障、操作错误、应用程序错误、硬件故障、系统软件错误及计算机病毒所产生的潜在威胁加以控制和预防，以保证贸易数据在确定的时刻、确定的地点是有效的。

4. 信息的不可否认性

电子商务可能直接关系到贸易双方的商业交易，如何确定要进行交易的贸易方正是进行交易所期望的贸易方这一问题则是保证电子商务顺利进行的关键。在传统的纸面贸易中，贸易双方通过在交易合同、契约或贸易单据等书面文件上手写签名或印章来鉴别贸易伙伴，确定合同、契约、单据的可靠性并预防抵赖行为的发生。这也就是人们常说的“白纸黑字”。在交易进行时，交易各方必须附带含有自身特质、无法由别人复制的信息，以保证交易后发生纠纷时有所对证。通常使用的方法是数字签名。

5. 信息的可认证性/交易者身份的真实性

交易者身份的真实性是指交易双方确实是存在的，不是假冒的。网上交易的双方相隔很远，互不了解，要使交易成功，必须互相信任，确认对方是真实的，对商家要考虑客户不是骗子，对客户要考虑商店不是黑店，有信誉。在无纸化的电子商务方式下，通过手写签名和印章进行贸易方的鉴别已是不可能的。因此，要在交易信息的传输过程中为参与交易的个人、企业或国家提供可靠的标识。通常的做法是建立认证系统，由第三方认证机构作为交易双方的认证人，或各自出示双方都信赖的认证机构颁发的证书。

6. 系统的可靠性

电子商务系统的可靠性是指防止计算机失效、程序错误、传输错误、自然灾害等引起的系统出错而导致的计算机信息失效或失误。

7. 审查能力

根据机密性和完整性的要求，应对数据审查的结果进行记录。

综上所述，电子商务的实现存在着多种多样的不安全因素的威胁，为了顺利开展商务活动，有必要采用各种安全技术来保证电子商务的认证性、机密性、完整性、有效性和不可抵赖性等的安全要求。

11.1.4　电子商务的安全管理策略

电子商务安全管理策略涵盖范围很广，一个完整的电子商务安全管理策略一般都可以分为物理安全策略、网络安全策略以及灾难恢复策略等。

1. 物理安全策略

物理安全策略是整个电子商务安全管理策略不可忽视的重要基础。在基于 Internet 的电子商务整个交易过程中，对电子商务系统包含的相关物理设备有相当高的安全要求。影响电子商务系统安全的物理安全风险主要有自然灾害风险、人为风险和硬件防护风险。相应的物理安全策略也围绕上述三个物理安全风险展开。

（1）自然灾害安全防范策略

自然灾害安全防范策略主要包括防火、防水和防雷措施。设备所在场所应避免火灾、水灾的发生并采取相应的隔离措施以保证在意外火灾、水灾下的设备防护。另外，电子商务系统的设备主要由电路组成，因此制定全方位、安全灵活的防雷措施显得非常有必要。

（2）人为风险防范策略

人为风险包括人为的操作错误引起的安全问题、设备防盗以及计算机犯罪问题等。人为操作方面引起的风险可以通过建立和健全安全制度来加以防止，同时加强和培育安全意识。对于设备防盗问题，如果资金允许，可以建立较为完善的防盗系统，如果资金不足，可以通过加强内部管理的方法加以解决。对于内外部人员的计算机犯罪问题，一是通过法律途径解决；二是加强自身安全防范。

（3）硬件防护策略

硬件防护包括电磁防护和硬件设备维护。硬件维护包括服务器及其他相关设备的电源保护、有效的防静电措施以及要抑制和防范电磁泄露与电磁干扰。关于硬件设备维护，如果条件允许，可以增加设备信息保护装置。另外除了日常维护以外，还需要定期对设备进行检修。

2. 网络安全策略

网络安全是电子商务系统安全的核心，需要从技术和管理两方面入手，因此，网络安全策略分为技术策略和管理策略。

（1）技术策略

1）安装使用网络安全检测设备和相关软件

借助一些专用的网络安全监控设备和软件，加强对各种不法行为的监控和防范。

2）加强网络访问控制

访问控制是网络安全防范和保护的主要策略。它包括入网访问控制、网络权限控制、网络监测和锁定控制等。

3）采用防火墙技术

防火墙用来检查通过内部网和外部网间的信息往来，它可以鉴别网络服务请求是否合法，以便采取响应或拒绝的措施。

4）数据加密

数据加密是采用一定的加密技术，以防在传输过程中数据一旦被截获不致造成信息的泄露，其核心是加密的方式以及密钥的分配和管理。

5）引入鉴别机制

鉴别是查明另外一个实体身份和特权的过程，以确定其合法性，并作出响应。

（2）管理策略

1）加强电子商务网络系统的日常管理和维护。

2）建立严格的保密制度。

3）加强对管理人员监督和培训，落实工作责任制。

4）建立跟踪、审计和稽核制度。

5）完善病毒防范制度。

6）建立健全相关法律法规制度。

3. 灾难恢复策略

对于电子商务系统来说，灾难主要指意外的自然灾害以及黑客攻击等原因造成数据库受到的破坏。灾难恢复策略是为了在数据资源遭受破坏后迅速恢复系统功能，最大程度地保持数据资源的完整性，将损失降至最低。因此，灾难恢复主要包括备份和恢复两个环节。

（1）灾难备份

1）确定备份方案。

2）建立数据恢复中心。

3）建立完善的备份制度。

（2）数据恢复

1）评估数据损失情况。

2）确定数据恢复方案。

3）恢复数据。

11.2　电子商务的主要安全威胁

电子商务面临的安全攻击可以分为两种类型：技术型攻击和非技术型攻击。非技术型攻击（nontechnical attacks）指攻击者利用欺骗或是其他诱惑手段使得被攻击者透露敏感信息。非技术攻击主要体现在社会学工程攻击（social engineering）。技术型攻击（technical attacks）则是利用软件和系统知识展开攻击。常见的恶意代码（malware）就是典型的技术型攻击手段。通常情况下，安全攻击常常是技术型攻击和非技术型攻击的结合体。例如，入侵者可能利用软件发送即时通讯信息，该信息会引导浏览者下载恶意软件。当未设防的浏览者下载并安装了恶意软件后，攻击者就可以控制终端并展开攻击。

11.2.1　社会工程学攻击

高德纳咨询公司（Gartner）信息安全与风险研究主任理查·摩古尔（Rich Mogull）曾在 2006 年提出："社会工程学是未来 10 年最大的安全风险，许多破坏力最大的行为是由于社会工程学而不是黑客或破解行为造成的。"

社会工程学（Social Engineering）是通过自然的、社会的和制度上的途径，并特别强调根据现实的双向计划和设计经验来逐步地解决各种社会问题，并建立相应理论的学科。在信息安全中，社会工程学就是入侵者对人类本性中信任倾向的巧妙利用，入侵者的目标是获得有价值的信息，以便使自己可以通过未经授权的路径访问某些重要数据。社会工程学被认为是反映社会现象当代发展复杂性程度的一门综合性的社会科学，其目标是对各种社会问题进行实例分析和解决。它并不是将人文科学、社会科学、自然科学的知识与技术简单相加，而是根据计划、政策的概念，在重构这些知识和技术的基础上，进行新的探索和整合。

1. 社会工程学原理和特点

社会工程学是一种利用人际关系的互动性，通过人的本能反应、好奇心、信任、贪婪等心理弱点实施诸如窃取、欺骗等危害手段，取得访问保密信息系统的权限以获取非法利益的攻击行为。通过利用"人性弱点"，熟练的社会工程学攻击者不仅能成功获取保密信息系统的访问权限，而且可以植入"后门"，甚至在信息系统中加入可被进一步利用的漏洞风险。与一般的攻击手法不同的是，社会工程学攻击往往是无法用技术措施进行防范的。因此，社会工程学在信息安全领域又被誉为"一种让他人遵从自己意愿的科学或艺术"。社会工程学攻击充分利用了人性中"恐惧""信任"和"健忘"三个弱点，将攻击目标置于现实场景中进行分析研究。在实际的攻击行动中，攻击者基于这一基本策略，依赖于物理环境和各种软硬件条件，经过繁杂的资料收集整理、目标信息研究、关联性分析和一致性引导，采用社会工程学特有的技术方法对目标实施攻击，其攻击体系结构如图 11-1 所示。

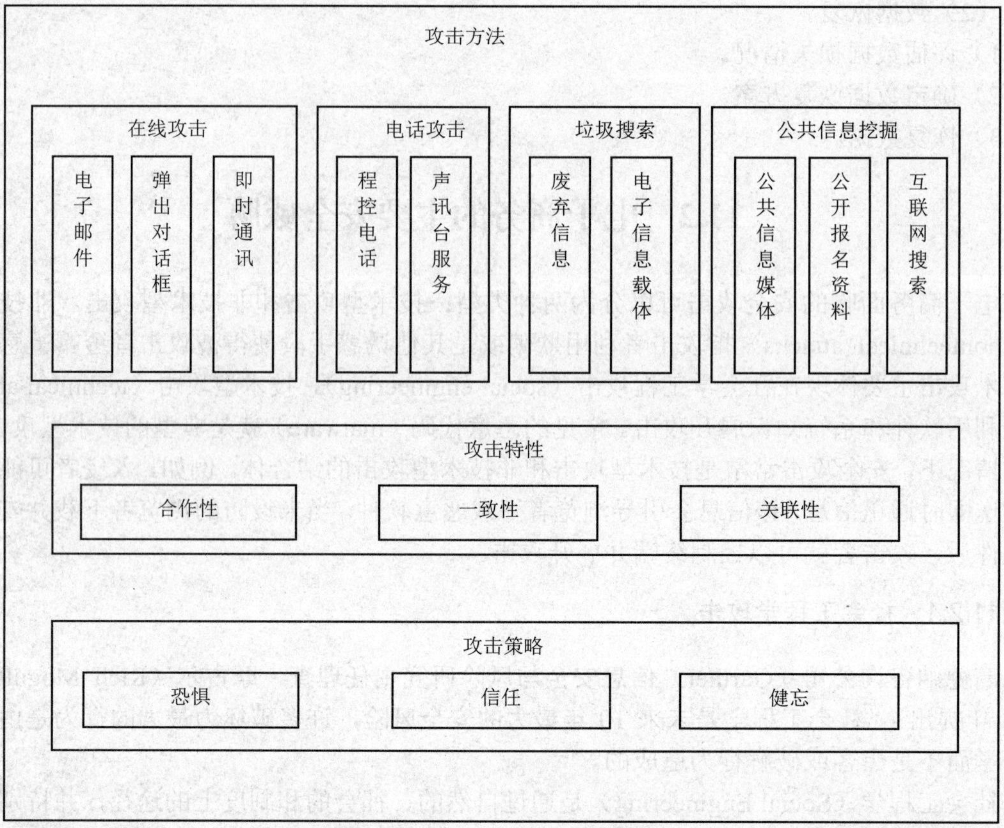

图 11-1　社会工程学攻击体系结构

社会工程学攻击可分为三个步骤：搜集用户信息并分析脆弱点，利用部分信息设置陷阱，对落入陷阱的管理员进行系统入侵。搜集用户信息就是对系统或系统管理员的相关信息进行搜集整理，分析出系统管理员的心理弱点，针对心理弱点制定入侵策略。入侵策略确定完毕即通过设置陷阱对系统管理员进行欺骗，迷惑系统管理员。如果欺骗成功，就相当于为下一步入侵做好了准备工作。

2. 社会工程学防御策略

下面是对防御社会工程学制定的三点策略：

（1）建立完善的信息安全管理策略。信息安全管理策略是通过对系统整体中关于安全问题所采取的原则、对安全产品使用的要求、如何保护重要数据信息、以及关键系统的安全运行。信息安全策略中确定对每个资源管理授权者的同时，还要设立安全篮督员。如果安全监督员没有对资源管理授权者的操作进行审核，就无法对资源的合法使用进行约束和监管。对于系统中的关键数据资源，对其可操作的范围应尽可能小，范围越小就越容易管理，相对也就越安全。

（2）要把信息安全管理策略与培训相结合，对系统管理相关人员进行培训，建立信息安全培训机制，制定相应的培训计划，确定什么是敏感信息，提高安全意识。尤其是要强化用户名和密码保护意识，更改所有默认口令，不要用常见或常用信息作为用户名或密码，密码复杂性要高。

（3）应建立安全事件应急响应小组，安全事件响应小组应当由经验丰富权限较高的人员组成，由小组负责进行安全事件应急演练，有效地针对不同的攻击手段分析出入侵的目的与薄弱环节。同时，要模拟攻击环境和攻击测试进行自查分析，就能有效地评价安全控制措施是否得当，并制定相应的对策和解决方案。

11.2.2　技术型攻击

实施技术型攻击需要利用专业知识。黑客经常利用一些软件工具，利用互联网或者软件漏洞进行攻击。现阶段，最常见的技术型攻击威胁主要包括：大规模拒绝服务攻击、恶意代码和网络钓鱼等。

1．分布式拒绝服务攻击

拒绝服务（Denial of Service，DoS）攻击目的是使计算机或网络无法提供正常的服务，是一种对网络危害巨大的恶意攻击。DoS 的攻击方式有很多种，最基本的 DoS 攻击就是利用合理的服务请求来占用过多的服务资源，从而使合法用户无法得到服务。

分布式拒绝服务攻击（Distributed Denial of Service，DDoS），一般通过技术手段，将多个计算机联合起来作为攻击平台，对一个或多个目标发动 DoS 攻击，从而成倍地提高拒绝服务攻击的威力。DDOS 的攻击策略侧重于通过很多“僵尸主机”（被攻击者入侵过或可间接利用的主机）向受害主机发送大量看似合法的网络包，从而造成网络阻塞或服务器资源耗尽而导致拒绝服务，分布式拒绝服务攻击一旦被实施，攻击网络包就会犹如洪水般涌向受害主机，从而把合法用户的网络包淹没，导致合法用户无法正常访问服务器的网络资源，因此，拒绝服务攻击又被称之为“洪水式攻击”。

小贴士

白帽子黑客

大多数时候，黑客及其破坏性的行为是反社会的。但“白帽子”黑客并不以破坏为目的，他们识别计算机系统或网络系统中的安全漏洞，但并不会恶意去利用，而是公布出漏洞信息。这样，系统将可以在被其他人利用之前来得到有效修补。

成立于 2010 年的乌云网（WooYun）是我国著名的“白帽子”网络社区。2014 年 3 月 23 日晚 6 点，乌云漏洞平台（乌云网）曝出携程安全支付服务器接口存在调试功能，可将用户的支付记录保存下来，包括持卡人姓名身份证、银行卡号、卡 CVV 码、6 位卡 Bin 等信息。由于涉及个人财务信息泄露，引发了社会各界的强烈关注。

2．恶意代码

恶意代码（malware）又称为恶意软件，是指故意编制或设置的、对网络或系统会产生威胁或潜在威胁的计算机代码。最常见的恶意代码有计算机病毒、计算机蠕虫、特洛伊木马等。

（1）计算机病毒

计算机病毒（Computer Virus ）在《中华人民共和国计算机信息系统安全保护条例》中被明确定义为：“指编制或者在计算机程序中插入的破坏计算机功能或者破坏数据，影响计算机使用并且能够自我复制的一组计算机指令或者程序代码”。也可以讲计算机病毒是一个程序，一段可执行码。就像生物病毒一样，计算机病毒有独特的复制能力。计算机病毒增长速度已远远超过计算机本身的发展速度，计算机病毒的破坏性越来越大，传播速度也越来越快，计算机病毒已成为电子商务发展的重大障碍之一。

（2）计算机蠕虫

与计算机病毒不同，蠕虫（worm）能够不需要人为参与而自我传播。这种恶意代码的特性是通过网络或者系统漏洞进行传播。比如 2006 年春天流行的“熊猫烧香”及其变种就是计算机蠕虫。“熊猫烧香”利用了微软视窗操作系统的漏洞，计算机感染这一病毒后，会不断自动上网，并利用文件中的地址信息或者网络共享进行传播，最终破坏用户的大部分重要数据。近些年，即时通讯工具已经成为蠕虫最为常用的传播工具。由于蠕虫传播得比病毒快，为了防范其传播，组织需要积极发现新的漏洞并及时安装系统补丁。

（3）特洛伊木马

特洛伊木马（Trojan horse）名字来源于希腊神话里的“特洛伊木马”。一个完整的特洛伊木马套装程序含了两部分：服务端（服务器部分）和客户端（控制器部分）。植入对方电脑的是服务端，而黑客正是利用客户端进入运行了服务端的电脑。运行了木马程序的服务端以后，会产生一个有着容易迷惑用户的名称的进程，暗中打开端口，向指定地点发送数据（如网络游戏的密码，实时通信软件密码和用户上网密码等），黑客甚至可以利用这些打开的端口进入电脑系统。这时用户电脑上的各种文件、程序、账号、密码毫无安全可言了。

目前，恶意软件已经成为实施计算机犯罪的主要工具。特别是随着电子商务的发展，犯罪分子开始对支付工具以及购物网站进行盗号和诈骗。比如，犯罪分子将木马植入到视频、二维码、中奖弹窗中，骗取账号及密码进行资料售卖，或是通过非法入侵，进入第三方支付软件获取用户数据卖给诈骗分子以牟取利益。

【例 11-1】大学生利用“木马程序”盗窃

黑龙江某大学学生郭某与山东网吧网管孙某某经网络相识后，异地联手作案，用“灰鸽子木马”远程监控程序，一夜间窃取网民张某某电脑中储存的银行账号、密码和电子银行证书，并把账号内存款 48 万元全部划走购买游戏点卡，而后通过出售游戏点卡方式兑现。2011 年，郭某与孙某某均以盗窃罪分别被判处有期徒刑 12 年、罚金人民币 12000 元和有期徒刑 8 年、罚金人民币 8000 元。

该案中犯罪分子交代实施“木马”入侵的具体步骤如下：首先编写或下载“木马病毒”，而后根据不同对象伪装“木马”链接、软件或文件，第三步搜索入侵目标邮箱并发送，等待伪装“木马”软件启动。一旦“木马”被接收方点击启动后，便弹回病毒反弹链接，将该链接设为“种植者（黑客）”的域名，也就完成对目标电脑（俗称“肉鸡”）的控制。

（案例来源：广州日报 作者：李京华、周宁 2011 年 6 月 24 日）

3. 网络钓鱼（Phishing）

网络钓鱼，是 fishing 和 phone 的缩写。是指盗取他人个人资料、银行及财务账户资料的网络相关诱骗行为，可分为诱骗式及技术式两种。诱骗式是利用特制的电邮，引导收件人连接到特制的网页，这些网页通常会伪装成真正的银行或理财网页，令登录者信以为真，输入信用卡或银行卡号码、账户名称及密码等；技术性的 Phishing 则是将程序安装到受害者的电脑中，直接盗取个人资料或使用木马程序、按键记录程序等。

需要着重注意的是手机终端中，犯罪分子会利用短信群发器发送大量含诈骗内容的短信，直接欺骗网民登录假冒银行的钓鱼网站骗取网银资金。有时候业会通过短信、电话欺骗网民通过 ATM 机或网上银行转账。

11.3　电子商务通信安全

11.3.1　访问控制与身份认证

访问控制按用户身份及其所归属的某项定义组来限制用户对某些信息项的访问，或限制对某些控制功能的使用。简单而言，访问控制确定谁可以合法地使用某个网络的资源以及可以使用哪些资源。资源可以是任何东西——网页、文本、数据库、应用软件、服务器、打印机，或任何其他的信息资源。访问控制的功能主要有如下三个方面，第一防止非法的主体进入受保护的网络资源；第二允许合法用户访问受保护的网络资源；第三防止合法的用户对受保护的网络资源进行非授权的访问。

在定义了用户之后，就必须对之实行身份认证。身份认证是在计算机网络中确认操作者身份的过程。确认过程通常基于一种或多种用户特征，这些特征可以把某个人与其他人区分开来。这些能起到区分作用的特征可以是信息（密码），可以是某人的所有物（凭证），同样也可以是某人的生物特征（指纹）。

1. 加密介绍

密码技术是保护信息安全的重要手段之一，它是结合数学、计算机科学、电子与通信等诸多学科于一身的交叉学科。它包括从远古时代就流传的暗号、暗语到密文信件，近代的电子机械密码，现代的公开密码算法，以及未来的量子密码等，为需要保密的信息提供保证信息机密性的加密功能，而且具有数字签名、身份验证、系统安全等功能。

（1）加密

我们将原始未经变换的信息称之为明文。为了保护明文，将其通过一定的方法变换成使人难以识别的一种编码，即密文。这个变换处理的过程称为加密。

（2）解密

密文可以经过相应的逆变换还原成明文，这个变换处理的过程称为解密。

（3）密钥

对信息进行加密和解密通常是在原文和密文上增加或除去一些附加信息，这些附加信息就是我们常说的密钥。密钥是由数字、字母或特殊符号组成的字符串。在加密和解密过程中，控制加密变换的密钥称为加密密钥，控制解密变换的密钥称为解密密钥。加密密钥和解密密钥不一定相同。

（4）加密算法

如果把加密解密的变换处理过程抽象成数学函数，这个函数便是加密算法。用来实施加密的为加密函数，反之为解密函数。

为了使密文信息更加安全可靠，应该经常变换密钥和算法。但由于算法设计起来比较困难，你不可能与每一个人通信都采用不同的算法，因此通常的做法是使用不同的密钥。另外，密钥的位数决定着加密系统的安全性，密钥越长，破解密钥需要的计算时间就越长，因此也就越安全。

明文通过加密变换成为密文，网上交易的各方使用密文进行通信，密文通过解密还原为明文。采用这种方式，网上传输的密文即使被偷窃，窃取者由于没有解密手段也无法理解其含义，这样源信息就得到了保护。而解密手段对于信息的合法接受者来说是开放的，从而使源信息的内容得以安全传送。

2. 对称加密体系与 DES 算法

对称加密体系又被称为秘密密钥，其特点是：无论加密还是解密都使用同一把密钥，即加密密钥和解密密钥相同。

（1）对称加密体系的工作过程

对称加密体系采用相同的加密密钥和解密密钥进行工作，这意味者双方都可以利用该密钥进行加解密，当然这种加密方法是基于双方共同保守秘密的基础之上的。

首先，发送方对要传送的明文使用密钥进行加密；然后，利用互联网把密文传送给接收方，再找寻一条安全的途径把密钥发送给接收方；接收方利用密钥对收到的密文进行解密，从而获得明文信息。如果企业有 N 个合作者，该企业需要有 N 个不同的密钥，增加了企业密钥的管理难度。利用对称加密机制的加密流程如图 11-2 所示。

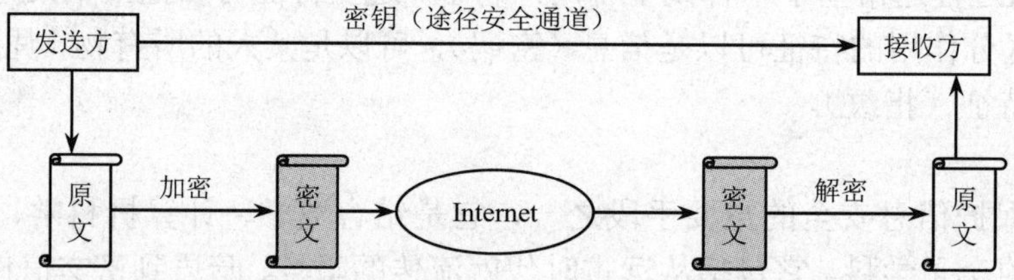

图 11-2　对称加密机制加密流程

（2）数据加密标准——DES

对称密码体制中最有代表性的、使用最为广泛的是 1977 年由美国国家标准局颁布的 DES 算法（Data Encryption Standard，数据加密标准算法）。

DES 算法是 20 世纪 60 年代末由 IBM 的一个研究项目组开发的，随后在 1976 年被美国国家标准局（ANSI）采纳并成为数据加密标准。该算法用来保护金融信息和私密报文通信等。该加密算法的原理是将明文分成固定长度的组（块），如 64bit 一组，用同一密钥和算法对每一块加密，输出也是固定长度的密文。同时还采用一些精心设计的置换和迭代，最终产生每块 64bit 的密文。它的原始密钥是 56 位长度，另有 8 位校验位，共 64 位。作为政府及商业部门的非机密数据的加密标准。

DES 的解密与 DES 的加密一样，只不过是子密钥的顺序相反。DES 加密解密需完成的只是简单的算术运算和比特串的异或处理的组合，因此速度快，密钥生成容易，能以硬件或软件的方式非常有效地实现。

近 20 年来 DES 算法得到了广泛的应用，一个非常重要的应用是银行交易。DES 主要被用于加密个人身份识别号（PIN）和通过自动取款机（ATM）进行的记账交易。

（3）对称加密体制存在的问题

对称加密算法的优点是速度快，效率高。但我们也很容易从它的工作流程中发现缺陷：首先是密钥数目问题，有 N 个交易者就需要 N 个不同的密钥，而在电子商务的交易中，每个企业都可能有数目庞大的交易对象，而且随着时间的推移，这个数目还会不断扩大，如何保存和管理密钥将成为一大难题；其次对称加密算法需要一条安全的途径来传送密钥，但现实的问题是如何才能找到一条安全的途径，无论是电话、邮递还是互联网都存在不安定的因素，面对面的交换也是不现实的，因此安全传送密钥也是一个难题；另外由于数据发送方和接收方都使用同一密钥，无法鉴别发送方和接收方的身份。

3. 非对称加密体系与 RSA 算法

非对称加密，或公用密钥，通讯各方使用两个不同的密钥，一个是只有发送方知道的专用密钥，另一个则是对应的公用密钥，任何人都可以获得公用密钥。专用密钥和公用密钥在加密算法上相互关联，一个用于数据加密，另一个用于数据解密。

1976 年，美国学者 Whitfield Diffie 与 Martin Hellman 发表开创性的论文，提出公开密钥密码体系的概念：一对不同值但数学相关的密钥，公开钥匙（或公钥，public key）与私密钥匙（私钥，private key or secret key）。在公钥系统中，由公开密钥推算出配对的私密密钥于计算上是不可行的。在公钥系统中，公钥可以随意流传，但私钥只有该人拥有。典型的用法是，其他人用公钥来加密给该接受者，接受者使用自己的私钥解密。

（1）非对称加密体制的工作流程

由于非对称加密体制的工作原理是由公开密钥不能推导出私有密钥，因此企业可以把公开密钥像电话号码一样公布在网站等公共媒体上，任何生意伙伴都可以利用你的公开密钥对信息进行加密，而你在接到密文后就可以利用自己持有的私有密钥对其进行解密，由于你是唯一持有私有密钥的人，其他人即使获得了加密文件也无法解开利用。非对称加密体制的工作流程如图 11-3 所示。

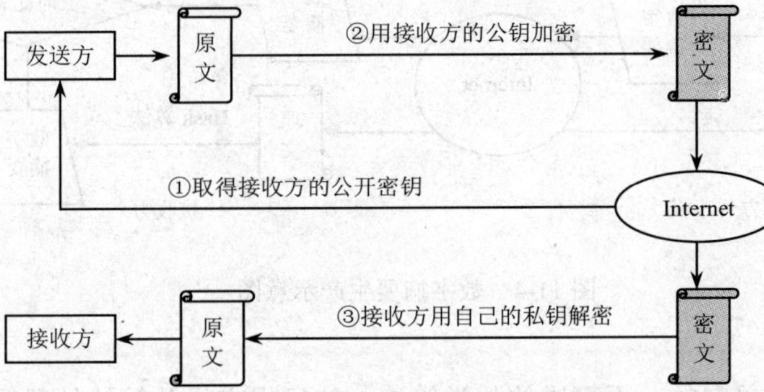

图 11-3　非对称加密体制的工作流程

（2）RSA 算法

RSA 算法是 Ron Rivest、Adi Shamir 和 Leonard Adleman 发明的。RSA 由发明者的姓氏的第一个字母得名。这三个麻省理工学院的教授后来成立了 RSA 数据安全公司。此公司享有算法专利并销售基于此专利的加密软件。

RSA 使用两个密钥，一个公共密钥（公钥），一个私有密钥（私钥）。如用其中一个加密，则另一个解密。密钥长度从 40bit 到 2048bit 可变。加密时也把明文分成块，块的大小可变，但不能超过密钥长度。RSA 算法把每一块明文转化为与密钥长度相同的明文块。密钥越长，加密效果越好，但加密的开销也越大。所以要在安全和性能之间折衷考虑。比如采用 64 位的密钥以使系统开销尽量小，同时又有一定的安全性。

RSA 算法的主要特点是：

- RSA 算法成为第一个用在加密和数字签名中的公共密钥算法；
- RSA 是目前应用最广泛的公共密钥加密体系，常常被当作业界标准；
- RSA 是一个公共密钥加密体系，既可以用作加密，又可用作鉴定。

RSA 被应用于多种 Internet 标准及特定协议中，如私有增强型邮件（PEM）、安全多用途网际邮件扩充（S/MIME）、安全超文本传输协议（S-HTTP）、以及软件行业的标准（PKCS）等。

公钥加密算法的一个致命缺点就是处理速度很慢，不适于对大量数据进行加密/解密运算，而且其密钥长度必须很长才能保证安全性。

4. 数字摘要与 Hash 算法

电子商务中通信双方在互相传送如电子合同、电子支票等数据信息时，不仅要对相关数据进行保密，不让第三者知道，还要能够知道数据在传输过程中有没有被别人改变，也就是要保证数据的完整性，其中一个有效手段就是采用数字摘要技术。

（1）数字摘要的原理

数字摘要，就是发送方对被传送的一个信息报文根据某种数学算法（通常是 Hash 算法）计算出一个此信息报文的摘要值，数字摘要与原始信息报文之间有一一对应的关系。并将此摘要值与原始信息报文一起通过网络传送给接收方，接收者根据此摘要值来检验信息报文在网络传送过程中有没有发生变化，判断信息报文的真实与否，从而来判断信息报文的完整性。其过程示意图如图 11-4 所示。

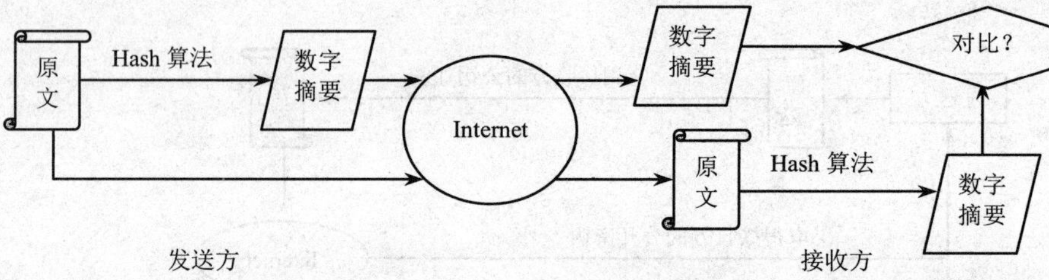

图 11-4 数字摘要生产示意图

（2）Hash 算法

Hash 算法是一个单向的、不可逆的数学算法。信息报文经此算法处理后，能产生一数字摘要，但不可能由此数字摘要再用任何办法或算法来还原原来的信息报文，从而保护了信息报文的机密性。

Hash 算法是公开的，接收者收到信息报文和数字摘要后，可以用同样的 Hash 算法处理收到信息报文，得到新的数字摘要。只要比较两条数字摘要是否相同，就可以确定所收到的信息报文在传送过程中是否被改变或是否是真的。不同的信息原文将产生不同的数字摘要，对原文数据哪怕仅改变一位数据，数字摘要也将会产生很大变化。

（3）数字摘要的优缺点

数字摘要可以用于保证信息原文的真实性，可以一定程度上防伪防修改，类似于签名的真实性检验，所以数字摘要也是数字签名技术之一。

但是数字摘要技术如 Hash 算法本身并不能保证数据的完整性，还必须与其他密钥加密技术结合起来使用才能保证。因为 Hash 算法是公开的，如果某人改变了传送的信息报文的明文，可以很容易地同时改变由 Hash 算法生成的数字摘要。单用数字摘要显然无法保证数据的完整性，必须将数字摘要保护起来，使别人无法伪造。

5. 数字签名

在电子商务中，完善的数字签名应具备签字方不能抵赖、他人不能伪造、在公证人面前能够验证真伪的能力。目前的数字签名是建立在公共密钥体制基础上，其基本原理是，发送方用私钥对所传输的报文加密（签名），接收方用公共密钥解密（核对签名）。

由于数字签名使用的是发信方的私钥进行签名，事后发信方则无法抵赖其所发出的报文，从而实现了交易的不可抵赖性。但这样的方式在报文较长时会影响效率。

结合数字摘要和数字签名技术，可以解决传输完整性和不可抵赖性问题，同时又解决了加密方法的效率问题。具体做法是：发送方将报文所产生的数字摘要用自己的私钥签名，连同报文一起寄出。接受方用发送者的公共密钥解密数字摘要，再利用 Hash 算法重新计算收到报文的数字摘要，两者对照后即可认定报文在传输过程中是否被篡改。由于私钥只有发送者本人拥有，因此它的签名具有不可否认性，即信息的确是发送人发出的。要注意的是数字签名是一种公钥加密方法，但数字摘要并不是加密算法，它只是形成报文的摘要以防篡改。数字签名过程如图 11-5 所示。

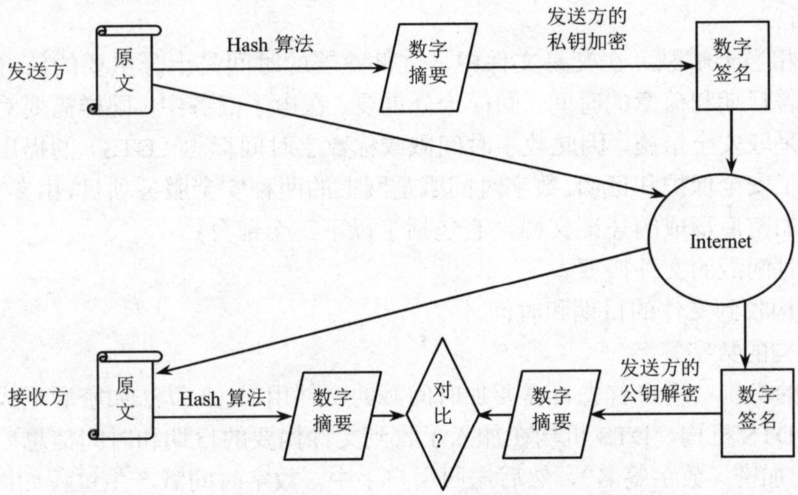

图 11-5　数字签名过程

另外数字签名不同于手写签名，数字签名随文本的变化而变化，数字签名与文本信息是不可分割的，而手写签名是附加在文本之后，与文本信息是可分离的。因此数字签名在更高的层次上维护了信息的安全性，所以它优于传统的签字方式。

6. 数字信封

数字信封技术结合了对称加密技术和非对称加密技术的优点，使用两层次的加密来获得公共密钥技术的方便性和对称密钥技术的高效性。

具体做法是：每当发信方需要发送信息时，首先生成一个单密钥，用这个单密钥加密所要发送的报文。然后用收信方的公共密钥加密这个密钥，连同加密了的报文一同传送给收信方。

只有收信方可用其私钥解密，首先解密出被加密的单密钥，再用这个单密钥解密出真正的报文。数字信封产生过程如图 11-6 所示

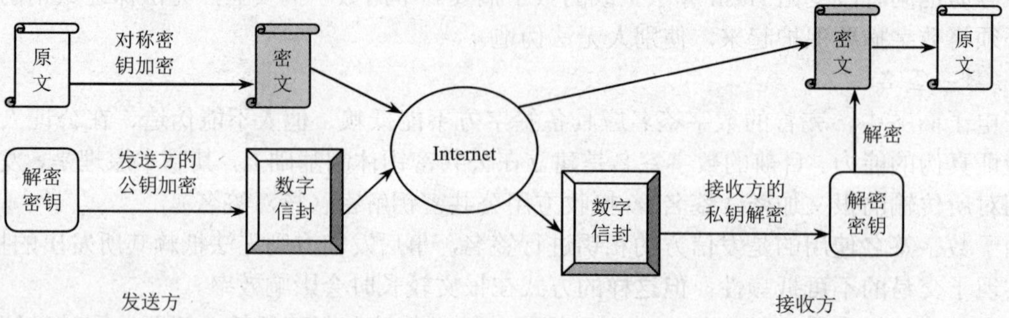

图 11-6 数字信封加密过程

数字信封技术在外层使用公共密钥技术，就可以享受其传递方便、加密性能好的优点；而于内层使用单密钥加密报文，因而使得加密效率提高。同时也使得公共密钥加密的相对低效率被降到最低。而且由于可以在每次传送报文时，使用不同的对称密钥，使系统的安全性又得到了进一步保证。有了公共密钥技术、单密钥技术以及配套的数字信封技术，网上电子交易的安全性就得到了保障。

7. 数字时间戳

数字时间戳相当于邮戳。在交易文件中，文件签署的时间是十分重要的信息，相当于书面合同中文件签署日期和盖章的时间，同样十分重要。在电子商务中，同样需要对交易文件的日期和时间信息采取安全措施，因此数字时间戳或称数字时间标志（DTS）的提出为电子文件的发表时间提供了安全保护和证明。数字时间戳是网上的两种安全服务项目，由专门机构提供。时间戳是一个经加密后形成的凭证文档，它包括了以下三个部分：

- 需要加时间戳的文件摘要。
- DTS 机构收到文件的日期和时间。
- DTS 机构的数字签名。

时间戳产生的机制：用户首先将需要加时间戳的文件用 Hash 算法加密后形成摘要，然后将该摘要发送到 DTS 机构，DTS 机构在加入了收到文件摘要的日期和时间信息后，再对该文件用 DTC 的密钥加密（数字签名），然后送回用户手中。数字时间戳产生过程如图 11-7 所示。

8. SET 简介

安全电子交易（SET）协议，SET 协议是针对开放网络上安全、有效的银行卡交易，由维萨（VISA）公司和万事达（MasterCard）公司联合研制的，为 Internet 上卡支付交易提供高层的安全和反欺诈保证。由于它得到了 IBM、HP、Microsoft 等很多大公司的支持，已成为事实上的工业标准，目前已获得 IETF 标准的认可。这是一个为 Internet 上进行在线交易而设立的一个开放的、以电子货币为基础的电子付款规范。SET 在保留对客户信用卡认证的前提下，又增加了对商家身份的认证，这对于需要支付货币的交易来讲是至关重要的。SET 将建立一种能在 Internet 上安全使用银行卡购物的标准。安全电子交易规范是一种为基于信用卡而进行的电子交易提供安全措施的规则，SET 协议保证了电子交易的机密性、数据完整性、身份的

合法性和防抵赖性，且 SET 协议采用了双重签名来保证各参与方信息的相互隔离，使商家只能看到持卡人的订购数据，而银行只能取得持卡人的信用卡信息。所以它是一种能广泛应用于 Internet 上的安全电子付款协议，它能够将普遍应用的信用卡的使用场所从目前的商店扩展到消费者家里，扩展到消费者个人计算机中。

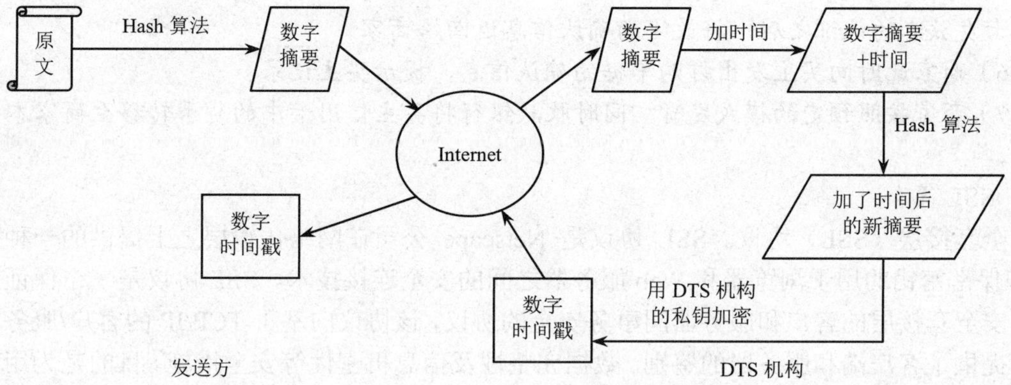

图 11-7　数字时间戳的产生过程

SET 协议执行步骤和常规的信用卡交易相似，不同之处在于 SET 是在网上运作的。SET 实施过程的基本步骤如下：购买者将数字化证书的订货单传给商家；商家将购买者的数字化身份证书传给相应的银行，银行将对此进行解密；商家获得银行认证书，认证消费者所持的 VISA 卡是否有效等；发卡机构批准交易；银行准许商家进行交易并进行电子签名；购物者获得带收据的货物；商家完成交易，并从持卡者所在银行获得款项。

SET 的安全措施包括以下几个方面：

- 确认持卡者、商家、金融机构的身份。
- 保证付款数据的机密性。
- 确保付款数据的完整性。
- 制定安全措施的算法和协议。

SET 在安全方面的考虑很周密，提供各个环节的协议，为电子商务的安全交易提供了一个重要的保障机制。但它局限于使用信用卡方式的支付手段。在一些较早开始研究电子商务的银行和外贸系统所进行的有关电子商务的试验中，多选择了 SET 作为其所用的协议。

小贴士

SET 交易流程

（1）买主上网操作，访问相关的网站，随后将挑选好的拟购买商品信息输入到相关条目中形成电子订货单。单据的内容包括商店名称、货物名称以及数量、交货地点和时间等。

（2）网上商家随后将接收到来自服务器的买主购物信息，商家在线做出反馈，内容包括对买主所选的商品信息以及交货方式的确认等。

（3）买主收到商家的反馈信息，确认自己所填的订购单据，并在付款表单上签署能证明自己身份的信息。

（4）基于 SET 安全交易协议，买主所填写的订货单据和付款表单均需要数字签名。此环节由于使用了双重签名的技术体制，因此商家无法阅读到买主的信息，保证了买主的个人隐私信息不泄露。

（5）网上的商家此时确认买主的订购单据，然后访问买主开户的银行请求支付。然后经过信用卡发放者的认证之后，将最终的确认信息返回给商家。

（6）商家此时向买主发出订购单据的确认信息，提示买主记录。

（7）商家按照预定的模式发货，同时收款银行将买主信用卡中的货币转移至商家本身的账户中。

9. SSL 简介

安全套接层（SSL）协议。SSL 协议是 Netscape 公司在网络传输层之上提供的一种基于 RSA 和保密密钥的用于浏览器和 Web 服务器之间的安全连接技术。SSL 协议是一个保证任何安装了安全套接层的客户和服务器间事务安全的协议，该协议向基于 TCP/IP 的客户/服务器应用程序提供了客户端和服务器的鉴别、数据完整性及信息机密性等安全措施。目的是为用户提供 Internet 和企业内联网的安全通信服务。SSL 协议在应用层收发数据前，协商加密算法，连接密钥并认证通信双方，从而为应用层提供了安全的传输通道；在该通道上可透明加载任何高层应用协议（如 HTTP、FTP、Telnet 等）以保证应用层数据传输的安全性。SSL 协议握手流程由两个阶段组成：服务器认证和用户认证。SSL 采用了公开密钥和专有密钥两种加密：在建立连接过程中采用公开密钥；在会话过程中使用专有密钥。加密的类型和强度则在两端之间建立连接的过程中判断决定。它保证了客户和服务器间事务的安全性。

SSL 与 SET 比较而言，出现较早，且简单、易于实现。同时，SSL 对在客户与服务器间传输的所有数据进行加密，而实际应用中需要加密的信息仅仅是很少的一部分关键性敏感数据，因此，采用 SSL 协议影响了加密的效率；另外，SSL 只能保证传递过程是安全的，而无法获知传递中是否有拦截。SET 协议保密性好，同时 SET CA 是一套严密的认证体系，SET 为了保证安全而牺牲了简便性，且实施过程成本高，并要求安装一个电子钱包，SET 协议只适合卡的支付。不同 SET 协议版本间不具备很好的互操作性。

因此，SSL 的安全性虽不及 SET，但其使用方便、造价低、效率高等优点，使得其在用于在线信用卡交易方面更具有吸引力。

小贴士

SSL 交易流程

下面是一个通过浏览器与 Web 网站建立 HTTPS 连接时，浏览器与 Web 服务器之间经过一个握手的过程来完成身份鉴定与密钥交换，从而建立安全连接的具体过程，如下：

（1）用户浏览器将其 SSL 版本号、加密设置参数、与 Session 有关的数据以及其他一些必要信息发送到服务器。

（2）服务器将其 SSL 版本号、加密设置参数、与 Session 有关的数据以及其他一些必要信息发送给浏览器，同时发给浏览器的还有服务器的证书。如果配置服务器的 SSL 需要验证用户身份，还要发出请求要求浏览器提供用户证书。

（3）客户端检查服务器证书，如果检查失败，则提示不能建立 SSL 连接。如果成功，则继续。

（4）客户端浏览器为本次会话生成 Pre-Master Secret，并将其用服务器公钥加密后发送给服务器。

（5）如果服务器要求鉴别客户身份，客户端还要再对另外一些数据签名后并将其与客户端证书一起发送给服务器。

（6）如果服务器要求鉴别客户身份，则检查签署客户证书的 CA 是否可信。如果不在信任列表中，结束本次会话。如果检查通过，服务器用自己的私钥解密收到的 Pre-Master Secret，并用它通过某些算法生成本次会话的 Master Secret。

（7）客户端与服务器均使用此 Master Secret 生成本次会话的会话密钥（对称密钥）。在双方 SSL 握手结束后传递任何消息均使用此会话密钥。这样做的主要原因是对称加密比非对称加密的运算量低一个数量级以上，能够显著提高双方会话时加密解密的运算速度。

（8）客户端通知服务器此后发送的消息都使用这个会话密钥进行加密。并通知服务器客户端已经完成本次 SSL 握手。

（9）服务器通知客户端此后发送的消息都使用这个会话密钥进行加密，并通知客户端服务器已经完成本次 SSL 握手。

（10）本次握手过程结束，会话已经建立。双方使用同一个会话密钥分别对发送以及接收的信息进行加密、解密。

11.3.2　PKI

1. PKI 的定义

PKI（Public Key Infrastructure）即“公钥基础设施”，是指用公钥概念和技术来实施，支持公开密钥的管理并提供真实性、保密性、完整性以及可追究性安全服务的具有普适性的安全基础设施。

2. PKI 的基本组成

完整的 PKI 系统必须具有权威认证机构（CA）、数字证书库、密钥备份及恢复系统、证书作废系统、应用接口（API）等基本构成部分，构建 PKI 也将围绕着这五大系统来着手构建。

PKI 技术是信息安全技术的核心，也是电子商务的关键和基础技术。PKI 的基础技术包括加密、数字签名、数据完整性机制、数字信封、双重数字签名等。一个典型、完整、有效的 PKI 应用系统至少应具有以下部分：公钥密码证书管理；黑名单的发布和管理；密钥的备份和恢复；自动更新密钥；自动管理历史密钥；支持交叉认证。

（1）认证机构（CA）

认证机构即数字证书的申请及签发机关，CA 必须具备权威性的特征。

（2）数字证书库

数字证书库用于存储已签发的数字证书及公钥，用户可由此获得所需的其他用户的证书及公钥。

（3）密钥备份及恢复系统

如果用户丢失了用于解密数据的密钥，则数据将无法被解密，这将造成合法数据丢失。为避免这种情况，PKI 提供备份与恢复密钥的机制。但须注意，密钥的备份与恢复必须由可信的机构来完成。并且，密钥备份与恢复只能针对解密密钥，签名私钥为确保其唯一性而不能够作备份。

（4）证书作废系统

证书作废处理系统是 PKI 的一个必备的组件。与日常生活中的各种身份证件一样，证书有效期以内也可能需要作废，原因可能是密钥介质丢失或用户身份变更等。为实现这一点，PKI 必须提供作废证书的一系列机制。

（5）应用接口（API）

PKI 的价值在于使用户能够方便地使用加密、数字签名等安全服务，因此一个完整的 PKI 必须提供良好的应用接口系统，使得各种各样的应用能够以安全、一致、可信的方式与 PKI 交互，确保安全网络环境的完整性和易用性。

通常来说，CA 是证书的签发机构，它是 PKI 的核心。众所周知，构建密码服务系统的核心内容是如何实现密钥管理。公钥体制涉及到一对密钥（即私钥和公钥），私钥只由用户独立掌握，无须在网上传输，而公钥则是公开的，需要在网上传送，故公钥体制的密钥管理主要是针对公钥的管理问题，目前较好的解决方案是数字证书机制。

3. PKI 的优势

PKI 作为一种安全技术，已经深入到网络的各个层面。这从一个侧面反映了 PKI 强大的生命力和无与伦比的技术优势。PKI 的灵魂来源于公钥密码技术，这种技术使得“知其然不知其所以然”成为一种可以证明的状态，使得网络上的数字签名有了理论上的安全保障。围绕着如何用好这种非对称密码技术，数字证书破壳而出，并成为 PKI 中最为核心的元素。

PKI 的优势主要表现在：

（1）采用公开密钥密码技术，能够支持可公开验证并无法仿冒的数字签名，从而在支持可追究的服务上具有不可替代的优势。这种可追究的服务也为原发数据完整性提供了更高级别的担保。支持可以公开地进行验证，或者说任意的第三方可验证，能更好地保护弱势个体，完善平等的网络系统间的信息和操作的可追究性。

（2）由于密码技术的采用，保护机密性是 PKI 最得天独厚的优点。PKI 不仅能够为相互认识的实体之间提供机密性服务，同时也可以为陌生的用户之间的通信提供保密支持。

（3）由于数字证书可以由用户独立验证，不需要在线查询，原理上能够保证服务范围的无限制地扩张，这使得 PKI 能够成为一种服务巨大用户群的基础设施。PKI 采用数字证书方式进行服务，即通过第三方颁发的数字证书证明末端实体的密钥，而不是在线查询或在线分发。这种密钥管理方式突破了过去安全验证服务必须在线的限制。

（4）PKI 提供了证书的撤销机制，从而使得其应用领域不受具体应用的限制。撤销机制提供了在意外情况下的补救措施，在各种安全环境下都可以让用户更加放心。另外，因为有撤销技术，不论是永远不变的身份、还是经常变换的角色，都可以得到 PKI 的服务而不用担心被窃后身份或角色被永远作废或被他人恶意盗用。为用户提供“改正错误”或“后悔”的途径是良好工程设计中必须的一环。

（5）PKI 具有极强的互联能力。不论是上下级的领导关系，还是平等的第三方信任关系，PKI 都能够按照人类世界的信任方式进行多种形式的互联互通，从而使 PKI 能够很好地服务于符合人类习惯的大型网络信息系统。PKI 中各种互联技术的结合使建设一个复杂的网络信任体系成为可能。PKI 的互联技术为消除网络世界的信任孤岛提供了充足的技术保障。

11.4　电子商务网络安全

11.4.1　防火墙技术

作为近年来新兴的保护计算机网络安全的技术性措施，防火墙是一种隔离控制技术，在某个机构的网络和不安全的网络（如 Internet）之间设置屏障，阻止外部网络用户对信息资源的非法访问，也可以使用防火墙阻止专利信息从企业的网络上被非法输出。防火墙是一种被动防卫技术，由于它假设了网络的边界和服务，因此对内部的非法访问难以有效地控制。防火墙最适合于相对独立的与外部网络互连途径有限、网络服务种类相对集中的单一网络，例如常见的企业专用网。

1. 防火墙的基本概念

Internet 是一个开放的世界，它在拥有丰富信息量的同时也存在着许多不安全因素。当企业内部网连上 Internet，使它的用户能访问 Internet 上的资源与服务时，非企业内部网的用户也能通过 Internet 访问企业内部网，实现一些非法操作，如盗取重要资料、破坏文件等。这对于没有收到任何保护的企业内部网用户来说无疑是一种灾难。我们可以在内部网和 Internet 之间设置一堵"防火墙"以保护内部网免受外部的非法入侵。防火墙的概念是从建筑学上引过来的。在建筑学中的防火墙是用来防止大火从建筑物的一部分蔓延到另一部分而设置的阻挡设施。计算机网络的防火墙是一个由软件和硬件设备组合而成的、在内部网（可信赖的安全网路）和外部网（不可靠的网路环境）之间的界面上构造的保护屏障，如图 11-8 所示。只有被允许的通信才能通过防火墙，从而起到内部网与外部网的隔离，可以限制外部用户对内部网络的访问和内部用户对外部网络的访问。它控制所有内部网与外部网之间的数据流量，防止企业内部信息流入 Internet；控制外部有害信息流入 Intranet。防火墙还能执行安全策略，记录可疑事件。

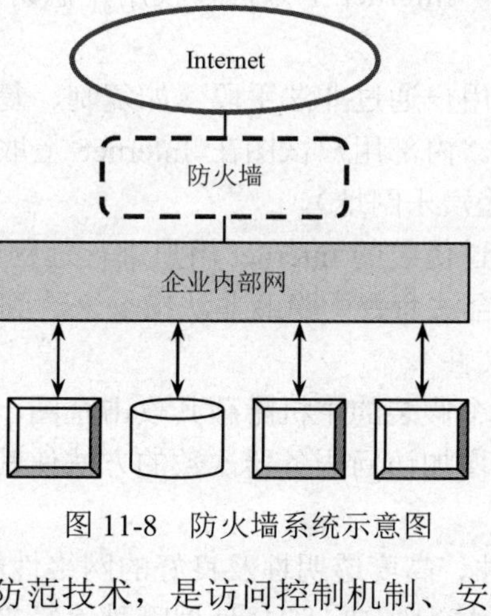

图 11-8　防火墙系统示意图

防火墙是一种安全有效的防范技术，是访问控制机制、安全策略和防入侵的措施。从狭义上讲，防火墙是指安装了防火墙软件的主机或路由器系统；从广义上讲，防火墙还包括了整个网络的安全策略和安全行为。

2. 防火墙的构成

防火墙主要包括安全操作系统、过滤器、网关、域名服务和E-mail处理等五部分，如图11-9所示。有的防火墙可能在网关两侧设置两个内、外过滤器，外过滤器保护网关不受攻击，网关提供中继服务，辅助过滤器控制业务流，而内过滤器在网关被攻破后提供对内部网络的保护。

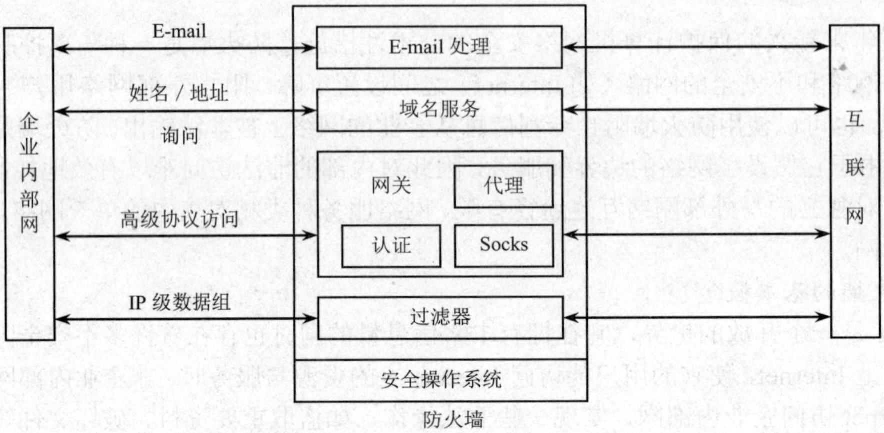

图11-9 防火墙的构成

防火墙的主要目的是控制数据组，只允许合法流通过。它要对内域网和Internet之间传递的每一数据组进行干预。过滤器则执行由防火墙管理机构制定的一组规则，检验各数据组决定是否允许放行。这些规则按IP地址、端口号码和各类应用等参数确定。单纯靠IP地址的过滤规则是不安全的，因为一个主机可以用改变IP源地址来蒙混过关。

3. 防火墙的功能

具体来说，防火墙系统可以保护计算机免受以下几类攻击。

（1）未经授权的内部访问。Internet上未被授权用户想访问内部网的数据或使用其中的服务。

（2）危害证明。一个外部用户通过非法手段（如复制、复用密码）来取得访问权限。

（3）未经授权的外部访问。内部用户试图在Internet上取得未经授权的访问权限或服务（如公司内部雇员试图访问一些娱乐网址）。

（4）电子欺骗。攻击者通过伪装的Internet用户进行远程登录，从事各种破坏活动。

（5）特洛伊木马。通过在合法命令中隐藏非法指令来达到破坏目的（如在进行E-mail发送连接时将指令转为打开一个文件）。

（6）渗透。攻击者通过一个假装的主机隐蔽其攻击企图。

（7）泛洪。攻击者试图用增加访问服务器次数的方法使其过载。

4. 防火墙的优点

防火墙应该具有高度安全性、高度透明性及良好的网络性能，而这些特性本身相互制约、相互影响。因此用户可根据实际情况需要，选择使用哪种途径来设计满足自己网络安全所需要的防火墙。防火墙应该具有以下优点：

（1）保护那些易受攻击的服务

防火墙能过滤那些不安全的服务。具有预先被允许的服务才能通过防火墙，这样就降低了受到非法攻击的风险性，大大地提高了企业内部网的安全性。

（2）控制对特殊站点的访问

防火墙能控制对特殊站点的访问。如有些主机能被外部网络访问而有些则要被保护起来，防止不必要的访问。通常会有这样一种情况，在内部网中只有 E-mail 服务器、FTP 服务器和 WWW 服务器能被外部网访问，而其他访问则被防火墙禁止。

（3）集中化的安全管理

对于一个企业而言，使用防火墙比不使用防火墙可能更加经济一些，这是因为如果使用了防火墙，就可以将所有修改过的软件和附加的安全软件都放在防火墙上集中管理；而不使用防火墙，就必须将所有软件分散到各个主机上。

（4）对网络访问进行记录和统计

如果所有对 Internet 的访问都经过防火墙，那么，防火墙就能记录下这些访问，并能提供网络使用情况的统计数据。当发生可疑操作时，防火墙能够报警并提供网络是否受到监测和攻击的详细信息。

5. 防火墙的类型

从实现原理上分，防火墙的技术包括四大类：包过滤型防火墙、应用级网关、电路级网关和规则检查防火墙。它们之间各有所长，具体使用哪一种或是否混合使用，要看具体需要。

（1）包过滤型防火墙

包过滤型可以动态检查通过防火墙的 TCP/IP 报文头中的报文类型、源 IP 地址、目标 IP 地址、源端口号等信息，与预先保存的清单进行对照，按预定的安全策略决定哪些报文可以通过防火墙，哪些报文不可以通过防火墙。一个路由器便是一个“传统”的包过滤型防火墙，大多数的路由器都能通过检查这些信息来决定是否将所收到的包转发，但它不能判断出一个 IP 包来自何方，去向何处。

先进的包过滤型防火墙可以判断这一点，它可以提供内部信息以说明所通过的连接状态和一些数据流的内容，把判断的信息同规则表进行比较，在规则表中定义了各种规则来表明是否同意或拒绝包的通过。包过滤（packet filter）技术是在网络层中对数据包实施有选择的通过。依据系统内事先设定的过滤逻辑，检查数据流中每个数据包后，根据数据包的源地址、目的地址、所用的 TCP 端口与 TCP 链路状态等因素来确定是否允许数据包通过。

包过滤技术作为防火墙的应用有三类：一是路由设备在完成路由选择的数据转发之外，同时进行包过滤，这是目前较常用的方式；二是在工作站上使用软件进行包过滤，这个价格较贵；三是在一种称为屏蔽路由器的路由设备上启动包过滤功能。包过滤防火墙检查每一条规则直至发现包中的信息与某规则相符。如果没有一条规则能符合，防火墙就会使用默认规则，一般情况下，默认规则就是要求防火墙丢弃该包。通过定义基于 TCP 或 UDP 数据包的端口号，防火墙能够判断是否允许建立特定的连接，如 Telnet、FTP 连接。

包过滤路由器的最大优点就是简洁、速度快、费用低，对用户透明，并且对网络性能的影响很小，包过滤不需要用户和密码来登录。这种防火墙速度快而且易于维护，通常作为第一道防线，但是，包过滤路由器的弊端也是很明显的，因为它只检查地址和端口，对网络更高协议层的信息无理解能力，因此对网络的保护很有限。其工作原理如图 11-10 所示。

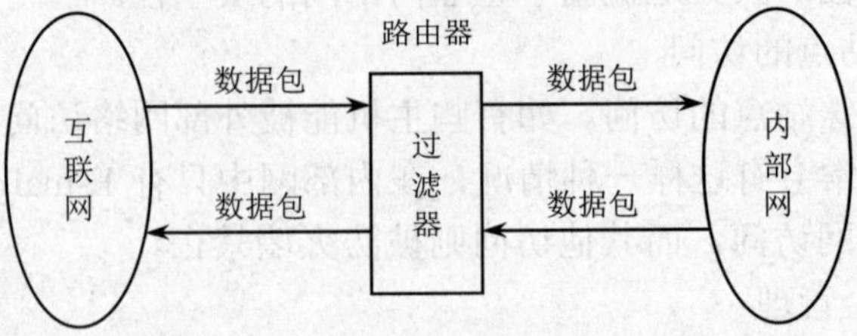

图 11-10 包过滤型防火墙的工作原理

（2）应用网关型防火墙

应用网关使用代理技术，在内部网与外部网之间建立一个单独的子网，该子网有一个代理主机，通过路由器和网关分别与内、外网连接，代理访问主机对外部和内部用户的网络服务请求进行认证，对于合法用户的服务请求，代理服务主机则连接内部网与外部网，自己作为通信的中介，外部用户只能获得经过代理的内部网服务，从而保护内部网络资源不受侵害。它针对特别的网络应用服务协议即数据过滤协议，能够对数据包分析并形成相关的报告。应用网关对某些易于登录和控制所有输出输入的通信的环境给予严格的控制，以防有价值的程序和数据被窃取。在实际工作中，应用网关一般由专用工作站系统来完成。但每一种协议需要相应的代理软件，使用时工作量大，效率不如包过滤型防火墙。

应用网关有较好的访问控制，是目前最安全的防火墙技术，但实现困难，而且有的应用级网关缺乏“透明度”。在实际使用中，用户在受信任的网络上通过防火墙访问 Internet 时，经常会发现存在延迟，并且必须进行多次登录（Login）才能访问 Internet 或 Intranet。其工作原理如图 11-11 所示。

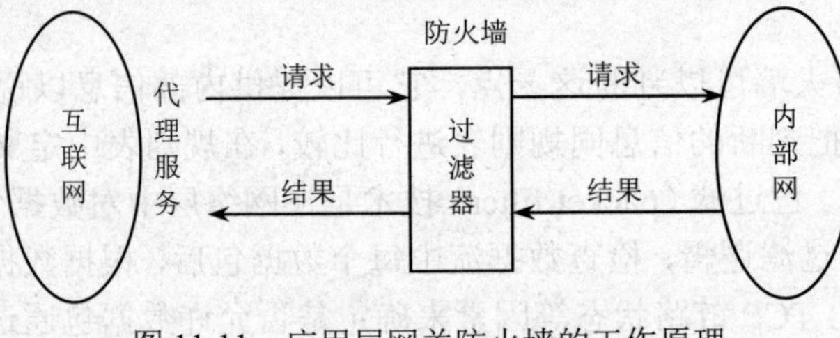

图 11-11 应用层网关防火墙的工作原理

（3）电路层网关

电路层网关用来监控受信任的客户或服务器与不受信任的主机间的 TCP 握手信息，由此来决定该会话（session）是否合法。电路层网关是在 OSI 模型中会话层上过滤数据包，这样比包过滤防火墙要高两层。

实际上电路层网关并非作为一个独立的产品存在，它与其他的应用级网关结合在一起，如 Trust Information Systems 企业的 Gauntlet Internet Firewall；DEC 企业的 AltaVista Firewall 等产品。另外，电路层网关还提供一个重要的安全功能：代理服务器（Proxy Server）。

代理服务器（Proxy Server）是设置在 Internet 防火墙网关的专用应用级代码。这种代理服务器准许网管员允许或拒绝特定的应用程序或一个应用的特定功能。包过滤技术和应用网关通过特定的逻辑判断来决定是否允许特定的数据包通过，一旦判断条件满足，防火墙内部网络的结构和运行状态便“暴露”在外来用户面前，这就引入了代理服务的概念，即防火墙内外计算机系统应用层的“链接”由两个终止于代理服务的“链接”来实现，从而成功地实现了防火墙内外计算机系统的隔离。同时，代理服务还可用于实施较强的数据流监控、过滤、记录和报告等功能。代理服务技术主要通过专用计算机硬件（如工作站）来承担。通过代理服务器的数据传送如图 11-12 所示。

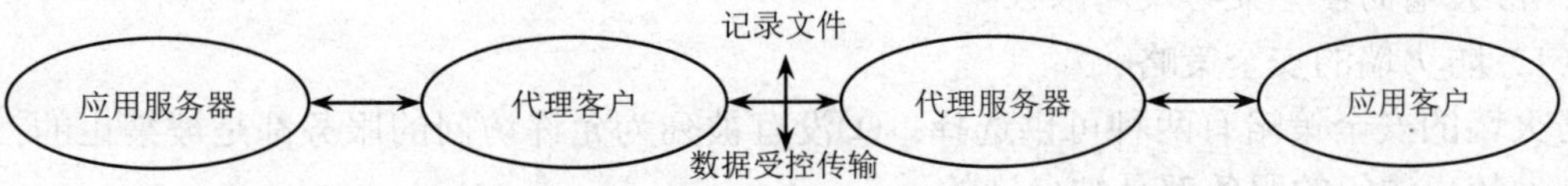

图 11-12　通过代理服务器的数据传送示意图

代理服务器技术是防火墙技术中最受推崇的一种安全技术措施，它的优点在于可以将被保护的网络内部结构屏蔽起来，增强网络的安全性能，同时可用于实施较强的数据流监控、过滤、记录和报告等功能。其缺点在于需要为每个网络服务专门设计、开发代理服务软件及相应的监控过滤功能，并且由于代理服务器具有相当的工作量，需专门的工作站来承担。代理服务器对出入数据进行两次处理，所以会降低性能，这是应用网关的主要缺陷。此外，对于新出现的 Internet 服务，防火墙厂商可能要在几个月之后才能为其提供相应的应用代理，这也是应用级网关不尽人意的地方。

上述三种技术的优缺点比较如表 11-1 所示。结合这三种防火墙技术的优点，可以产生通用、高效和安全的防火墙。规则检查防火墙便是这方面的典型例子。

表 11-1　防火墙技术的优缺点比较

类别	包过滤技术	应用网关	代理服务
优点	效率高，对应用和协议是透明和综合的	安全系数高	屏蔽被保护的网络内部结构及功能多
缺点	不大安全，维护、运营成本高	专用的用户程序和用户接口，费用高	为每个网络专门开发和设计，具有相当大的工作量

（4）规则检查防火墙

该防火墙结合了包过滤防火墙、电路级网关和应用级网关的特点。同包过滤防火墙一样，规则检查防火墙能够在 OSI 网络层上通过 IP 地址和端口号，过滤进出的数据包。它也像电路级网关一样，能够检查 SYN 和 ACK 标记和序列数字是否逻辑有序。它还像应用级网关一样，可以在 OSI 应用层上检查数据包的内容，查看这些内容是否能符合企业网络的安全规则。

规则检查防火墙虽然集成前三者的特点，但是不同于一个应用级网关的是，它并不打破客户机/服务器模式来分析应用层的数据，它允许受信任的客户机和不受信任的主机建立直接连接。规则检查防火墙不依靠与应用层有关的代理，而是依靠某种算法来识别进出的应用层数据，这些算法通过已知合法数据包的模式来比较进出数据包，这样从理论上就能比应用级代理在过滤数据包上更有效。

结合上述几种防火墙技术的优点，可以产生通用、高效和安全的防火墙。如将应用网关技术和包过滤技术结合起来，可保证应用层安全性、统一支持处理所有协议、审计和预警等，其运转对于用户和建立系统都是透明的，并且包括了面向所有的图形用户接口，便于配置和管理。

未来的防火墙将位于网络级防火墙和应用级防火墙之间，也就是说，网络级防火墙将变得更加能够识别通过的信息，而应用级防火墙在目前的功能上则向“透明”“低级”方面发展。最终防火墙将成为一个快速注册稽查系统，可保护数据以加密方式通过，使所有组织可以放心地在节点间传送数据。

6. 防火墙的安全策略及局限性

（1）防火墙的安全策略

防火墙的安全策略有两种可供选择：①没有被列为允许访问的服务都是被禁止的；②没有被列为禁止访问的服务都是被允许的。

如果防火墙采用第一种安全策略，那么需要确定所有被提供的服务以及它们的安全特性，开放这些服务，并将所有其他未列入的服务排斥在外，禁止访问。如果防火墙采用第二种安全策略，则正好相反，需要确定哪些被认为是不安全的服务，禁止其访问，而其他服务则被认为是安全的，允许访问。从安全性角度考虑，第一种安全策略更可取。但从灵活性和使用方便性角度考虑，则第二种安全策略更好。

（2）防火墙的局限性

防火墙是保护 Intranet 免受外部攻击的极有效方式，防火墙应是整体网络安全计划中的重要组成部分，但同时必须注意到防火墙并非是万能的，防火墙具有以下局限性。

1）防火墙不能阻止来自内部的破坏

只要简单地断开网络连接，防火墙便可以阻止系统的用户通过网络向外部发送信息。但如果攻击者已在防火墙内，那么防火墙实际上不起任何作用。

2）防火墙不能保护绕过它的连接

防火墙可以有效地控制通过它的通信，但对不通过它的通信毫无办法，如某处允许通过拨号方式访问内部系统。

3）防火墙无法完全防止新出现的网络威胁

防火墙是为防止已知威胁而设计的。虽然精心设计的防火墙也可以防止新的威胁，但没有一种防火墙会自动抵抗所出现的任何一种新威胁。

4）防火墙不能防止病毒

尽管许多防火墙检查所有外来通信以确定其是否可以通过内部网络，但这种检查大多数是对源目的地址及端口号进行的，而不是对其中所含数据进行的。即使可以对通信内容进行检查，由于病毒的种类太多且病毒在数据中的隐藏方式也太多，所有防火墙中的病毒防护也是不实用的。

11.4.2 VPN

在 Internet 与企业网 Intranet 之间连接防火墙，进行存取控制，可以提高安全性。但是，防火墙不能防止对网上的信息窃听、篡改等攻击。为了保证信息不受攻击，数据加密是有效的方法。在 Internet 连接了具有加密功能的路由器和防火墙，把网络上的数据进行加密传送，这样一段网络叫做虚拟专用网。

1. 什么是 VPN

VPN（Virtual Private Network）即虚拟专用网络，虚拟专用网不是真实的专用网络，但却能够实现专用网络的功能，可以理解为虚拟出来的企业内部专线。VPN 通过一个公用网络（通常是因特网）建立一个临时的、安全的连接，是一条穿过混乱的公用网络的安全、稳定的隧道。VPN 是对企业内部网的扩展，可以帮助远程用户、公司分支机构、商业伙伴及供应商同公司的内部网建立可信的安全连接，并保证数据的安全传输。

虚拟专用网不是真的专用网络，但却能够实现专用网络的功能。虚拟专用网指的是依靠 ISP（Internet 服务提供商）和其他 NSP（网络服务提供商），在公用网络中建立专用的数据通信网络的技术。在虚拟专用网中，任意两个节点之间的连接并没有传统专网所需的端到端的物理链路，而是利用某种公众网的资源动态组成的。所谓虚拟，是指用户不再需要拥有实际的长途数据线路，而是使用 Internet 公众数据网络的长途数据线路。所谓专用网络，是指用户可以为自己制定一个最符合自己需求的网络。

2. VPN 的特点

（1）安全保障

虽然实现 VPN 的技术和方式很多，但所有的 VPN 均应保证通过公用网络平台传输数据的专用性和安全性。在非面向连接的公用 IP 网络上建立一个逻辑的、点对点的连接，称之为建立一个隧道，可以利用加密技术对经过隧道传输的数据进行加密，以保证数据仅被指定的发送者和接收者了解，从而保证了数据的私有性和安全性。在安全性方面，由于 VPN 直接构建在公用网上，实现简单、方便、灵活，但同时其安全问题也更为突出。企业必须确保其 VPN 上传送的数据不被攻击者窥视和篡改，并且要防止非法用户对网络资源或私有信息的访问。Extranet VPN 将企业网扩展到合作伙伴和客户，对安全性提出了更高的要求。

（2）服务质量保证（Quality of Service，QoS）

VPN 网应当为企业数据提供不同等级的服务质量保证。不同的用户和业务对服务质量保证的要求差别较大。如移动办公用户，提供广泛的连接和覆盖性是保证 VPN 服务的一个主要因素；而对于拥有众多分支机构的专线 VPN 网络，交互式的内部企业网应用则要求网络能提供良好的稳定性；对于其他应用（如视频等）则对网络提出了更明确的要求，如网络时延及误码率等。所有以上网络应用均要求网络根据需要提供不同等级的服务质量。在网络优化方面，构建 VPN 的另一重要需求是充分有效地利用有限的广域网资源，为重要数据提供可靠的带宽。广域网流量的不确定性使其带宽的利用率很低，在流量高峰时引起网络阻塞，产生网络瓶颈，使实时性要求高的数据得不到及时发送；而在流量低谷时又造成大量的网络带宽空闲。QoS 通过流量预测与流量控制策略，可以按照优先级分配带宽资源，实现带宽管理，使得各类数据能够被合理地先后发送，并预防阻塞的发生。

（3）可扩充性和灵活性

VPN 必须能够支持通过 Intranet 和 Extranet 的任何类型的数据流，方便增加新的节点，支持多种类型的传输媒介，可以满足同时传输语音、图像和数据等新应用对高质量传输以及带宽增加的需求。

（4）可管理性

从用户角度和运营商角度应可方便地进行管理、维护。在 VPN 管理方面，VPN 要求企业将其网络管理功能从局域网无缝地延伸到公用网，甚至是客户和合作伙伴。虽然可以将一些次要的网络管理任务交给服务提供商去完成，企业自己仍需要完成许多网络管理任务。所以，一个完善的 VPN 管理系统是必不可少的。VPN 管理的目标为：减小网络风险、具有高扩展性、经济性、高可靠性等优点。事实上，VPN 管理主要包括安全管理、设备管理、配置管理、访问控制列表管理、QoS 管理等内容。

3. VPN 安全技术

由于传输的是私有信息，VPN 用户对数据的安全性都比较关心。目前 VPN 主要采用四项技术来保证安全，这四项技术分别是隧道技术（Tunneling）、加解密技术（Encryption & Decryption）、密钥管理技术（Key Management）、使用者与设备身份认证技术（Authentication）。

（1）隧道技术

隧道技术是 VPN 的基本技术，类似于点对点连接技术，它在公用网建立一条数据通道（隧道），让数据包通过这条隧道传输。隧道是由隧道协议形成的，分为第二、三层隧道协议。第二层隧道协议是先把各种网络协议封装到 PPP 中，再把整个数据包装入隧道协议中。这种双层封装方法形成的数据包靠第二层协议进行传输。第二层隧道协议有 L2F、PPTP、L2TP 等。L2TP 协议是目前 IETF 的标准，由 IETF 融合 PPTP 与 L2F 而形成。

第三层隧道协议是把各种网络协议直接装入隧道协议中，形成的数据包依靠第三层协议进行传输。第三层隧道协议有 VTP、IPSec 等。IPSec（IP Security）是由一组 RFC 文档组成，定义了一个系统来提供安全协议选择、安全算法，确定服务所使用密钥等服务，从而在 IP 层提供安全保障。

（2）加解密技术

加解密技术是数据通信中一项较成熟的技术，VPN 可直接利用现有技术。

（3）密钥管理技术

密钥管理技术的主要任务是如何在公用数据网上安全地传递密钥而不被窃取。现行密钥管理技术又分为 SKIP 与 ISAKMP/OAKLEY 两种。SKIP 主要是利用 Diffie-Hellman 的演算法则，在网络上传输密钥；在 ISAKMP 中，双方都有两把密钥，分别用于公用、私用。

（4）使用者与设备身份认证技术

使用者与设备身份认证技术最常用的是使用者名称与密码或卡片式认证等方式。

4. VPN 解决方案

VPN 有三种解决方案，用户可以根据自己的情况进行选择。这三种解决方案分别是：远程访问虚拟网（Access VPN）、企业内部虚拟网（Intranet VPN）和企业扩展虚拟网（Extranet VPN），这三种类型的 VPN 分别与传统的远程访问网络、企业内部的 Intranet 以及企业网和相关合作伙伴的企业网所构成的 Extranet 相对应。

（1）Access VPN

如果企业的内部人员移动或有远程办公需要，或者商家要提供 B2C 的安全访问服务，就可以考虑使用 Access VPN。

Access VPN 通过一个拥有与专用网络相同策略的共享基础设施，提供对企业内部网或外部网的远程访问。Access VPN 能使用户随时、随地以其所需的方式访问企业资源。Access VPN 包括模拟、拨号、ISDN、数字用户线路（xDSL）、移动 IP 和电缆技术，能够安全地连接移动用户、远程工作者或分支机构。

Access VPN 最适用于公司内部经常有流动人员远程办公的情况。出差员工利用当地 ISP 提供的 VPN 服务，就可以和公司的 VPN 网关建立私有的隧道连接。RADIUS 服务器可对员工进行验证和授权，保证连接的安全，同时负担的电话费用大大降低。

Access VPN 对用户的吸引力在于：

- 减少用于相关的调制解调器和终端服务设备的资金及费用，简化网络；
- 实现本地拨号接入的功能来取代远距离接入或 800 电话接入，这样能显著降低远距离通信的费用；
- 极大的可扩展性，简便地对加入网络的新用户进行调度；
- 远端验证拨入用户服务（RADIUS）基于标准，基于策略功能的安全服务；
- 将工作重心从管理和保留运作拨号网络的工作人员转到公司的核心业务上来。

（2）Intranet VPN

如果要进行企业内部各分支机构的互联，使用 Intranet VPN 是很好的方式。越来越多的企业需要在全国乃至世界范围内建立各种办事机构、分公司、研究所等，各个分公司之间传统的网络连接方式一般是租用专线。显然，在分公司增多、业务开展越来越广泛时，网络结构趋于复杂，费用昂贵。利用 VPN 特性可以在 Internet 上组建世界范围内的 Intranet VPN。利用 Internet 的线路保证网络的互联性，而利用隧道、加密等 VPN 特性可以保证信息在整个 Intranet VPN 上安全传输。Intranet VPN 通过一个使用专用连接的共享基础设施，连接企业总部、远程办事处和分支机构。企业拥有与专用网络的相同政策，包括安全、服务质量（QoS）、可管理性和可靠性。

Intranet VPN 对用户的吸引力在于：

- 减少 WAN 带宽的费用；
- 能使用灵活的拓扑结构，包括全网络连接；
- 新的站点能更快、更容易地被连接；
- 通过设备供应商 WAN 的连接冗余，可以延长网络的可用时间。

（3）Extranet VPN

如果是提供 B2B 之间的安全访问服务，则可以考虑 Extranet VPN。随着信息时代的到来，各个企业越来越重视各种信息的处理。希望可以提供给客户最快捷方便的信息服务，通过各种方式了解客户的需要，同时各个企业之间的合作关系也越来越多，信息交换日益频繁。Internet 为这样的一种发展趋势提供了良好的基础，而如何利用 Internet 进行有效的信息管理，是企业发展中不可避免的一个关键问题。利用 VPN 技术可以组建安全的 Extranet，既可以向客户、合作伙伴提供有效的信息服务，又可以保证自身的内部网络的安全。

Extranet VPN 通过一个使用专用连接的共享基础设施，将客户、供应商、合作伙伴或兴趣群体连接到企业内部网。企业拥有与专用网络的相同政策，包括安全、服务质量（QoS）、可管理性和可靠性。

Extranet VPN 对用户的吸引力在于：能容易地对外部网进行部署和管理，外部网的连接可以使用与部署内部网和远端访问 VPN 相同的架构和协议进行部署。主要的不同是接入许可，外部网的用户被许可只有一次机会连接到其合作人的网络。

11.4.3 入侵检测系统

1. 入侵检测系统概念

当越来越多的公司将其核心业务向互联网转移的时候，网络安全作为一个无法回避的问题呈现在人们面前。传统上，公司一般采用防火墙作为安全的第一道防线。而随着攻击者知识的日趋成熟，攻击工具与手法的日趋复杂多样，单纯的防火墙策略已经无法满足对安全高度敏感的部门的需要，网络的防卫必须采用一种纵深的、多样的手段。与此同时，当今的网络环境也变得越来越复杂，各式各样的复杂的设备，需要不断升级、补漏的系统使得网络管理员的工作不断加重，不经意的疏忽便有可能造成安全的重大隐患。在这种环境下，入侵检测系统成为了安全市场上新的热点，不仅愈来愈多地受到人们的关注，而且已经开始在各种不同的环境中发挥其关键作用。

本文中的“入侵”（Intrusion）是个广义的概念，不仅包括被发起攻击的人（如恶意的黑客）取得超出合法范围的系统控制权，也包括收集漏洞信息，造成拒绝访问（Denial of Service）等对计算机系统造成危害的行为。

入侵检测（Intrusion Detection），顾名思义，便是对入侵行为的发觉。它通过对计算机网络或计算机系统中的若干关键点收集信息并对其进行分析，从中发现网络或系统中是否有违反安全策略的行为和被攻击的迹象。进行入侵检测的软件与硬件的组合便是入侵检测系统（Intrusion Detection System，IDS）。与其他安全产品不同的是，入侵检测系统需要更多的智能，它必须可以将得到的数据进行分析，并得出有用的结果。一个合格的入侵检测系统能大大简化管理员的工作，保证网络安全的运行。

2. 入侵检测系统的功能

具体说来，入侵检测系统的主要功能有：

（1）监测并分析用户和系统的活动。

（2）核查系统配置和漏洞。

（3）评估系统关键资源和数据文件的完整性。

（4）识别已知的攻击行为。

（5）统计分析异常行为。

（6）操作系统日志管理，并识别违反安全策略的用户活动。

由于入侵检测系统的市场在近几年中飞速发展，许多公司投入到这一领域上来。除了国外的 ISS、AXENT、NFR、Cisco 等公司外，国内也有数家公司（如中联绿盟、中科网威等）推出了自己相应的产品。但就目前而言，入侵检测系统还缺乏相应的标准。目前，试图对 IDS 进行标准化的工作有两个组织：IETF 的 Intrusion Detection Working Group（IDWG）和 Common Intrusion Detection Framework（CIDF），但进展非常缓慢，尚没有被广泛接受的标准出台。

3. 入侵检测系统的 CIDF 模型

Common Intrusion Detection Framework（CIDF）阐述了一个入侵检测系统（IDS）的通用模型。它将一个入侵检测系统分为以下组件：①事件产生器（Event generators）；②事件分析器（Event analyzers）；③响应单元（Response units）；④事件数据库（Event databases）。

CIDF 将 IDS 需要分析的数据统称为事件（event），它可以是网络中的数据包，也可以是从系统日志等其他途径得到的信息。

事件产生器的目的是从整个计算环境中获得事件，并向系统的其他部分提供此事件。事件分析器分析得到的数据，并产生分析结果。响应单元则是对分析结果作出反应的功能单元，它可以作出切断连接、改变文件属性等强烈反应，也可以只是简单的报警。事件数据库是存放各种中间和最终数据的地方的统称，它可以是复杂的数据库，也可以是简单的文本文件。

在这个模型中，前三者以程序的形式出现，而最后一个则往往是文件或数据流的形式。

在其他文章中，经常用数据采集部分、分析部分和控制台部分来分别代替事件产生器、事件分析器和响应单元这些术语。且常用日志来简单地指代事件数据库。如不特别指明，本文中两套术语意义相同。

4. 入侵检测系统的分类

一般来说，入侵检测系统可分为主机型和网络型。

主机型入侵检测系统往往以系统日志、应用程序日志等作为数据源，当然也可以通过其他手段（如监督系统调用）从所在的主机收集信息进行分析。主机型入侵检测系统保护的一般是所在的系统。

网络型入侵检测系统的数据源则是网络上的数据包。往往将一台计算机的网卡设于混杂模式（promiscuous mode），监听所有本网段内的数据包并进行判断。一般网络型入侵检测系统担负着保护整个网段的任务。

网络型 IDS 的优点主要是简便，一个网段上只需安装一个或几个这样的系统，便可以监测整个网段的情况。且由于往往分出单独的计算机做这种应用，不会给运行关键业务的主机带来负载上的增加。但由于现在网络的日趋复杂和高速网络的普及，这种结构正受到越来越大的挑战。一个典型的例子便是交换式以太网。

而尽管主机型 IDS 的缺点显而易见：必须为不同平台开发不同的程序、增加系统负荷、所需安装数量众多等，但是内在结构却没有任何束缚，同时可以利用操作系统本身提供的功能、并结合异常分析，更准确地报告攻击行为。

5. 入侵检测技术

对各种事件进行分析，从中发现违反安全策略的行为是入侵检测系统的核心功能。从技术上，入侵检测分为两类：一种基于标志（signature-based），另一种基于异常情况（anomaly-based）。

对于基于标识的检测技术来说，首先要定义违背安全策略的事件的特征，如网络数据包的某些头信息。检测主要判别这类特征是否在所收集到的数据中出现。此方法非常类似杀毒软件。

而基于异常的检测技术则是先定义一组系统“正常”情况的数值，如 CPU 利用率、内存利用率、文件校验和等（这类数据可以人为定义，也可以通过观察系统、并用统计的办法得出），然后将系统运行时的数值与所定义的“正常”情况比较，得出是否有被攻击的迹象。这种检测方式的核心在于如何定义所谓的“正常”情况。

两种检测技术的方法、所得出的结论有非常大的差异。基于异常的检测技术的核心是维护一个知识库。对于已知的攻击，它可以详细、准确地报告出攻击类型，但是对未知攻击却效果有限，而且知识库必须不断更新。基于异常的检测技术则无法准确判别出攻击的手法，但它可以（至少在理论上可以）判别更广范、甚至未发觉的攻击。如果条件允许，两者结合的检测会达到更好的效果。

本章小结

电子商务对安全的基本要求是信息的保密性、完整性、有效性、不可否认性、可简便性、可审查能力以及系统的可靠性等。电子商务所受到的威胁攻击类型主要有入侵性病毒、扩展类威胁以及网络侵害。

对称加密在加密和解密时都使用同一把密钥，即加密密钥和解密密钥相同，常用的算法为DES算法。非对称加密通讯各方使用两个不同的密钥，一个是只有发送方知道的专用密钥，另一个则是对应的公用密钥，常用的算法是RSA算法。

数字摘要，就是发送方对被传送的一个信息报文根据某种数学算法（通常是Hash算法）计算出一个此信息报文的摘要值，数字摘要与原始信息报文之间有一一对应的关系。

数字签名是发送方将报文所产生的数字摘要用自己的私钥签名，从而形成自己的数字签名。

数字信封技术结合了对称加密技术和非对称加密技术的优点，使用两层次的加密来获得公共密钥技术的方便性和对称密钥技术的高效性。

数字时间戳是用户首先将需要加时间戳的文件用Hash算法加密后形成摘要，然后将该摘要发送到DTS机构，DTS机构在加入了收到文件摘要的日期和时间信息后，再对该文件用DTC的密钥加密（数字签名）及数字时间戳，然后送回用户手中。

SET协议及常用的安全电子交易协议，SSL协议及常用的安全套接层协议。

PKI系统具有权威认证机构（CA）、数字证书库、密钥备份及恢复系统、证书作废系统、应用接口（API）等基本构成部分。

计算机网络的防火墙是一个由软件和硬件设备组合而成的、在内部网（可信赖的安全网路）和外部网（不可靠的网路环境）之间的界面上构造的保护屏障。防火墙的技术包括四大类：包过滤型防火墙、应用级网关、电路级网关和规则检查防火墙。

虚拟专用网VPN通过一个公用网络建立一个临时的、安全的连接，是一条穿过混乱的公用网络的安全、稳定的隧道。VPN采用的技术主要有：隧道技术、加解密技术、密钥管理技术、使用者与设备身份认证技术。VPN的主要解决方案有：远程访问虚拟网、企业内部虚拟网和企业扩展虚拟网。

思考与练习

一、判断题

1. 电子商务安全的研究范畴属于纯技术上的问题。（ ）
2. 在对称加密体制中，密钥被分解为一对，分别是公有密钥和私有密钥。（ ）
3. VPN利用隧道协议在网络之间建立一个虚拟通道，以完成数据信息的安全传输。（ ）
4. 信息被篡改是指信息的完整性被破坏。（ ）
5. 电子商务安全仅仅是一个企业安全部门的事情。（ ）

二、单项选择题

1. 对称加密方式主要存在（ ）问题。
   A. 加密技术不成熟　　B. 无法鉴别贸易双方的身份
   C. 密钥安全交换和管理　　D. 加密方法很复杂
2. 非对称加密方法的优点是（ ），而且能方便地鉴别贸易双方的身份。
   A. 加密技术很成熟
   B. 解决了对称加密技术中密钥的安全交换和管理问题
   C. 可以用于加密各种文件和数据

D．加密方法很复杂导致加密速度很慢

3．数字证书包含以下的内容（　　）。

A．证书颁发者的姓名和公钥

B．公钥的有效期

C．颁发数字证书的单位及其数字签名

D．数字证书的级别

E．数字证书的序列号

4．数字签名是解决（　　）问题的方法。

A．未经授权擅自访问网络　　B．数据被泄或篡改

C．冒名发送数据或发送数据后抵赖　D．以上三种

5．数据摘要可用于验证通过网络传输收到的文件是否是原始的，未被篡改的文件原文，产生数据摘要采用（　　）算法。

A．Hash　　B．DES　　C．RSA　　D．PIN

三、简答题

1．电子商务面临的安全威胁有哪些？

2．社会工程学攻击的特点是什么？

3．防火墙的作用有哪些？

4．图示数字签名的原理。

5．什么是 KPI？KPI 的主要优势有哪些？

四、应用题

登录国家互联网应急中心（www.cert.org.cn）网站，完成以下任务：

1．查询互联网恶意代码的最新趋势。

2．了解我国互联网应急体系。

3．完成调查报告。

参考文献

[1] [美]加里 P.施奈德著．电子商务．成栋译．北京：机械工业出版社，2008．

[2] [美]埃弗雷姆·特班等著．电子商务：管理视角．严建援等译．北京：机械工业出版社，2010．

[3] 仝新顺．电子商务概论．北京：清华大学出版社，2010．

[4] 姜洪波．电子商务概论．北京：清华大学出版社，2013．

[5] 蒲忠．电子商务概论．北京：清华大学出版社，2013．

[6] 宋文官．电子商务概论．北京：高等教育出版社，2008．

[7] 宋文官．电子商务实用教程．北京：高等教育出版社，2007．

[8] 沈立君．电子商务支付与安全．北京：人民邮电出版社，2013．

[9] 李光明，张立国．电子商务实务．北京：清华大学出版社，2010．

[10] 崔爱国，严春风．电子商务安全与支付．北京：电子工业出版社，2010．

[11] 李红霞，李琰．电子商务物流．北京：中国铁道出版社，2012．

[12] 屈冠银．电子商务物流管理．北京：机械工业出版社，2013．

[13] 何飞．电子商务物流．第三版．大连：大连理工大学出版社，2010．

[14] 冯晖．现代物流学．北京：科学出版社，2011．

[15] 林建宗．客户关系管理．北京：清华大学出版社，2011．

[16] 周贺来．客户关系管理实务．北京：北京大学出版社，2011．

[17] 张慧锋．客户关系管理实务．北京：人民邮电出版社，2011．

[18] 纪希禹．数据挖掘技术应用实例．北京：机械工业出版社，2009．

[19] 张丽萍，胡坚波．移动电子商务应用现状和趋势分析[J]．现代电信科技，2010（5）．

[20] 林立鑫，龚慧华．浅谈移动电子商务的发展[J]．经营管理者，2009（11）．

[21] 张敏锋，颜展眉．3G时代我国移动电子商务现状与发展策略[J]．通信管理与技术，2009（3）．

[22] 陈海挺．中国移动电子商务研究现状综述与发展趋势[J]．硅谷，2010（16）．

[23] 舒虹．移动电子商务安全问题及其应对策略[J]．贵阳学院学报（自然科学版），2009（4）．

[24] 钟元生．移动电子商务．上海：复旦大学出版社，2012．

[25] 葛晓滨．移动电子商务教程．合肥：中国科学技术大学出版社，2014．

[26] 周建良．移动商务．北京：电子工业出版社，2014．

[27] 王丽萍．电子商务法律法规．北京：电子工业出版社，2010．

[28] 韩晓平．电子商务法律法规．第2版．北京：机械工业出版社，2012．

[29] 杨兴凯．电子政务．大连：东北财经大学出版社，2011．

[30] 史达．电子政务教程．大连：东北财经大学出版社，2008．